STUDIA
HUMANITATIS
문명텍스트

STUDIA HUMANITATIS
문명텍스트
27

중국 근대 미디어와 소설의 시대

김수연 지음

서울대학교출판문화원

STUDIA HUMANITATIS
문명텍스트 27

중국 근대 미디어와 소설의 시대

초판 1쇄 인쇄 2016년 12월 25일
초판 1쇄 발행 2016년 12월 30일

지은이 김수연
펴낸곳 서울대학교출판문화원
펴낸이 성낙인

책임편집 이라미
디자인 장혜원

출판등록 제15-3호

주소 (08826) 서울 관악구 관악로 1
대표전화 02-880-5252 | 팩스 02-888-4148
마케팅팀(주문상담) 02-889-4424, 02-880-7995
이메일 snubook@snu.ac.kr
홈페이지 www.snupress.com

ISBN 978-89-521-1817-2 94820
978-89-521-1574-4 (세트)

이 저서는 2007년 정부(교육과학기술부)의 재원으로
한국연구재단의 지원을 받아 수행된 연구임(NRF-2007-361-AL0016).

✽ 책을 펴내며

근대는 문학의 시대였다. 문학이 없는 근대사회나 근대인을 상상하기 어려울 정도로 문학은 근대문화의 핵심이었다. 이전에도 문학은 중요한 역할을 해 왔지만, 근대시기 문학의 역할과 지위는 그 이전 시기와는 사뭇 다른 의미를 지니고 있다. 근대 들어 문학의 지위와 역할의 부상은 두 가지 차원에서 설명이 가능하다. 하나는 근대라는 사회가 문학을 자신의 구성을 위해 필요불가결한 존재로 요청했다는 점이고, 다른 하나는 문학 자체가 새로운 미디어 환경, 즉 인쇄미디어가 최고로 발달한 시대에 가장 적합한 문화적 요소였다는 점이다. 이 두 측면은 별개의 차원이 아니라 서로 연계되고 상호지시적인 관계로서, 근대문학의 사회문화적 성격을 이해하는 데 고려해야 할 중요한 부분이다.

바꿔 말해 근대문화의 중심적인 장치로서 문학의 호출은 직·간접적으로 미디어의 물질적 토대와 결부 지어질 수밖에 없다. 근대라는 전체적인 '기획' 속에서 근대문학이 제기되었다고 하더라도, 그러한 제기 속에는 이미 근대적인 문학을 가능케 하는 환경조건에 대한 인식이 전제되어 있다. 그중에서도 중요한 환경은 근대 미디어의 대중적 보편화라고 할 수 있는데, 19세기 말 중국에는 이미 정도의 차이는 있지만 주요한 근대 미디어가 기본적으로 작동하고 있었다. 인쇄, 신문·잡지, 사진, 교통, 전신, 전화 등의 산업적 기반과 물질적 모든 조건이 자본주의적인 시장체계 속에서 운용되고 있었다. 이러한 조건들은 정치적 담론과 관계없이 그 자체가 근대적 편향성을 지닌 미디어로서 근대사회와 문화를 형성하는 데 일정한 역할을 할 수 있는 것들이었다. 이는 20세기 전후 중국인의 근대성 경험을 구성하는 주요 환경이자 물적 토대이기도 하였다. 이러한 미디어를 통해 각기 다양한 근대적 경험에 보편성이 부여된, 근대에 대한 상상이 가능했다.

이러한 의미에서 중국의 근대문학을 계몽의식, 리얼리즘적 서사, 심미적 자율성과 같은 몇 가지 기준으로 통시적으로 해석하는 것은 근대성이 지닌 다중성과 유동성을 지나치게 간과한 것이라고 할 수 있다. 그렇다고 해서 근대시기에 민족국가, 헌정, 산업화, 주체 등과 같은 문화적, 담론적 제반 개념과 장치들이 대부분 일부 지식인과 국가에 의해 의식적이고 계몽적인 차원에서 요청되었고 그 변화에 일정한 방향을 부여해 왔다는 점을 부정하는 것은 아니다. 중국의 근대문학을 특히 계몽이라는 관점에서 서술해 온 것은 충분한 타당성이 있지만, 이는 근대 초기부터 보여 주는 다중적인 근대성 가운데 하나일 뿐이다. 20세기 초 중국에서 근대문학의 형성과 그것이 차지하는 문학의 위치와 의미를 이해하기 위해서는 단지 계몽이라는 의식적 측면을 중심으로 접근해서는 한계가 있다.

한 시기에 문학이 지고의 가치로 추인되었다고 하더라도 그것이 실제 사회에서 그러한 위치를 점하고 있었다고 보기 어렵다. 문학의 위치는 어느 위계적인 공간질서에서 점하고 있는 지위를 뜻하는 것도 아니다. 소위 문학은 텍스트라는 물질성이나 작품의 상상적 구조로 나타나는 내포적인 공간에 존재하는 것이 아니라 창작하고 옮겨지고 읽히고, 분류 배치되고 규제되고 다양한 형식으로 가공(비평, 교육, 연구)되는 과정 속에 존재하게 된다. 문학은 하나로 규정하기에는 상당히 다양하고 서로 다른 행위들을 포괄하고 있다. 이는 문학은 사회 곳곳에 존재하면서도 그 어디에도 고정적으로 존재하지 않음을 말한다.

여기서 문학은 근대시기의 모종의 정의된 개념을 지칭하는 것이 아니다. 그보다는 다양한 글쓰기 방식과 양식들을 포괄할 수 있는 열린 개념으로서의 문학에 가깝다. 작가나 독자도 창조적인 상상력을 발휘하는 저자라든가 아니면 작품으로부터 문학적 심미성과 의의를 추구하는 특정한 문학 독자를 의미하는 것이 아니라 다양한 의도와 목적을 지닌 읽기 행위를 포괄한다. 이러한 문학에 대한 이해와 관점은 근현대문학에 대한 비판이 대두된 근래의 문학상황에 대한 고려로부터 제기하는 것은 아니다. 오히려 그보다는 20세기 초 중국의 근대문학 초기의 상황에서 그 시대 문학의 의미와 사회적 위치를 분석하기 위해 요청된다. 기존의 문학사에서는 흔히 이 시기의 문학을 미분화 상태 혹은 전근대적 문화의 경향으로써 이후 극복되었던 일시적이고 과도기적인 관념으로 바라보고 평가해 왔다. 그러나 이러한 '미분화'는 실제 미분화 상태가 아니라 다양한 근대성이 공존하며 경쟁하는 과정이며, 모두가 고도의 인쇄자본주의를 자신의 존재를 위한 토대로 삼고 있는 동일한 문화현상의 복수의 양상들이었다. 이러한 복수의 양상들 속에서 문학의 위치를 살펴보기 위해서는, 일종의 소통체계로서 문학활동이 전개되는 사회의 각 부분에 대한 연구가 진행되어야 한다. 문학행위의 사회적 기능과 그에 대한 의미부여 방식, 그리고 실제 작동양상을 전체 사회적 맥락에서 분석할 필요가 있다.

최근의 근대문학 연구에서 두드러진 현상 가운데 하나는 텍스트의 내용분석이나 문학이념을 중심으로 연구하는 것에서 벗어나 근대문학을 물질적 조건과 사회 전체의 구조와 연계시켜 이해하고 연구하는 흐름이다. 이는 기존의 문학사회학 연구의 한 부분이지만, 사회를 단순히 문학을 둘러싼 배경이나 외적 조건이 아니라 특유의 '체계'나 '장(場)'으로 인식하고 그러한 '체계'나 '장'의 한 부분으로서 문학을 이해한다는 점에서 차이점이 있다. 본서 또한 문학을 바라보는 기본 시각을 확장하고 연구 방법론에 대한 심화된 고민을 통해 문학을 작가나 작품 위주의 텍스트 내재적 분석이 아닌, 근대문학이 형성되는 과정을 사회의 전체 제반관계 속에서 고찰하고자 구상하였다. 20세기 초 10년(1902-1911)을 전후한 시간에 주목했던 것도 기존의 전통 장르상에 변화가 발생하고 문학의 지위가 바뀌면서 새로운 문학체계나 문학장이 형성되기 시작하던 시점이었기 때문이다. 마땅히 5.4 시기까지 살펴보아야 하지만, 그렇게 되면 20년간의 방대한 자료량을 탐독하는 데만 적잖은 물리적 시간이 요구되는 것이 사실이다. 제한된 시간 안에 작업을 마무리해야 하는 현실적인 어려움으로 시기를 일단락 지을 수밖에 없었던 점은 아쉽다. 또한 처음 구상대로라면 문학이 생산되고 유통되고 소비되고 가공되는 전체 시스템을 유기적으로 분석해야겠지만, 이 역시 시간의 촉망함으로 인하여 문학의 제반 영역의 체계나 기타 장과의 관계 속에서 전면적으로 분석하는 것이 아니라 인쇄미디어, 특히 신문·잡지를 중심으로 중국 근대문학의 배태과정을 고찰하는 데 집중하였다.

애초의 구상과 달라진 점은 있지만, 일관되게 주목했던 것은 어찌 되었든 미디어와 문학의 밀접한 유기적 관계였다. 20세기 초 중국 근대문학이 생산되고 유통되는 과정을 보면, 신문·잡지를 필두로 한 새로운 인쇄미디어가 결정적인 역할을 하고 있음을 알 수 있다. 그 역할이란 단순히 문학작품을 위한 지면의 제공이라는 단순한 매개적 기능을 의미하는 것이 아니다. 그 적극적인 의미는 미디어 생태학이나 미디어 철학의 관점에서 주장하는 것처럼 인간 주체의 사유와 상상, 행위방식, 그리고 사회의 구조에까지 중요한 영향을 발휘한다는 점에 있다. 문학에 대해서 말하자면 20세기 초 중국의 신문·잡지는 문학의 사회적 생산과 유통뿐 아니라 새로운 작가와 독자층, 그리고 글쓰기와 서사전략의 변화를 촉진시키는 역할을 하였다. 다시 말해 이 시기 신문·잡지는 문학장의 변화를 추동한 여러 요인들 가운데 하나가 아니라 매우 결정적인 기능을 담당하였다.

이러한 점을 고려하면서 본서 구상에서 관심을 두었던 문제는 다음과 같다.

많은 연구들이 인쇄문화의 기능을 강조하고 있지만, 사회 전반에 걸쳐 인쇄문화가 초래한 변화를 문학의 영역에서는 어떻게 바라볼 것인가? 나아가 근대 인쇄자본주의 혹은 인쇄문화의 핵심이었던 신문·잡지의 역할과 기능을 문학과의 관련 속에서 어떻게 이해할 것인가? 인쇄문화의 혁신적 발전과 더불어 문학의 존재방식은 어떻게 변화하였는가? 글쓰기의 주요 주체의 분화와 작가의 탄생, 독자의 변화(독서의 대중화와 분화)에서 보여지는 특징과 의미는 무엇인가? 또 글쓰기와 독서를 소통시켜 주는 출판시장 메커니즘의 구체적 상황은 어떠했는가? 그 속에서 정치와 상업성, 지식과 감성 및 자본 시장은 어떻게 관계 맺는가? 등등.

그러나 부끄럽게도 구체적으로 서술한 문제보다는 해결하지 못한 고리들이 더 많이 남겨진 듯하여 향후 지속적인 연구과제로 미뤄 두어야 할 것 같다. 개인적으로 마음이 무거운 것은 충분한 시간을 갖고 좀 더 생각을 가다듬어야 함에도 현실적인 한계로 이처럼 여물지 못한 결과물을 내놓아야 하기 때문이다. 많은 아쉬움을 뒤로 하고 부족하지만 이러한 결과물이 나오기까지 수차례의 토론을 통해 필자에게 끊임없이 생각의 물꼬를 터주고 많은 자료들을 수집하는 데 실질적인 도움을 주신 차태근 선생님께 특별히 감사의 말을 전하고 싶다. 아울러 이 책의 발행에 애써 주신 서울대학교출판문화원에도 감사드린다.

2016년 11월

김수연

차례

제3장 인쇄문화와 출판시장의 임계

제4장 '소설문화'의 역술

제5장 신소설론의 미디어적 시각

제6장 상상의 계몽과 '신소설' 독자

표·그림 차례

❁ 일러두기

• 학술적으로 인명은 신해혁명을 기준으로 이전을 한자독음으로, 이후를 중국어 발음으로 구분해서 표기해 오던 방식이 있지만, 개인적으로 이 방식의 타당성을 고민해 오던 끝에 여기서는 인명과 지명을 모두 일괄적으로 중국어 발음으로 표기한다. 이는 원칙적으로 국립국어원의 외래어 표기법에 따라 표기한다.

• 신문·잡지명은 일괄적으로 한자 독음으로 표기한다. 신문·잡지명 앞에 지명이 있는 경우 중국어 발음으로 표기해야 하지만 학술적인 용어와 관련되거나 의미전달을 명확히 하기 위해 예외적으로 한자독음으로 표기한다.

예) 『상해신보(上海新報)』, 『절강조(浙江潮)』

• 작품명이나 문장 제목은 한자 독음으로 표기하거나 의미를 번역하는 방법으로 옮겼다.

예) 『해상화열전(海上花列傳)』, 「정치소설 번역서문(譯印政治小說序)」

• 번역작품명이 원저명과 동일하지 않을 경우, 간혹 원서명으로 번역하기도 했지만, 대체적으로 중국어 번역본 제목에 충실하게 의미를 번역하되 원저에 대한 설명을 본문이나 각주로 달아 주었다.

예) 『흑인노예가 하늘을 향해 외치다(黑奴籲天錄)』는 『톰 아저씨의 오두막』이란 원저명으로 널리 알려진 작품이지만, 중국어 제목의 의미를 그대로 살려줌으로써 당시 중국 독자들에게 어떤 식으로 읽혔는지 가늠해 볼 수 있다.

• 명확한 의미전달을 위해 한자를 병기하는 경우 원칙적으로 직역을 하고 ( )로 병기하되, 간혹 한글과 약간의 의미상 차이가 있는 것은 [ ]를 사용하였다.

예) 명인(名手), 매체[傳播利器]

제1장 서론

1. 상하이의 기이한 이야기 : 『해상기서』

1892년 2월 상하이인들은 익숙하면서도 새로운 읽을거리를 접하게 된다. 32절지 정도의 크기에 20여 면으로 된 중국 전통적인 책자였다. 이 책자는 중국에서 가장 이른 전문적인 소설잡지이자 한방칭(韓邦慶, 1856-1894)의 대표적인 소설인 『해상화열전(海上花列傳)』의 전반부가 연재되었던 『해상기서(海上奇書)』였다. 여기서 "바다 위(海上)"는 상하이에 대한 호칭으로, 잡지명은 "상하이의 기이한 책"이라는 의미이지만, 당시 독자들의 시각에서 보면 "상하이의 기이한 이야기"라는 의미에 가깝다. 왜냐하면 "기서(奇書)"는 명청시기에 유행하던 소설이나 극본으로, 당시 신문은 물론 소설과 필기 등을 포함한 대부분의 대중적인 독서물이 다투어 내세우던 바였기 때문이다. 특히 1870년 이후 상하이에서는 이른바 "해상기담(海上奇談)"이나 "해상기연(海上奇緣)"[1]과 같은 "기이한 이야기(奇聞)"가 인기를 끌고 있

1 『신보(申報)』는 1872년 창간하고 나서 곧 제28호(1872. 4. 26.)에 "해상기연(海上奇緣)"이라는 필기소설을 게재하였다.

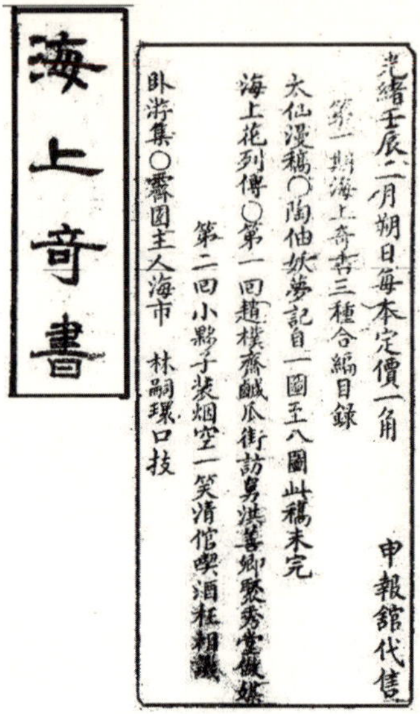
海上奇書

光緒壬辰二月朔日每本定價一角　申報館代售

第二期海上奇書三種合編目錄

太仙漫稿○陶仙妖夢記自一圖至八圖此稿未完

海上花列傳○第一回趙樸齋鹹瓜街訪舅洪善卿聚秀堂做媒

第二回小夥子裝烟空一笑清倌喫酒枉相譏

臥遊集○齋園主人海市　林嗣環口技

그림 1.1 『해상기서』 제2호 표지

었다. 그런 의미에서 『해상기서』는 상하이인들에게는 "기서"가 아니라 매우 익숙하고 평소에 즐기던 이야깃거리였다.

이 책자는 1892년 2월부터 11월까지 11개월 동안 전체 15기를 발행하고 정간되었다.[2] 이는 비록 단명한 잡지이지만 중국의 소설사에서 몇 가지 주목할 만한 의미가 있다. 우선 그것은 근대적 의미에서 볼 때 소설잡지의 형식을 취하고 있다는 점이다. 중국에서 근대적인 소설잡지의 기원을 추소하면 이미 1872년 신보관(申報館)에서 발

2　이 잡지는 1892년 2월 1일(음력)에 반월간으로 창간호가 발간된 이후 동년 6월 1일까지 9호가 발간되었다. 그 후 10호부터는 다시 월간으로 바뀌어 매월 1일 발간되다가 동년 11월 1일 제15호를 마지막으로 종간되었다. 본래는 그 후에도 발행 날짜를 매월 1일에서 15일로 바꾸어 발행될 것이라고 광고를 하였지만, 더 이상 예고나 광고 없이 6월 윤달을 포함하여 전체 11개월 동안 발간되고 종간되었다.

그림 1.2 『해상기서』에 연재된 「해상화열전」

행한 월간지 『영환쇄기(瀛寰瑣紀)』와 그 후속 잡지가 있다. 전문적인 소설잡지는 아니더라도 일부 소설을 연재하기도 했던, 1884년 창간된 순간(旬刊) 화보집인 『점석재화보(點石齋畫報)』와 같은 간행물이 있었지만, 『해상기서』는 또 다른 의미에서 최초의 소설잡지로 평가받고 있다. 화보는 말할 것도 없고 『영환쇄기』 역시 소설잡지라기보다는 다양한 이야기와 논설 등을 포함한 잡보나 넓은 의미에서의 문학잡지에 가까웠다면, 『해상기서』는 순수 소설잡지에 가깝다. 그 잡지에 연재된 「해상화열전(海上花列傳)」은 작품의 특성상 중국 최초의 근대적 소설로 평가받기도 한다.[3] 두 번째는 위 잡지가 당시 나날이 확대되던 신문·잡지라는 새로운 미디어를 중심으로 한 상업시스템과의 밀접한 연관 속에서 운영되었다는 점이다. 이 점 역시 앞서 거론한 잡지나 화보에서 시도한 바가 있지만, 주로 『신보』의 전체 출판 및 판매전략의 부속사업의 일환이었던 것에 비해 『해상기서』는 한방칭이라는 개인이 창작에서 출판까지 기획하고 신보관의 상업적 판매망을 통해 판매했던 출판물이었다. 이는 기업의 상업활동의 차원이 아니라 소설 혹은 설부의 작가가 창작활동과 그것의 상업적 판매를 위해 발행한 것으로, 『해상기서』에는 단순히 상업적 목적을 넘어서 작가로서의 의식이 강하게 담겨 있었다. 세 번째는 작품 창작을 준직업으로 한 상업적이고 전문적인 작가의 경향성이 편집자이자 작가인 한방칭에서 보여진다는 점이다. 상하이지역을 중심으로 이미 신문의 편집이나 기고를 준직업으로 삼아 활동하는 인물들이 존재하고 있었지만, 한방칭처럼 설부 혹은 소설창작을 중심으로 한 인물은 아직 없었다. 그런 의미에서 1892년 한방칭이라는 작가와 『해상기서』라는 잡지, 그리고 『해상화열전』이라는 작품이 출현하였다는 것은 여러 함축적인 의미를 지니고 있다.

일단 논쟁의 여지가 있는 최초라는 수식어를 제하고 보더라도, 『해상기서』의 출현은 매우 독창적인 시도임은 부정할 수 없다. 한방칭은 잡지에 대한 인식이 없었다고는 할 수 없지만, 그가 그 잡지에 부여한 의미는 "해상기서 삼종합편(海上奇書三種合編)"이었다. 즉 상하이의 기이한 기록 3종을 합편한 것이 『해상기서』라는 출판물인데, 그렇다면 이는 잡지라기보다는 작품집에 더 가깝다. 그럼에도 이를 잡지라고 보는 까닭은 3종의 작품, 「해상화열전」, 「태선만고(太仙漫

---

3 陳伯海·袁進, 『上海近代文學史』, 上海: 上海人民出版社, 1993, 241쪽; Bangqing Han, *The Sing-song Girls of Shanghai*, translated by Eileen Chang and revised and edited by Eva Hung, New York: Columbia University Press, 2005. David Derwei Wang, "Foreword," pp. ix-x 참고.

稿)」, 「와유집(臥遊集)」이 매호에 연재되고 있었기 때문이다. 이 가운데 장회체 소설형식의 「해상화열전」과 전기(傳奇)와 같은 문언소설인 「태선만고」는 편집자 한방칭의 창작이었고, 마지막 「와유집」은 이전 사람들이 쓴 글 가운데 기이하고 흥미 있는 기록들을 선별한 것이었다.[4] 특이한 점 가운데 하나는 위 삼종 작품에 모두 그림이 곁들여져 있으며, 특히 「태선만고」는 각 면을 좌우 2쪽으로 나누고 다시 각각 상도하문(上圖下文)으로 구성된 수상(繡像) 소설잡지라는 점이다. 글과 그림을 병치한 수상소설은 명대부터 유행했던 것이지만, 『해상기서』가 수상 소설잡지의 형식을 취한 것은 당시 출판문화의 시대적 조류와 관련이 깊다.

그럼 이 시기에 『해상기서』의 출현이 말해 주는 의의는 무엇인가? 우선 중요한 것은 잡지와 같은 형식의 미디어나 독서물이 이미 독자들 사이에 널리 확산되어 대중적인 독서물로 자리 잡고 있었다는 것을 의미한다. 이 시기에는 이미 『신보(申報)』를 비롯하여 『자림호보(字林滬報)』 등의 신문과 『점석재화보』나 1888년 『사림서화보(詞林書畫報)』[5]와 1890년 『비영각화보(飛影閣畫報)』[6]와 같이 일간, 순간(旬刊), 반월간, 월간 등 다양한 신문·잡지가 발간되고 있었다. 두 번째

---

4 전체 20여 면 가운데 「해상화열전」이 12면, 「태선만고(太仙漫稿)」 4면, 「와유집(臥遊集)」 2면으로 「해상화열전」이 주요 지면을 점하고 있었다. 그리고 전체 15호 중 「해상화열전」은 매호 2회씩 전체 30회 연재되었으며, 「태산만고」는 12편, 「와유집」은 26편이 실렸다.

5 『자림호보(字林滬報)』에서 발간한 문예지. 매월 4회 발간되었으며, 매회 그림과 글로 이루어진 약 12면 정도로 구성되었다.

6 이는 우유루(吳友如)가 점석재에서 나와 독자적으로 창간한 화보이다. 1890년 9월 3일 창간되어 매월 3회 발간되었으며 매호 10면으로 구성되었다. 1893년 90호 출

는 이러한 신문·잡지는 이미 상하이는 물론 주요 도시로까지 확장된 서적판매망과 잠재적인 독자층을 형성하고 있었다. 특히 『신보』를 비롯한 많은 출판사를 중심으로 한 서적판매망은 독자들이 보다 용이하고 상시적으로 독서시장에 접근할 수 있는 조건을 제공하였고 신문·잡지의 정보는 대중의 일상적 담화의 중요한 세계를 구성하고 있었다. 즉 신문·잡지가 기존의 독서취향에 대해 적지 않은 변화를 낳고 있었다. 세 번째, 『해상기서』의 출현은 이러한 독서시장이 지식인들 가운데 준직업작가로서 종사할 수 있는 공간을 제공할 정도로 확대되었다는 점을 의미한다. 신보관을 중심으로 이미 전문적으로 신문·잡지의 편집활동에 종사하거나 주로 창작이나 저술을 통해 생계를 도모하던 지식인들이 없지 않았다. 그러나 우유루(吳友如)와 한방칭의 경우는 화보(글과 서사의 결합)와 설부 작가로서 직접 독자대중과 접촉하고자 시도하였는데, 이는 직업적인 작가의식을 보여 주는 것이었다. 마지막으로 이러한 상업적인 독서시장의 형성은 독서의 대중화를 뒷받침하는 기술적인 조건이 갖추어져 있음을 의미한다. 단순히 시장의 네트워크만이 아니라 보다 저렴하고 대중적인 기호에 부응하는 서적출판이 가능해야 대중화가 가능하다. 1890년대 우유루와 한방칭의 독자적인 잡지의 발간은 그것을 위한 출판인쇄 기술의 구현이 가능해졌음을 의미한다. 1880년대 후반부터 급속히 확산된 석인술은 출판시장에서 그림과 글을 병치시킨 수상소설을 보다 저렴하

간된 이후에는 저우무챠오(周慕橋)가 인계받아 『비영각사기화보(飛影閣士記畫報)』로 개칭 후 133號(1894. 4.)까지 발간하였다. 대신 우유루는 다시 『비영각화책(飛影閣畫冊)』이라는 새로운 화보를 발간하였는데, 반월간으로 발행되었으며 第10期까지 발행된 후 정간되었다.

고 대량으로 공급할 수 있는 준비를 하고 있었다.(제3장 참고)

이러한 맥락에서 볼 때 『해상기서』 출현은 새로운 시대 변화의 상징적인 표현이었다. 물론 1년도 채 안 되어 정간된 상황까지 포함해서 말이다. 1인 잡지라는 형식이 말해 주듯 그것은 완전히 새로운 시도만은 아니었다. 서구의 새로운 상업적인 활동과 신문·잡지의 문화를 참조한 것은 사실이지만, 여러 면에서 기존의 관행적인 습관과 실천의 연속이었다. 잡지라는 미디어 혹은 소통방식이 중국의 관습적인 소통 미디어와 만났을 때 처음 보여 줄 수 있는 형식이 『해상기서』였다. 개인 작품이나 작품집으로서의 텍스트가 연재라는 새로운 형식을 취하는 것은 간단한 문제가 아니었다. 이러한 새로운 서술과 편집방식은 독자들에게 새로운 경험이었고 상당한 심리적인 불편을 야기하였다. 『영환쇄기』가 단순히 다양한 필기류 모음집에서 그치는 것이 아니라 번역된 서구소설을 연재했을 때부터 중국의 전통적인 독서관습과의 충돌은 예상하고 있던 문제였다. 그럼에도 한방칭이 적극적으로 반월간 혹은 월간 잡지에 덧붙여 연재라는 형식을 취했다는 것은 그사이 20년 동안 중국의 독서문화에 적잖은 변화가 있었음을 의미한다. 독자들은 이미 정보를 일정 시간이나 기간을 주기로 전달하는 일간지와 같은 신문류를 통해 분절성과 연속성의 묘한 긴장 속에서 독특한 흥미를 만들어 내는 세계의 스토리에 대해 점차 친숙해지고 있었다.[7]

7 물론 여기서 말하는 변화는 상대적인 의미이다. 한방칭은 여전히 연재물 형식의 독서방식과 미디어 형식에 대한 독자들의 불만을 해소하기 위해 반복적으로 해명하였는데, 이는 잡지를 통한 연재라는 새로운 방식에 대한 독자들의 거부감이 여전히 존재하고 있었다는 것을 의미한다. 韓邦慶, 「太仙漫稿例言」, 『海上奇書』 第6期,

이러한 취향의 변화는 형식적인 측면에 국한되지 않는다. 신문이 만들어 내는 흥미는 단순한 정보 이외에 현실의 일상성을 벗어나는 다양한 스토리를 제공해 주는 것을 주요 내용으로 삼고 있다. 이는 당시 중국의 대중적인 독서물과 비교했을 때 새로운 의미를 지니는 것이었다. 독자들은 여전히 넓은 의미에서 기담을 추구하지만, 이제 기담은 허구적이고 가공적인 세계에서 벌어질 필요 없이 친숙한 일상생활의 주변에서 벌어지고 있다. 오히려 사실성에 기반한 기이한 스토리는 허구성을 드러내 놓고 전개되는 기담과는 또 다른 흥미를 제공하였다. 또한 일상적인 사실성은 독자의 욕망에 현재성과 즉자성을 부여해 준다. 『해상기서』 특히 『해상화열전』은 상하이를 중심으로 한 새로운 독서취향의 변화에 민감하게 반응하였다. 비록 이전 설부에서 유행하던 기녀를 제재로 삼고 있지만, 그 스토리는 당시 상하이라는 특별한 조계지 사회의 일상과 고급 기원(妓院)의 실상을 핍진하게 그려내고 있다. 이러한 현상은 작가가 독자의 지역적인 범위를 심각하게 제한할 수 있는 상하이의 방언을 고집한 것에서도 확인할 수 있다. 이와 같이 『해상기서』는 이전의 작품들에 비해 현실적인 개연성을 중시하면서 미신적이거나 황당한 고사와는 거리를 두려고 하였다. 이는 1890년 이후 『신보』 등 미디어에서 기괴한 것에 대해 비판적 거리를 두고 보도의 사실성을 강조하던 것과도 관련 있어 보인다.

『해상기서』의 성공 여부에 대한 판단과 관계없이 1년이 채 안

1892. 4. 15.

되어 정간하게 된 데에는 여러 가지 요인이 있다. 그로부터 10년 후 중국에는 『신소설(新小說)』, 『수상소설(繡像小說)』을 비롯하여 본격적인 소설잡지의 시대가 열린다. 다름 아닌 본격적인 소설문학의 시대가 시작된 것이다. 그럼 이 10년이라는 시간의 간극은 무엇을 의미하는 것일까? 『해상기서』와 『신소설』 및 『수상소설』 사이에는 어떤 시대적인 연속성 혹은 근본적인 차이점이 존재하는 것일까? 이 시기 10년간은 이미 알다시피 중국 역사에서 매우 중요한 시대이다. 주로 청일전쟁, 무술변법, 의화단의 난과 같이 굵직한 정치적 혹은 사회적 사건을 겪으면서 중국사회는 급속히 변화하기 시작한다. 이러한 급속한 변화의 일부분으로서 1902년 소설잡지의 등장과 더불어 본격적으로 제기된 소설계 혁명은 중국문학의 새로운 전기(轉機)로 간주되어 왔다.

2. 중층적 근대 시각에서 본 소설

20세기 초 중국의 문화현상에서 주목을 끄는 것 가운데 하나가 소설이 문화의 가장 핵심적인 아이콘이 되었다는 점이다. 1902년 량치차오(梁啓超)가 소설을 변화시키지 않으면 정치, 도덕, 학술, 풍속, 인심을 변화시킬 수 없다고 한 것은 그의 특유의 수사법이기는 하지만, 20세기 중국 사회와 문화에서 소설이 점하는 위치와 역할은 그의 이러한 수사가 실제 현실로 전환되었음을 확인시켜 주고 있다. 그럼 어떻게 소설이 중국 근대문화의 핵심으로 자리 잡게 된 것일까? 소설이라는 글쓰기의 독특한 양식이나 체제로 인해 다른 문화적 요소들보다 우위를 점할 수 있었던 것은 아닐까? 아니면 일종의 프로젝트로서 진행된 중국의 근대 기획의 산물인가? 또 아니면 근대적 문화발전의 보편적인 현상인가? 이에 관해 지금까지 주요 연구는 이를 문화 및 의식 개혁을 중심으로 한 국민국가 수립과 근대화 기획의 산물로서 간주하였다. 그러나 소설의 지위·기능과 관념의 변화가 발생한 시점이 사회개혁운동 및 계몽운동과 중첩되고 상호 연동되었다고 하더라도, 이것을 20세기 초 소설 지위 상승의 직접적이고 주요한 원인이나 동력으로 볼 수 있는가는 여전히 의문이다. 왜냐하면 관념의 변화를 포함하여 문화변동 자체는 훨씬 더 복잡한 계기와 조건 속에서 이루어지며 그 변화의 경로 역시 다양하기 때문이다.

지금까지 20세기 중국 소설의 지위 및 역할 변화와 관련해서 대부분 논자들은 1900년 전후 시점에 주목해 왔다. 그 시기는 청일전쟁과 의화단의 난으로 중국의 정치·사회 방면에서 일대 격변이 일기 시작하던 시기이자, 정치적 담론의 주도하에 문화방면에서도 큰 변화가 일기 시작하던 시점이었다. 상술한 량치차오(梁啓超)의 신소설론은 당시 소설계의 변화를 보여 주는 상징적 의미를 지니고 있다. 일찍이 1900년 전후, 특히 청일전쟁과 그 직후의 무술변법을 중요한 역사적인 전환의 계기로 보고 소설을 포함한 새로운 문학의 변곡점으로 간주하는 관점은 1929년 천빙쿤(陳炳堃)에서 시작된다. 그는 『중국 근대문학의 변천(中國近代文學之變遷)』에서 이 시기를 중국 근대의 시점, 즉 당시의 기준으로 보면 현대문학의 기점으로 규정하였다.[8] 그리고 이어 다음 해에 쓴 또 다른 글에서 무술변법을 기점으로 한 문학의 변화 상황을 다음과 같이 요약하였다.

이전의 이른바 문학은 거의 대부분 시와 고문에 불과했지만, 이 시기에 이르러서 줄곧 말단지엽적인 것으로 간주하던 소설과 사곡(詞曲)이나 민간에서 유행하던 이른바 비속한 가요와 하등의 소설이 모두 문학의 전당으로 오르게 되었으며, 각각 그 마땅한 지위를 갖게 되었다. 이전에는 문학도구인 언어문자가 중요한 문제로 다루어지지 않았다. 그러나 이 시기에 이르러 국어운동과 국어문학운동 그리고 언어문자의 해방이 문학혁명의 중심문제가 되었으며, 심지어 한문의 폐지를 주장하는 사람조차 있었다. 이전의 문학은 단지 사대부의 벼슬을 위한 도구이거나 소일거리, 즉 특수계급의 극소수만이 이용하거나 향유하는 것이었다. 그러나 이 시기에 이르러 문자는 어떻게 해야 대중이 쉽게 사용할 수 있고, 문학도 어떻게 평민의 것이 될 수 있는가 하는 것이 문제가 되었다. 금후에 문학은 민중을 대신해서 고함을 지르고 민중이 자신을 위해 고함을 지를 수 있는 그런 시기가 바야흐로 도래할 것이다.[9]

천빙쿤에 의하면 20세기 초 중국문학에 있어서 큰 변화는 크게 두 가지로 요약된다. 첫째는 기존의 시와 고문 중심의 문학에서 벗어나 지엽적이고 민간에서 유행하던 소설과 사곡 등이 문학의 전당에

---

8 천빙쿤은 그 이유로 무술변법시기에 이르러 팔고문의 무용론이 보편화되었으며, 외국학술을 받아들이기 시작했다는 점을 들고 있다. 陳子展, 『中國近代文學之變遷·最近三十年中國文學史』, 上海古籍出版社, 2000, 5-7쪽.

9 陳子展, 『最近三十年中國文學史』, 上海太平洋書店, 1930, 1쪽. 참고로 무술변법이 본격적으로 진행된 1898년은 천빙쿤이 태어난 해이기도 하다. 그는 1898년 4월 14일 당시 급진적인 사상운동이 한창 전개 중이던 후난(湖南) 창사(長沙)에서 태어났다. 본명이 빙쿤(炳堃)이고 자(子)가 쯔잔(子展)이다.

오르게 되었다. 둘째, 국어운동과 국어문학운동, 언어문자의 해방이 문학혁명의 중심적인 문제였다. 이 가운데 후자는 전자의 근거였으며, 문학혁명의 목표는 평민을 위한 평민의 문학이 되는 것이었다. 천빙쥔의 논지는 5·4 신문학운동을 20세기 초 문학상의 변화조류의 연장선상에서 보고 있으며, 역으로 신문학운동에서 보여 준 문학혁명의 함의를 1900년도 초까지 추소하고 있음을 보여 준다.

그러나 무엇보다도 천빙쥔은 근대문학의 기점을 1900년 전후 시점으로 보면서 그 근거를 문학운동에서 찾고 있다. 이후 매우 보편화된 이러한 시각은 『신소설』로 표상되는 언어와 소설장르에 대한 새로운 인식, 계몽적인 문학운동에 주목하면서도 그것이 지닌 중요한 특징, 즉 잡지라는 미디어 자체에 대해서는 상대적으로 시선을 두지 않는다. 이는 5·4 신문학운동 직후에 발표된 후스(胡適)의 문장도 마찬가지이다. 그의 「중국문학 50년(五十年來中國之文學)」[10]은 20세기를 전후한 시기의 문학상의 변화를 역사적으로 서술한 최초의 글이다. 여기서 그는 1872년 이후 50년간 중국문학의 변화를 논하고 있어 그 서술 시기는 천빙쥔이 1900년 전후시점을 새로운 단계의 시작으로 보는 것과는 다르다. 그렇지만 이는 『신보』의 창간을 기점으로 한 신보관의 요구에 따른 것이지 그가 1872년을 새로운 변화의 시점으로 보는 것은 아니다. 그는 50년간의 변화의 특징을 주로 언어와 사

---

10 胡適, 「五十年來中國之文學」, 申報館 編, 『最近之五十年』, 1923. 이 단행본은 1922년 신보관에서 창립 50주년을 기념하여 1872년 이래 50년 동안 세계와 중국의 각 영역에서의 변화를 전체적으로 조망하기 위해 특별히 기획하여 출판한 것이다. 후스의 이 글은 1922년 4월 4일에 탈고하였지만, 신보관에서 출판한 것은 1923년이었다.

상의 변화라는 관점에서 논하면서 고문의 쇠퇴와 백화의 대두를 가장 중요한 특징으로 삼고 있다. 또 천빙쿤이 1902년 이후 신소설론의 의식적인 운동의 성격을 강조하고 있는 것과는 달리, 후스는 의식적 언어와 문학의 변혁운동은 5·4 시기에 와서 비로소 시작되었다고 보고 있다.

그러나 그의 주장에서 주목을 끄는 것은 50년간의 문학에서 가장 유행하고 세력이 있었던 것은 량치차오(梁啓超)의 글도, 린수(林紓)의 번역도 아닌, 백화소설이라고 보고 있다는 점이다. 그 가운데는 1900년 이후 상하이 등 남방에서 유행했던 이른바 견책소설류 외에도 1880년대 이후 북방지역에서 출판된 백화소설들이 포함되어 있다. 이러한 백화소설의 성행은 문학운동의 직접적인 산물이 아니다. 후스는 5·4 시기 이전 백화소설을 비자의식인 백화문학으로 간주하고 있는데, 이는 19세기 후반 이후 중국 소설의 변화의 중요한 특성을 지적한 것이지만 그러한 변화의 원인이자 조건에 대한 설명은 후스의 문장에서는 찾아볼 수 없다. 천빙쿤처럼 그에게도 근대적 문학은 무엇보다 자의식적 변혁운동이 중요한 요인이었다. 다만 천빙쿤은 1900년 전후부터 5·4 시기까지 백화문학의 성행을 연속적인 문학운동의 과정으로 본 반면, 후스는 그 의식적 운동을 부정하면서 5·4 시기의 신문학운동과 차별화했던 것이다. 이러한 관점은 문학의 근대성을 접근함에 있어서 어떤 단일하고 통일된 성격을 전제로 하고 있다.

중국의 근대문학에 있어서 중요한 역할을 한 천두슈(陳獨秀)는 후스나 천빙쿤과 같이 진화론적이고 5·4 신문화운동을 중요하게 보는 시각은 같지만, 다른 한편으로는 흥미 있는 차이점을 보이고 있다. 그는 일찍이 1916년 「우리 최후의 각성」에서 중국 근대문명의 역사를 서구문명과의 접촉을 통한 자기인식의 변화과정으로 서술하였다. 이를 위해 그는 명대부터 시작하여 1916년 당시까지 전체 7차례의 변화과정을 서술하였다. 그리고 서구와의 접촉이 보다 전면화된 19세기 이후의 과정에 대해서는 크게 아편전쟁에서 청일전쟁, 청일전쟁에서 신해혁명 시기, 그리고 이후의 단계로 설명하고 있다. 이 중 첫 번째는 서구의 군사기술과 과학이 소개되고 수용되던 시기이고, 두 번째는 서구의 정치제도에 대한 승인과 도입을 위한 운동시기이며, 세 번째는 공화제와 입헌제를 중심으로 한 정치제도의 구체적 실행시기이다.

그러나 신해혁명 이후 위안스카이(袁世凱)의 복벽(復辟) 시도에서 보여지는 바와 같이 공화-입헌제의 실행을 위해서는 국민들의 정치와 윤리에 대한 철저한 각성이 필요하다. 그중에서도 윤리적 각성, 즉 중국의 전통적인 예교와 계급제도는 전제정치의 문화적 기반으로서 공화제와는 병립할 수 없다는 인식이 전제되어야 한다. 그에 따르면 19세기 중반 이후 중국의 공화제를 기반으로 하는 국민국가의 건설과정은 서구문명과의 접촉을 통해 세 단계의 사회-문화변동을 이루어 왔다. 처음 군사기술 및 과학의 수용에서 정치제도의 변화, 그리고 마지막으로 윤리적 차원의 변화가 그것이다.[11] 이와 같이 천두슈는 19세기 이후 변화를 근대 국민국가의 수립을 목표로 한 물질, 제도, 의식이라는 세 차원으로의 점차적인 심화과정으로 보고 있다. 마지막 단계의 의식적인 각성과 변화에 의해 기본적인 발전이

11 陳獨秀, 「吾人最後之覺悟」, 『青年雜誌』 第1卷 第6號, 民國5年 2月15日, 1-4쪽.

완성된다는 점에서 세 단계에 대한 시간적인 종술(縱述)방식은 근대 국가를 구성하기 위해 필요한 세 가지 층위로 보아도 무방하다. 그로부터 6년 후, 이와 거의 동일한 시각에서 19세기 중반 이후 중국 사회의 변화를 보다 명료하게 설명한 이는 량치차오였다. 그는 당시 50년 동안의 중국의 진화과정을 서학 및 서구문명의 수용과정에 근거하여 양무운동시기 기물(器物) 층위의 변화에서 무술변법시기 제도 층위, 그리고 민국 초 5·4운동 시기의 문화·사상 층위의 변화로 요약하였다.[12]

량치차오와 천두슈의 이러한 관점은 기본적으로 서구적인 제도와 사상이라는 차원에 주안점을 두고 있고 변화의 주체를 주로 지식인 계층으로 삼고 있다는 점에서, 근대사회의 중요한 특징 즉 '대중'을 중심으로 한 문화시장, 사회의 다양한 계층에서 전개되는 변화양상이 지닌 의미를 간과하고 있다는 비판을 벗어나기 어렵다. 또 5·4 신문화운동의 성과를 정점에 두고 진화론적으로 문화변동을 설명하는 것도 문제지만, 특정한 문화와 사상적 특징을 전제로 그와 다소 다른 차원의 문화적 변동을 간과하면서 기술적 요인과 문화 변동을 분리시키는 것은 5·4 신문화운동 이후 종종 보여지는 중요한 편향적인 시각이다.

그러나 두 사람의 주장을 다른 측면에서 보면 중국의 사회 및 문화의 변화가 단일한 차원이 아닌 다양한 층위에서 발생하며, 이들은 상호작용을 하지만 한편으로는 독립적인 변화의 동력과 논리를

---

12 梁啓超,「五十年來中國進化概論」, 申報館 編,『最近之五十年』, 1923, 1-5쪽.

지니고 있다는 것으로 읽히기도 한다. 사회의 변화를 다양한 문화지층상의 변화를 통해 설명하고 있는 방식, 시간적으로 비동시적인 변화가 중첩되는 과정을 통해 근대 문화를 설명하는 방식은 그것을 이해함에 있어 의미 있는 시사점을 제공해 준다. 여기서 주목할 것은 각 시기 문화변동을 주도하는 지층(들)과 그 변화이다. 천두슈와 량치차오의 상기 세 시기는 사회변동을 주도하는 지층의 차이에 주목한 것인데, 그들은 이러한 중점 지층의 변화를 시간적으로 배열하고 있다. 이러한 시간적인 배열은 그 가운데 근대 프로젝트의 완성을 위한 심화과정이라는 진화론적인 시각이 작용하고 있어 각각의 다양한 지층이 지닌 의미를 평가하는 데 논란의 여지가 있기는 하다. 그렇지만 기물에서 제도로, 그리고 다시 문화로의 주도 지층의 변화는 근대라는 현상을 하나의 중층적인 과정으로 보아야 한다는 점을 역설적으로 시사해 주고 있다. 이에 따르면 근대를 단일한 특정 시기를 기점으로 구분하는 방식에는 문제가 있다. '근대'를 구성하는 여러 요인과 조건들은 각기 다른 시간 축으로 구성되는 일련의 역사과정을 통해 형성된 것이다.

한 시대의 문화를 분석하는 데 중요한 것은 다양한 시간 축을 지닌 문화에 의해 형성되는 중층성을 어떻게 설명할 것인가 하는 점이다. 문화는 다양한 지층으로 형성된 중층적이라는 점과 각 지층은 각기 다른 시간 축을 지니고 있다는 점을 동시에 고려하면서 지층과 지층의 상호작용과 그 과정에서의 새로운 지층의 형성이 전체 문화를 어떻게 변화시켜 가는지를 분석할 필요가 있다. 물론 이러한 변화는 어느 한 방향을 향해 단선적으로 진행되거나 역사발전의 필연적인 과정으로서 진행되는 것은 아니다. 오히려 다양하고 우연적인 요인들의 상호작용에 의해 중층적인 근대가 출현했다고 보는 것이 더 설득력이 있다.

청말 중국에서 진행된 문화변동을 보면 일차적으로는 의식 이전의 물질적이고 기술적인 변화에 의해 추동되는 측면이 더 강하다. 이는 단순히 문화변동을 물질적 조건과 의식적 차원으로 분리하고 전자가 보다 일차적인 중요성을 지닌다는 것을 의미하는 것이 아니라 19세기 이후 문화변동의 중요한 특징의 한 측면을 지적하는 것이다. 이 시기의 두드러진 특징은 끊임없는 다양한 차원의 정치운동을 들 수 있지만, 이와 더불어 중요한 것은 그러한 운동이 기반하고 있는 조건들이다. 이 당시 중국에서의 정치·사상운동은 그 이념적 성격과 동원의 범위에 있어서 보기 드문 것이었다. 그와 더불어 중요한 특징은 동원의 방식과 매개물이다. 여기서 동원 방식과 매개물은 단순한 하나의 수단적인 의미가 아니라 인간의 새로운 사회적인 삶과 소통방식의 변화와 연관된, 이른바 사회·문화적 방면에서의 역사적인 전환을 의미한다. 물론 이러한 변화를 가능케 한 것은 여러 복합적인 요소들이다. 사회문화적 요인과 물질적 요인, 소통과 직접 관계된 매체적 요인 등이 함께 작동한 결과이다. 그중에서도 매체의 변화와 관계된 물질적 측면에서의 변화가 중요하다. 여기서 말하는 물질적 조건이란 구체적으로 말하면 인쇄문화와 직접 관련된 기술과 그 기술을 대중적으로 사회화시킬 수 있는 조건을 의미한다. 인쇄문화는 19세기의 새로운 현상이 아니라 이미 수 세기 전부터 중요한 문화적인 변화를 이끌어 오던 물질적이고 기술적인 요인이었지만, 19세기 후반 중국에서 문화의 전지구화의 한 현상으로서 급속한 혁신을 겪었다. 그 혁신은 사회·문화적 측면에서 볼 때 결코 단순한 하나의 기술적인 요인이 아니라 근대적 사회문화 변동의 주요 동력 가운데 하나였다. 인쇄문화의 대중화는 소설이 문화의 중심적 지위로 부상하는 것과 직결된다.

3. 문화지층으로서의 인쇄미디어

현대사회와 문화를 형성하는 지층은 다양하며 또 각기 다른 장단기 역사적인 시간의 층위로 구성된다. 그럼에도 불구하고 본서에서는 현재의 중국 사회와 문화에 깊이 구조화된 제반 특징이 본격적으로 관찰되는 것은 19세기 후반부터임을 부정하지 않는다. 물론 이것이 현대사회의 기원이 19세기 후반이라는 의미는 아니다. 다만 다양한 기원을 가진 요인과 정치·사회·경제·문화적 지층들이 상호작용하면서 그것도 다양한 사건들의 계기를 통해 이 시기에 본격적인 근대문화의 제반양상을 보여 주고 있다. 그중에서도 본서에서 분석하고자 하는 '소설'은 전례 없는 확장과 더불어 다양한 새로운 현상을 보여 주었는데, 그러한 현상에 직·간접적인 영향을 미친 요인은 매우 다양하다.

모든 소설 관련 새로운 현상이 출현할 수 있었던 전제는 소설의 대중화였다. 20세기 초 중국에서 소설의 사회·문화적 지위의 향상, 직업작가의 등장, 소설 독서의 일상화, 소설관념의 변화 등 중요한 현상은 모두 소설의 대중적인 확산을 기반으로 하고 있다. 소설 자체가 성격상 대중적인 문화이기 때문에 이를 19세기 후반 이후의 특징으로만 단정지을 수는 없다. 하지만 그것을 향유하거나 소비하기 위해서는 필사본은 말할 것도 없고 인쇄물 형식의 책자일 경우 더더욱 일정한 경제적인 능력과 식자능력이 요구된다. 이는 소설이 대중적인 문화이기는 하지만, 현실에서는 일정한 조건하에서만 가능하다는 것을 의미한다. 당연히 대중화라는 개념도 매우 상대적인 의미이다. 중국 사회 전체를 놓고 본다면 대중화의 원숙한 조건 즉 국민 다수가 식자층으로 이루어진 시기, 혹은 기층 노동자 및 농민을 포함한 다수의 국민이 상업적인 문화를 대량 소비할 수 있는 시기는 20세기 후반에 와서야 가능했다.

그러나 제한적인 의미이기는 하지만 대중화라는 것이 하나의 과정이라고 한다면, 19세기 후반은 또 하나의 변화 시점으로 볼 수 있으며 문제는 그 변화의 내용과 성격이 무엇인가 하는 점이다. 청말 소설시장의 확대는 몇 가지 측면에서 주목을 요한다. 그 이유는 소설시장의 확대가 소비능력과 식자능력의 절대적인 증대와 관계없이 진행되었기 때문이다. 이는 서구 근대문학의 형성에 있어서 위의 두 조건이 전제 조건이거나 동시적으로 진행된 것으로 간주되는 점과는 대조적인 것으로 유의할 필요가 있다. 비록 독자층의 소비능력 향상은 이루어지지 않았지만, 도서 출판 기술의 변화가 잠재적인 독자층을 실제 독자로 이끌어 냄으로써 소설의 대중화를 가능케 할 수 있었다. 19세기 후반 석인술을 비롯한 인쇄술의 개선과 발전은 기존 출판계에 전례 없는 새로운 변화를 가져왔다. 출판비용의 절감과 편의성, 그리고 출판물 형식의 다양화는 송대부터 점진적으로 발전해 오던 인쇄문화에 있어 새로운 인쇄·출판 개념의 출현을 의미하였는데, 그중에서도 중요한 것은 인쇄문화의 대중화였다.[13]

근대 '문학', 특히 소설과 관련하여 문화지층이라는 측면에서 우선 주목되는 것은 인쇄문화이다. 이는 소설이라는 것이 역사적으로 연행(演行)과 읽기, 구전과 기록을 통해 존속해 왔지만, 인쇄물을 매개로 한 동시적이고 대량적인 독서를 통해 비로소 대중적인 저변의 확대가 가능했기 때문이다. 인쇄문화의 역사와 근대문화가 완전히 오버랩되지는 않지만, 근대문화 특히 문학에 있어서 인쇄문화의 변화는 매우 중요한 의미를 지닌다. 이는 단순히 문학의 물질적 기반으로서 인쇄문화의 필요불가결한 조건을 가리키는 것이 아니라, 인쇄문화상의 일정한 변화가 문학의 중요한 변화를 촉진시켰다는 것을 말한다. 그 결과 혹자는 인쇄문화의 일반적인 특징과 근대문화를 동일시하기도 한다.[14] 이에 대해 본서에는 인쇄문화를 근대문화와 동일시하지는 않지만, 전자를 후자의 중요한 문화적 지층으로 간주한다. 이는 중국의 근대문화가 중국의 보다 긴 역사적 시간 축을 지닌 지층 위에 세워져 있음을 의미한다. 다만 하나의 문화지층이 근대문화를 만들어 내지 않는 것처럼 인쇄문화와 소설의 관계는 보다 심도 있는 세밀한 분석이 필요하다.

청말 중국 소설의 변화와 직접적으로 관련된 것은 무엇보다도 새로운 미디어의 출현과 그 환경의 변화이다. 미디어 환경의 변화는 새로운 인쇄기술에 기반해 있지만, 이외에도 보다 다양한 조건 및 요

---

13 서구에서도 19세기 후반에서야 비로소 오프셋 인쇄술(Offset Lithography) 등에 의해 출판 경비의 절감과 출판방식의 간편화, 그리고 식자층 비율의 향상 등으로 독자층이 대중화(중간계층과 노동자 계층)되었으며, 값싼 대중독서물인 문고판(Paperback)이 크게 유행하였다. Richard Campbell, Christopher R. Martian, and Bettina Fabos, *Media & Culture*, BEDFORD/ST. MARTIN'S, 2012, pp. 287-297.

14 엘리자베스 L. 아이젠슈타인 저, 전영표 역, 『근대유럽의 인쇄미디어 혁명』, 커뮤니케이션북스, 2008.

소들과 관계가 있다. 새로운 출판문화와 소통체계는 인쇄기술 이외에도 더 복합적인 미디어 환경을 토대로 삼고 있다. 그중에서도 이른바 '보간(報刊)', 즉 신문·잡지는 글쓰기의 방식에 일대 혁신을 가져온 사건이었다. 상업적인 신문과 잡지는 그 자체가 대중을 주요 대상으로 삼고 있다는 점에서 인쇄문화의 '대중화'를 위해 중요한 기능을 하였다. 그러한 의미에서 신문과 잡지는 소설의 가장 강력한 경쟁자임과 동시에 상호 추동적인 매체이기도 했다. 동일한 인쇄매체라는 의미에서 신문·잡지와 소설은 상호보완과 협력의 공간을 발견하였지만, 한편으로는 그러한 공간을 통해 소설과 비소설의 차이를 드러내는 방식을 발견하기도 하였다. 처음부터 '미디어'임을 선언한 신문·잡지와 다르기는 하지만, 소설이라는 글쓰기 자체가 20세기 초부터 새롭게 주목받고 소설의 사회적 지위를 크게 제고시키게 된 것은 소설의 매체적인 성격 때문이기도 하다. 다시 말해 20세기 초 대부분의 신소설 담론이 소설을 매체로 간주하고 접근하고 있다는 점은 매우 시사적이며 주목할 필요가 있다.

소설이 매체라는 관점은 모든 문(文)을 미디어의 한 형식으로 간주하는 광의의 매체관념과는 관계없이 그 당시 중국의 사회적인 필요에 의해 제기된 시각이다. 이는 얼핏 중국의 전통적인 "문이재도(文以載道)"라는 관념을 연상시키지만, 후자가 주로 문(文)의 존재 의의로서 도(道)의 중요성을 강조한 것과는 달리 매체로서의 소설의 관점은 소설이라는 문(文)의 독특한 매체적인 성격에 대한 재인식과 밀접한 관계가 있다. 신소설에서 주로 강조한 것이 새로운 관념과 내용 즉 도(道)이기는 하지만, 그 전제는 소설이 지닌 독특한 대중적인 매체 성격이었다.

물론 5·4 신문학운동시기 소설론에서 일부 소설장치와 내용에 대한 보다 깊은 논의를 진행하였지만, 소설의 매체적인 특성은 일종의 주요 이념의 매개체의 차원으로 회귀하고 있을 따름이다.[15] 이는 그 시기에 '문학'이 의식적으로 신문·잡지의 저널리즘 내지 대중적인 형식과는 일정한 거리를 두면서 사상과 의식 차원의 문의 가치를 보다 더 지향했던 것과 상관이 있다. 이는 소설의 기능보다도 소설이 지향해야 할 이념적 성격을 더 중시한 것으로, 기능성에 함몰될 경우 이른바 '통속문학'과 같이 문학이나 소설을 타락시킨다고 보았다. 요컨대 5·4 신문학운동 이후에도 소설의 매체적인 성격에 대해서는 여전히 주목하고 있지만, 담론상에서 그 특성이 전제로 상정되고 있을 뿐 주로 내용에 치중한 논의가 중심을 이루고 있다.

그럼에도 불구하고 중국 근현대 사회에서 소설이 기반하고 있는 매체로서의 성격은 여전히 사회문화적 논쟁의 주요 주제였다. 그 이유는 소설의 매체성은 정보나 사상의 전달이라는 도구적 기능보다도 그것의 대중친화적인 성격에 있기 때문이다. 사회적인 위기하에서 소설의 매체적 성격을 소홀히 할 경우, 그 자체의 사회적 지위나 가치에 대한 회의와 문제가 제기되었다. 이를 간단히 대중성과 인문성의 갈등으로 볼 수 있는가는 더 논의가 요구되지만, 적어도 근대 이후 소설이 전체 사회문화 속에서 처해 있던 역설적인 위치를 잘 설명해 준다. 1990년대 이후 인문학과 더불어 문학의 위기가 제기된 데에는 새로운 대중적인 미디어 환경의 변화와 결부된다는 것을 인정

---

15 이에 대해서는 Marston Anderson, *The Limits of Realism: Chinese Fiction in the Revolutionary Period*, University of California Press, 1990 참고.

한다면, 19세기 말 이후 소설과 근대 미디어의 관계, 그리고 그 자체의 매체적인 성격에 대해 보다 세밀한 주의가 필요하다.

소설과 근대 미디어의 관계가 지닌 의미는 소설 자체의 특성과 사회적 지위의 문제에 그치지 않는다. 이미 많은 연구에서 지적하고 있는 바와 같이 신문·잡지는 20세기 문학제도와 관련하여 중요한 기능을 수행하였다. 이른바 직업작가의 형성과 소설시장의 활성화, 독자층의 형성, 그리고 소설창작 방면에 이르기까지 신문·잡지는 다양한 측면에서 소설을 중심으로 한 문학제도의 형성을 주도하였다.

4. 미디어 간의 상호매개: 소설과 신문·잡지

최근에 청말 이후 중국의 인쇄미디어와 문학, 특히 소설과의 관계에 관한 연구가 활발히 진행되고 있다. 그중 대부분의 연구들은 미디어와 문학을 구분하고 문학의 사회·문화적 환경으로서 미디어의 역할에 주목하고 있다. 그런데 중국에서 미디어 환경의 급변과 소설의 사회적 지위 향상이 진행되던 이 시기 소설과 신문·잡지에 대한 관념이 현재와는 사뭇 달랐다는 점을 유념해야 한다. 중국에서 현재와 같은 소설과 미디어에 대한 관념이 사회적으로 보편성을 획득하게 된 시점은 1910년대 후반에 이르러서이다. 그전까지 소설과 신문매체 각각의 개념적 경계는 복합적인 의미에 의해 중층적으로 형성되었고 그 고유한 서사방식과 양식 또한 폭넓고 복잡한 경계영역을 지니고 있었다. 그럼에도 근대소설이 미디어와 맺고 있는 특유의 관계성과 그 의미는 오히려 19세기 말에 보다 명확하게 보여지고 있다.

더욱이 이 시기는 소설의 미디어적 성격과 신문의 '소설'적 성격이 두드러져 양자 간의 관계는 그만큼 밀접하다. 기능상에 있어서 소설과 신문의 상호 연관성은 20세기 소설의 전체 역사를 통해 기본적으로 유지되고 있다. 이러한 특징을 기존과 같이 미분화 상태라거나 과도기적 상태로서 규정하는 것은 20세기 중국 소설이 지닌 모종의 근본적인 특징을 은폐시키는 것이다. 역사적으로 볼 때 1910년대 후반 소설의 경계 분화 즉 허구라는 관념에 기반한 소설의 분화는 보편적이라기보다 오히려 하나의 특수한 형태에 더 가깝다고 할 수 있다.

소설과 신문매체는 기본적으로 서사를 기본 형식으로 한다는 점에서 유사성을 지닌다. 서구의 근대적 의미에서 소설과 신문은 허구와 사실이라는 성격이 전혀 다른 내용에 의해 구분되며 두 양식이 서로 혼합되는 것에 대해 매우 비판적이다. 허구성이라는 것은 근대 서구 소설미학의 중요한 핵심 개념이며, 소설문학을 비소설적인 글쓰기로부터 구분하는 중요한 분화원리이다.[16] 신문 역시 기본적으로는 사실적인 정보를 전달하는 매체로 간주되며, 그 일부로서 게재되는 비사실적 내용은 사실적인 정보를 추구하는 독자의 독서취향을 보조하기 위한 수단으로 간주된다.[17] 그러나 앤드루 플랙스(Andrew H.

---

16 지크프리트 슈미트 지음, 박여성 옮김, 『구성주의 문학체계이론』, 책세상, 2004, 제11장 참고.

17 뉴스를 사실 그 자체로 보는 관점이 여전히 존재하기는 하지만 이에 대한 비판도 매우 다양한 시각에서 이루어지고 있다. 이에 대해서는 김영욱, 『저널리즘의 객관성』, 2002, 제2장, 16-47쪽; Michael Schudson, "The Sociology of News Production," *Media Culture Society*, 1989. 11. pp. 263-282 참고. 또 신문과 소설의 관계와 관련하여, 저널리즘에서의 사실성 관념의 형성 과정에서 리얼리즘과 자연주의의 문학사조

Plaks)에 의하면, 중국에서 서사적 글쓰기는 기본적으로 역사적 글쓰기로부터 시작하며, 소설이란 그러한 역사서술의 범주 내의 것으로 단지 내용적인 측면에서 일정한 차이가 있을 뿐이다.[18] 정사(正史)와 야사(野史), 역사적인 사건과 인물을 소재로 한 서사로부터 현실적으로 존재할 것 같은 허구적인 서사까지 모두 인간의 가능한 삶의 경험에 대한 시·공간적 모방이라는 점에서 일맥상통하는 면을 지니고 있다는 것이다. 서사가 다양한 장르를 포괄하는 개념이라는 것은 새로운 것이 아니지만, 중국에서의 특징은 다양한 장르들 사이의 경계가 그렇게 엄격하지 않았으며, 그 결과 다양한 서사적 장르 사이의 넘나들기가 매우 일반적인 현상이었다는 점이다.

이러한 중국의 서사전통의 관점에서 볼 때, 19세기 말 신문이라는 형식이 처음 도입되었을 때부터 곧 사실과 허구라는 이원적인 분류방식으로 신문과 소설을 구분했다고 볼 수는 없다. 신문=사실, 소설=허구라는 등식은 Novel=소설(小說)이라는 의미등가식 만큼이나 극히 가설적인 것일 뿐이며 그러한 가설이 보편화되기까지도 상당한 시간이 소요되었다. 이는 소설과 신문을 구분하는 또 하나의 중요

의 영향에 대한 최근의 연구도 흥미로운 점을 제시해 준다. 이충환, 『저널리즘에서 사실성』, 커뮤니케이션북스, 2013; Michael Schudson, *Discovering the News: A Social History of American Newspapers*, New York: Basic Books, 1978.

18 앤드루 플랙스(Andrew H. Plaks), 「중국서사론」, 김진곤 편역, 『이야기·소설·Novel-서양학자의 눈으로 본 중국소설』, 예문서원, 2001, 119쪽; 浦安迪(Andrew H. Plaks), 『中國敍事學』(北京大學講演錄), 北京大學出版社, 1996, 4-14쪽 참고. 또 중국 고대 서사(敍事) 문장의 원류와 역사의 관계에 대한 간략한 설명은 楊義, 『中國敍事學』, 人民出版社, 1997, 10-16쪽; Hsiao-peng Lu, Sheldon H. Lu, *From Historicity to Fictionality: The Chinese Poetics of Narrative*, Stanford University Press, 1994, pp. 37-74(류사오펑 저, 조미원 역, 『역사에서 허구로: 중국의 서사학』, 길, 2001) 참고.

한 개념인 미디어에 대해서도 새롭게 접근할 필요가 있음을 말해 준다. 사실과 허구의 영역을 넘나드는 다양한 서사적 글쓰기 방식이 중국에서 매우 보편화되어 있던 상황에서, 새로운 미디어 형식으로서의 신문은 그 형식에 있어서 명확한 차이가 있음에도 불구하고 중국 기존의 서사적 글쓰기와 그 물질적·형식적 조건을 고려하지 않을 수 없었다. 따라서 중국에 처음 대중적인 신문이 등장하기 시작했을 때, 그 새로운 인쇄미디어가 중국의 기존 글쓰기 방식과 관계를 어떻게 설정할 것인가 하는 것이 중요한 문제로 대두되었다. 그리고 그것이 택한 방식은 중국의 전통적인 서사적 글쓰기를 새로운 신문이라는 양식과 매체로써 재매개하는 것이었다.[19] 이는 신문의 발행인·편집자 및 기자와 같은 생산·공급자 측에서 의식적으로 취한 방식이기도 했지만, 새로운 미디어 양식에 낯선 독자층의 입장에서 더더욱 그러하였다. 독자들이 낯선 미디어를 수용하고 나아가 이에 참여하기 위해서는 우선 자신들의 독서 및 글쓰기에 대한 사회적 관념과 방식으로 해석 가능하게 분류할 수 있어야 했다.

그러나 일단 신문이라는 매체가 읽기와 쓰기의 관습을 형성하고, 전통적인 요소의 재매개 이외에 새롭게 덧붙여진 역할이 사회·문화적으로 보편적인 의의를 획득하고부터는 그 역방향의 재매개가 시도되었다. 중국에서 19세기 말 이후부터 사회적인 정보를 전달하는

19 여기서 '재매개'란 한 미디어가 갖고 있는 속성을 취해 그것을 다른 미디어에서 활용하고 표상하는 방식을 일컫는다. 새로운 미디어는 기존의 미디어에 의존하고 그것을 대체하기도 하며, 20세기 문화는 전통적인 예술이 미디어화하는 과정으로 축약될 수 있다. 제이 데이비드 볼터·리처드 그루신 지음, 이재현 옮김, 『재매개: 뉴미디어의 계보학』, 커뮤니케이션북스, 2006, 53, 66쪽.

매체로서의 신문의 역할이 커지고 또 전체 독자층이 확대됨에 따라 역으로 소설과 같은 서사적 글쓰기가 신문·잡지에 주목하기 시작하였다. 그 결과 신문과 소설은 작자(편집자와 기자, 소설작가)와 독자층이 상호 중첩될 뿐만 아니라 사회적인 메시지를 전달함에 있어서도 상호 경쟁 및 상호 매개가 본격적으로 진행되었다. 소설과 신문·잡지가 19세기 말부터 사회·문화적 방면에서 가장 영향력 있는 매체였다는 점에서 양자 간의 상호매개(재매개)는 각각의 근대적인 성격 형성에도 깊게 각인되어 있다.

이 시기 소설과 신문 양자의 관계가 지니는 역사적인 의미는 서사양식으로서 양자 특유의 내적 구조의 특성을 통해서도 드러나지만, 더 주요한 것은 매체로서의 소설과 신문의 관계 속에서 더 잘 보여 준다. 소설은 느슨하지만 양식화된 일종의 시각으로, 20세기 이후 출현한 다양한 미디어가 그러한 것처럼 세계를 매개하여 인간에게 제시하여 보여 준다. 소설은 그 자체가 다름 아닌 하나의 시각이자 매체적인 기능을 한다고 할 수 있다.[20] 당시 중국에서 소설과 신문

20 미디어란 메시지를 일정한 경로를 통해 전송 가능한 부호로 전환시키는 기술적이고 물질적인 도구라고 보는 존 피스크(John Fiske)는 미디어를 다음과 같은 세 가지 유형으로 구분하였다. 목소리(언어), 얼굴(표정), 신체(제스처)와 같은 표현적 미디어(presentational media), 책, 그림, 사진, 건축, 인테리어 등과 같이 문화적·심미적 관습을 통해 '텍스트' 형태로 만들어지는 재현적 미디어(representational media), 그리고 라디오, 전화, TV, 텔렉스 등과 같은 기계적 미디어(mechanical media)가 그것으로, 그에 의하면 소설이나 신문은 동일한 재현적 미디어에 속한다. 그의 이런 관점은 서사를 다양한 제시적(presentation) 방식 즉 디스플레이 형식(display mode)으로서, 일종의 매체로 파악하는 토머스 레이치(Thomas Leitch)의 견해와 유사하다. John Fiske, *Introduction To Communication Studies*(Second edition), Routledge, 1990, p. 18; Thomas M. Leitch, "Narrative as a Display," *What Stories Are: Narrative Theory and*

의 상호관계를 이해하는 데 이러한 매체로서의 소설이 신문과 맺는 방식을 고찰하는 것은 매우 중요하다. 소설의 지위 상승의 한 계기가 되었던 당시 계몽지식인들의 소설에 대한 호출이 기반하고 있는 것은 소설이 신문과 유사한 성격을 지니고 있으며 전파력이 강한 서사 매체였다는 점이었다. 이는 당시 신소설을 위한 이론적인 작업은 물론 직접적인 창작 주체들이 신문·잡지와 밀접한 연관 속에서 활동하던 사람들이라는 점에서도 잘 드러난다. 그들은 계몽적이고 상업적인 동기하에 각각 근대지식과 감성, 이념, 그리고 사회의 문제점을 서사적인 언어코드로 전환하는 활동을 전개하였다. 그런 의미에서 소설의 창작활동을 신문·잡지 등의 미디어에 대한 참여활동의 연계선상에서 분석하는 것은 당시 소설과 그와 관련된 활동의 의미를 이해하는 데 매우 중요하다.

5. 인쇄미디어와 '문학장'의 형성

소설이든 신문·잡지든 당시 미디어에의 참여활동이 가능하기 위해서는 더욱 확장되고 개선된 시장 및 유통·통신 체계의 확립과 글쓰기 활동을 전업 혹은 비중 있는 부업으로 할 수 있도록 지식인들을 이끌어 낼 수 있는 사회문화적 기반이 성숙되어야 했다. 그중에서도 인쇄 및 출판시장의 확장은 가장 직접적인 선결조건이었다. 20세기 초

Interpretation, Pennsylvania State University Press, 1986, pp. 18-41.

는 이러한 조건들이 구비되고 급속히 확장되던 시기였다. 이 시기 인쇄미디어 시장을 급팽창하게 한 요인은 기술적이고 물질적인 요인만이 아니었다. 새로운 미디어가 자리 잡기 위해서는 우선 기존의 지식과 문화적인 내용을 새로운 방식으로 확대 재생산하거나 이전에는 없었던 새로운 내용들을 창출할 수 있어야 한다. 중국에서도 뉴스 혹은 정보라는 새로운 내용 이외에 보다 저렴하고 독자 친화적인 방식으로 기존의 작품들을 재생산함으로써 새로운 미디어의 지위를 확립함과 동시에 인쇄출판 시장에 부응하고자 하였다.

그러나 기존의 것의 재생산 방식으로는 곧 독서대중의 수요를 확대하는 데 한계에 직면했는데, 그 한계를 극복할 수 있었던 것은 서구와 일본을 통해 새로운 지식이 급격히 유입되면서 신학(新學)과 교과서 및 실용적인 도서들의 출판이 붐을 이루었기 때문이었다. 이는 출판시장의 경쟁을 가열시키는 결과도 초래했지만, 다른 한편으로는 출판시장의 규모를 확대시키고 새로운 독자층을 만들어 내는 데 중요한 기여를 하였다. 물론 이러한 시장의 변화에 국가적인 차원의 제도적이고 정책적인 변화가 큰 역할을 했다는 것은 의심의 여지가 없다. 과거제도의 개혁과 학당의 설립, 정치제도의 개혁을 포함한 사회 각 분야에서의 변화는 그 변화의 내용을 이해하고 시대적인 조류를 놓치지 않으려는 독자층들을 독서시장으로 끌어들였다.

이와 더불어 인쇄미디어의 확대를 가져온 또 하나의 중요한 요인은 국가와 사회의 위기에 따른 국민적인 관심사와 이슈의 출현이었다. 중불전쟁, 청일전쟁과 무술변법, 의화단의 난, 러일전쟁 등과 같이 19세기 말부터 연이어 발생한 중요한 사건들 외에도 지식과 문화, 일상적인 생활에서 국가적인 사안에 이르기까지 전지구화에 따른 새로운 정보자원의 급증은 중국의 미디어가 급성장할 수 있는 계기가 되었으며 독자층의 독서태도와 관심사 방면에도 큰 변화를 야기하였다. 이러한 국가와 사회적인 위기는 직접적으로 지식인과 일반 국민들의 의식을 변화시켰을 뿐만 아니라 범국민적인 계몽운동의 직접적인 계기이기도 하였다. 그 결과 사상적, 의식적 계몽에서 가장 중요한 경로인 인쇄 및 구술 미디어의 확산이 이루어졌다.

여기서 주목할 것은 이 시기 이후 중국에서의 정치·사상운동 및 대부분의 사회문화 운동은 상업적인 경로와 네트워크를 통해서 진행되었다는 점이다. 상업적인 미디어와 그 유통체계를 통하지 않은 계몽과 정치운동은 성공할 수 없었다. 사회변화를 추구하는 모든 활동내용은 결국 미디어와 상업적인 활동 경로로 집중되면서 출판 및 인쇄시장은 다양한 차원의 이념과 서사양식, '텍스트' 등이 공존하며 시장을 분할하였다. 따라서 신문·잡지를 비롯한 미디어의 변화는 결코 단순히 20세기 소설의 문화적, 미디어적 환경으로만 간주할 수 없다. 오히려 위와 같은 독자층 및 그 독서태도의 변화, 지식계몽과 정치적인 선전의 중요성에 따른 인쇄미디어의 대대적인 확대는 소설의 호출과 지위 향상의 전제조건이 아니라 소설의 성격을 규정하는 그 자체 내용이었다. 소설은 다른 인쇄미디어, 다양한 서사양식의 미디어와 더불어 상호 연동하여 함께 호출되었다. 이러한 의미에서 소설의 생산과 가공, 유통의 체계는 물론 소설을 둘러싼 '문학장'의 형성이 집중적으로 표현된 곳은 신문·잡지를 정점으로 한 인쇄미디어가 형성하는 공간이었다.

따라서 본서에서는 20세기 초 중국 근대소설의 형성과정에서 이러한 신문·잡지 미디어의 역할과 더불어 소설의 미디어 성격을 분석하고자 한다.

제2장에서는 청말 새로운 미디어인 신문·잡지가 중국에서 수용되는 방식과 그 의미를 고찰한다. 신문·잡지는 기본적으로 서구에서 도입된 미디어이지만, 글쓰기라는 관점에서 볼 때 이는 중국에서 새로운 것이 아니라 또 다른 형식의 필기문학에 가까웠다. 19세기 말 중국에 신문·잡지가 처음 도입된 시기부터 언론과 학술매체로서 특수한 의미를 지니게 된 것은 아니었다. 그보다는 편집자의 거듭된 주장에도 불구하고 처음에 전통적인 필기의 문(文)이 확장된 형태로 출발하였으며, 소위 사회학적인 개념의 '언론'이라는 특수한 의미가 부여된 것은 20세기에 들어서면서부터였다. 따라서 19세기의 신문과 필기, 그리고 소설의 관계는 상호 중첩될 뿐만 아니라 그 경계가 매우 모호하였다. 다른 한편으로는 신문이 사실보도와 같은 언론의 기능을 강화하고 국가적인 사회이슈가 대두되면서 사회현실을 소재로 한 글쓰기가 유행하기 시작했다. 이 과정에서 새로운 소설류의 작품들은 이른바 저널리즘적인 글쓰기 양식인 신문체(新聞體)의 영향을 받기도 하였다.

제3장에서는 새로운 인쇄미디어의 기술적, 물질적 조건하에서 소설의 흥기과정을 서술한다. 1890년대 중반 중국 도서시장과 출판계가 직면한 곤경의 원인을 분석하면서 석인술 등 새로운 인쇄술의 도입이 어떻게 소설출판과 읽기를 촉진시키고 동시에 출판문화를 왜곡시켰는지를 분석한다. 그리고 19세기 말 사회 및 정치상의 변화가 야기하는 새로운 독서취향의 출현과 그것에 대한 출판계 및 도서시장의 반응을 살펴볼 것이다.

제4장에서는 새로운 지식과 문화의 창출 방식으로 대두된 번역

혹은 역술(譯述)이 어떻게 출판의 임계상황을 완화시키고, 나아가 급속한 문화적 변화를 이끄는지를 분석한다. 특히 린수의 역술의 경우를 통해 소설이라는 것이 단순히 하나의 작품이 아니라 서구소설이라는 문화를 번역하는 의미를 지니고 있음을 살펴보고 문언을 사용한 번역소설이 어떻게 소설을 전체 문(文)의 중심에 자리 잡게 할 수 있었는지를 고찰한다.

제5장에서는 정치소설을 비롯한 신소설이 미디어로서의 소설 관념으로부터 출발하고 있다는 점과 신소설의 소설개념이 기본적으로 전통적인 설부 개념에서 크게 벗어나지 못했다는 점을 서술한다. 정치소설은 단순히 계몽도구의 관념소설이라고 치부하기보다는, 당시 시대적 맥락에서 신문·잡지가 만들어 낸 새로운 미디어 개념이 소설과 결합되면서 나타난 것이다. 20세기 초 정치소설이 지닌 의미는 일본으로부터 도입된 관념이기에 앞서 당시 중국의 미디어 문화 상황을 배경으로 하고 있다.

마지막으로 제6장에서부터 제8장까지는 20세기 초 중국에서 소설 독자층의 실제 상황과 새로운 소설작가군이 등장하게 되는 과정을 살펴본다. '신소설'이 여성과 아동, 기층대중을 겨냥하여 소설의 역할을 강조하였지만, 실제로는 학생층을 제외하면 여전히 다수 여성과 기층대중은 소설 '독자'에서 소외되어 있었다. 또 작가의 형성에서 이 시기 작가들이 개인적인 창작자로서보다도 하나의 긴밀한 인적 네트워크를 중심으로 활동하고 있음을 주목하여, 주요 소설잡지를 중심으로 형성된 작가들의 공론장과 그것이 소설 창작 및 번역에 미치는 영향을 고찰한다. 또한 저작권료가 제도화되고 원고료가 소설 창작을 위한 새로운 시장원리로 되면서 소설가들이 직업화되는 과정을 서술한다. 이상의 분석을 통해 본서에는 20세기 초 중국에서의 소설이 그 관념과 제도, 상업성 및 계몽성 모든 측면에서 신문·잡지라는 근대적인 미디어에 기반하고 있음을 확인하게 될 것이다.

제2장 '신문' 미디어의 재매개

1. 장기 20세기 중국문학

청일전쟁을 전후한 시기는 중국의 사회와 문화에 있어서 새로운 전환점 가운데 하나이다. 19세기 중반부터 진행되어 온 중국의 일련의 변혁이 청일전쟁의 패배로 그 한계를 드러냄에 따라 보다 근본적인 개혁의 목소리가 등장하면서 정치·사회와 학술·사상적 측면에서 급진적인 변화가 나타나기 시작하였다. 무술변법을 중심으로 한 이러한 변화는 물론 그 이전부터 진행되어 온 일련의 변화의 연속선상에서 이해되어야 하지만, 변화의 깊이와 폭에 있어 새로운 시작을 의미한다는 점에서 또 하나의 시대적 결절점이라고 할 수 있다.

그렇다면 여러 방면에서의 새로운 변화운동은 '문학'이라는 문화적, 제도적 측면에서는 어떤 관계를 지니고 있었는가? 후자의 측면에서도 이 시기는 새로운 변화의 결절점이라고 할 수 있는가? 19세기 말이라는 시기는 전체 역사과정에서 극히 짧은 시간이지만, 20세기 초 '문학'적 측면에서의 새로운 변화는 무술변법으로부터 시작되는 일련의 시대적인 변화와 동보적으로 진행되었다. 일찍이 서사양식의 변천과 신소설의 형성을 중심으로 20세기 초기 중국 소설을 분석한 천핑위안(陳平原)은 분석대상의 시점을 1897-1898년을 상한선으로 설정하였다. 그가 이 시점을 주목한 것은 '신소설' 현상이 출현하게 된 문제의식과 작품의 발표가 이 시기부터 시작되었다고 보았기 때문이었다. 1897년 캉유웨이(康有爲)를 비롯하여 샤청유(夏曾佑) 및 옌푸(嚴復)가 연이어 소설의 계몽적이고 교육적인 효과에 주목한 것, 그리고 1898년 말에 『청의보(淸議報)』에 량치차오가 번역한 정치소설 「가인기우(佳人奇遇)」가 연재되고, 또 같은 시기에 린수(林紓)와 왕서우창(王壽昌)이 프랑스 소설을 번역한 『파리 동백꽃 아가씨 이야기(巴黎茶花女遺事)』(1899)의 출판 등이 20세기 초 '신소설' 출현의 새로운 역사적, 사상적인 맥락이자 구체적인 표지라고 보고 있다.[1]

'신소설'의 출현에 대한 그의 이러한 설명방식은 서구문학의 수용을 통한 중국문학의 세계화, 그리고 문학적인 언어구조를 중심으로 한 예술적 사유의 근대화라는 관점에서 중국 근대문학을 설명하던, 1980년대의 이른바 "20세기 중국문학론"의 대표적인 시각이다.[2] 즉 외국소설의 서사방식의 차용과 소설에 대한 새로운 '자각적'인 의식과 태도를 '신소설'의 주요한 표지로 간주하고 있다. 이는 '신소설'의 출현을 주로 정치적이고 관념적인 층위에서 설명하던 이전의 주요 관점을 넘어 의식적인 차원과 창작상의 서사양식 변화를 동시에 고려한 설명방식이라고 할 수 있다. 천핑위안은 20세기 초 '신소설'의 출현 조건으로 정치성(계몽성), 문학성과 더불어 제도적 차원과 상

---

1 陳平原, 『二十世紀中國小說史(第1卷)』, 北京大學出版社, 1989, 제1장 "新小說的誕生"; 천핑위안 저, 이종민 역, 『중국소설의 근대적 전환』, 산지니, 2013, 제1장 "서론" 참고.

2 黃子平·陳平原·錢理群, 「論"二十世紀中國文學"」, 『文學評論』 第5期, 1985.

업적 기제를 중요하게 평가하기도 하였다. '신소설'이 시대적인 조류로 자리 잡고 이후 20세기 문학 형성의 출발점이 될 수 있었던 것은 소설가의 직업화와 신소설의 상품화 경향이 중요한 역할을 했다는 것이다.[3]

이러한 계몽성 및 정치성과 상업성, 그리고 문학성(작품의 내적 구조)의 변화가 '신소설'이 출현할 수 있었던 중요한 조건이자 요인이었다는 점은 부정할 수 없다. 그러나 천핑위안의 관점에서 문제적인 것은 그의 역사의식이다. 그는 '신소설'의 다양한 요인을 통해 보다 전면적인 설명방식을 취하고 있지만, 그가 제기하는 주요 요인은 1920년대에 와서 보편화되기 시작한 소설관념과 창작경향을 전제로 한 것이며, 그러한 관념과 경향성을 시간적으로 추소(追溯)하는 역사의식을 보여 주고 있다. 이러한 역사를 위한 사후 검증방식은 역사의 변화 속에서 창조성을 읽어 내는 것이 아니라, 이른바 목적론적 서사에 입각하여 역사의 구체성과 그 의미를 구속하는 것이다. 천핑위안의 관점은 1980년대 중국 학술사상계의 계몽이라는 문제 상황에서 의미를 지님과 동시에 그 한계성을 지닌다고 할 수 있다.

20세기 '문학'을 설명하는 데 핵심적인 성질로 제기되는 정치성, 문학성은 분석개념이기 이전에 그 자체가 설명되어야 할 개념이며, 확정된 개념이라기보다는 담론의 장에서 논쟁에 참여하는 다원적인 의미군(意味群)에 가깝다. 정치, 문학 개념은 당시 그 의미가 정

---

3 陳平原, 『二十世紀中國小說史(第一卷)』, 北京大學出版社, 1989, 제3장 참고. 천핑위안의 이러한 근현대문학 연구시각은 1990년 이후 중국 근현대문학 연구의 일정한 방향을 제시했다는 점에서 보다 심도 있는 비판적인 고찰이 필요하다.

착되어 가는 과정에 있었으며, 현재적 의미와 당시의 의미 사이에는 적잖은 간극이 존재한다. 또 정치와 상업, 문학은 서로 다른 개별적인 의미영역을 가지면서도 실제 현실에서는 상호 연계적인 혹은 상호 조건적인 관계를 이루고 있었다. 중요한 것은 20세기 초 이러한 개념들의 상호연관을 어떻게 설명할 것인가 하는 점이다.

이러한 점에서 볼 때 이 시기 중국의 새로운 변화과정 중에 주목되는 것은 미디어의 급변이다. 미디어의 변화는 한 사회의 문화는 물론 인간의 행위와 사유방식의 변화를 설명하는 데 중요한 요인 가운데 하나이다. 19세기 말 중국에서 미디어의 변화는 단순히 미디어 자체의 역사라는 관점에서보다도 새로운 기술의 변화를 종합적으로 구현함과 동시에 사회·문화, 사상의 변화를 직접적으로 추동했다는 점에서 더 중요한 의미를 지니고 있다. 익히 알려진 바와 같이 청말 미디어와 계몽운동의 관계는 매우 밀접해서 미디어와 계몽의식은 전달매체와 정보의 관계를 넘어선다. 『시무보(時務報)』는 중국의 신문·잡지의 역사에서 중국인에 의한 최초의 계몽잡지라는 의미를 지니고 있으며, 중국의 신문·잡지의 역사를 『시무보』 이전과 이후로 구분할 수 있을 정도로 중요한 의의를 지니고 있다. 또 한편으로 당시 『만국공보(萬國公報)』와 『신보(申報)』, 그리고 중국에서 접할 수 있었던 외국의 많은 신문·잡지를 고려하지 않고는 량치차오의 계몽활동은 물론 『시무보』를 비롯한 그 이후 일련의 신문·잡지 시대의 도래를 설명하기 어렵다.

이미 지적한 바와 같이 '보간(報刊)', 즉 신문·잡지는 단순히 언론미디어가 제공하는 '문학' 혹은 '소설'의 환경적인 요인 이상의 의미를 지니고 있다. '글쓰기'에 있어서 중국인은 매우 폭넓은 취미와 훈련 경험을 갖고 있었으며, 신문·잡지는 그러한 '글쓰기'의 새로운 체제였다. 신문·잡지는 외래 미디어이기에 앞서 서구문화가 중국에 적응하기 위해 취할 수 있는 가장 효율적인 '적응주의' 방식이었다. 그것은 중국 사회에서 단순한 소통의 의미를 넘어서서 중요한 문화적 기호인 문자를 중심으로 텍스트를 통한 대화라는 장점 이외에도 서구문화의 유익성을 동시에 보여 줄 수 있는 소통방식이었다. 청말 이후 중국에서 신문·잡지가 지니는 의미는 단지 그 기능적인 측면에서만 주목해서는 안 되며, '글쓰기'의 한 체제이자 텍스트로서 접근할 필요가 있다. 또 미디어 변화가 글쓰기 방식에 직접적인 영향을 주기는 했지만, 그것을 포함한 기존의 문학, 특히 소설의 사회적 존재방식의 변화를 이해하기 위해서는 그러한 변화를 추동한 중요한 물질적, 기술적 요인으로부터 접근해야 한다. 왜냐하면 기술적 요인 즉 인쇄술의 혁신이 사회 전반에 미친 영향은 훨씬 포괄적이고 상상 이상으로 복잡한 양상을 지니고 있기 때문이다.

이러한 측면에서 본다면 중국의 근현대문학을 20세기 중국문학이라는 시각에서 접근하는 것은 여전히 시의적절하다고 볼 수 있지만, 그러한 현상을 보다 중층적인 사회·문화 지층에 기반하여 설명하기 위해서는 19세기 말부터 통합적으로 살펴볼 필요가 있다. 즉 20세기란 명확한 시간의 경계를 지닌 개념이라기보다는 20세기의 현상을 종합적이고 역사적으로 파악하기 위한 개념으로 볼 필요가 있다. 따라서 실제로 우리가 중국의 근현대문학을 논하고자 할 때에는 시작과 끝이 명확한 시간적인 의미의 20세기를 넘어서 '장기 20세기 중국문학'이라는 시각을 견지하는 것이 필요하다.

2. 번역된 '신문·잡지'

청말 연인(鉛印) 활자인쇄와 사진 석인술로 인한 중국의 출판계에는 큰 변화가 발생했다. 그중 우선 두드러진 현상은 출판물의 급증에 따른 서적 출판시장의 확대였다. 물론 시장의 확대가 곧 새로운 창작의 붐이나 글쓰기 방식의 변화를 수반하지는 않는다. 이는 여러 가지 원인이 있겠지만, 창작과 글쓰기 방식의 변화가 출판조건 이외에 보다 복잡한 사회·문화적 요인과 결부되어 있기 때문일 것이다. 특히 인쇄술은 서적출판과 그 시장에 직접적이고 결정적인 영향을 미치지만, 저자의 글쓰기에 있어서 직접적인 환경요인이라고 보기는 어렵다.

소설이라는 장르의 글쓰기라는 측면에서 볼 때, 19세기에 발생한 주목할 만한 변화는 신문·잡지의 출현이었다. 서적출판 그 자체만을 본다면, 그것은 송대 이후 점차적이기는 하지만 지속적으로 확대되어 온 출판업을 바탕으로 한 양적인 확대 이상의 의미를 지니기는 어렵다. 중국에서는 명말 청초 시기에 이미 상당한 규모의 출판기술과 시장을 형성하고 있었다.[4] 하지만 신문·잡지의 발간, 그중에서도 상업적인 일간지의 발간은 단순한 양적인 확대가 아닌 인쇄술 발전의 새로운 질적 변화 없이는 불가능하다. 일정한 양의 정보와 소

4 명말 청초의 출판 상황과 시장관계에 대해서는 오오키 야스시 지음, 노경희 옮김, 『명말 강남의 출판문화』, 소명출판사, 2007; Cynthia J. Brokaw and Kai-wing Chow, *Printing and Book Culture in the Late Imperial China*, University of California Press, 2005, pp. 107-183; Kai-wing Chow, *Publishing, Culture, and Power in Early Modern China*, Stanford University Press, 2004 참고.

식 혹은 읽을거리를 매일 일정량 이상의 부수로 발간하면서 경제적인 이윤을 창출할 수 있는 기술적인 조건이 선결되어야 하기 때문이다. 예를 들어 영국 런던선교회는 1848년 상하이의 묵해서관(墨海書館, 1843-1863)에 최신 활자 인쇄기를 지원하였는데, 묵해서관에서 그 인쇄기를 이용하여 출판한 것은 주로 성경 혹은 선교용 책자였다. 지식보급을 목적으로 출판했던 『수학계몽(數學啓蒙)』, 『속기하원본(續幾何原本)』, 『중학천설(重學淺說)』, 『담천(談天)』 등 비종교 서적은 당시 중국의 일반적인 인쇄방식인 목각을 사용하였다. 이는 인쇄해야 할 선교 관련 책자의 양이 워낙 많았기 때문이기도 하지만, 더 주요하게는 목각으로 인쇄한 것이 오히려 중국 지식계층의 독서 감각에 익숙하고, 또 서적내용 중에는 목각을 사용할 수밖에 없는 그림과 같은 것이 많이 포함되어 있었기 때문으로 보인다.

그러나 1857년부터 발행하기 시작한 월간 잡지는 새로운 활자 인쇄방식을 채택하였다. 이는 비종교 잡지이기는 하지만 정기적으로 14-19쪽 되는 분량의 책자를 5,000부 이상 발행하는 데 고속 인쇄 방식을 필요로 했기 때문이었을 것이다. 지속적으로 시간의 압박 속에서 인쇄가 이루어질 경우 중요하게 요구되는 바는 그것을 보장할 수 있는 기술적인 조건이었다.[5] 물론 신문과 잡지의 출현이 인쇄술 발전의 필연적인 귀결이라고 볼 수는 없다. 이를 위해서는 지식과 정보에 대한 새로운 인식과 새로운 형식의 독서물에 대한 사회적인 승인이 이루어져야 한다. 하지만 근대적 의미에서의 잡지와 신

---

5 沈國威 編, 「解題-作爲近代東西(歐·中·日)文化交流史硏究史料的『六合叢談』」, 『六合叢談』, 上海辭書出版社, 影印, 2006, 9-12쪽.

문이 일정 수준 이상의 인쇄술의 발전을 전제로 한다는 점은 주지의 사실이다. 19세기 말 새로운 인쇄술에 기반한 신문·잡지의 출현은 단순히 근대언론사 혹은 매체사의 관점에서만 접근하기에는 그 실제 성격과 기능은 물론 다양한 글쓰기의 양식으로 구성된 전체 문(文)의 세계에서 지니는 의미를 이해하기 어렵다. 간단히 말하자면 중국에서 근대적 의미의 신문과 잡지가 처음 출현하였을 당시에 그것이 지닌 의미는 20세기 이후 의미와 동일시 할 수 없다. 당시 중국의 지식인들은 다양한 상황에 맞는 여러 양식이나 장르의 글쓰기를 훈련하고 또 그러한 글쓰기에 종사하고 있었는데, 신문과 잡지라는 새로운 매체의 사회적인 도입은 그 매체의 독특한 기능성에 앞서 글쓰기의 한 양식이자 갈래로서 적당한 지위를 승인받아야 했다.

19세기 중국의 중문 신문과 잡지는 처음에 서양 선교사와 상인들에 의해 발행되었는데, 그 발행 주체의 신분에서 볼 수 있는 바와 같이 기본적으로는 선교의 목적이거나 아니면 상업적인 목적하에 발간되었다. 잡지의 경우 『하이관진(遐邇貫珍)』(1853-1856, 홍콩), 『중외신보(中外新報)』(1854-1861, 닝보(寧波)), 『육합총담(六合叢談)』(1857-1858, 상하이), 『중서견문록(中西見聞錄)』(1872-1875, 베이징), 『교회신보(教會新報)』(1868-1874, 상하이) 및 『만국공보(萬國公報)』(1874-1883, 1889-1907, 상하이) 등은 모두 선교사들이 중심이 되어 발간하였으며, 중국 지식인의 서구사회에 대한 "무지"가 선교활동에 큰 장애가 된다고 보고 선교를 위한 서구지식과 정보의 전파에 힘썼다. 반면 신문의 경우는 자림양행(字林洋行)의 『상해신보(上海新報)』(1861, 상하이) 및 『호보(滬報)』(1882, 상하이), 그리고 『신보(申報)』(1872, 상하이), 『신문보(新聞報)』(1893, 상하이) 등에서 보여 주는 바와 같이 상인들이 주체가 되어 상업적인 소식과 광고를 중심 내용으로 하면서 다양한 기사와 소식 등을 담고 있었다.[6] 외국인에 의해 발간된 이러한 신문과 잡지는 기본적으로 서구의 신문과 잡지를 모델로 하고 있으며, 내용에 있어서도 상업적인 정보와 시사적인 뉴스, 그리고 과학 및 역사지식과 전기, 문예를 포함하고 있었다. 이는 주로 정계의 인사와 상주문 및 황제의 지시 등에 관한 간단한 소식을 전하던 중국의 『경보(京報)』와는 성격이 상당히 다른 것으로, 당시 중국 내에서는 신선한 것이었음에 분명하다.

한편 인쇄술과 신문 잡지의 관계는 그것을 둘러싼 여타 환경조건들에 따라 달라지기도 하지만, 한 사회에서 정보와 지식을 둘러싼 시·공간적 경쟁과 관련이 있다. 시·공간의 물리적 제약과 경제 및 문화적 요인 등으로 인한 사회적인 제약을 극복하고 지식과 정보를 확산하려는 필요가 제기될 때, 그것을 가능케 한 것이 인쇄술의 발전이었다. 그리고 인쇄술에 입각하여 기동적인 새로운 방식으로 지식과 정보를 엮어 내는 형식이 신문과 잡지였다. 신문과 잡지는 기존의 사회·문화적인 소통방식이었던 구전과 대면, 서신과 같은 매체를 완전히 대체하지는 않았지만, 그러한 매체가 수행할 수 없는 방식으로 상호 보완하면서 보편적인 주요 근대매체로 자리 잡았다. 비서구 지역

---

6 19세기 서구인이 중국에서 발행한 중문 신문 가운데 영향력이 가장 컸던 것은 『신보(申報)』와 『신문보(新聞報)』였다. 그러나 19세기 중반 재중 서구인이 발행한 신문의 기본 성격을 가장 잘 보여 주는 것은 이들 신문보다 일찍 발간된 『상해신보』인데, 그 신문의 영문명은 *The Chinese Shipping List & Advertisers*였다. 즉 초기 신문의 주요 내용은 상업적인 선박의 입출항 소식과 상업광고였다. 이는 신문이 중국사회에 진입하는 데 상대적으로 용이한 방법으로, 상업에 관한 실용적인 정보를 중심으로 삼고 있음을 말해 준다.

에서 서구의 선교사와 상인들이 자신들의 '대중'적인 선교(종교와 지식 선교)와 상업활동을 위해 이러한 매체를 활용하는 것 또한 매우 자연스러운 일이었다.[7]

지식 및 정보의 생산과 유통에 있어 그 시·공간적 존재방식의 변화도 중요하지만, 더 주요하게는 그러한 미디어 자체가 종합적으로 보여 주는 세계에 관한 관심이었다. 선교사를 비롯한 서양 지식인들이 중국인에게 주입하고자 한 지식과 정보를 중국인들이 동일한 관점에서 접근하고 수용한다고 보는 것은 순진한 발상이다. 이는 양학(洋學)이 신학(新學)으로서 중국의 전체 지식체계 속에서 자리를 잡아가는 근 반세기에 걸친 점진적인 역사과정을 통해서도 잘 보여 준다. 신문·잡지가 구현하는 다양한 사회적인 관심과 세계에 관한 이야기(사건 및 소식)에 중국인 독자들이 관심을 가지기 위해서는 그러한 내용들이 중국인들의 삶 및 생활방식과 일정한 연관관계를 이루어 중국인의 이해 및 의미구조 속으로 들어와야 한다. 미첼 스티븐스(Mitchell Stephens)는 인간의 뉴스에 대한 욕구를 사회적인 감각으로서의 욕구와 이야기하고 싶은 충동에서 기인한다고 보았다.[8] 이러한 측

---

7 알렌(Young John Allen, 林樂知)에 의하면 당시 미국교회에서 발행하던 신문은 306종이 있었으며, 그 가운데는 아동들도 볼 수 있는 도화신문도 있었다. 또 교회신문이지만, 종교에 관한 내용 외에도 각종 학문과 각국 소식에 관한 정보를 담고 있었는데, 이로부터 알렌이 발행한『교회신보』는 미국의 여러 교회신문을 모델로 한 것임을 알 수 있다.『敎會新報』第1冊, 華文書局(影印), 1968, 제19쪽. 한편 바버라 미틀러(Barbara Mittler)에 의하면 19세기 서구에서 신문은 계몽과 교육의 수단이자 근대화의 도구이자 징후였고, 정부를 감시하는 공공여론의 형성 기제였다. 따라서 신문은 통치자와 피통치자 모두에게 서로 배우고 소통할 수 있는 중요한 채널로 인식되었다고 보고 있다. Barbara Mittler, *A Newspaper for China? Power, Identity, and Change in Shanghai's New Media, 1872-1912*, Harvard East Asia Center, 2004, pp. 9-12.

면에서 삶의 방식의 전환기에는 비교적 체계적인 지식을 다루는 잡지보다 뉴스를 중심으로 한 신문이라는 매체가 훨씬 더 사회적으로 적응하기 용이하다. 또 욕망의 심층에서 발원하는 정보에 대한 욕구는 신문이라는 매체가 가진 흡인력과 더불어 신문과 문학, 특히 소설과의 관계를 잘 보여 준다. 따라서 신문·잡지가 중국에 도입되던 당시에 중국사회에서 지닌 의미를 이해하기 위해서는 그것이 중국인들의 정보에 대한 욕망 혹은 이야기에 대한 욕구 속에 어떻게 자리 잡아 가는가를 분석할 필요가 있다.

신문과 잡지는 세계의 변화에 관한 소식과 정보를 독자의 삶과 연계시킬 수 있다고 전제되어야만 근대적인 미디어로서 의미를 지닐 수 있다. 그런데 극히 일부 독자들을 제외하면 19세기 중반까지도 중국인에게 신문과 잡지의 의미는 정보와 소식의 주요 채널이자 대중과 소통하는 데 이미 주요 미디어로 부상한 같은 시기 서구에서의 그것과는 동일한 것이 아니었다. 서구문명의 전파수단이자 동시에 서구문명의 상징적인 부호로서의[9] 신문·잡지라는 미디어를 중국인이 수용할 수 있도록 하는 것은 결코 쉬운 일이 아니었다.

이와 관련하여 선교사들이 취한 방식은 중국인의 글쓰기 체계 내에 신문·잡지의 의미를 착목시키는 것이었다. 서구 신문이나 잡지를 의미하던 용어의 번역이기는 하지만, 당시 서구의 '신문'과 '잡지'가 중국 고유의 문장 영역에서 일정한 지위와 의미를 획득하는 데

---

8 Mitchell Stephens, *A History of News*, Oxford University Press, 2007, pp. 7-15(미첼 스티븐스 저, 이광재·이인희 옮김, 『뉴스의 역사』, 황금가지, 1999, 제1장).

9 "서구에서 가장 특이한 것 중에 하나는 신문지이다.(在西方各國有最奇之事乃係新聞紙篇也)" 「新聞紙略論」, 『東西洋考每月統記傳』, 1833. 12.

는 그렇게 어렵지 않았다. 19세기 중엽 주요 신문과 잡지들, 예를 들어 『하이관진』, 『중외신보』, 『육합총담』, 『중서견문록』의 영문명은 각각 *Chinese Serial, Chinese and Foreign Gazette, Shanghae Serial, Peking Magazine*으로 정기간행물, 신문(관보) 혹은 잡지의 의미인 "Serial", "Gazette", "Magazine"의 의미가 부여되었지만, 그 중국명인 '신문(新聞)', '총담(叢談)', '견문록(見聞錄)' 등은 중국의 역대 '소설'의 범주에 있던 필기(筆記)에서 흔히 보이던 제목이었다. 신문 혹은 잡지의 명칭으로 음역이 아닌 의미의 번역을 취한 까닭은 그렇게 함으로써 자신들이 편집하는 신문·잡지의 성격이나 의의를 중국인들에게 쉽게 이해시킬 수 있다고 보았기 때문이다. 서구의 신문과 잡지가 지식과 정보를 중시한다고 하더라도 내용적으로는 갖가지 지식 이외에도 온갖 정보와 유희적인 문장의 잡화점과 같은 성격을 지니고 있었던 점을 고려하면, 외연이 폭넓은 중국에서의 '필기'라는 글쓰기 양식으로 새로운 글쓰기와 서책의 형식인 신문과 잡지의 내용을 포괄하기에 큰 어려움이 없었기 때문이기도 하였다.[10]

더욱이 중국 전통 문(文)의 영역에서 필기란 일종의 문(文)의 분류체계의 한 구성임과 동시에 주로 저작의 명칭으로 사용되었다. 필기를 포함하여 필담(筆談), 필총(筆叢), 수필(隨筆), 필여(筆餘), 잡록(雜錄), 만록(漫錄), 담총(談叢), 총설(叢說), 신문(新聞) 등과 같이 다양하게 명명되는 필기류는 단순히 특정한 문체를 가리키는 것은 아니

---

10 중국의 전통적인 문(文)의 양식인 필기와 신문·잡지 미디어의 상관관계를 논한 기본 관점은 차태근, 「19세기 중국 신문·잡지와 文界의 재편: 중국 근대 미디어와 문화 분할 연구(1)」(『中國文學』 第56輯, 2008. 8.) 논문을 참조하였음을 밝혀 둔다.

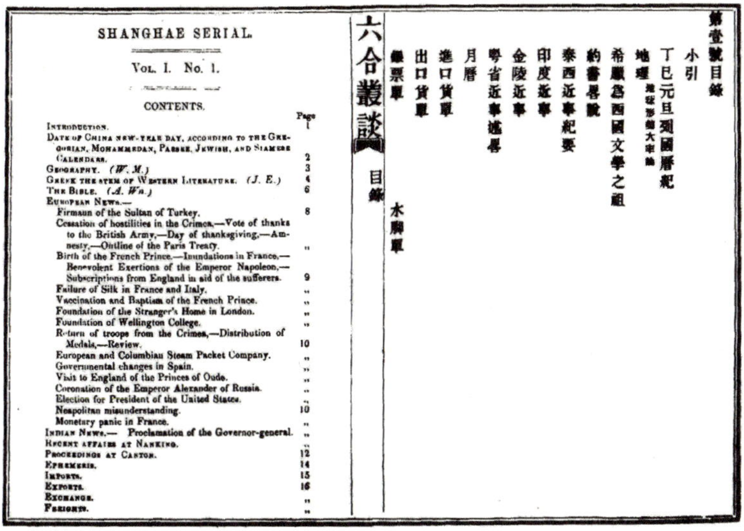

SHANGHAE SERIAL.

VOL. I. No. 1.

CONTENTS.

	Page
INTRODUCTION.	1
DATE OF CHINA NEW-YEAR DAY, ACCORDING TO THE GREGORIAN, MOHAMMEDAN, PARSEE, JEWISH, AND SIAMESE CALENDARS.	2
GEOGRAPHY. (W. M.)	3
GREEK THE STEM OF WESTERN LITERATURE. (J. E.)	4
THE BIBLE. (A. Wn.)	6
EUROPEAN NEWS.—	
Firmaun of the Sultan of Turkey.	8
Cessation of hostilities in the Crimea,—Vote of thanks to the British Army,—Day of thanksgiving,—Amnesty,—Outline of the Paris Treaty.	"
Birth of the French Prince.—Inundations in France,—Benevolent Exertions of the Emperor Napoleon,—Subscriptions from England in aid of the sufferers.	9
Failure of Silk in France and Italy.	"
Vaccination and Baptism of the French Prince.	"
Foundation of the Stranger's Home in London.	"
Foundation of Wellington College.	"
Return of troops from the Crimea,—Distribution of Medals,—Review.	10
European and Columbian Steam Packet Company.	"
Governmental changes in Spain.	"
Visit to England of the Princes of Oude.	"
Coronation of the Emperor Alexander of Russia.	"
Election for President of the United States.	"
Neapolitan misunderstanding.	10
Monetary panic in France.	"
INDIAN NEWS.— Proclamation of the Governor-general.	"
RECENT AFFAIRS AT NANKING.	"
PROCEEDINGS AT CANTON.	12
EPHEMERIS.	14
IMPORTS.	15
EXPORTS.	16
EXCHANGE.	"
FREIGHTS.	"

第壹號目錄

小引

丁巳元旦列國曆紀

地理 地球形勢大率論

希臘爲西國文學之祖

約書略說

泰西近事紀要

印度近事

金陵近事

粵省近事述略

月曆

進口貨單

出口貨單

銀票單 水脚單

六合叢談 目錄

그림 2.1 『육합총담』 창간호의 속표지와 목차

중문 목차에 비해 영문 목차가 훨씬 자세하고 쪽까지 표기되어 있다. 이는 각 목차 역시 서구와 중국의 관례를 따른 것이다. 이러한 차이는 결국 잡지의 내용이 비록 중문으로 되어 있지만, 그보다 자세하고 정확한 원 출처인 영어권 지식의 우선적인 지위를 나타내기도 한다. 『하이관진』의 목차 역시 이와 동일한 방식으로 제시되어 있다.

다. 오히려 이러한 명칭은 보다 다양한 문체를 아우르는 저서의 명칭으로 사용되고 있다. 특히 다양하고 독립된 찰기(札記)의 문장들을 한데 모아 편집한 형태의 저서명으로 사용되었다. 현재의 문학개념에 비추어 보면 이러한 다양한 명칭의 글들은 대부분 사(辭)나 부(賦)와 달리 수필 형식의 산문체(散文體)로 직·간접적인 견문이나 독서 등에 대한 잡감(雜感)을 기록한 것들이다.[11]

11 陶敏·劉再華, 「"筆記小說" 與筆記研究」, 『文學遺産』 第2期, 2003, 107쪽.

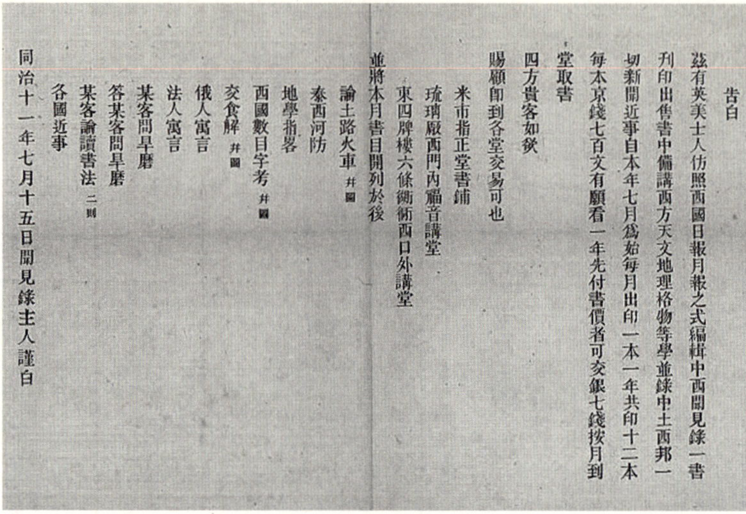

告白

茲有英美士人仿照西國日報月報之式編輯中西聞見錄一書刊印出售書中備講西方天文地理格物等學並錄中土西邦一切新聞近事自本年七月爲始每月出印一本一年共印十二本每本京錢七百文有願看一年先付書價者可交銀七錢按月到堂取書

四方貴客如欲
賜顧卽到各堂交易可也
米市指正堂書鋪
琉璃廠西門內福音講堂
東四牌樓六條衚衕西口外講堂

並將本月書目開列於後
論土路火車 幷圖
泰西河防
地學指畧
西國數目字考 幷圖
交食解 幷圖
俄人寓言
法人寓言
某客問旱磨
答某客問旱磨
某客論讀書法 二則
各國近事

同治十一年七月十五日聞見錄主人謹白

그림 2.2 『중서견문록(中西見聞錄)』의 광고와 목차 소개

광고에서 서구의 일보와 월보의 형식을 모델로 하여 편집하였다고 밝히고 있다. 이는 내용적으로는 전문적인 지식 소개와 더불어 최근 뉴스(新聞)를 포괄하고 있는 데서 알 수 있듯이, 잡지의 형식에다 신문의 일부 형식을 가미한 것이었다.

오늘날의 시각에서 볼 때 신문과 잡지는 우선 그 형식에 의해 내용이 규정된다. 그것은 문(文)의 한 형식이기보다도 그 기능성, 즉 언론 및 정보·소식이라는 차원에서 의미가 부여되고 그 기능에 의해 가치와 의의가 결정된다. 이는 신문과 잡지를 한 사회에서 특히 근대적인 사회에서 필요불가결한 기능을 갖춘 중요한 미디어로 간주하는 인식을 전제로 한다. 그렇지만 중국에서 서구의 신문과 잡지가 처음 등장하였을 때, 그것이 중국인에게 의미하는 바는 오늘날의 신문·잡지의 관념과는 상당한 차이점이 있었다. 20세기 이전 중국인에게 근대적인 신문과 잡지란 전체적인 문(文)의 영역에서 전통적인 필기에 가까운 독서물이었다. 다만 차이가 있다면 일간, 주간, 순간(旬刊), 반월간, 월간과 같이 정기적으로 발행되는 간행물이었다는 점이다. 중국에서도 소식지로서의 '신문'은 이미 서신이나 다양한 인쇄물의 형식을 통해서 존재하고 있었다. 또 『경보(京報)』와 같이 일정한 시간을 두고 거의 정기적으로 발행되던 인쇄물 및 그 필사본도 있었다. 『경보』는 관방의 공식적인 기록에 의거한 만큼 일반인의 사적인 기록이나 글쓰기와는 거리가 있었다.

따라서 청말 서구 선교사와 상인들에 의해 도입된 신문과 잡지는 정기적인 발간, 민간 출판물, 그리고 다양한 내용을 포괄하는 고유한 독자적인 서책 형식을 동시에 갖추고 있었다는 점에서 새로운 형식이었다. 정기적인 발행과 더불어 매호 일정한 체제로 발행되는 신문과 잡지는 중국 독자들에게 새로운 방식의 독서 경험이었다. 그중에서도 잡지의 경우는 일정한 분량의 책자로서 다양한 내용을 담고 있었는데, 주로 서구의 근대과학 및 기술, 서구와 일본을 중심으로 한 각국 소식과 중국 국내소식, 그리고 그 밖의 내용으로 구성되어 있었다. 서구 과학과 기술에 관한 내용은 전문성이 강한 것이어서 중국 지식인들이 즐겨 쓰는 잡감이나 독서 찰기와는 다소 그 성격이 달랐지만, 그 밖의 것들 즉 각국의 최근 소식이나 우언, 고사 등은 기문(奇聞)이나 이른바 '필기소설'류와 같이 중국인 독자들에게 완전히 낯선 것은 아니었다. 물론 사건과 스토리의 공간적 배경이 대부분 중국이 아닌 이국(異國)이라는 점, 그리고 최근의 '사실'적인 소식에 대한 기록의 성격을 내세우고 있다는 점에서 다분히 상상적인 이국풍속이나 풍문과는 차이가 있었지만 말이다.

이러한 내용과 형식의 신문과 잡지가 당시 중국인 독자들로부터 어떤 반향을 이끌어 냈는지는 한마디로 평가하기 어렵다. 처음에는 적극적인 독자층이 없지는 않았지만, 그 범위가 그다지 크지 않았던 것으로 보인다. 그 이유는 매주 혹은 매월 구입하거나 정기구독을 미리 신청하는 방식도 중국인에게는 익숙하지 않기도 했지만, 무엇보다도 그 내용이 중국 독자들의 흥미를 이끌어 내기에는 일정한 한계가 있었던 것으로 보인다. 이 중 후자의 경우에도 당시 잡지에 대한 중국인들의 관점이 비판적이었고, 발행인이 외국인이라는 점, 그리고 내용이 중국 지식인들의 일반적인 독서성향과 맞지 않았다는 점 등이 크게 작용했던 것으로 보인다. 독자층 역시 기독교도를 포함하고 있었지만 대개는 지식인들을 대상으로 삼고 있었는데, 이들 대부분은 당시 서구의 선교사 및 상인과 그들이 소개하는 지식에 대해 소극적인 반응을 보여 주고 있었다.[12] 일정한 볼륨을 갖춘 잡지는 중국인들에게 익숙한 텍스트의 형식을 갖추고 있었지만, 그것이 담고

---

12 이에 대해서는 차태근, 「19세기 중국 신문·잡지와 文界의 재편: 중국 근대 미디어와 문화 분할 연구(1)」, 『中國文學』, 제56집, 2008. 8., 각주 36과 각주 37 참고. 또 하나의 예는 1868년 9월 알렌(林樂知)이 "임화서원(林華書院)"의 명의하에 개인적으로 『중국교회신보(中國教會新報)』를 발간하면서 예상 독자 수를 중국인 2백 수십 명, 서양인 130-140명, 중국인 교인 200-300명 등 600-700명 정도로 잡았지만, 실제 판매는 상하이 지역에 100여 부에 그쳤으며 후에 비종교적 소식을 확대한 이후에도 200여 부에 그치고 있다. 林樂知, 「創立新報啓」, 『教會新報』 第1冊, 華文書局(影印), 1968, 9, 28쪽; 林樂知, 「本館啓事」, 『教會新報』 第6冊, 華文書局(影印), 1968, 3295쪽. 또 1853-1856년 홍콩에서 출판되어 홍콩과 상하이(墨海書館에서 판매)에서 판매·유통된 『하이관진』의 발행량은 3,000부였으며, 1857-1858년에 출판된 『육합총담』은 한때 최대 발행량이 5,000부에 달하기도 하였다. 그러나 후자의 경우 주요 구독자 중 80%는 상하이 거주 외국인들이었다. 다만 이 두 잡지는 서구 지식의 전파와 자신들의 활동의 의의를 널리 알리기 위해 중국인들에게 무료로 배포하는 경우도 있었으므로, 실제 중국인 독자도 부분적으로 있었을 것으로 보인다. 松浦章·內田慶市·沈國威 編著, 『遐邇貫珍』, 上海辭書出版社, 2005, 93-94쪽.

있는 내용은 지식인들의 일반적인 관심 및 학술적인 취향과 일정한 거리가 있었다.

이상이 주로 주간지 혹은 월간지로서 독자 대상이 기독교인 혹은 지식인들이 중심이었다면, 격일간 혹은 일간지 신문은 상인을 비롯한 일반 독자들을 주요 독자층으로 삼은 또 다른 형식의 '필기' 독서물이었다. 중국에서 비교적 영향력이 있었던 초기 신문은 1861년 11월 19일에 창간된 『상해신보(上海新報)』와 1872년 창간된 『신보(申報)』를 들 수 있다. "대체로 상업·무역은 정보의 유통이 매우 중요하다", "국가정치와 군사상황, 세속의 좋은 점과 폐단, 영업상의 가격, 화물선박의 왕래 등 게재하지 않는 것이 없다."[13]라고 발간사에서도 밝힌 바와 같이, 『상해신보』는 상업정보지로 출발하여 점차 뉴스를 함께 게재하면서 독자층도 상인 중심에서 일반 지식인들로 확대해 갔다. 이렇게 상업정보를 중심으로 한 데에는 여러 가지 요인이 작용했다. 우선 정보를 생산하는 데 있어서 인적, 경제적 비용이 많이 소용될 뿐 아니라 정보의 가치를 선별하여 편집할 때 정치적, 사회·문화적 요인들의 제약이 적지 않다는 점 등을 들 수 있다. 이에 비해 상업정보는 중서를 막론하고 보편적인 관심사이자 그 가치 역시 사회적으로 별도의 설명을 요하지 않는 명백한 것이었기에 상업이라는 특수 계층이나 특정 분야에 종사하는 자에 국한되지만 독자를 획득하는 데 용이했을 것이다.

다만 『상해신보』는 당시 중국인의 시각에서 보자면 유용하지만 매우 하찮은 소식지로 사회문화적인 영향이 미비하고 제한적인 기능

13 "大凡商賈貿易, 貴乎信息流通…所有一切國政軍情, 世俗利弊, 生意價格, 船貨往來, 無所不載."「本報謹启」, 『上海新報』 第45號, 1862. 6. 24.

성 이외에 별도의 가치를 부여하기 어렵다. 이는 독자를 확대하는 데 가장 중요한 내적 한계이자 서구문명의 상징적인 기호로서의 신문이 갖추어야 할 사회적 지위를 얻는 데도 결정적인 장애요인이었다. 『상해신보』가 발간 이후 5년 후에 곧 자체 개혁을 진행한 것도 이러한 한계를 극복하기 위한 것이었다. 그중에서도 주목되는 바는 1866년부터 주편을 맡았던 존 프라이어(John Fryer, 傅蘭雅)에 의한 신문체제 개혁인데, 그는 편집장 취임 후 발행부수를 2배로 증가시키기 위해 일련의 변화조치를 취했다.[14] 1867년 초 판형의 확대와 삽화의 추가에 이어 1868년에는 전체 2-3면이었던 신문을 4면으로 늘리고, 그중 제2면에 집중적으로 기사와 학술적인 내용을 게재하였다.[15] 물론 주요 뉴스는 같은 계열의 핵심적인 영자신문인 *North China Daily News*(『字林西報』, 1850년 창간)를 비롯하여, *The China Mail*(『德臣報』, 1845년 창간)이나 『홍콩근사편록(香港近事編錄)』(홍콩, 1864년 창간), 『홍콩신보(香港新報)』, 『광주칠일록(廣州七日錄)』과 같은 영자신문, 『소성일보(蘇省日報)』, 『경보(京報)』, 『중국교회신보(中國教會新報)』와 같은

14 戴吉禮(Ferdinand Dagenais) 主編, 『傅蘭雅檔案: *The John Fryer Papers*』 第1卷, 廣西師範大學出版社, 2010, 251, 256쪽.

15 물론 그 이전에 태평천국의 난에 관한 소식과 회심공회(會審案件) 소식, 『경보』, 홍콩의 영자신문 등의 기사들이 실리기는 했지만, 전체 신문에서 비중은 매우 낮았고 고정적이지 않았다. 1868년 2월부터 전체 4면으로 증면하고 게재란도 고정적으로 통일하여, 제1면은 광고, 제2면은 뉴스, 제3면은 선박 출입항과 상업 상황(行情表), 제4면은 상업 상황과 기기 도해(器機圖說)가 게재되었다. 그 후에도 『상해신보』는 몇 차례 변화가 있었는데, 1870년 3월 27일자 New Series 330호부터 각 기사에 제목을 붙이고, 『신보』가 발간된 이후인 1872년 7월 2일 제680호부터 일간지로 발행하였으며, 또 1872년 11월 19일부터는 『신보』와 같이 뉴스면에 논설을 게재하는 등의 변화를 모색하다 1872년 12월 31일자로 폐간하였다.

上海新報

本館告白

新輪船來滬

劉提督戰亡

論電氣奇處

看戲死於非命

波斯國蠶絲死少

刼案

逆案

北京火患

挑水夫如虎

江南信息

蘇省日報

그림 2.3 『상해신보』, 1870. 3. 27. 제2면 뉴스란: 각 기사에 제목을 붙이기 시작함

신문에서 발췌 번역하거나 전재(轉載)한 것이 대부분이었지만, 중국인들에게 가장 빠르게 뉴스를 전달하는 새로운 미디어의 기능에 대한 깊은 인상을 남겼다. 뉴스란에는 주로 중국 소식, 해외 뉴스, 학술적인 글,[16] 그리고 아편이나 풍수설, 전족, 도박, 창기와 같은 중국의 사

16 1867년부터 合信(Benjamin Hobson)의 『博物新編』(上海墨海書館, 1855), 裨治文(Bridaman, Elijah Coleman)의 『聯邦志略』(초본은 『美理哥合省國志略』, 1851년 『大美聯邦

회풍속 비판이나 교화와 관련된 논설과 죽지사(竹枝詞) 등을 게재하고 상대적으로 소위 '허황'된 이야기는 거의 게재되지 않았다.

이는 『상해신보』가 상업적인 신문임에도 불구하고 편집자가 중국의 광방언관(廣方言館)이나 강남제조국 번역관(江南製造局飜譯館)과 같은 중국 관방에서 교사와 번역관으로서 근무하고, 또 서구의 근대적인 교양과 지식을 갖추고 신앙의 선교와 지식의 전파를 자임하던 선교사라는 신분과도 관련된다.[17] 『상해신보』의 주요 구독자는 여전히 상하이 지역을 중심으로 활동하는 외국 상인들과 중국인 상인들이었기에, 프라이어와 알렌 등 편집자에 의해 신문의 내용상에 적지 않은 변화가 있었다고 하더라도 상업광고를 중심으로 한 신문의 성격에 근본적인 변화가 있었다고 보기 어렵다. 처음 창간 시 판매 부수가 300부 정도였던 데서 존 프라이어가 편집자로 있을 당시 그 신문의 독자 수가 "아마도 5,000명에 달할 것"이라고 했지만, 상대적으로 비싼 구독료와 게재 내용을 감안할 때 일반 구독자는 역시 신문을 통한 영리적인 정보(주로 광고)를 얻고자 하는 계층에 국한되었다고

志略』으로 개명하여 墨海書館에서 출판, 1861년 수정본 출판), 褘理哲(Richard Quarterman Way)의 『地球說略』(寧波美華書館, 1856년 출판. 1864년 재판), 偉烈亞力(Wylie, A.)의 『重學淺說』(墨海書館, 王韜와 공역, 1858), 丁韙良(William Alexander Parsons Martin)이 번역한 휘튼(Henry Wheaton)의 『萬國公法』(京師同文館, 1864) 등이 연재되었다.

17 1866년 11월부터 주편을 맡은 존 프라이어(John Fryer, 傅蘭雅)는 1865년부터 광방언관에서 불어교사, 그리고 1868년 4월부터 강남제조국 번역관에서 근무하였으며, 존 프라이어를 이어 1868년 5월부터 편집을 맡은 알렌은 1864년 6개월 동안 광방언관 영어교사를 역임한 이후 1868부터 1870년, 그리고 다시 1871년부터 1881년까지 다시 광방언관 영어교사를 담당하였다. 알렌의 중국에서의 교육과 신문발간 등 활동에 대해서는 Warren A. Candler, D. D., LL. D., *Young J. Allen: The Man Who Seeded China*, Cokesbury Press, 1931 참고.

보아야 할 것이다.[18]

이러한 상품광고와 일부 정보 및 지식 중심의 '신문'은 당시 중국 독자들에게는 낯선 것이었고, 그러한 신문이라는 양식 자체는 조계지의 서구인들에 의해 만들어진 것이라는 인식이 보편적이었다. 『상해신보』는 '신문(新聞)'이라는 의미인 '신보(新報)'라는 명칭을 사용하고 있지만, 전체적으로 볼 때 그 자체의 내용과 형식은 외래적인 것이자 외국인에 의해 번역된 것이었다. 번역된 것, 신선하면서도 낯선 것으로서의 '신문'은 중국어의 외양을 하고 있음에도 중국인의 것이 아니었다. 그런 의미에서 위의 잡지들과 신문은 대부분 중국화되

---

18 이에 대해서는 프라이어가 1876년 4월 19일 친구에게 보낸 서신과 동년 7월 16일자 조카에게 보낸 서신(Ferdinand Dagenais 主編, 『傅蘭雅檔案: *The John Fryer Papers*』, 2010, p. 278, 316.) 참고. 프라이어는 『상해신보』의 주요 구독자를 장강 이북 지역의 총명하고 교육받은 계층과 상인으로 상정하고, 매주 3회 5,000명에 의해 읽힐 것이라고 보고 있다. 그러나 이는 편집자인 자신이 "perhaps"라고 단서를 달고 있는 것으로 보아 실제 발행부수라기보다는 한 부를 여러 명이 읽는다는 것을 감안하여 추산한 것으로 보인다. 『육합총담』의 최대 발행량 5,000부 중, 구독자의 80%가 상하이 거주 외국인이었던 것을 고려하면, 태평천국의 난으로 상하이에 거주하는 중국인이 증가했다 해도 『상해신보』의 중국인 구독자는 여전히 5,000명에 달하기 어려웠을 것으로 보인다. 또 독자 가운데 지식인 이외에 부녀자와 아동들도 있었지만, 이들은 주로 신문의 삽화 독자로 보고 있다. 한편 『상해신보』는 스웨덴에서 수입한 고급용지를 사용하는 등 인쇄비용이 높아 구독 가격도 동전 30文(매월 양은(洋銀) 0.5元, 매년 양은 4元)으로 비교적 높은 편이었다. 참고로 1867년 창간된 월간지 『육합총담』은 매호 12文이었으며, 『경보(京報)』의 베이징 판매 가격은 10文(외지는 20文), 1872년 창간된 『신보』의 구독료는 8文이었다. 이러한 가격상의 차이, 즉 가격 경쟁에 따른 이윤의 감소가 『신보』 창간 이후 얼마 안 있어 『상해신보』가 폐간되는 주요 요인 가운데 하나였다. 중국에서 프라이어의 활동 전반에 대한 간략한 소개는 Adrian A. Bennett, *John Fryer: The Introduction of Western Science and Technology into Nineteenth Century China*, Harvard University Press, 1967 참고. 다만 이 저서에서는 프라이어가 편집자로 활동한 신문을 『상해신보』가 아니라 『교회신보(*Chiao-hui hsin-pao*)』로 잘못 서술되어 있다.

지 못한 것이었다. 게다가 『상해신보』의 편집자가 서구의 근대적인 의미에서의 신문관념, 즉 정보전달과 교화(선교 포함)라는 신문의 사회적 기능에 의거하여 스스로 중국인을 대상으로 한 교화 주체를 자임하고 있었는데, 중국문화에 대한 비판적인 논조는 중국인들의 적극적인 반응을 이끌어 내는 데에 적잖은 장애가 되었다. 신문이라는 양식이 다른 미디어와 비교하여 독자적인 가치를 지니기 위해서는 단순히 정보의 매개라는 차원을 넘어 독자들의 관심을 집중시킬 수 있는 새로운 정보와 앎의 지식을 생산해 내야 하는데, 그런 면에서 『상해신보』는 여러모로 역부족이었다. 상술한 바와 같이 화물 선박의 출입항과 상업적인 광고 정보를 제외하면 대부분 홍콩에서 발행되는 5-6종의 신문과 영국과 미국에서 들어오는 1-2종 신문의 기사를 전재(轉載)하거나 이미 출판된 서적의 내용을 번역, 전재하는 것들이었다. 이러한 단편적인 국내외 사건 내용은 독자들의 관심을 끌기는 했지만, 일상적으로 접하는 풍문과 비교하여 보다 많은 흥미를 이끌어 내기에는 한계가 있었으며 상업적인 광고가 여전히 압도적이었다. 특히 29cm×40cm(가로×세로) 크기의 낱장에 양면으로 인쇄된 형식과 일정한 시간적 제한을 받는 정보 위주의 내용으로 구성된 인쇄물은 중국의 독서물의 가치에 큰 영향력을 지닌 지식인들의 적극적인 승인을 얻어 내기가 어려웠다.

결과적으로 앞서 언급한 잡지와 『상해신보』는 미디어의 기능성을 앞세운 나머지 중국인들의 접근 방식, 즉 문(文)이라는 측면에서 중국인들의 관심과 참여를 이끌어 내는 데에 한계를 드러냈다. 신문과 잡지가 지닌 특유의 기능성이 사회적으로 주목을 받고 그 자체로서 문(文)과는 별도의 가치를 부여받기 시작한 것은 19세기 말 혹은

20세기 초에 이르러서였다. 서구의 신문과 잡지라는 매체가 중국에 처음 도입될 당시 그 기능성은 번역되기 매우 어려웠고, 일종의 글쓰기 혹은 문(文)의 의미로 번역됨에 있어서도 극히 제한적인 의의를 지닐 수밖에 없었다. 결국 '번역' 그 자체의 측면에서 보면 서구의 원의(原義)를 번역함에 있어 언어적인 측면에서는 큰 문제가 없었다고 할지라도, 그에 상응하는 문화적, 사회적 관념과 제도로는 번역되지 못했음을 의미한다.

3. 『신보』: 필기의 확장[19]

『상해신보』가 중문신문이기는 하지만 중국인의 신문, 더 정확히 말하자면 중국인의 글쓰기 방식이자 중국적인 문(文)으로서 승인을 받는데 실패했다면, 『신보』는 『상해신보』의 한계점에서부터 시작하여 처음부터 중국인의 독서물로서 자리 잡기 위한 전략을 취하였다. 새로운 출판물을 중국인을 위한, 중국인의 독서물로 인정받는다는 것은 중국인들이 자발적으로 자신의 새로운 글쓰기 방식이자 출판물 형식으로 인정할 때 가능하다. 이는 중국인 독자를 많이 확보하는 차원 이상의 어려움과 의미를 지닌다.

우선 신문이라는 것이 무엇인지, 그것의 사회적 효능과 중요성을 공감하고 인식해야 하는데, 이는 신문이 지닌 특수한 '미디어'로

19 3-5절의 일부 내용들을 정리하여 「『신보(申報)』: 근대적 에크리튀르의 성좌」라는 제목으로 『중국어문논총』 제66집, 2014. 12.에 발표한 바 있다.

서의 성격, 그리고 그 미디어의 사회적인 중요성을 이해해야만 가능하다. 두 번째는 신문 특유의 글쓰기 방식과 내용이 중국의 독서계를 지배하는 지식인층의 승인을 받아야 한다. 즉 중국 지식인의 심미적 취향과 글쓰기의 의미에 부합해야 한다. 세 번째는 그럼에도 불구하고 그것이 지속적으로 발행되기 위해서 상업적인 이윤 창출이 가능해야 하는데, 이는 대중적인 독자층을 확보할 수 있어야 한다는 것을 의미한다. 이 세 가지 측면에서 어느 한 방면에서라도 실패하게 되면 중국의, 중국인의 근대적 미디어로서의 '신문'으로 자리 잡을 수 없다. 당시 선교사들에 의해 발간된 신문과 잡지가 중국 지식인들에게 익숙하고 문인들의 주요 글쓰기 방식이었던 필기의 형태를 취한 것도 이러한 적응 전략의 하나이기는 했지만, 그것만으로 중국인의 일상적인 독서물이자 글쓰기 방법으로 되기에는 충분하지 못했다. 왜냐하면 위의 세 가지 측면은 당시 중국에서 볼 때 상호 충돌하고 모순되는 성질의 것으로, 동시에 이를 충족시키기란 결코 용이한 일이 아니었기 때문이다.

> 오늘날 세상에 전할 일은 매우 많다. 그럼에도 알려지지 않고 파묻히는 것이 다반사인 것은 무슨 까닭인가? 기록하는 호사가들이 없어 기이한 풍문이나 숨겨진 일들이 세상에 알려지지 않고 조용히 묻혀 가는 것은 매우 안타까운 일이다. 고대부터 수많은 사기(史記)와 백가(百家)의 전적의 내용이 매우 광범위하고, 산해경과 지리지의 기술도 매우 상세하다. 그러나 기록된 내용이 모두 과거에 전해오는 얘기거나 과거의 고사일 뿐만 아니라 문장 편폭도 너무 크고 언어도 고고(高古)하여 신사(紳士)나 문인 학사가 아니면 볼 수 없다. 패

관(稗官)소설은 장화(張華)의 『박물지』, 간보(干寶)의 『수신기』, 제해(齊諧)가 지은 지괴에 관한 책, 우초(虞初)의 문장 선집과 같이 대대로 존재하였다. 이러한 류는 모두 두루 읽어 볼 만하지만, 그 내용은 황당무계하고 문장은 우아하고 화려하여 어떤 것은 단지 유자(儒者)들의 한담거리로 적합할 뿐, 모두 아(雅)와 속(俗)이 함께 감상할 만한 것은 아니다. 그리고 오늘날의 시사(時事)를 기록한 것으로 문장은 질박하되 속되지 않고 내용은 간단하면서도 상세하여, 위로는 학사 대부에서 아래로는 농공상에 이르기까지 모두 이해할 수 있는 것으로는 신문지만큼 효과적인 것이 없다. … 국가의 정치, 풍속의 변화, 중외 교섭의 중요 업무, 상업과 무역의 이로움과 폐해, 그리고 두렵고, 놀랍고, 기쁜 일 가운데 사람들의 이목을 새롭게 할 수 있는 모든 것 등, 게재되지 않는 것이 없다. 허위가 아닌 사실을 추구하고 독자가 쉽고 명백하게 이해할 수 있도록 화려한 수사나 황당한 말은 사용하지 않는다. 이에 시무에 뜻을 둔 자는 이로부터 대강을 이해할 수 있으며, 생업을 도모하는 자도 기만을 당하지 않게 될 것이다. 이와 같이 신문은 진실로 천하에 크게 이롭다.[20]

---

20 "今天下可傳之事甚多矣. 而淹沒不彰者, 比比皆是, 其故何歟. 蓋無好事者, 爲之紀載, 遂使奇聞逸事闃然無稱, 殊可歎惜也. 溯自古今以來, 史記百家載籍極博, 山經地志紀述綦詳. 然所載皆前代之遺聞, 已往之故事, 且篇幅浩繁, 文辭高古, 非薦紳先生不能有也. 非文人學士不能觀也. 至於稗官小說代有傳書. 若張華志博物, 干寶記搜神, 齊諧爲志怪之書, 虞初爲文章之選. 凡玆諸類, 均可流觀. 維其事或荒誕無稽, 其文皆典贍, 有則是僅能助儒者之淸談, 未必爲雅俗所到共賞. 求其紀述當今時事, 文則質而不俚, 事則簡而能詳, 上而學士大夫, 下及農工商賈, 皆能通曉者, 則莫如新聞紙之善矣. … 凡國家之政治, 風俗之變遷, 中外交涉之要務, 商賈貿易之利弊, 與夫一切可驚可愕可喜之事, 足以新人聽聞者, 靡不畢載. 務求其眞實無妄, 使觀者明白易曉, 不爲浮誇之辭, 不述荒唐之語. 庶幾留心時務者, 於此可以得其槪,

1872년 『신보』의 발간사인 위 문장은 『신보』가 이 세 가지 조건을 충족시키기 위해 어떻게 중국 독서인들을 설득하려 했는지를 잘 보여 주고 있다. 『신보』는 신문으로서의 자신의 기능을 천하에 이로운 다양한 소식과 정보의 '기록'이라고 보고 있다. 특히 국가의 정치, 풍속의 변화, 중외 교섭의 중요 업무와 같은 중국 신사계층들의 주요 관심사들을 포괄하고 있으며, 양무운동을 전후하여 이미 중국 관방에서 중요한 분야로 대두된 시무(時務)에 유익하고 허황된 것이 아닌 사실을 추구하고 있음을 강조하고 있다. 이는 서구의 미디어로서의 신문의 가치를 중국 지식인의 관점에서 수용할 수 있는 방식으로 설파한 것이라고 할 수 있다.

두 번째는 글쓰기 방식, 혹은 신문이라는 양식에 대한 설명이다. 신문의 문체나 양식에 대해 중국에 비교할 수 있는 선례가 없다는 것을 전제로, 그 특징을 중국의 대표적인 문장양식과 비교하여 설명하고 있다. 우선 신문의 중요한 속성인 '기록'이라는 측면에서 중국의 전통적인 정사인 사서를 비롯하여 제자백가, 패관문학 등과 비교하여 신문의 특징을 설명하고 있다. 여기서 거론된 중국의 전통적인 문장양식은 시가와 더불어 중국 지식인들의 일상적인 독서와 쓰기의 대상인데, 『신보』는 이를 통해 신문의 기록이 이들 문장들과 다르면서도 대등한 지위를 점하는 문(文)의 일종이라는 점을 부각시키고 있다. 이는 신문이라는 것에 새로운 거창한 이념적인 것을 부여하기에 앞서 중국인 지식인들이 쉽게 이해하고 참여할 수 있도록 하기

而出謀生理者亦不至受其欺, 此新聞之作固大有益於天下也." 「本館告白」, 『申報』, 1872. 4. 30.

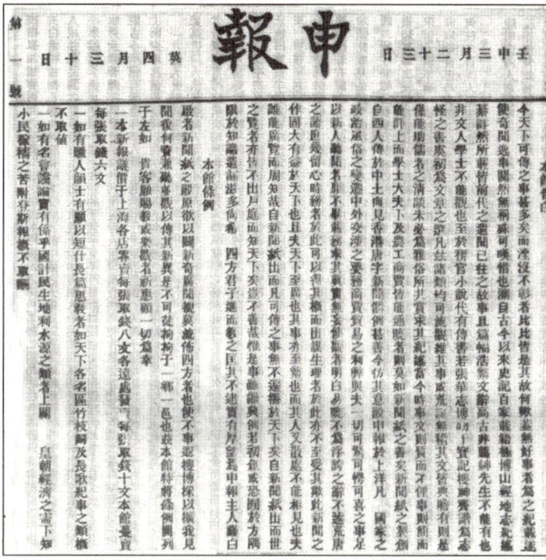
大清同治壬申三月二十三日

申報

英四月三十日

第一號

本館告白

本館條例

그림 2.4 『신보』 창간호
(1872. 4. 30)

위한 전략적인 서술이라고 볼 수 있다. 『신보』가 강조하고자 하는 바는 신문지라는 관념은 서구의 소산이지만, 그 실질 내용은 중국 지식인들에게도 익숙한 현재의 사건에 주목하고 보다 대중화된 글쓰기 방식으로서의 필기류이며, 그러한 방식의 글쓰기가 중국에서 문장의 궁극적 목적인 천하의 대용이라는 것이다.

그러면서도 『신보』는 상업적인 목적을 잊지 않고 신문의 대중성을 지적하고 있다. 물론 지식인과 문인을 포함하여 대중까지 그 독자의 외연을 넓히는 것이 목적이지만, 이해하기 쉬운 문장, 화려하게 수식하지 않은 질박한 언어는 농·공·상 각 계층이 함께 이해할 수 있다는 점을 신문의 특징으로 강조하고 있다. 이에 따르면 신문은 평이하고 사실적인 기록으로 모든 계층에 유익한 정보를 담고 있는 문(文)의 일종이다. 그러나 이러한 신문의 양식에 대한 설명이 그 특징을 중국인에게 설득력 있게 전달했는지는 의문이다. 왜냐하면 그 이후에도 『신보』에서는 수차례에 걸쳐 신문의 양식과 특징에 대해 거듭 해명에 나서고 있기 때문이다.[21] 이는 『신보』가 발간 이후에도 상당 기간 동안 그 가치 및 주요 특징을 중국의 지식계에 이해시키는 데 상당한 어려움이 있었음을 말해 준다.

그러한 어려움을 극복하기 위해 『신보』가 내세운 논리는 중국 지식인들이 가장 즐겨보는 『저보(邸報)』 즉 『경보』와 비교하여 중국 사대부들이 중시하는 사실성 및 국가이익과 연계시키는 것이었다. 『경보』의 가치는 이미 중국 사회에서 승인을 받고 있었기 때문에, 『신보』에서는 그것을 근대적인 신문미디어라는 관점에서 비교함으로써 전자에 대해 후자의 비교우위를 주장하였다. 『경보』는 주로 조정의 일을 기록하고 독자는 대부분 학사 대부들이며 후에 역사가의 사료로서의 가치를 지닌다고 한다면, 『신보』와 같은 새로운 신문은 조정의 정사에서 민간의 자질구레한 일까지 모두 기록하여 모든 국민이 즐겨 읽을 수 있어서 중국 고대에 시가를 통해 민간의 여론

---

21 위 발간사에 이어 며칠 후 『신보』는 또 「신강신보연기(申江新報緣起)」를 발표하여 『신보』 발간의 연유에 대해 설명하면서 신문은 고서(古書)와 달리 현재의 일을 기록하고 있다는 점과 서구에서 나날이 번창하는 것도 신문 때문이라고 주장하였다. 신문의 가치와 『신보』를 옹호하는 글은 그 이후에도 수차례 발표되었다. 「申江新報緣起」(1872. 5. 6.), 「邸報別於新報論」(1872. 7. 13.); 「本館自敍」(1872. 8. 15.), 「論中國京報異於外國新報」(1873. 7. 18.), 「英國新聞紙之盛」(1873. 2. 18.), 「論各國新報之設」(1873. 7. 20.), 「論新聞日報館事」(1874. 3. 12.), 「上海日報之事」(1874. 5. 12.), 「論日報」(1874. 9. 29., 11. 9), 「論英京大新聞館事」(1874. 12. 7.), 「論字林新報言中國必能盛行新報事」(1875. 8. 25.), 「本館作報本意」(1875. 10. 11.), 「論新報體裁」(1875. 10. 8.), 「論日報公用」(1875. 12. 2.), 「選新聞紙成書說」(1877. 3. 28.), 「論各省會城宜設新聞報館」(1878. 2. 19.), 「論新聞紙之益」(1886. 8. 11.), 「整頓報紙芻言」(1898. 8. 15.).

을 관찰하고 수집하던 유풍에 더 부합한다고 보았다. 여론을 통해 군민일체((君民一體)와 상하동심(上下同心)을 이룬다는 취지는 『경보』와 서구의 근대적인 신문 모두 동일하지만, 국가의 기밀을 통제하여 여론에 대해 극히 제한적인 중국의 경우보다는 정사의 득실, 지방통치의 문제점, 관료의 우매함 등 다양한 소식을 널리 전파하여 폭넓은 여론 형성이 가능한 서구의 신문제도가 더 유익하고 효과적이라는 것이다.[22]

『신보』의 이러한 자기설명은 당시 새로운 미디어를 중국어와 중국문화로 번역하는 난점과 관련이 있다. 정보 및 뉴스 전달자라는 위상은 『신보』가 결코 포기할 수 없는 것으로, 그것이 문화 및 제도적으로는 중국의 『경보』와 같은 의미이자 그것보다 더 유용하고 가치 있는 것임을 주장하였다. 실제로 상하이의 소식지를 의미한 『신보』는 베이징의 소식지(중앙정부)를 의미하던 『경보』를 의식한 면이 없지 않다. 그러면서 정계뉴스가 중심인 후자에 비해, 『신보』는 중앙을 포함하면서도 지방의 소식과 비정치적인 일상의 소식을 망라하는 것으로 자신을 대비시키고 있다. 하지만 『경보』가 만들어 낸 소식지로서의 미디어의 의미는 단순히 소식지가 아니라 『신보』에서도 지적하는 바와 같이 관료 및 그 후보들이 자신들의 입신과 관련된 정보를 취한다는 특수한 의미의 것으로, 결코 중앙의 다양하고 일반적인 정보 및 소식을 가리키는 것은 아니었다. 이러한 의미에서 볼 때, 지

22 「邸報別於新報論」, 『申報』, 1872. 7. 13.; 「論中國京報異於外國新報」, 『申報』, 1873. 7. 18.; 「論字林新報言中國必能盛行新報事」, 『申報』, 1875. 8. 24.; 「論新聞紙之益」, 『申報』, 1886. 8. 11.

방성 지식 및 정보를 표방한 『신보』의 정계 및 민간의 자질구레한 소식을 전달하는 미디어의 성격은 『경보』가 구축한 미디어의 의미와는 전혀 다른 것이었다. 『신보』는 단지 『경보』와 비교하여 내용과 대상 독자층의 확대라는 설명만으로 『신보』의 의미를 이해시키기 어렵다. 더 나아가 그러한 자질구레한 소식을 전달하는 것이 누구에게 어떤 의미가 왜 있는지에 대한 보다 적극적인 설득과 이해가 필요하다.[23]

그러나 관(官)에서 허용한 이미 알려져 있는 소식을 전달하는 데 그치는 것이 아니라 다양한 소식의 전달과 새로운 정보의 탐문, 사회적 여론을 환기시킨다는 의미에서의 미디어 개념은 당시 중국 사회의 여건상 여전히 금역(禁域)에 저촉될 수 있는 모험이었다. 그러하기에 사회여론의 형성과 비판의 목소리로서의 신문은 당시 중국에서 합법적인 제도나 문화로 번역될 수 없었다. 19세기 대부분의 신문과 잡지는 발간인 혹은 총주편을 서구인으로 내세워 중국 법률 밖에서 자신의 공간을 확보하려고 하였다. 이러한 측면에서 창간 이후 10여 년간 『신보』의 적극적인 해명에도 불구하고, 당시 근대적인 신문 미디어의 의의와 성격이 중국 사회에서 승인받기가 용이하지 않았다는 것은 어렵지 않게 이해할 수 있다.

근대 서구적인 신문의 일종으로서의 위상과 의미를 획득하는 데 실패한 대신, 『신보』는 다른 측면에서 그 가치를 부여받았다. 어쩌면 다른 측면으로부터 의미를 승인받음으로써 더욱 신문 본래의 가

---

23 이를 위해 『신보』에서 동원한 논리는 이른바 중국 고대의 시가를 통해 민간의 여론을 관찰하고 수집하던 유풍이었다. 그리고 19세기 말 정치적 담론의 핵심으로 부각되던 군민일체와 상하동심의 논리를 제기하였다.

치를 인정받기 어려웠다고 할지도 모른다. 지방적이고 자질구레한 소식이 중심이 되면서, 그리고 중국인들의 독서 경험과 글쓰기 방식을 겨냥함으로써 『경보』와는 다른 형식의 미디어 성격을 지니게 되었으며, 오히려 중국의 전통적인 문(文)의 범주 속에서 위치를 점하게 되었다. 이것은 당시 『신보』의 발간인이 의도했던 바는 아니었을 것이지만, 상업성을 앞세운 전략의 자연스러운 결과였다. 광범위한 중국의 독자들을 획득하기 위해서는 중국의 사회·문화 체계에 진입해야 하는데, 이를 위해 『신보』는 언론의 기능성 강조보다도 중국인의 일반적인 독서문화라는 문화장(文化場)에서 사회적 승인을 받는 것이 더 효과적이었다. 사회적 승인은 발간자의 의도와는 달리 오히려 수용자들에 의해 결정되는 경향이 더 강하다. 『신보』가 당시 지니는 의미 역시 독자층의 태도와 그것이 전체 문화체계에서 점하는 지위에 의해 결정되었다. 서구적인 미디어를 표방한 『신보』가 당시 중국인들에 의해 어떻게 문화적으로 번역되었는가, 어떻게 수용되었는가를 보는 것은 당시 『신보』의 성격과 의미를 이해하는 데 무엇보다도 중요하다.

독자층의 관점에서 보면 『신보』는 다양한 계층을 망라하고 있음을 볼 수 있다. 일반 식자층 서민에서부터 상인계층, 그리고 문인과 관료들을 포괄하고 있다. 그 주요 독자층을 보면 일차적으로 상인들이었다. 그중에서도 서구의 상인이나 그들과 상업적인 연관이 있는 중국인 상인들이었다. 이들은 『신보』를 통해 상품을 광고하거나 새로운 상품과 선박의 입출항 소식 등에 관한 정보를 획득하였다.

두 번째는 일반 문인계층들로, 『신보』에서는 이들을 독자층으로 끌어들이기 위해 갖가지 다양한 방법을 취하였다. 그중 대표적인 것이 문인계층의 가장 대표적인 취향인 시사(詩詞)의 창작에 주목하여 그들에게 작품을 발표할 지면을 무료로 제공하는 것이었다. 이에 적지 않은 문인들이 적극적인 투고에 나서면서 문인은 『신보』의 주요 기고층이자 중요한 독자층을 형성하였다. 중국 문인들은 시사(詩詞)의 창화(唱和)를 중심으로 시사(詩社)라는 형태를 통해 상호교류 해 왔는데, 『신보』는 이러한 지역적 활동의 공간적인 제약을 극복하고 보다 폭넓은 지역의 문인과 연결할 수 있는 무대를 제공하였다. 제도권 밖의 문인들, 즉 과거시험에서 낙방한 문인들이 사회 및 정치문제와 의제에 참여할 수 있는 루트가 제한되어 있는 상황에서 신문은 그들의 목소리를 발표할 수 있는 중요한 매개고리가 되었다. 또 과거시험 및 서원 등에서의 출제문제와 등락의 공고는 문인들이 가장 관심을 갖는 내용이기도 하였다.

세 번째는 1860년대 이후 양무운동이 진행되면서 관료들 사이에 시무(時務)에 대한 관심이 높아졌는데, 그 결과 외국의 소식과 동향, 중국 각 지역의 시사, 정무소식을 제공하는 『신보』에 대한 관심도 적지 않았다. 『신보』에서 전재한 『경보』, 「원문초(轅門抄)」 등의 정무와 관련된 소식은 여전히 관료들의 업무와 직접 연관된 것이어서 지방의 총독이나 순무와 같은 관리들의 주요 관심사였다.[24] 마지막 독

---

24 관료들 가운데는 전반적으로 새로운 형식의 신문에 대해 반감을 가지고 있음에도 그것이 지닌 사회적인 영향력과 파장을 인정하지 않을 수 없었으며, 따라서 『신보』의 중요한 독자층 가운데 하나를 이루었다. 이에 대해서는 瓦格納 著, 李必樟 譯, 「〈申報〉的危機: 1878-1879年〈申報〉與郭嵩燾之間的沖突和國際環境」, 張仲禮 主編, 『中國近代城市發展與社會經濟』, 上海社會科學院出版社, 1999 참고. 특히 지방의 관리들은 신문에서 정보를 얻기도 하지만, 자신들의 업무와 관련된 기사가 게재되는 것 등을 살펴보지 않을 수 없었기 때문에 신문을 구독하지 않을 수 없었으며,

자층은 일반 식자층으로 이들은 정치나 사회의 주요 의제보다도 다양한 새로운 소식과 기문(奇聞)과 같은 이야기 거리에 흥미를 가지고 있었다.

이러한 다양한 독자층 가운데 관료층은 매우 제한적이었으며 주로 상인과 일반 식자층, 그리고 부분적인 문인들이 주요 고객이었다고 할 수 있다. 물론 일부이기는 하지만 다양한 계층을 독자층으로 흡인할 수 있었다는 점에서 당시 신문미디어가 계서(階序)화된 전통적인 글쓰기와 문화에서는 찾아보기 드문 새로운 독서현상을 창출하였다는 의미를 부정할 수는 없다. 바로 이러한 점이 현실에서는 역으로 신문의 사회적인 지위를 약화시키는 요인으로 작용하였다. 사회적인 발언권이 주로 문인계층과 관료들에 의해 주도되는 상황에서 일반 식자층 및 상인을 주요 독자로 하는 신문미디어는 전자의 계층이 일정한 거리를 두는 한 요인이 되기도 하였다.

신문의 사회적 지위는 또 다른 측면에서도 가늠해 볼 수 있다. 신문업에 종사하던 편집자와 기자, 그리고 그것을 배포하던 사람들에 대한 사회의 인식이 그것이다. 먼저 편집자에 대한 인식은 『신보』 자체의 논설을 통해서도 알 수 있다. "글쓰기의 삶은 원래 문인학사의 본분이지만, 조정에 나아가 시를 주고받으며 큰 주장을 펼칠 수도 없고, 또 집에서 저서를 통해 하나의 주장을 내세울 수도 없기에 부득이하게 신보(新報)에 종사하게 된다. 이에 신문업은 문인의 하찮은 기예가 되었다."[25] 당시 뉴스를 탐방하고 수집하는 기자[訪員]는 물

한편으로는 이러한 연유로 신문을 배타시하기도 하였다. 「論日報」, 『申報』, 1874. 11. 9.

론이고 신문사의 주편조차도 명예롭지 못한 "하찮은 기예"로 간주되었던 것이다. 이는 서구의 신문이 대부분 재능이 뛰어난 사람(才人)과 사대부(士夫)에 의해 만들어진다고 주장[26]한 것과는 일정한 거리가 있다. 량치차오 역시 중국에서 신문이 사회적으로 발달하지 못한 이유에 대해, 기자나 편집자들이 인물에 대한 평이나 사건에 대한 논평 등을 사적 감정에 치우치거나 이를 개인적인 영리수단으로 삼는 등 도덕적인 소양이 부족하고 학식이나 사상, 재능이 미천하였으며, 능력 있는 사람들이 적극적으로 신문업에 종사하려 하지 않았기 때문이라고 지적하기도 하였다.[27] 관방과 상당수 문인들은 신문을 무시하거나 시비에 대해 농간을 부리는 것으로 보고 적대시하기도 하였다.[28] 쭤쭝탕(左宗棠)은 광서(光緒) 원년(元年)인 1875년에 비록 자신에 대한 신문보도로 불편한 마음을 표출한 것이기는 하지만, 수차례 해상기담(海上奇談)에 신문의 주요 주필에 대해 허위사실을 날조하여 의탁하는 이른바 장쑤(江蘇)성과 저장(浙江)성 문인들 가운데 무뢰배들의 말로(末路)라고 비판하기도 했다.[29] 또 일부 신문업 종사자들은 자신이 신문사에서 일한다는 것을 떳떳하게 드러내지 못한 채 종사

---

25 "筆墨生涯原是文人學士之本分, 既不能立朝賡歌揚言, 又不能在家著書立說, 至降而爲新報, 已屬文人下等藝業."「論新報體裁」,『申報』, 1875. 10. 8.

26 「申江新報緣起」,『申報』, 1872. 5. 6.;「論各國新報之設」,『申報』, 1873. 7. 2.

27 梁啓超,「論報館有益於國事」,『時務報』第1冊, 1896. 8. 9(光緒22年 7月 1日);「館第一百冊祝辭並論報館之責任及本館之經歷」,『淸議報』第100冊, 1901. 12. 21.

28 姚公鶴,「上海報紙小史」,『東方雜誌·內外時報』第14卷 第6號, 上海商務印書館, 1917. 6, 197쪽. 또 청 정부 관료의『申報』에 대한 인식과 그것과의 분쟁에 대해서는 盧寧,『早期申報與晩淸政府』, 上海科學技術文獻出版社, 2012 참고.

29 「答楊石泉」,「答李筱軒侍御」,「與兩江總督沈幼丹制軍」, 이상『左宗棠全集·書信二』, 岳麓書社, 2009, 505, 508, 513쪽 참고.

하기도 하였다.[30]

사회적으로 신문이나 그것을 배달하는 사람들을 무시하는 풍조가 지배적이었던 점도 당시 신문의 사회적·문화적 지위를 잘 보여준다.

> 이전에 일간지의 발행량은 수백 부에 불과했다. … 매일 발행되면 외지에는 우편을 통해 발송하고, 상하이지역은 전담하는 사람을 고용하여 장기간 정기구독자의 집에 배달하고 나머지는 각 상점을 돌며 배포하였다. 그러나 상점주인은 이를 환영하기는커녕 오히려 역성을 내는 사람도 있었다. 하지만 신문배달원은 이러한 역성을 묵묵히 받아들이고 매월 말에 다시 갖가지 비굴한 방식을 통해 그 신문가격을 다소라도 받아내고자 하였는데, 이는 거의 집집마다 방문하여 구걸하는 것과 다를 바가 없었다.[31]

이상과 같이 19세기 말 신문은 중국사회에서 그것이 기대하는 효과와 지위를 지니지 못했다. 그 이유는 당시 신문업에 종사하던 집단의 사회적 신분이나 지위 때문이기도 하지만, 더 주요하게는 당시 신문 자체가 지닌 특성과도 관련된다. 혹자는 이에 대해 중국에 정치

---

30 姚公鶴, 「上海報紙小史」, 『東方雜誌·內外時報』 第14卷 第6號, 1917, 197, 199쪽 참고.

31 "若在昔日, 每日發行之報, 無過數百份 … 每日出報, 外埠托信局分寄, 而本埠則必雇有專人, 於分送長年定閱各家者外, 其有剩餘之報, 則挨門分送與各商店. 然各商店並不歡迎, 且有厲聲色以餉之者. 而此分送之人, 則唯承受惟謹, 及屆月終, 複多方善言乞取報資, 多少卽亦不論, 幾與沿門求乞無異," 武進姚公鶴 編, 『上海閑話』(下), 商務印書館出版, 1917, 107-108쪽.

사상이나 세계적인 안목이 없어 신문을 단지 서구 상인의 영업으로 보고 중국인들과는 거의 무관한 것으로 보았기 때문이며, 또 신문 발간자나 편집자도 영리추구를 목적으로 하고 보도로 인한 문제가 발생하는 것을 회피하는 안일한 태도에서 기인한다고 비판하기도 하였다.[32]

그러나 신문이 사회적으로 승인을 받지 못한 것은 무엇보다도 그 내용적인 요인에서 기인한 바가 컸다. 우선 서구문명의 번역물로서의 신문이 중국에서 그 기반을 확보하기 위해서는 사회문화적 차원에서 문화권력층의 승인을 얻어야 함과 동시에 대중적인 독자층까지 망라함으로써 경제적인 기반도 마련해야만 했다. 이를 위해서는 대중과 사회문화의 주도층을 모두 아우르는 신문체제가 요구되었다. 『신보』는 그 체제의 특징을 「발간사」에서도 보여 주는 바와 같이 『경보』와 역대 사서 및 제자류, 그리고 패관문학과 서로 범위가 중첩되면서도 구별되는 서술방식과 문체에서 발견하고자 하였다. 이는 중국의 전통적인 문(文)의 각 범주와 연관이 있으면서도 또 그것과는 다른 새로운 그 무엇이었다. 하지만 그 새로움은 「발간사」의 뒤에 이어지는 기사 및 원고모집 공고문에 의해서 기존의 제자류, 즉 자신의 생각이나 뜻(志)을 서술하는 문장이나 기문(奇聞), 그리고 시사(詩詞)의 종합세트의 형식으로 귀결되고 말았다. 또한 시인[騷人韻士]들 가운데 죽지사(竹枝詞)나 장가(長歌), 기사(紀事)의 장단편을 기고하고자 하는 경우 무료로 게재해 주며, 이 밖에도 국가의 경제

---

32 雷瑨, 「申報館之過去狀況」, 申報館 編, 『最近之五十年』, 申報館, 1923, 27쪽.

와 민생에 관한 훌륭하고 직설적인 비평도 무료로 게재하겠다고 밝히고 있다.[33]

공고문에 의하면 신문의 의의는 새롭고 기이한 것과 견문을 널리 사방에 알리고 넓히는 데 있다고 말하고 있다. 여기서 "견문을 넓히다"라는 의미에 항상 수식어처럼 붙어 다니는 "새롭고 신기한 것"은 그 자체가 내용 여하에 관계없이 신문 자체가 우선 독자들의 '흥미'에 기반하고 있음을 언급한 것이며, 이는 중국의 전통적인 필기문학에서 그 가치를 설명하고자 할 경우 원용되던 수사법이었다. 국가 민생과 관련된 사회, 정치 비평의 문장과 시문(詩文)의 모집을 통해 투고자와 독자를 동시에 확보하려는 전략을 취하고 있기는 하지만, 이 시문(詩文)의 오락성은 말할 것도 없다. 시사비평 역시 당시 대중적인 방식으로 사회의 문제를 공개적으로 비판하는 것을 통제하던 상황에서는 특별한 돌출적인 행위로 간주되어 그 자체가 하나의 흥행적인 것으로 받아들여질 수 있었다. 이는 신문이 지상(紙上)을 통한 사회영역의 창출이라는 중요한 역할을 수행할 수 있기도 하지만, 또 사회영역과 여론공간의 중요성이 사회적으로 인식되거나 제도화되지 않은 상황에서는 신문 그 자체가 그 기대와는 다른 기능과 효과를 발휘하게 된다는 점을 말해 준다.

그러나 새로운 문의 양식으로서의 신문이 지나치게 흥밋거리로 경도되는 것은 오히려 기존의 패관문학과 거리두기를 약화시키고 신

---

33 "新聞紙之設, 原欲以辟新奇廣聞覩, 冀流布四方者也. 一如騷人韻士, 有願以短什長篇惠敎者, 如天下各名區竹枝詞及長歌紀事之類, 槪不取値. 一如有名言讜論, 實有系乎國計民生地利水源之類者, 上關皇朝經濟之需, 下知小民稼穡之苦, 附登斯報, 槪不取酬."「本館條例」,『申報』, 1872. 4. 30.

문의 사회적 위상에도 불리하게 작용할 수 있었다. 대중성을 지나치게 중시하다 보면 오히려 독자층의 다수를 점하는 사인(士人)들의 외면을 받을 가능성이 있다. 상술한 바와 같이 『신보』 창간호가 발간되고 1주일 후인 제4호에서 상호소통이라는 측면에서 신문이 통치상의 유익함을 지니고 있음과 다루는 대상의 측면에서 지난날의 일과 오늘날의 일의 차이점이 있지만 고대 전적과 같이 지식인에게 유익한 독서물임을 강조한다든지, 또 서구에서 신문의 내용은 대부분 뛰어난 재능을 지닌 사람(才人)에 의해 쓰여져 상세한 기술과 정확하고 사실적인 의론이 중심을 이루고 있으므로 좁고 얕은 지식에 비할 바가 아니라고 끊임없이 자기를 변호해야만 했던 것도 바로 이러한 맥락에서 이해할 수 있다. 『신보』는 새로운 문의 양식으로서의 신문이 지닌 통속성·대중성과 소통성·계몽성이라는 이중적이고 긴장된 위치에 자리하려고 하였지만, 실제 사회적인 수용방식은 통속성과 대중성의 관점에서 접근하고 있었던 것이다.

사회문화적으로 유의미한 문의 양식으로서 신문의 합법성을 획득하기 위한 『신보』의 노력에도 불구하고, 그 체제와 내용에 대한 중국 독자의 인식은 여전히 크게 변화하지 않았다. 신문에 대한 그러한 대중적인 관심과 인식으로 인해 근대적인 신문으로서의 사회적 승인은 획득하지 못했지만, 대중적으로 독자를 확보하는 데는 오히려 두드러진 성과를 얻었다. 『신보』의 발행량은 1875년 이후 광서(光緖)년에 들어서서 급증하게 되는데, 대체로 1872년 처음 600부 정도로 시작하여 1876년 2,000부, 1877년 5,000부, 1887년 7,500부 정도 발행되었던 것으로 보인다. 이로부터 볼 때, 『신보』는 1880년대에 이미 상당한 수준의 대중적인 독자를 확보했음을 알 수 있다. 또한 『신보』의 판매망 확장과정을 보면 1877년에 이미 베이징(北京), 톈진(天津), 난징(南京), 우창(武昌), 한커우(漢口), 난창(南昌), 주장(九江), 홍콩, 안칭(安慶), 바오딩(保定), 광둥(廣東), 광시(廣西), 쓰촨(四川), 후난(湖南), 항저우(杭州), 푸저우(福州), 쑤저우(蘇州), 양저우(揚州), 닝보(寧波), 옌타이(煙臺) 등 각 도시의 우체국(信局)을 통한 판매망을 갖추고 있었다. 그 후 1897년에는 전국 주요 진(鎭)에 도매식의 신문 보급소를 갖추었고, 1905년에는 각 처에 분관(分官)을 설치하였다.[34] 이는 교통망과 우편제도를 통해 출판사의 판매 범위가 전국적으로 확대됨으로써 지역적인 제약을 극복하고 전국적 출판시장을 목표로 한 경영이 가능해졌다는 것을 의미한다.

당시 대중적인 열독상황에 대해 『신보』는 다음과 같이 소개하고 있다.

> 그렇다면 판매부수가 왜 이렇게 많은 걸까? 신문을 파는 사람에게 물어 본 적이 있는데, 신문을 보는 사람은 모두 시장의 상점에 가장 많다고 했다. 우리는 또 여러 상점의 지인들에게 사람들이 『신보』를 즐겨 보는 까닭을 물어 보았더니, 상점 사람들이 말하기를 『신보』는 문장과 내용이 심오하지 않고 쉽고 명백하여 사람들이 한 번 읽으면 바로 이해할 수 있다. 『신보』를 한 부 구독하면 상점의 모든 사람들이 돌려보는데, 많게는 수십 명에서 적게는 십 수 명에 이른다. 글자

---

34 李嵩生, 「本報之沿革」, 申報館 編, 『最近之五十年』, 申報館, 1923, 31쪽; 宋軍, 『申報的興衰』, 上海社會科學院出版社, 16쪽. 참고로 『신보』 제46호 1872년 5월 17일자 광고에는 자체 발행량을 판매부수 4,500장(張)이라고 말하고 있는데, 이는 후대의 일반적인 추정부수와는 적지 않은 차이가 있다.

를 아는 사람은 누구나 읽을 수 있고, 일에 관한 지식을 익히고 문장을 학습할 수 있다고 하였다.[35]

여기서 『신보』의 편집자가 그 신문에 대한 대중적인 열독 현상의 이유로, 신문내용의 평이함과 업무에 있어서의 유익함을 지적하는 것은 앞의 발간사에서 천명했던 취지가 대중적으로 호평을 받는 것으로 내세우기 위함이다. 그러나 앞의 인용문은 당시 신문의 대중적인 반응은 유익함보다도 오락성이 더 중요한 요인이었음을 말해 주고 있다. 독자층 중에서 다수를 점하는 일반 식자층들의 관심사는 주로 사건 소식들로, 사람들은 이를 주점과 차관(茶館)에서 하루의 화두나 이야깃거리로 삼았다. 이러한 현상에 대해 레이진(雷瑨)은 각 성이나 각 항구의 사소한 소식이나 이야기, 즉 과거시험 소식, 살인강도, 절도나 화재와 같은 사건 및 재난, 여우나 귀신과 같은 이야기 등이 『신보』에 대한 일반 독자들의 관심거리였으며, 식당이나 차관 심지어 당시 상하이에 1,700여 곳에 달하던 연관(煙館)[36]

35 "然則銷數何以若此之多乎? 余嘗聞之售報人言, 皆謂閱之報人市肆最多. 我等亦曾詢諸肆友君等, 何以衆皆喜閱申報? 肆人應曰, 申報文理不求高深, 但欲淺顯令各人一閱而卽知之, 購一申報全店傳觀, 多則數十人, 少則十數人, 能識字者卽能閱, 旣可多知事務, 又可學習文墨." 「論本館售數」, 『申報』, 1876. 2. 10. 또 「論字林新報言中國必能盛行新報事」에서도 중국에는 신문이 발전하지 않아 그것을 중요하게 여기거나 소중히 여기는 사람이 없으며, 그러한 방면에 뜻을 둔 사람이 없다고 하면서 독자들에 대해서는 다음과 같이 말하고 있다. "주점과 차관에서는 『신보』를 말하지 않는 사람이 없고, 가정과 시장의 사람들도 『신보』를 읽지 않는 사람이 없다.(酒館茶坊地無不談論申報, 居家設肆之人無不閱覽申報.)" 『申報』, 1875. 8. 24.

36 「附錄笑笑山人煙館月捐紀事」, 『申報』 第22號, 1872. 5. 27.

에서 화젯거리로 삼는 일종의 패관(稗官)문학이었다고 보았다.[37] 황셰쉰(黃協塤)도 19세기 신문이 처음 발간되고 나서 주요 내용은 시문(詩文)류와 국내외 최근 소식들이었으며 붓 가는 대로 쓴 것이라 거의 전기(傳奇)소설류와 같았다고 말하고 있다.[38] 이러한 주장은 실제 당시 신문의 주요 내용에 대한 분석을 통해서도 확인할 수 있지만, 20세기 초 『신보』와 밀접한 연계 속에서 활동했던 사람들의 회고라는 점에서 당시 신문에 대한 중국인의 인식을 어느 정도 가늠할 수 있다. 신문에 대한 인식은 당시 지식인 계층의 반응을 통해서도 확인할 수 있다. 『신보』에 게재된 다음과 같은 투고문은 당시 『신보』의 내용과 그 의의에 대한 중국 지식인 계층의 일부 인식을 잘 보여 주고 있다.

> 패관야사의 이야기에 빠지고, 지괴와 신기한 것을 탐닉하여 그러한 것들을 묘사함으로써 범속한 사람들의 귀와 눈을 즐겁게 하는 것은 좋은 재주를 하찮은 데 쓰고 지사(志士)들의 포부를 헤치는 것이 아닌가! … (그런데) 신문에서 싣고 있는 내용이 비록 잡다하기는 하지만, 그 뜻을 깊이 살펴보면 권선징악과 미혹을 깨우치는 것을 중심으로 하고 있음을 알 수 있다.[39]

---

37 雷瑨, 「申報館之過去狀況」, 申報館 編, 『最近之五十年』, 申報館, 1923, 27쪽.

38 黃協塤, 「本報最初時代之經過」, 申報館 編, 『最近之五十年』, 申報館, 1923, 26쪽.

39 "汩沒于稗官野史之談, 浸淫于志怪搜奇之論, 雕繪一切, 以取悅于庸俗之耳目, 未免長才短馭, 傷志士之懷矣. … 蓋報中所載之事雖雜出不倫而深觀其意則主於懲惡勸善喚醒痴迷." 平之氏, 「附錄來信」, 『申報』, 1872. 11. 4.

위 기고문에 의하면 『신보』에서 담고 있는 내용을 전체적으로 보면 패관야사에 가까운 것으로, 일반 문인이나 사대부가 힘쓸 정당한 일은 아니다. 다만 그 지괴나 기이한 일에 대한 기술의 취지를 잘 살펴보면, 이는 범속한 사람들의 취향에 영합하는 것이 아니라 권선징악과 미혹을 일깨우는 데 있다. 위 논리는 궁극적으로는 『신보』에 게재된 패관야사의 내용이 지닌 가치를 승인하는 데 있지만, 그 맥락을 좀 더 들여다보면 당시 대다수의 문인이나 사대부들은 『신보』를 패관야사와 같은 것으로 간주하고 있다. 특히 이 기고문은 1개월 전에 『신보』가 『홍콩근사편록』에서 전재한 「아들이 어머니를 팔아먹다(子鬻母)」[40]라는 기사를 비판하는 내용으로, 비록 부정적인 사례를 통해 사회적 경계(警戒)로 삼기 위한 것이라고는 하지만, 오히려 그것을 오독하거나 잘못 전해짐으로써 사회적인 악영향을 낳을 수도 있다고 지적하고 있다. 일반 필기와는 달리 특이한 사건소식을 선호하는 신문의 속성상 그 내용은 부정적인 내용이 많을 수밖에 없는데, 그로 인해 문인들은 이러한 내용을 부정적 함의의 패관야사로 간주하였다.

당시 『신보』에서 자체의 사회적 의미를 부여하는 데 동원할 수 있는 손쉬운 논리는 여전히 사회적인 권선징악을 목적으로 한 필기였다. 왜냐하면 위와 같은 필기는 문인들의 주요 글쓰기 방식이었으며 일정한 사회적 가치를 부여받고 있었기 때문이다. 이를 통해 신문은 위 인용문처럼 그 자체가 소설과 같은 패관야사로서 정사를 보충

40 「子鬻母」, 『申報』, 1872. 9. 2.

하는 의미와 함께 세속의 미혹을 일깨우는 교화적인 의미를 담고 있다고 주장할 수 있었다. 이러한 패관야사로서의 신문에 대한 인식은 중불전쟁 등으로 『신보』의 영향력이 급속히 확장되던 1880년대 중반 이후에도 크게 변화하지 않는다. 국내외 세계의 인물과 사건에 대한 비평과 관가의 백태에 대한 서술 이외에 신기루와 같은 이야기나 온갖 귀신에 관한 이야기들이 『신보』의 주요 내용이지만, 그러한 내용을 통해 세태를 바로잡는 역할을 신문이 하고 있다는 한 독자의 기고문[41]은 위의 내용과 크게 다름이 없다.

바로 이 점에서 우리는 『신보』를 비롯한 당시 신문을 어떻게 평가하고 접근해야 하는지에 대한 중요한 시사점을 얻을 수 있다. 이를 만약 근대적인 의미에서의 언론미디어라는 전제하에서 접근한다면 레이진이나 량치차오가 말하듯이 당시 중국인의 정치사상이나 세계적인 안목의 부재 등의 인식의 문제가 된다. 즉 결함이 매우 많은, 제한적인 의의를 지닌 초기 신문의 유아기적 형식인 것이다. 그러나 이러한 인식과 평가는 당시 중국 독자들의 입장에서 볼 때 수긍하기 어려울 수 있다. 왜냐하면 중국에서는 전통적으로 문(文) 그 자체를 미디어로 간주하는 관점이 지배적이었으며, 세계의 지식과 의미는 다양한 형식과 양식의 문(文)을 통해 드러나고 전달될 수 있다고 보고

41 "오늘날 누가 거친 세파를 잠재우고자 한다면 이를 통해 바른 도를 지켜낼 수 있다. 국내외 여러 인물과 사건을 평하는 데 그 필봉이 춘추의 필삭처럼 날카롭다. 세상의 허망한 부귀의 삶에 대한 이야기는 환상이 아니고, 갖가지 귀신 이야기도 무방하다. 게다가 관가의 백태 양상들 모두 지상(紙上)의 꿈일 뿐이다.(于今誰把狂瀾挽, 賴此能爲把直道防, 中外品題羅月旦, 春秋筆削挾風霜. 蜃樓海市談非幻, 牛鬼蛇神載不妨. 別有宦途千百變, 儘他紙上夢黃粱.)" 雲逵朱家驊未是艸, 「讀申報偶占」, 『申報』, 1883. 11. 30.

있었기 때문이다. 그러한 의미에서 『신보』에서 강조하는 근대적인 지식과 여론의 상하소통이라는 측면은 새로움을 부각시키기에 일정한 한계가 있을 수밖에 없었다. 특히 중국의 전통적인 관념에 의하면 문(文)을 통해 전달하고자 하는 것은 사건의 사실성보다도 그 의미이며, 하나의 사건이 의미가 있는가 여부는 그것이 당시 중요한 의리(義理)라는 범주와 관계가 있는가에 달려 있었다.

기록문화의 측면에서 볼 때 허구와 사실이라는 경계, 즉 직접 본 것과 들은 것, 그리고 전해들은 것에 대한 가치평가, 그리고 귀신이나 여우를 포함한 기이한 것에 대한 이야기와 사실성 사이의 간극이 절대적으로 구별된다는 것은 사실성의 범주를 실증 가능한 범위로 국한시키는 근대적인 관념이다. 물론 중국에서도 사실과 허구 사이의 차이점에 대한 인식이 없었던 것은 아니다. 앞의 독자의 기고문과 같이 야사와 귀신 등의 이야기에 대한 비판의식은 사실성에 대한 의식을 전제로 하고 있다. 이는 단지 허구적이라는 점 때문에 비판적이라기보다는 한 사회의 규범적인 가치나 정도와는 일정한 거리가 있는 자잘한(瑣小) 것에 사람들의 이목과 정신을 소진하는 것에 대한 비판이라고 보아야 할 것이다. 그런 의미에서 실제 발생한 일상의 사건 소식들을 중심으로 한 신문기사라 하더라도 마찬가지로 비판적인 대상을 면하기 어려웠을 것이다. 당시 중국의 대부분 가정에서 자녀들이 신문을 보지 않도록 권계하였던 것도 신문의 무익한 기사 내용으로 과거시험이나 학문에 소홀할 것을 염려했던 까닭이었다.[42]

42 武進姚公鶴 編,『上海閑話』(下), 商務印書館出版, 國民6年, 107쪽.

이와 같이 『신보』는 서구의 뉴스 미디어를 중국의 문(文)의 체계 속에 새롭게 위치지움으로써 신문을 중국화하는 데 어느 정도 성공하였으며, 새로운 형식의 필기집과 '신문체(新聞體)'라는 문의 양식을 만들어 내는 데 중요한 역할을 하였다.[43] 그렇지만 이는 결코 서구에서의 'newspaper'와 같은 의미이거나 그에 걸맞는 사회적 지위를 지니고 있었다고 말하기 어렵다. 오히려 그보다는 패관문학과 같은 의미로 인식되고 수용되었다고 해야 할 것이다. 『신보』가 자신이 극복해야 할 비교대상으로서 장화(張華)의 『박물지』, 간보(干寶)의 『수신기』, 제해(齊諧)의 지괴에 관한 책, 우초(虞初)의 문장 선집 등을 거론하였지만, 중국인 독자층에서는 오히려 후자와 같은 성격의 패관야사로 간주한 것이다. 그리고 그 가치에 대해서도 민간의 여론을 관찰하는 데 참고자료이자, 역사의 편찬에 있어서 정사(正史)의 빠진 부분을 보충하고 방증할 수 있는 사료로서 승인을 받았다. 후자의 경우는 당시 특별히 중요한 의미를 지니고 있었다. 왜냐하면 청대 중기 이후 성행한 역사연구가 사실성에 대한 추구와 세세하고 구체적인 시대의 면모를 추구하고 이를 위해 야사와 패관자료들을 적극적으로 활용하면서[44] 당대의 사건과 소식에 대한 지식인들의 기록 활동이 더욱 활발하게 이루어졌는데, 『신보』는 그 점에서 일정 정도 사대부들도 공감할 수 있는 사회적 지위와 의미를 획득할 수 있었다.

---

43 중국에서 신문의 도입과 그 중국적인 변용에 대해서는 Barbara Mittler, *A Newspaper for China? Power, Identity, and Change in Shanghai's New Media, 1872-1912*, Harvard East Asia Center, 2004, pp. 43-117 참고.

44 杜維運, 『淸代史學與史家』, 中華書局, 1988, 10-11쪽.

4. 사실과 허구의 경계 분화

이상과 같이 여론의 기능이 기본적으로 문(文)이라는 보편적인 형식으로 구현될 때, 신문이 전체 문(文)의 체계 속에서 이해되고 위치가 부여되는 것은 자연스러운 현상이다. 그리고 저가의 독서물이 경제적인 이익을 창출하기 위해서는 다수의 독자층을 확보해야 하며, 이를 위해 대중화의 전략 또한 불가피하다고 할 수 있다. 이 두 가지 요인은 『신보』가 발간과 더불어 고려했던 중요한 사항이다. 그런데 대중적인 문의 양식을 고려한 결과 나타난 것은 신문의 패관문학 혹은 전기(傳奇)문학이었다. 이러한 측면은 『신보』에서도 예상하지 못했던 결과였으며, 초기의 『신보』는 자신에 대한 사회의 그러한 인식을 변화시키기 위해 많은 노력을 기울였다. 한편으로는 신문의 근대적인 관념에 대해 반복적으로 역설하면서 다른 한편으로는 대중적인 읽을거리, 혹은 문의 양식으로부터 자신의 독자성을 확보하기 위한 방안을 모색하였다. 이러한 작업은 한마디로 새로운 대중적인 문의 양식을 창출하는 것이자 기타 대중적인 문의 양식으로부터 스스로를 차별화하는 것이었다.

신문이 야사라는 점은 그 자체가 다양한 잡다한 소식을 수집하고 전달한다는 점에서 부정할 수 없다. 야사가 중국의 문화와 문(文)에서 일정한 지위를 점하고 있는 점은 신문이 그 체계 속에서 쉽게 위치를 확보할 수 있다는 점에서도 유리한 면이 없지 않다. 다만 문제가 되는 것은 소설 혹은 설부였다. 소설 혹은 설부는 당시 가장 대중적인 독서물로서, 독서시장에서 신문의 가장 유력한 경쟁자였다. 이에 대해 『신보』가 표방한 것은 "새롭고 신기한" 것에 대한 추구였는데, 이는 그 자체가 '새로운 소식 혹은 풍문'이라는 '신문(新聞)'의 한어 개념을 풀이한 것이기도 하지만, 무엇보다도 소설을 비롯한 대중적 취향을 고려한 것이었다. 왜냐하면 "신기한"이라는 측면에서 보면 상상력을 통한 다양한 허구적인 스토리를 만들어 내기에는 소설만 한 것이 없었기 때문이다. 실제로 『신보』에서 내세운 새롭고 신기한 것 가운데는 소설도 포함되어 있었다. 이는 당시 서구의 신문에서 소설류를 게재하던 것을 적용한 것이었지만, 문제는 신문의 고유 특성에 대한 사회적인 관념이 확립되기 전에 소설을 게재하는 것은 신문 속의 일부 콘텐츠가 아니라 그 자체가 신문의 성격을 규정하는 요인이 될 수 있었다. 또 소설의 가치가 사회적으로 일정한 승인을 받는 상황에서 게재되는 것과 소설에 대한 사회적인 경시 풍조가 지배적인 상황에서의 게재는 전혀 다른 결과를 낳을 수 있었다. 신문에 소설을 게재한다는 것은 대중적인 독자를 확보하는 데는 매우 효과적이지만, 그것은 편집자의 의도와는 달리 자칫 신문에 '전기문학'이나 패관류의 인상을 심어 줄 수도 있었다.

『신보』의 문의 양식과 당시 소설과의 관계는 신문의 성격 및 그것이 전체 문(文)의 체계에서 지니는 의미를 이해하는 데 중요한 의미를 지닌다. 우선 『신보』가 발간 직후 초기에 세 편의 서구소설을 번역하여 연재한 점을 주목하지 않을 수 없다. 「담영소록(談瀛小錄)」, 「70년 동안 잠들다(一睡七十年)」, 「내소국기문파사관소설(乃蘇國奇聞把沙官小說)」이 그것인데, 이 중 앞의 두 편은 '신기한 풍문'으로, 그리고 마지막 한 편은 기이한 풍문에 관한 소설로 연재되었다. 조너선 스위프트(Jonathan Swift)의 『걸리버 여행기-소인국편(*A Voyage to Lilliput*)』을 번역한 「담영소록」과 워싱턴 어빙(Washington Irving)의 『립 밴 윙클(*Rip*

Van Winkle)』을 번역한 「70년 동안 잠들다」는 처음 시작 부분에서 완전히 허구적인 스토리가 아니라 하나의 기이한 풍문으로 소개되고 있다. "어제 한 친구가 본사에 문장을 보내왔는데, 그것이 전하는 내용은 매우 신기했지만 누가 지었는지, 또 어느 시기의 일인지 친구도 전혀 알고 있지 못했다."[45] "한 친구가 전한 이야기는 … 그 진위 여부를 알지 못할 뿐만 아니라 어느 때 일인지도 알지 못한다."[46] 이러한 서술방식은 한편으로는 그것의 명확한 허구성을 은폐하기 위한 것으로 보는 시각도 있지만,[47] 실은 그 자체가 전통적인 필기소설에서 종종 보이는 수법으로 독자들에게는 친숙한 서술방식이었다.

『신보』에서 이들 작품의 일부를 번안하여 연재한 까닭은 서구의 신문 사례에서와 마찬가지로 특이한 소식이라는 패관야사를 통해 독자를 확보하려는 시도임과 동시에 초기 보도기사 확보라는 방면에서의 긴장과 압력을 완화하기 위해서였다.[48] 「내소국기문파사

---

45 "昨有友人送一稿至本館, 所傳之事最爲新異, 但其書爲何人之筆, 其事爲何時之事, 則友人均未周知", 「談瀛小錄」, 『申報』, 1872. 5. 23.

46 "有友人談及一事, … 不知其眞僞, 亦不知爲何時事也." 「一睡七十年」, 『申報』, 1872. 6. 2.

47 원쥐안(文娟)은 두 편의 번역물의 서두 부분에 대해 당시 소설을 경시하는 풍조를 감안하여 그것의 소설적인 성격을 감추기 위한 것이라고 보고 있지만, 이는 당시 소설에 대한 시대인식과 장르 성격에 대한 오해에서 비롯된 것이다. 文娟, 『結緣與流變-申報館與中國近代小說』, 廣西師範大學出版社, 2009, 33-43쪽.

48 『신보』에서 기고문을 무료로 게재하는 전략은 이를 통해 독자 특히 문인층의 독자를 확대하려는 목적 이외에도 초기 기사의 압력을 해결하기 위한 것으로 보인다. 초기 신문의 주요 내용을 보면 논설 이외에 조계지의 공부국(工部局)이나 중국 지방 관청의 공고문, 『자림서보(字林西報)』 및 『홍콩근사편록』, 『홍콩중외신문(香港中外新聞)』의 기사 전재, 회심공안(會審公案) 및 『경보』의 내용을 위주로 하고 있고 실재 취재기사는 서너 꼭지 정도에 불과하다. 이 중 기고문은 제2호(1872. 3. 25.)부터 간헐

관소설」[49] 역시 제목에서 직접적으로 "기문(奇聞)"과 "소설"로서의 성격을 드러내고 있는 것도 앞의 두 작품의 사례와 같은 의미이다. 다시 말해 명백한 허구적인 스토리임에도 소설이라 명기하지 않았다고 해서 독자들이 그것을 소설로 간주하지 않는다든지, 또 후자와 같이 소설을 명기한다고 해서 독자들이 완전히 허구적인 스토리로 간주하지는 않았다. 그보다는 이들 작품 혹은 기사들은 사실과 허구의 경계 사이에서 흥미와 우의(寓意)를 목적으로 한 필기식 문체에 속하는 것으로, 이러한 문체는 거의 『신보』 매호에서 등장하고 있다. 당시 공지문이나 관방과 연계된 사건 또는 회심공안(會審公案)과 같은 명백한 사건들을 제외하면, 많은 기사들이 그 서술방식에서 전통적인 필기체를 취하고 있어 그 사실 여부를 정확히 가늠하기 어려운 것이 대부분이다. 설사 사실적인 사건을 바탕으로 했다고 하더라도 풍문을 전달하거나 상상적인 묘사를 덧붙인 내용이 다반사였다.[50] 링쉬웨이(凌碩爲)의 분석에 의하면 『신보』 창간부터 초기

적으로 한두 편 게재되기 시작하였고, 그 비중이 두드러지게 확대되는 것은 6월 이후부터이다. 예를 들어 제70호(6. 15.)와 제71호(6. 17.)는 전체 기사 가운데 절반이 기고문으로서 각각 4편과 5편이 게재되기도 하였다. 이는 6월 이후부터 기고문이 증가했다는 것과 한 편의 기고문이 연재될 경우 바로 다음 호가 아니라 1-2호 걸러서 연재되는 것으로 보아 특별한 기사가 없는 날은 기고문으로 대신하고 있었음을 말해 준다.

49 Frederick Marryat, *The Pacha of Many Tales*, 1835. 이 작품은 처음 『신보』 1872. 6. 2.에 「乃蘇國奇聞」이라는 제목으로 연재를 시작하였다.

50 이는 『신보』에 게재되었던 내용을 후에 필기집으로 묶어 별도로 편집한 경우를 통해서도 잘 알 수 있는데, 1926년 송음암주(松蔭庵主)는 1872년(同治11年)부터 1876년까지 약 5년간 『신보』에 게재되었던 글 485편을 4권으로 편집하여 『송음암만록(松蔭庵漫錄)』이라는 제목으로 자유출판사(自由出版社)에서 출판하였다. 판젠궈(潘建國)에 의하면 그 주요 내용은 사회뉴스, 해외야사, 자연상의 기담, 여우, 귀신과 애정

5년 동안 기사 내용 가운데 기이한 사건에 관한 소설 및 뉴스와 소설의 혼합, 그것의 중국 형태인 "유소설(類小說)"로 분류할 수 있는 글이 지괴(志怪)류 300여 편을 포함하여 1,300여 편에 달한다고 한다.[51]

이러한 필기소설류의 내용이 많은 이유는 앞서 언급한 신문에 대한 인식이 전통적인 "채풍(采風)"[52]관념에 기반해 있어 사실적인 보도와 더불어 민간의 여러 노래 및 이야기들을 망라했기 때문이지만, 한편으로는 정확한 사실을 보도하기 위한 조건의 미비 및 문체상의 의식과도 관련이 있다. 그중 첫 번째 요인은 신문기사를 수집하는 데 있어서의 문제점이다. 이에 대해 『신보』에서 "각 성의 큰 도시에 기자를 파견한다고 하더라도 수천수만 명 가운데 수십 명에 불과하니 마음과 귀, 눈이 미치지 못하는 곳의 일들을 어찌 일일이 직접 취재할

고사 등을 포함하고 있다. 潘建國, 「〈松蔭庵漫錄〉與〈申報〉所載晚淸筆記小說」, 『古代小說文獻叢考』, 中華書局, 2006, 236-245쪽. 또 신보관의 총서로 발간되었던 선정(宣鼎)의 문언 필기소설 『야우추등록(夜雨秋燈錄)』(1877) 및 『야우추등속록(夜雨秋燈續錄)』(1780)이 민국 초에 동명의 작품으로 다시 출간되면서 본래 작품집에는 없던 작품을 포함시켜 발간하였는데, 그 가운데는 1872-1873년 『신보』에 실렸던 기사 35편도 포함되어 있었다. 凌碩爲, 「〈夜雨秋燈錄〉贋本考論」, 『明淸小說硏究』 總第107期(2013年 第1期), 144-150쪽.

51 凌碩爲, 『新聞傳播與小說情調: 以早期申報館報人圈爲中心』, 華東師範大學 博士學位論文, 2007 부록 참고.

52 「申江新報緣起」, 『申報』, 1872. 5. 6.; 「采訪新聞启」, 『申報』, 1872. 5. 28. 중국의 문(文)의 역사에서 보면 근대 신문이 패관야사류에 속한다는 것은 앞서 『신보』 등의 주장을 통해서 알 수 있지만, 소설 또한 패관야사에서 기인하며 "채풍(采風)"의 의미를 지니고 있다고 보는 관점은 소설의 의미를 강조할 때 자주 언급되던 관점이었다. 이는 1912년 발표된, 실제로는 루쉰의 문장이라고 보기도 하는 저우쭤런의 「고소설구침서(古小說鉤沉序)」이다. 周作人, 『古小說鉤沉序』, 陳平原·夏曉虹 編, 『二十世紀中國小說理論資料』(第1卷, 1897-1916), 北京大學出版社, 1997, 395쪽.

수 있겠는가?"[53]라고 토로한 바와 같이 기사를 수집하는 데 많은 어려움이 있었다. 그 취재하는 사람들도 전문기자가 아니라 지방의 경우는 그 지방의 관청 및 소식에 정통한 일부 지식인층이나 말단 관원이고, 상하이의 경우는 관청의 문서 관리자나 그들과 잘 알고 있는 사람들이었다.[54] 이들은 자신의 이름과 신분을 드러내길 꺼려하여 대개 "ㅇㅇ(지방명)友人來信"과 같이 익명으로 활동하였으며, 또 타 지역에서 그들이 보내오는 소식들도 직접 취재한 결과라기보다는 저잣거리의 기이한 소문과 세상에 잘 알려지지 않은 일 등이 대부분이었다.[55] 보내 온 기사들의 문체도 다양하여 편집자가 수정을 하거나 심지어는 전체 내용을 다시 서술하는 경우도 종종 있었을 정도로 정확한 사실을 보도하는 측면에서는 많은 제약이 있었다.[56] 훈련된 전문적인 기자의 결여는 신문의 지면을 구성하는 기사의 확보는 물론이고 문체의 측면에서도 많은 문제점을 노출시켰다.

이러한 문제를 해결하기 위해 『신보』에서는 지속적으로 일반 독자들, 특히 문인독자들의 다양한 형식의 문장 기고를 유도하는 한편, 각 지방의 사건이나 정보를 수집할 기자 즉 '방사인(訪事人)'들을 모집하였다. 그 결과 적지 않은 독자들, 문인계층의 독자들의 기고가 이루어졌으며, 각 성의 주요 도시에는 협력자로서의 '방사인'을 확보

53 "雖在各省大都派有采訪友人, 而數千百萬人中獨設數十人, 心思耳目終有不及之處, 豈能逐事訪得."「搜訪新聞告白」,『申報』, 1875. 7. 8.

54 海上漱石生(孫玉聲),『報海前塵錄·訪員階級』, 復旦大學圖書館 선장본, 5쪽. 이 자료를 구하는 데 서유진 박사의 도움을 받았다.

55 凌碩爲,「〈夜雨秋燈錄〉贋本考論」,『明淸小說研究』總第107期(第1期, 2013), 41쪽.

56 海上漱石生(孫玉聲),『報海前塵錄·論說及新聞之取材』, 復旦大學圖書館 선장본, 12쪽.

할 수 있었다. 이러한 독자투고 방식은 일간지 형식 신문 발행이 겪는 어려움을 극복하는 데 큰 도움이 되었다. 『신보』에 대한 사회적인 관심, 특히 문인층의 관심을 끄는 데 일정 정도 성공했고 독자층의 확대에도 기여하였다. 그렇지만 원고 기고자들이 다양한 양식의 글을 투고하고, 각지의 기사를 취재하고 송고하는 '방사인'들도 전통적인 글쓰기 방식에 입각하여 사건을 서술하며, 주제나 기사 선정의 기준에 있어서도 사실성 그 자체보다도 사람들의 이목을 끌 수 있는 새롭고 기이한 성격을 더 중시하면서 정작 사실성을 추구하는 신문의 성격은 오히려 약화되었다.

『신보』를 발간한 지 약 6개월 후에 신보관에서 새롭게 『영환쇄기(瀛寰瑣記)』(1872. 11.-1875. 1.)라는 월간지를 발간하기 시작한 것도 이러한 원고의 기고와 맞물려 있다. 원고료를 지불하지 않고 단지 무료로 게재해 주는 조건으로 투고를 권장하였지만, 그에 대한 사회적 반응은 예상외로 적극적이었다. 『영화쇄기』는 전체 28권을 발간하였는데, 쑨친(孫琴)의 연구에 의하면 그중에 이름이 확인된 중국인 투고자는 88명 정도이며 그 외에 이름을 알 수 없는 필명의 기고자는 훨씬 더 많다.[57] 이 수치가 지닌 의미는 『영환쇄기』가 공개적으로 모델로 삼았던 『중서견문록(中西見聞錄)』(1872. 8.-1875. 8., 베이징)의 저자와 비교해 보면 알 수 있는데, 후자의 경우 전체 저자는 55명이었고 그중 외국인과 중국인은 각각 16명과 39명이었다. 비슷한 시기에 발간된 두 월간 잡지에서 중국인 기고자의 차이가 발생한 이유는 여러

57 孫琴, 『我國最早之文學期刊-〈瀛寰瑣記〉硏究』, 蘇州大學 博士學位論文, 2010. 〈부록 2〉와 〈부록 3〉참고.

가지가 있겠지만, 발간 주체와 잡지의 성격, 발간 지역 등의 차이점 이외에 무엇보다 일간지 신문을 매개로 한 잡지라는 점과 또 『영환쇄기』가 내용적인 측면에서 훨씬 개방적이고 포용력이 있었기 때문이었다. 일간지 『신보』의 지면을 채우기 위한 기사의 수급과 동시에 독자의 확보를 목적으로 한 원고모집이었지만, 몇 개월 후부터 각지에서 답지한 기고문은 역으로 『신보』의 지면으로 모두 수용하기에 너무 많았다. 그 이유는 실제적인 지면의 한계도 있었지만, 또 하나 중요한 것은 기고문들이 기사 성격의 글보다는 전통적인 문인의 글쓰기 양식에 가까운 것들이어서 그러한 글들로 신문 지면이 과도하게 채워질 경우 신문으로서 갖추어야 할 최소한의 성격을 약화시킬 수 있었기 때문이었다.

> 문단에서 제공해 주거나 먼 지방에서 우편을 통해 송고한 것들은 그것이 볼륨이 있는 대작이든 혹은 길고 짧은 시가이든 새로운 뜻을 담고 있고 문장이 아름답기만 하다면 본사에서 원고를 모아서 차례로 간행하여 같은 취향을 지닌 사람들과 함께 향유할 것이며, 이로 인한 어떠한 비용도 받지 않을 것이다. 설사 모종의 연유로 좀 더 고려해야 할 작품이라도 남에게 보이지 않고 잘 보관하여 이후 다시 정하여 발간할 것이다. 송고한 지 오래되었음에도 아직 발간하지 않은 것은 달리 고심 중에 있으니 여러분들의 양해를 부탁한다.[58]

58 "凡有文壇惠贈及郵筒遠寄者, 無論鴻篇钜製、短詠長吟, 但能穿穴新意, 熔鑄偉詞者, 本館卽行留稿, 次第刊行, 以公同好, 概不取其刻資. 即有或恐關礙, 及尚須斟酌之作, 亦當藏爲枕秘, 不輕示人, 異日改定, 再行傳布. 凡送稿已久而未及刊行者, 其中別有苦心, 尚希諸君子原諒爲荷."「本館告白」, 『申報』, 同治11年 9月 16日.

이 공고문은 원고모집 광고이지만, 한편으로는 기고문의 성격이나 체재가 다양하고 그중에는 신문에 게재하기 어려운 문장도 있으며, 그럼에도 기고자의 성의를 고려하여 지면에 발표하지 않을 수 없는 고심을 은연중에 드러내고 있다. 여기서 신문에 게재되지 못하는 적지 않은 문장들을 위한 별도의 고려가 가리키는 것은 이 공고문이 발표되기 6일 전부터 줄곧 공지해 오던 『영환쇄기』의 발간이었다. 『영환쇄기』는 기고문의 과잉과 신문에 게재하기 어려운 문장들을 처리하기 위해 기획된 잡지였던 셈이다. 『영환쇄기』의 발간사에서는 잡지의 성격이 중국의 전통적인 패관(稗官)임을 공공연히 선언하였다. "조정의 사료로 제공될 수 있으니 그 명칭도 감히 패관에 기탁한다. 널리 이역(異域)에 관한 이야깃거리를 모으고, 보잘것없는 거친 말이라도 내치지 않는다. 잡다한 풍문을 함께 수록하여 『수신기(搜神記)』, 『지괴(志怪)』류의 여파와 같다. 잡다한 일을 함께 싣고, 저잣거리의 이야기라도 회피하지 않는다."[59] 이와 같이 당시 『신보』의 발행인과 편집자는 신문과 패관의 문의 양식상의 차이점을 의식하고 있었다. 때문에 『신보』 자체가 패관문학의 성격이 강하고 또 독자들로부터 그러한 문(文)으로서 이해되었을지라도, 『신보』의 발간인과 편집자는 일부 기사가 패관야사일지언정 그 전체의 성격이 패관문학으로 간주되는 것을 강하게 부정하였다.

『영환쇄기』는 별도의 목차나 분류 항목 없이 여러 내용을 한데

59 "備中朝之史料, 名敢託夫稗官; 廣異域之談資, 陋不嫌夫蠻語. 瑣聞兼述, 用附搜神、志怪之餘; 碎事同登, 不薄巷議街談之末."「刊行『瀛寰瑣紀』自敘」, 『申報』, 同治11年 9月 10日.

엮어 출간한 일반적인 서책의 형식을 지니고 있지만, 크게는 시사비평이나 계몽적인 과학지식 소개와 시사(詩詞), 그리고 필기소설류로 구성되었다. 그중에서도 두드러진 특징은 전통적인 문인들의 교류방식인 시사(詩社)에서 잘 보여 주던 창화(唱和), 번역소설의 연재와 각종 필기소설이었다. 창화는 결국 문인들의 시가였던 만큼 언어의 통속성이라는 측면에서 볼 때 『신보』가 추구한 언어 특징과는 거리가 있었고, 소설번역의 경우는 『신보』에서 발간 직후 3차례 시도했지만 그 후에는 전혀 없었듯이 신문과 거리를 두고 있던 것이었다. 그런데 『영환쇄기』에서는 오히려 서구소설을 번역하여 「흔석한담(昕夕閑談)」[60]이라는 제목으로 연재하였다. 그리고 필기소설은 『영환쇄기』의 가장 주요한 내용으로, 전통적인 여우·귀신과 같은 지괴류와 유희적인 문장, 충효와 청루의 기녀들에 관한 전기(傳記)나 고사가 주류를 이루었다. 이러한 특징들은 일간지 『신보』와 동일한 조건 하에서 배태되었으면서도 일정한 차이점을 보여 준다. 『신보』와 「영환쇄기」는 동일하게 기본적으로는 패관 혹은 패사의 범주에 위치해 있었지만, 전자는 사건과 정보의 내용이 중요한 비중을 차지하는 반면, 후자는 다양한 형식의 문인들의 글쓰기 모음집 성격이 강하였다. 물론 이러한 차이점에도 불구하고 『신보』의 패관적 성격이 바뀌는 것은 아니다. 문제는 패관 내에서도 그 고유의 특징을 어떤 방식으로 설정하고 구성하는가 하는 점이다.

그렇다면 사실과 허구의 경계를 어떻게 인식하고 그것을 신문의 속성과 연계시키는가? 19세기 말 주요 매체들을 비교해 보면 『신

60 원저는 영국의 에드워드 불워 리턴(Edward Bulwer Lytton)의 *Night And Morning*(1841)으로, 이 장편소설의 전반부만을 번역한 것이다.

보』의 특징이 두드러지게 잘 나타난다. 그 가운데 『상해신보』, 『중서견문록』, 『만국공보』를 보면 사실과 허구 사이의 구분 의식이 상대적으로 명확한 편이다. 이들 미디어의 공통적인 특징은 주요 편집자가 서구의 지식인이거나 선교사였으며, 따라서 허구와 사실에 대한 인식도 서구적인 관념에 기반해 있었다. 서구의 신문이나 잡지를 모델로 하여 주로 과학지식 소개를 목적으로 한 『중서견문록』은 과학지식 이외에 각국의 뉴스, 인정세태와 풍속, 그리고 그 밖의 잡다한 소식과 우언, 격언, 시사(詩詞) 등을 담고 있었지만, 잡기와 우언은 다른 주요 내용과 구분하여 별도의 란을 두고 게재함으로써 사실과 허구의 경계를 명확히 하고자 하였다.[61] 사실 및 과학 지식을 중심으로 한 이와 같은 편집방침은 처음 종교적인 목적으로 창간된 『만국공보』도 마찬가지이다. 예를 들어 『만국공보』의 다음과 같은 원고모집 공고문은 『신보』 및 『영환쇄기』와 크게 대비를 이루고 있다.

> 공보(公報)는 어떻게 만들어졌는가? 서구 국가의 신문에서 뽑고, 중원의 사실을 게재하며, 수식을 가하지 않고 최대한 사실만을 따른다. 어찌 포장을 일삼겠는가, 오직 엄격한 사실만을 추구한다. … 교

---

61 『중서견문록』은 창간호부터 매호의 표지 뒷면에 창간 취지와 원고모집 공고를 다음과 같이 게시하였다. "『중서견문록』은 서구 신문지를 모방해서 만들었으며, 각국의 최근 여러 뉴스를 수록하고 아울러 천문 지리의 격물학을 논한다. 매월 1회 출간하는데 중국과 서구의 인사들 가운데 견문이나 의론을 써서 미시시의원(米市施醫院)의 선생 앞으로 보내 주신다면 게재할 만한 것을 선별하여 게재할 것이다.(中西見聞錄系仿照西國新聞紙而作, 書中雜錄各國新聞近事, 並講天文地理格物之學, 每月出印一次. 如中西士人有所見聞或自抒議論, 亦可寫就送至米市施醫院諸先生處, 選擇可登則登之.)" 丁韙良 主編, 『中西見聞錄』 第1號, 1872. 8.

회 내외의 누구든지 주옥 같은 문장이 있어 본사에 직접 보내 준다면 반드시 게재할 것이다. 그러나 실사구시적이고 풍속을 해치지 않는 글이어야 한다.[62]

위 공지문은 『만국공보』에 종교에 관한 글을 비롯하여 독자들의 투고를 확대해 달라는 교회의 요청에 답한 것이다. 편집자 알렌(Young J. Allen)은 투고를 요청하면서도 『만국공보』의 성격을 명확히 제시하였는데, 이는 당시 독자투고를 받을 경우 『신보』 및 『영환쇄기』와 같이 지괴류나 청루 기녀 등에 관한 글들이 적지 않을 것을 고려한 것으로 보인다. 이와 같이 당시 선교사들에 의해 발행되던 잡지들은 세계와 사회 각지에서 발생하는 일상적인 사건들에 대해 이른바 '과학적'인 인식을 바탕으로 평가하였으며, 그 내용 구성에서도 지식과 종교 설명, 사건 및 정보 소식을 우언이나 (허구적) 고사와 구분하여 배치하였다.[63]

동시대의 이러한 잡지들과 비교하면 『신보』는 사실적인 기사의 중요성을 강조하면서도 신문상의 기사나 문장의 가치와 의의를 사실

---

62 "公報爲何而作哉? 選西國之新聞, 登中原之事實, 不假修飾, 務在率眞, 奚事鋪張, 惟求覈實. … 凡教中教外諸君, 如有珠玉之文, 俯送本館, 定當登印. 然實事求是, 無傷風俗之言斯可耳." 林華書院主人謹啓, 「本書院緊要告白」, 『萬國公報』 第9年 第444卷, 1877. 6. 23.

63 특히 『신보』와 크게 다른 점은 지괴류에 대한 거부이다. 이는 과학적인 시각의 영향을 받은 것도 있지만, 더 주요하게는 서구 기독교의 종교적인 시각에 의한 것으로 보인다. 당시 지괴류에 대해 가장 비판적이었던 것은 『만국공보』였는데, 특히 1878년과 1882년에 그와 관련된 문장이 많이 발표되었다. 주요 내용은 「祀鬼不如活人說」(第498卷, 1878. 7. 20.), 「溺信鬼神」(第501卷, 1878. 8. 10.), 「人鬼辨」(第697卷, 1882. 7. 8.) 등과 같이 귀신에 대한 제사와 신앙, 사람과 귀신에 대한 분별 문제 등이었다.

여부보다도 윤리적인 관점에서 접근했던 것으로 보인다. 전통적인 문인들의 글쓰기와 문(文)에 있어서 양식과 체제상의 위계가 존재함에도, 문인들이 다양한 방식의 글쓰기를 합리화하고 용인하였던 근거는 그것이 지닌 윤리적인 교화와 풍속의 교화 작용이었다. '신문(新聞)'이라는 것도 시간적으로 최근에 발생한 사건이나 내용에 국한되는 것이 아니라 그것이 대중 앞에 처음 혹은 본격적으로 공개되는 것을 의미하였기 때문에, 실제 검증이나 확인을 전제로 한 사실 개념과는 일정한 거리가 있었다.

하지만 서구의 신문을 참조하고 또 신문기사의 실제적인 유용성을 강조한 이상, 윤리성의 기준만으로 내용을 선별하는 것은 논란의 여지가 없지 않다. 이는 『신보』 내의 편집자들 사이의 이견에서도 확인할 수 있다. 예를 들어 초기 책임 편집자인 장치장(蔣其章, 1842-1892, 자는 즈샹(芷湘))은 『신보』가 귀신류의 글을 게재하는 것에 관한 홍콩의 영자신문의 비판에 대해 "사람들의 말을 수집하고 여러 이야기들을 수집하다 보면 때로는 기이한 흔적이나 이야기도 있지만, 일에 도움이 되어 취할 바가 있는 것은 수록한다."[64]고 주장하였다. 또 『영환쇄기』에도 「흔석한담(昕夕閑談)」을 번역하여 연재하는 등 일간신문이나 잡지에 지괴나 허구적인 소설류를 게재하는 것에 관대하였다. 그러나 처음부터 『신보』 발간에 적극 참여하였던 첸신보(錢昕伯)가 1877년 이후 장치장을 이어 신문 및 잡지의 편집을 맡게 되면서부터 귀신이나 여우 등에 관한 이야기는 상대적으로 제한하였다.[65] 물론

64 "采集人言, 搜集衆說, 遇有奇跡異談, 但便事有可取, 爲之登錄." 「駁香港西報論」, 『申報』, 1874. 2. 25.

이는 신보관(申報館)에서 일간지와 월간지 발간 이외에도 출판사업을 확대하여 지괴류를 포함한 소설작품들이 '신보관 총서'로 발간되는 등 출판물을 내용과 형식에 따라 각기 달리 분류하려는 조치와 결부되어 있기도 했다. 그러한 분화과정에서 신문에 소설이나 지괴류가 적어지는 현상은 신문기사의 중심이 다른 곳에 있다는 의식이 반영된 것이라고도 볼 수 있다. 『신보』에서 지괴류에 대한 태도가 공개적으로 크게 바뀐 것은 1890년을 전후한 시점이었다. 1889년 이후 『신보』에서는 지괴류 고사의 게재를 자제하거나 게재하는 경우라도 그러한 기사나 풍문에 대해 적극적으로 비판하는 관점에서 비평하였다.[66]

따라서 남자와 여자, 노인과 아동이 예쁘고 추하고 통통하고 마르고

---

65 장치장은 1877년 2월 회시(會試)에 급제하여 진사(進士)가 되었는데, 이로 보아 그가 적어도 과거시험이 임박한 1876년 말 이후로는 『신보』의 편집에 종사하기 어려웠을 것이다. 당시 장치장과 더불어 신보관에서 편집 업무를 보던 사람은 첸신보와 차이얼캉(蔡爾康)이 있었지만, 차이얼캉은 당시 20대 중반으로 1876년에는 『민보(民報)』, 그리고 1877년에는 『환영화보(寰瀛畫報)』 편집을 맡고 있었다. 따라서 『신보』의 발간 초기부터 관여한 첸신보가 장치장을 이어 『신보』의 주편을 맡았을 것으로 보인다. 그렇다면 실제로 첸신보가 『신보』의 주편을 맡은 것은 1877년부터라고 볼 수 있다. 이와 관련하여 1877년 이후부터 『신보』에는 외부 투고자의 문장이 크게 줄고 있으며, 그나마도 죽지사나 시가, 그리고 공지문과 같은 글에 국한되어 있다는 점이 눈에 띈다. 이는 장치장과 첸신보의 편집 관념의 차이가 반영된 것으로 이해할 수 있다.

66 장톈싱(張天星)에 의하면 『신보』에서는 1889년 6월 28일 「괴이함을 논함(論怪)」이라는 사설을 발표한 이후로 1890년을 전후하여 사설과 사건 풍문에 관한 비평을 통해 이른바 '미신'에 대한 비판을 전개하였다. 1892년 12월까지 이와 관련된 사설만 전체 26편의 글이 발표되었으며, 또 기사들에 대한 비평을 통해 지괴류를 비판하였는데, 이를 통해 이 시기에 지괴류와 허구적인 고사에 대한 『신보』의 태도와 관점이 변화했음을 알 수 있다. 張天星, 「1890年前後『申報』反迷信活動與中國傳統新聞觀念的近現代轉型」, 『東南傳播』(總第70期) 第6期, 2010, 123쪽 참고.

> 한 것이 갑자기 변화하는 것은 모두 사람의 마음이 스스로 전도된 것일 뿐이다. … 괴이한 것에 대해 이와 같이 간파하게 되면 종래의 여우와 이무기, 귀신에 대한 누습, 제해(齊諧)의 지괴에 관한 책, 간보(干寶)의 『수신기(搜神記)』는 모두 일소되고 말 것이다. 『좌전』에서 말하길, 요사스러운 것은 인간이 만들어 낸 것으로, 인간이 관여하지 않으면 요사스러운 것은 스스로 만들어지지 못한다. 사람이 상리(常理)를 버림으로써 요사스러운 것이 나타난다는 것은 이를 두고 한 말이 아니겠는가? 따라서 세상에서 두렵고 놀랄 만한 것은 실은 지극히 평상적인 이치에서 나온다.[67]

이러한 시각은 지괴류에 대한 이전의 『신보』 관점에 대한 자기 부정이라고 볼 수 있다. 그러한 변화는 지괴류를 평가하는 기준이 전통적인 윤리 차원에서 미혹 혹은 미신으로 간주하는 사실성의 차원으로 전환하면서 비롯되었다. 이는 어디까지나 신문이라는 미디어를 전제로 한 것이지, 지괴류 자체가 지닌 의의를 완전히 부정하는 것이라고 볼 수는 없다. 왜냐하면 비판적인 관점이기는 하지만 신문에서 여전히 초현실적인 현상에 대한 기사가 보도되는 것은 그러한 기사에 대한 독자들의 관심과 흥미를 고려한 것으로 보이며, 그러한 의미에서 일종의 한담류와 같은 읽을거리로 제공하고 있다고 보여지기 때문이다. 다만 분명한 것은 1890년대에 이르러 신문은 보도의 사실

67 "故男女老幼, 妍醜肥瘦之倏忽變幻者, 皆人心自爲之顚倒耳, … 怪之爲說如此可破, 從來狐魅鬼祟之陋習, 凡齊諧志怪之書, 干寶搜神之記, 悉一掃而空之. 左傳云, 妖由人興, 人無釁焉妖不自作, 人棄常則妖興, 其斯之謂歟? 由此推之, 天下可驚可駭之事, 實出於至平至常之理." 「論怪」, 『申報』, 1889. 6. 28.

성이나 합리적인 의론에 기반한 내용을 지향해야 한다는 의식이 더욱 명확해졌다.[68] 특히 청일전쟁으로 신문의 기사는 더욱더 사회의 중요한 관심사에 집중하면서 전황(戰況)과 정부의 입장, 사회의 여론 등에 관한 보도가 중심이 되었다. 이는 신문이라는 미디어의 관점에서 보면 사실성을 강화하여 정보의 전달과 여론의 형성이라는 기능에 더욱 근접하는 것이다. 독자의 입장에서는 현실문제에 대한 관심이 높아지기는 하지만, 이전의 전통적인 필기류의 읽을거리는 상대적으로 적어지면서 흥미가 감소하는 측면도 없지 않았을 것이다. 이러한 『신보』와 『신문보』 등 신문의 보도기사의 성격과 경향의 변화를 이해할 때, 청일전쟁 직후 변법운동의 목소리가 확대되던 시점에 오히려 각종 타블로이드 신문들이 연이어 출현한 이유를 이해할 수 있다.

> 상하이의 신문은 중문과 영문의 여러 종류가 있지만, 1만 부 이상 발행되는 것은 없다. 『신보』는 가장 오래된 신문으로 7,000부 정도이며, 그다음이 『신문보』, 『중외일보(中外日報)』로 3,000부 정도이다. 『호보』는 1,000부 정도이고 『소보(蘇報)』는 더욱 적다. 오직 타블로이드 신문인 『유희보(游戲報)』만이 1만 부 이상 판매되고 있다.[69]

---

68 이충환에 의하면 서구, 특히 미국의 저널리즘에서도 19세기 중반까지는 사실의 과장, 왜곡, 날조가 빈번했으며, 실재와 사실에 대한 관념이 명확하지 않았다고 한다. 그리고 문학예술 분야에서의 리얼리즘과 자연주의적인 정신과 방법론을 수용하면서 사실을 바탕으로 새로운 스타일과 전문성을 강조하는 뉴저널리즘의 시대가 시작되었다고 한다. 이충환, 『저널리즘에서 사실성』, 커뮤니케이션북스, 2013, 201-202쪽. 또 스티븐스도 저널리스트들은 19세기 문학과 예술의 리얼리즘 운동에 의해 영향을 받았다고 주장한다. Mitchell Stephens, *A History of News*, Oxford University Press, 2007, p. 253.

이는 1899년 9월 중국을 여행했던 일본인 나이토 코난(內藤湖南)이 당시 상하이에서 발간되던 신문들의 상황을 설명한 부분이다. 『신보』의 독자는 1880년대 초에 비해 다소 증가하기는 했지만 크게 확대되지 않았다. 『신보』보다 더 사실적인 보도 경향이 강했던 『신문보』도 청일전쟁 직후 여전히 3,000부 정도에 머물고 있는 반면, 1897년 6월 25일 창간하여 채 2년도 안 된 『유희보』는 1만 부가 넘는 발행부수를 보여 주고 있다. 이러한 발행량의 차이는 보다 값싸고 간편한 타블로이드 신문이라는 특징도 중요한 요인이지만, 무엇보다 그것이 담고 있던 내용 때문이었을 것이다. 리보위안(李伯元)의 『유희보』의 창간 이유에 대해 리시치(李錫奇)는 만주족 청 정부의 정치상의 부패, 갑오전쟁의 패배와 국가의 분할위기 상황에서 전국의 상하층의 대중들을 각성시키기 위해서였으며, 이를 위해 신문을 발간하되 대중들의 흥미를 끌 수 있는 유희적인 문장을 취해야 효과가 있을 것으로 보았기 때문이라고 서술하였다.[70]

실제로 『유희보』는 조정이나 국가의 대사를 기록하지 않고 단지 유희적인 사건과 웃음거리를 위주로 하고 있는데, 독자들의 환영을 받는 것에 대해 자기 해명을 한 적이 있다. 즉 『유희보』의 발간은 오로지 유희를 위한 것이 아니라 작은 것을 통해 큰 것을 보고, 사건을 통해 깊은 함의를 담아 어리석음을 일깨우기 위한 것이라고 주장하였다. 소상인이나 동복(童僕)처럼 어리석은 자도 매일 신문을 보게

---

69 內藤湖南, 「燕山楚水」, 內藤湖南·青木正兒 著, 王青 譯, 『兩個日本漢學家的中國行記』, 北京: 光明日報出版社, 1999, 41쪽.

70 李錫奇, 「李伯元生平的回憶」, 魏紹昌 編, 『李伯元研究資料』, 上海古籍出版社, 1980, 37쪽.

되면, 한담할 때 도움이 되고 인간 세상의 교활함과 부정한 모습을 알 수 있게 된다는 것이다.[71] 그 실제내용은 신문사 공지, 논설과 약간의 뉴스 기사, 시사(詩詞) 작품, 공지 및 광고로 되어 있다. 이러한 배치는 타블로이드 신문임에도 불구하고 초기 『신보』의 형식과 매우 유사하며, 시사종합지의 성격보다는 '문예보(文藝報)'의 성격이 더 강하다.

『유희보』의 상업적인 성공으로 그것을 모방한 유사한 타블로이드 신문들이 연이어 출판되어 중국의 전체 신문과 문(文)에 새로운 조류를 형성하였다.[72] 여기서 주목할 것은 리보위안이 문예보 성격의 『유희보』를 창간한 배경이다. 앞서 말한 국가위기 상황에서 사회의 상하 각 계층의 각성을 목표로 했다는 주장은 『유희보』의 내용만으로는 설득력이 있다고 보기 어렵다. 그 시기 상하이의 청루(青樓)는 이미 전통적인 기루(妓樓)에서 탈피하여 조계지의 새로운 서구문화를 받아들이는 첨병의 역할을 하는 등, 새로운 신문화의 부호로 변화하여 세태의 변화를 가장 잘 보여 주는 공간이기도 했다.[73] 이러한 청루문화가 점차 『유희보』의 중심내용을 점하여 간 것을 보면 리보위안의 우국적인 계몽신문으로서의 의미는 많이 퇴색했다고

---

71 "本館之特創此擧, 原非專爲遊戱, 實欲以小觀大, 借事寓言, 爲喚醒痴愚起見", "販夫豎子日執一紙, 旣可助其閑話, 亦得見人世間狡獪伎倆."「本館遷居四馬路說」, 『游戲報』第101號, 1897. 10. 2. 또 발간에 관한 같은 취지의 문장이 『游戲報』第63號(1897. 8. 25.)에도 발표되었다. [그림 2.5] 참고.

72 대표적인 타블로이드 신문은 1898년 『채풍보(采風報)』, 1901년 『우언보(寓言報)』, 1901년 『세계번화보(世界繁華報)』, 1901년 『소림보(笑林報)』 등이 있다. 이에 대해서는 孟兆臣, 『中國近代小報史』, 社會科學文獻出版社, 2005 참고.

73 이에 대해서는 葉凱蒂(Catherine Vance Yeh), 「清末上海妓女服飾, 家具與西洋物質文明的引進」, 『學人』 第9輯, 江蘇文藝出版社, 1996; 許敏, 「士·娼·優-晚淸上海社會生活一瞥」, 汪暉·余國良 編, 『上海: 城市, 社會與文化』, 中文大學出版社, 1998 참고.

遊戲報

論遊戲報之本意

그림 2.5 『유희보』 제63호(1897. 8. 25.) 제1면
논설란에 『유희보』 발간의 취지문이 실려 있다. 제2면 소식란에는 흥미 위주의 단편고사나 소식들이 게재되었다. (상하이도서관 소장)

볼 수 있다.

리보위안이 처음 발간한 신문이 『유희보』가 아니라 『지남보(指南報)』였으며, 전자는 『지남보』를 계속 발간하던 시기에 추가로 발간되었다는 점을 고려하면, 그에게 있어서 『유희보』의 발간은 『지남보』와 연계하여 이해해야 함이 마땅하다. 같은 성격의 신문 두 종류를 동시에 발간하거나 주편을 맡기는 쉽지 않을 것이고, 그렇다면 위

의 두 신문은 서로 성격과 기능상에 있어서 분화되고 상호 보충적인 의미를 지니는 것이 당연하기 때문이다. 리보위안이 『지남보』 창간과 동시에 주편을 맡은 시기는 청일전쟁의 패배를 계기로 캉유웨이, 량치차오 등이 주도하던 변법운동이 사회 전반으로 확대되던 시기로 당시 개혁인사들이 신문·잡지 발간을 적극적으로 추진하고 있던 때였다. 또 『지남보』가 창간된 날짜는 1896년 6월 6일로, 상하이에서 『시무보(時務報)』(1896. 8. 9.)의 창간보다 2개월 앞서며, 리보위안은 『시무보』가 창간된 후 그 주편 가운데 한 사람인 왕캉녠(汪康年)과 적극적인 교류관계를 맺을 정도로 시사적인 문제에 관심을 가지고 있었다.[74]

『지남보』는 비록 타블로이드 신문이기는 하지만, 기본적으로는 『신보』의 형식을 취하고 있었으며 그 취지는 세계문명의 정수에 대한 수집, 조정의 견문 확대, 관가의 이목 확장, 상인의 활로 개척, 해외 문장의 소개, 민의 교화를 기탁하는 등의 여섯 가지를 내세웠다.[75]

---

74 거의 비슷한 시기에 창간된 『지남보』와 『시무보』는 당시 유신(維新)인사들의 두 경향을 잘 보여 준다. 즉 신문을 매개로 매일 발생하는 사건과 정보를 중심으로 시사비평을 하던 집단과 비교적 체계적인 지식을 바탕으로 지식혁명과 정치혁명을 도모하던 집단이다. 전자는 『신보』로부터 파생되어 나온 반면, 후자는 『만국공보』의 경향으로부터 파생되어 나왔다. 이 두 경향은 지식경향과 더불어 대중적인 활동방식에 있어서도 차이가 발생하는데, 20세기 초 작가들은 대부분 전자의 계통으로 나왔다. 이는 이른바 근대문학과 신문의 관계가 매우 밀접했음을 의미한다. 본서에서도 19세기 후반 중요한 잡지였던 『만국공보』보다 『신보』를 중심으로 문(文)의 변화를 고찰하는 이유도 여기에 있다. 이에 대해서는 뒤에서 재론하겠다.

75 "以采萬國之精彩", "以增朝廷之聞見", "以擴官場之耳目", "以開商民之利路", "以寄環海之文墨", "以寓離斯民之風化". 祝均宇, 「李伯元與『指南報』」, 『圖書館雜誌』 第5期, 1990, 55쪽.

그리고 실제로 당시 중국, 서구 및 일본의 다양한 신문으로부터 기사를 전재하고, 사회와 관가의 문제와 부패를 비판하는 글을 게재하는 등 정치와 사회방면의 시사문제를 위주로 하였다. 『지남보』의 정간 시기는 정확히 알 수 없으나 『유희보』가 창간된 1897년 말-1898년 초일 것으로 추정된다.[76] 이와 같이 리보위안이 처음 『유희보』를 발간할 때는 주로 지식인과 정계를 대상으로 한 『지남보』를 보완하여 그 독자층을 확대하기 위한 것으로 보인다. 이로부터 그가 언론을 중심으로 한 시사적인 신문과 대중적인 감각과 흥미를 바탕으로 한 신문 사이의 차이점을 인식하고 있었음을 엿볼 수 있다. 『유희보』라는 타블로이드 신문의 성공은 신문체(新聞體)의 분화를 알리고 나아가 전통 설부 중심의 출판시장에서 새로운 글쓰기를 실험하는 문화주체의 부상(浮上)을 나타내는 신호였다.

5. 소설: 신문체(新聞體)의 재매개

신문미디어의 리얼리티 강화는 사상이나 의식적인 측면에서의 변화만으로 설명할 수는 없다. 문제는 상업성과 사실성이라는 두 가지 요

76 이 시기는 유사한 성격의 『시무보』의 영향력이 최고조에 달하던 시기였다. 『지남보』의 정간 이유는 정확히 알 수 없지만, 『시무보』 등의 영향으로 인한 판로의 어려움이 한 원인일 수도 있다. 『시무보』의 창간 이후 매호 평균 발간부수/판매부수는 대략 다음과 같다. 1896년 하반기(9,764/7,000), 1897년 상반기(12,587), 1897년 하반기(14,311/12,000), 1898년 상반기(9,990/8,000). 廖梅, 『汪康年-從民權論到文化保守主義』, 上海古籍出版社, 2001, 76쪽.

구를 모두 만족시킬 수 있는 조건이나 방법이 전제되어야 하는데, 이러한 측면에서 볼 때 1880년대 중반은 중국 미디어의 역사에서 중요한 의미를 지닌다. 인쇄술의 발전과 그에 따른 신문·잡지와 같은 인쇄미디어의 출현이 19세기 말 중국 사회에서 불러일으킨 새로운 현상 가운데 하나가 경험적인 사건 및 풍문에 관한 기록의 붐이다. 신문에서 의론보다 더 주요한 것은 사건 보도와 정보이다. 사건 보도는 독자들의 관심과 이목을 끌 수 있다는 점에서, 그리고 정보는 그것이 지닌 유용한 가치의 측면에서 독자들의 주목을 받을 수 있게 된다. 특이하고 중대한 사건이나 정보가 부재한 상황에서 신문은 상대적으로 독자층을 확대하는 데 어려움을 겪게 된다. 『신보』가 사실성과 유용성을 내세우면서도 독자들의 관심을 자극하는 기이하거나 놀라운, 또는 슬프거나 기쁜 사건을 소개하는 데 열중한 것도 스스로 사건에 대한 다양한 소식과 정보를 생산할 능력의 부족과 더불어 일상적인 사회적 관심사가 지속적으로 제공되기 어려운 상황에서 비롯되었다. 발행인 어니스트 메이저(Ernest Major)가 자신의 신문에 대한 관념이 왜곡될 수 있음에도 불구하고 중국인들의 전통적인 필기의 관점을 용인한 것도 이 때문이었다. 그 결과는 현실의 일상성을 사실과 현재의 경계를 넘나드는 필기의 세계로 구성하는 것이었다.

그러나 초기 신문이 "신기하고 기이한" 것을 추구하는 지괴류의 내용을 추구하고, 실제 내용에 있어서도 적지 않은 비중을 점한다고 하더라도, 그것이 반드시 인간의 상식을 넘어선 여우와 귀신 같은 이야기만을 가리키는 것은 아니다. 여기서 '기이하다', '신기하다'는 의미는 인식자 즉 독자와 저자의 일반적인 인식을 넘어선 것이거나 사람들의 이목을 집중시킬 수 있는 새로운 중요한 사건들도 모두 포괄하는 것이다. 그런 의미에서 보면, 당시 상하이 등의 조계지를 중심으로 한 서구의 각양각색의 새로운 문물들, 새로운 과학기술에 의거한 발명품들 자체도 "신기하고 기이한" 대상의 범주에 속하는 것들이다.[77] 『신보』에서 반복해서 주문한 놀랍고, 신기하고, 슬프고, 기쁜 소식들이란 전달할 만한 새로운 소식이라는 신문의 의미에서 결코 벗어나는 것이 아니다. 특히 국가의 중대한 사건과 같은 주제는 놀랍고 신기한 소식의 범주에 속할 뿐만 아니라 근대적인 신문의 기능을 가장 잘 보여 줄 수 있는 내용이다.

실제로 『신보』의 경우를 보면 국가적인 사건이 발생한 시기, 즉 1883-1894년 중불전쟁이나 1894-1895년 청일전쟁 시기에 판매량이 급증하였는데,[78] 이는 전쟁의 정황에 관한 독자들의 관심과 관련 있음은 말할 것도 없다. 이러한 국가적 사건은 사실에 대한 신속한 보도가 중요한 만큼 새로운 소식이면서도 현실적이고 사실적인 '리얼리티'가 주요 내용을 구성하게 된다. 『신보』 역시 중불전쟁이 발발하자 전쟁의 진행과정과 쟁점에 대한 보도와 비평으로 주요 사설과 기사의 내용을 채우면서 신문의 리얼리티를 제고시켰다.[79] 도시를 중심으로 전국 각

---

77 청말 유행한 "志怪"의 함의에 대해서는 Rania Huntington, "The Weird in the Newspaper," *Writing and Materiality in China*. Edited by Judith T. Zeitlin and Lydia H. Liu. Cambridge, Mass.: Harvard University Asia Center for Harvard-Yenching Institute, 2003, pp. 341-396 참고.

78 판매량과 직접 관계가 있는 것이 광고량인데, 『신보』 1872년 4월 30일자는 광고가 5개인 데 비해 1884년 7월 1일자에는 광고가 123개에 달할 정도로 광고가 크게 늘어나고 있다. 또 중불전쟁이 종결되고 나서 몇 년 후인 1887년 『신보』의 발행량은 7,500부에 달했다. 徐載平·徐瑞芳, 『清末四十年申報史料』, 新華出版社, 1988, 73쪽.

79 중불전쟁에 대한 『신보』의 보도에 대해서는 彭利芝, 「中法戰爭期間的『申報』輿論」,

지에 매일 사건의 진행과정을 전달함으로써 사회의 관심과 여론을 형성하는 데 중요한 기능을 하였다. 신문에 의해 만들어진 사건에 대한 독자들의 전국적인 관심의 증폭과 리얼리티는 다른 인쇄문화에도 영향을 주면서 과거 혹은 과거와 현재가 연속적이고 경계가 불분명한 소재로부터 현재적인 당면의 사건으로 관심이 전환되었다. 이는 뉴스 보도에 의해 과거지향적인 취향이 동시대를 중심으로 한 감각과 취향으로 바뀌었음을 의미한다. 과거의 막연한 어느 시점이 아니라 구체적으로 현재 상태에서 벌어지는 지괴나 사건에 대한 관심으로 변화한다.

웨이루후이(魏如晦)와 아잉(阿英)은 아편전쟁 이후 19세기 중요한 국가적 사건을 소재로 한 문학작품을 조사하였는데,[80] 새로운 인쇄술과 미디어에 의해 각종 문학과 서사물들이 사회의 중심적인 관심사에 대해 반응하는 속도와 경향을 잘 보여 준다. [표 2.1]과 같이 19세기 말 중불전쟁, 청일전쟁과 의화단의 난에 대한 인쇄문화의 반응은 매우 신속하게 이루졌다. 다만 그 이전에 발생한 아편전쟁에 관한 작품 및 저서는 당시 출판된 자료도 있기는 하지만, 대부분은 이후 국가의 위기가 지속되는 상황에서 다시 재삼 관심을 받으며 작품화되거나 출판되었다. 이는 20세기 초 국가의 위기를 아편전쟁 전후의 제반 혼란과 전쟁으로 소급하여 국민들의 애국심을 작동시키기 위한 출판활동으로 볼 수 있지만, 많은 작품과 저서들이 신문기사에 바탕하고 있다는 점에서 전국을 동시간적으로 묶어 주고 하루하루의 사건들이 기록되어지던 신문미디어 시대의 산물임을 의미한다.

華東師範大學碩士學位論文, 2004 참고.

80 張靜廬 輯註,『中國近代出版史料二編』, 群聯出版社, 1953, 120-264쪽 참고.

[표 2.1] 19–20세기 초 중국의 "국난문학(國難文學)"

사건	작품명	저자	출판사 및 연도
아편 전쟁	射鷹樓	林昌彝	1851년(家刻)
	蜃樓外史(40회)		嘉慶九年과 十二年丁卯刊本, 虞山衛峻天刻/字林滬報(鉛排本, 간행일자 미상)/上海文海書局石印巾箱 30회본, 1895년
	詠梅軒雜記	觀我齋主人	東方活版部刊, 1907
	黑籍冤魂	彭養鷗	上海改良小說社, 1909
	黑籍冤魂	彭養鷗	月月小說, 1907
	招隱居傳奇	落落居士	1896
	英人廣州入城始末記	七絃河上釣叟	
	十三日夷亂備嘗記	曹晟	申報館
중불 전쟁	華洋戰書	留心時事人(張蓋臣)	京都三益齋, 1884
	越法戰書(4권)*	王子芹	上海王氏, 1884
	越事備考(11권)*	劉名譽	桂林慕龕氏, 1895
	三江戰事錄*	顧斧	1884
	新刻大清征法戰紀*		求是軒, 1884
	畫圖中安法和戰曲直記*		1884
	劉大將軍臺灣實記	枕流齋主人	1895
	盾墨留芬(8권)	胡傳釗	1898
	請纓日記(8권)	唐景崧	臺灣布政使署版, 1893
	克復諒山大略(1권)		振綺堂叢書初集에 수록
	福州馬江戰事大略情形	鄭丙炎	普天忠憤集에 수록
	甲申越南戰事雜記	李岳瑞	春氷室野乘一集에 수록
	法越交兵紀敍/越南通商禦侮說	王韜	弢園文錄에 수록
	鎭海防夷圖記	孫衣言	金鷄談薈에 수록
청일 전쟁	劉淵亭大師大事記(4권)	長樂廬主人	務實齋石印本, 1895
	劉大將軍平倭戰紀	寰宇義民編	1895
	劉大師百戰百勝圖說	藜床舊主	賜書堂石印, 1895
	繪圖掃蕩倭寇紀要初集		1894
	中倭戰守始末記	思恢復生	上海書局, 1895
	時事新編(6권)	寄嘯山房主人 陳耀卿編輯	1894

[표 2.1] 계속

사건	작품명	저자	출판사 및 연도
청일 전쟁	黑旗大戰		
	大東大戰演義(33회)	洪興全	홍콩 中華印務總局刊, 1900
	夢平倭奴記	高太痴	新聞報, 1894
	臺戰演義(臺戰實記)		1895
	臺灣巾幗英雄傳初集(12회)	古鹽官伴佳逸史	上海書局, 1895
	旅順落難記	阿倫	新新小說, 1905
	中東和戰本末紀略	平情客	杭州白話報, 1902
의화단 의 난	畿南濟變紀略	劉春堂	1901
	庚子北京事變紀略	鹿完天	1901
	平原拳匪紀事	蔣楷	1901
	京津拳匪紀略	僑析生, 縉雲氏	香港書局, 1901
	庚子國變彈詞	李寶嘉	繁華報, 1901-1902
	鄰女語(12회)	憂患餘生	繡像小說, 1902, 1904
	恨海	吳趼人	1902
	救劫傳(16회)	艮廬居士	杭州白話報, 1901
	宦海升沈錄	黃小佩	1909
	白話痛史	杭辛齋	
	晚清平妖傳(庚子傳信錄)	小山秉信之(李希聖亦元)	1902
	庚子剿辦淶水拳匪始末稟信摘要		1905
	拳禍記	李秋	1905
	鑄錯記(7회)	傷心人	新世界小說社, 1907
	永淸庚辛紀略	高謙甫	1908
	京華碧血錄(庚辛劍腥錄)	林紓	北京平報社, 1913
	庚子國變記/拳變餘聞	羅惇曧	1902
	庚辛紀事	柴小梵	
	榆關紀事	鄒渭三, 凌登岳	1904

*는 필자가 『신보』 광고에서 추가로 확인한 것임.

이는 웨이루후이와 아잉의 조사결과에서 누락된 중불전쟁 시기 자료를 통해서도 확인할 수 있다. 중불전쟁과 관련된 주요 저작으로 『화양전서(華洋戰書)』나 왕타오(王韜)의 문장들 이외에 당시 『신보』에 서적광고로 게재된 것만 해도 훨씬 더 많다. 그중 대표적인 것이 『회도월법전기(繪圖越法戰紀)』(일명 월법전서(越法戰書))인데, 이 저서는 중불전쟁이 한창 진행 중이던 1884년에 왕쯔진(王子芹)이 출판하여 상하이 문해당서국(文海堂書局)에서 판매되었다. 광고에 의하면 당시 월남과 프랑스의 전쟁 소식이 『신보』와 『자림호보(字林滬報)』를 통해 지속적으로 보도되고 있지만, 그런 보도 가운데는 서로 상이한 내용도 있어 전쟁의 발단부터 당시까지 유지, 상주문, 격문, 포고문, 프랑스군의 문서 등을 통해 전체 면모를 일목요연하게 밝히고자 하였다. 광고문에서 말한 바와 같이 중불전쟁의 발발 이후 『신보』와 『자림호보』에서는 전쟁의 진행과정과 청 정부의 대응, 중불협상 과정을 상세하게 보도하였다. 이와 같이 국가적인 대사건을 국민이 거의 동시간적으로 함께 접하면서 공분을 조직할 수 있었던 것은 중국 역사상 유례없는 일이었다.

당시 이러한 신문미디어를 통해 조직된 독자들의 관심을 겨냥한 출판활동이 동시다발적으로 활발하게 진행되었다. 그 가운데는 『신출월남전도(新出越南全圖)』(일명 월사적록(越事摘錄)), 구링(顧苓)의 『삼강전사록(三江戰事錄)』, 『대청정법전기(大淸征法戰紀)』, 『화도중안법화전곡직기(畫圖中安法和戰曲直記)』 등과 같이 전쟁 상황에 대한 설명이나 비평에 관한 저작들이 출판되었다. 이 외에도 『신출안남지략(新出安南志略)』, 『신각유원신서(新刻柔遠新書)』, 『대만소지(臺灣小志)』와 같이 전장(戰場)인 월남 및 타이완의 역사지리나 중외 관련 서적들이 1884년에 출판되었다. 당시 『점석재화보(點石齋畵報)』[81]를 통해 중불전쟁의 상황을 그림으로 전달하던 우유루(吳友如)는 1885년에 별도로 「월남첩보사도(越南捷報四圖)」와 「화군득승사도(華軍得勝四圖)」를 그려 직접 판매하기도 하였다.[82] 이러한 상업적인 출판은 『신보』와 같은 매체를 통해 다중의 독자들과 동시에 접할 수 있는 미디어환경 없이는 불가능하다. 신문은 내용상의 정보가치 이외에도 각종 상업적인 지식과 감성을 시·공간적으로 연계시켜 주는 역할을 통해 현실이라는 상상적인 공간을 창출하는 핵심이 된다. 그리고 신문이라는 매체가 현재적인 문제에 보다 초점을 맞추고 현실적인 정보와 담론을 중심적으로 다루면서 필기의 세계도 더욱 사실적인 성격을 지니게 되었다. 이는 사회문화적으로 급속하게 변화하는 현실세계 자체가 신기하고 놀라운 세계로서 항상 사람들 이목의 집중을 받게 된 까닭이기도 하지만, 후자는 또 신문미디어의 기능을 전제조건으로 하고 있어 양자는 상호 추동적인 관계 양상을 보여 준다. 19세기 말 중국의 전체 문(文)의 체계는 신문미디어에 의해 양적, 시·공간적, 시각적인 측면에서 크게 확장된 필기의 세계로부터 영향을 받았

81 『점석재화보』는 1883년 중불전쟁을 계기로 창간되었으며 전쟁 관련 화보를 적지 않게 발행하였다. 또 『신보』는 물론이고 1882년 창간된 『자림호보』 역시 중불전쟁에 대한 신속한 보도로 발행부수를 크게 확장하였다. 이와 같이 중불전쟁은 중국의 근대 미디어 역사에서 중요한 의미를 지니는 사건이었다. 『점석재화보』 발간의 동기에 대해서는 尊聞閣主人, 「點石齋畵報緣啟」, 『點石齋畵報』 第1號, 1884. 5. 8. 참고.

82 우유루의 중불전쟁 관련 도화(圖畫) 판매광고는 『申報』, 1885. 4. 16.(光緒11年 3月 2日) 참고. 중불전쟁에 대한 출판계의 반응은 더 다양하게 나타났다. 芍唐居士 撰, 『防海紀略』(上洋文藝齋, 1880), 위안쭈즈(袁祖志)의 『談瀛錄』(同文書局, 1884)이나 서학(西學)에 관한 것, 병서(兵書)에 관한 저서들이 중불전쟁 기간에 연속적으로 출판되거나 새롭게 주목을 받았다.

다. 특히 현실 문제에 대한 사회적인 관심이 증폭하면서 글쓰기 방식에 있어서도 일종의 사실적인 서사가 새로운 흐름으로 형성되었다.

청말시기 서사적인 글쓰기의 중요한 새로운 경향은 조계지 상하이의 도시문화를 배경으로 한 '해상(海上)' 계열 작품들이다.[83] 한방칭(韓邦慶)의 『해상화열전(海上花列傳)』(1894), 쑨위성(孫玉聲)의 『해상번화몽(海上繁華夢)』(1890년 창작 시작, 1901년 이후 『소림보(笑林報)』 연재, 1903년 소림보관(笑林報館)에서 출판)과 『속해상번화몽(續海上繁華夢)』(1908년 『도화일보(圖畫日報)』 연재, 1915년 출판), 저우타오(鄒弢)의 『해상진천영(海上塵天影)』(일명 『단장비(斷腸碑)』, 1904), 우젠런(吳趼人)의 『해상명기사대금강기서(海上名妓四大金剛奇書)』(1898년 3월 『소림보(笑林報)』 연재), 얼춘거사(二春居士)의 『해천홍설기(海天鴻雪記)』(1899년 『유희보(遊戲報)』 연재, 1904년 세계번화보관(世界繁華報館) 출판) 등이 그 대표적인 예이다. 이들 작품 중 다수는 협사(狹邪)소설로 간주되지만, 그 소재를 벗어나 사실적인 묘사라는 측면에서 보면 당시 현실 세태의 서술이라는 공통점을 보여 주고 있다. 루쉰은 『해상화열전』을 협사소설로 규정하면서도 이 작품이 나온 후 비로소 "기원(妓院)을 사실적으로 묘사하고 그 악랄함을 파헤쳤으며", "사실적이고 과장이 적어 '생생하게 인물을 묘사하고, 사실에 맞추어 글을 썼다.'"라고 지적하였다.[84] 왕더웨이(王德威)도 『해상화열전』이 기녀생활의 낭만적인 상상과 잔혹한 현실이 복잡하게 착종된 존재를 드러냄으로써 전통

83 '해상(海上)' 계열 작품은 근대 조계지 상하이를 공간으로, 그곳에서 벌어지는 다양한 사건과 이야기들을 묘사한 작품으로 20세기 초 상당수의 작품들이 이에 속하며, 여기서는 편의상 제목에 직접적으로 '해상(海上)'이라 표기된 작품만 거론하였다.

84 루쉰 저, 조관희 역주, 『중국소설사』, 소명출판, 2004, 671-672쪽.

적인 협사소설의 이미지를 전복시켰다고 하였다.[85] 또 쑨위성은 자신의 창작활동에 대한 회고에서 다음과 같이 말하였다.

> 내가 『해상번화몽(海上繁華夢)』을 지었을 당시 상하이 지역에는 여전히 사회소설이 없었다. 아불산인(我佛山人) 우젠런의 『이십년목도지괴현상(二十年目睹之怪現象)』은 아직 출간되지 않았고, 남정정장(南亭亭長) 리보위안의 『관장현형기(官場現形記)』는 유희보관에서 발간하였는데, 관가의 각종 상황을 묘사하여 그야말로 묘미의 극치를 보여 주지만, 관가에만 국한되어 있어 사회소설이라 할 수 없다. 오직 대일산인(大一山人) 한타이셴(韓太仙)군의 『해상화열전』만이 같은 시기에 존재했다.[86]

이상에서 쑨위성은 자신의 저서 『해상번화몽』과 한방칭의 『해상화열전』을 루쉰에 의해 견책소설로 평가된 우젠런, 리보위안의 작품과 같은 사회소설로 평가하면서 가장 초기의 작품이자 사회 전반의 상황을 묘사한 작품으로 평가하고 있다. 여기서 말하는 사회소설이란 20세기 초 소설의 제재나 주제에 따라 분류하던 방식을 따른 것이지만, 그럼에도 자신들의 작품을 사회에 대한 사실적인 묘사나 현실문제에 대한 폭로로 간주하는 관점이 명확하게 나타나 있다. 이들 작품 가운데 다수가 기녀들을 중심으로 한 상하이의 세태를 담고 있기는 하지

---

85 王德威, 『被壓抑的現代性-晚淸小說新論』, 北京大學出版社, 2005, 73쪽.

86 漱石生, 「退醒廬著書譚」, 段懷淸, 『淸末民初報人-小說家海上漱石生硏究』, 臺北: 獨立作家, 2013, 323쪽 재인용.

만, 이는 단순히 전통적인 연정소설이 아니라 당시 상하이의 중요한 문화현상이자 사회문제였던 기원(妓院) 및 기녀를 중심으로 펼쳐지는 도시의 욕망과 부조리를 사실적으로 묘사했다.

또 하나의 사실적인 서사문학은 '현형기(現形記)'(또는 같은 의미인 '경(鏡)') 계열 작품이다. 『관장현형기』(『번화보(繁華報)』, 1903-1905), 『중국현재기(中國現在記)』(『시보(時報)』, 1904), 『후관장현형기』(『월월소설(月月小說), 1907), 『신당현형기(新黨現形記)』(『신신소설(新新小說)』, 1904), 『표계현형기(嫖界現形記)』(즉 『상해의 유신당(上海之維新堂)』, 1906), 『최근여계현형기(最近女界現形記)』, 『가정현형기(家庭現形記)』(文振學社, 1908) 『소주현형기(蘇州現形記)』, 『최근상계현형기(最近商界現形記)』, 『최근학당현형기(最近學堂現形記)』, 『최근지사현형기(最近志士現形記)』(이상 개량소설사(改良小說社), 1908), 『시모현형기(時髦現形記)』(상하이시중서국(上海時中書局), 1908), 『의계경(醫界鏡)』(1909), 『진신경(縉紳鏡)』(1908), 『신관장현형기(新官場現形記)』(개량소설사(改良小說社), 1909), 『풍류현형기(風流現形記)』(1910) 등이 대표적인 작품이다. 물론 '현형기(現形記)'로 분류되는 작품은 제목에 직접적인 명기가 없는 경우가 더 많지만, 위의 경우를 보더라도 당시 사회 각계의 현상과 문제에 대한 고발을 중심으로 한 작품들이 하나의 큰 흐름을 형성하고 있음을 볼 수 있다. 이러한 소설들은 사실의 본 모습을 드러낸다는 의미인 '현형기'라는 제목과 같이 대부분 사회문제에 대한 핍진한 묘사를 강조하고 있지만, 실제 내용은 사실적인 묘사보다도 사회비판적인 관점을 부각시키는 데 더 중점이 있다. 루쉰은 이에 대해 "비록 의도한 바는 세상을 바로잡는 데 있었기에 풍자소설과 궤를 같이 하는 것처럼 보였지만, 문장의 기세가 노골적이었고, 필봉에는 감추어진 예리함이 없었으며, 심지어 그 언사가 지나쳐 당시 사람들의 기호에 영합하는 경향도 있었다."[87]라고 지적하면서 "사회의 악폐를 들추어 내는 것을 자신의 사명으로 삼아" 견책소설을 쓰지만 감동시키는 힘도 없고 심지어는 개인적인 적을 헐뜯고 공격하거나 욕만 해대는 흑막소설로 타락했다고 비판하였다.[88]

견책소설이라는 명명은 그것이 비난과 비판에 중점을 두었음을 가리켜 부여한 것이었다. 루쉰은 이를 풍자 및 해학과는 다른, 다소 부정적인 의미로 사용하였는데, 가십거리식의 사건묘사와 과다한 감정의 노출 등으로 인해 세계의 사실적인 표현에 한계가 있었다는 것이다. 왕더웨이는 이러한 형식적인 '결함'을 다른 측면에서 설명한다. 즉 완곡한 의미의 함축이 없고 어투가 노골적이고 구성이 절제 없이 산만함은 세계와 의미, 가치가 서로 배리(背理)되고 전도된 것에 대한 형식적인 반응이라는 것이다. 나아가 그는 세계의 잘못된 관계와 질서에 대해 웃음을 통해 해체하고 재정립하는 미하일 바흐친(Mikhail Bakhtin)의 그로테스크 리얼리즘(Grotesque realism)을 빌려 와 20세기 초 견책소설을 "부조리 리얼리즘(荒誕現實主義)"이라고 규정하였다.[89] 다만 중국의 견책소설의 경우 부조리한 질서의 해체를 통해 새정립하는 것이 아니라 그 질서에 대한 비판과 부정에서 끝나고 있다고 보고 있다. 이처럼 중국의 당시 독특한 상황 및 이에 대한 작가의 의식과 연계하여 작품의 성격을 분석하는 것은 여전히 의미가 있기는 하다.

---

87 루쉰 저, 조관희 역주, 『중국소설사』, 2004, 714쪽.

88 루쉰 저, 조관희 역주, 『중국소설사』, 2004, 741쪽.

89 王德威, 『被壓抑的現代性-晩淸小說新論』, 2005, 271-276쪽.

다만 여기서 주목하고 싶은 것은 견책소설의 서사방식이 당시 신문체(新聞體)와 매우 밀접한 관계가 있다는 점이다. 이를 달리 표현하면 일종의 저널리즘적인 소설이라고 할 수 있다. 르네 웰렉(René Wellek)은 리얼리즘을 동시대 현실에 대한 객관적인 표현으로 보고 고차원적 리얼리즘과 저차원의 리얼리즘으로 구분하였다. 발자크에서 졸라에 이르는 상상력에 기반한 작가들의 작품이 고차원적 리얼리즘이라면, 저널리즘, 논문 작성, 과학적인 서술 등 비상상적이고 비예술 분야에서의 사실기록은 저차원의 리얼리즘이라고 불렀다. 이러한 기준에서 본다면 청말의 견책소설은 기본적으로 상상력에 기반해 있으면서도 사회에 대한 직접적인 비평과 희화화가 가미된 것으로, 저차원적인 리얼리즘은 아니지만 기본적으로 저널리즘의 경향성이 강한 작품이라고 할 수 있다.[90] 특히 이 시기의 신문체(新聞體)라는 것 그 자체도 객관성과 사실성을 서술하는 방식보다도 교화적이고 자신의 감정적인 표현이 절제되지 않는 모습을 보여 주고 있던 상황임을 고려하면, 신문체와 청말 소설의 리얼리즘의 관계는 더욱 밀접하다고 볼 수 있다.

90 르네 웰렉의 견해에 대해서는 René Wellek, *The Concept of Realism in the Literary Scholarship*, J. B. Wolters, 1961.(르네 웰렉 지음, 최유찬 외 옮김, 「문학연구에 있어서 리얼리즘의 개념」, 『리얼리즘과 문학』, 지문사, 1985) 참고.

제3장 인쇄문화와 출판시장의 임계

1. 인쇄술의 변화와 독서시장의 반응

20세기 초 '신소설'의 출현을 비롯한 소설계 변화의 주요 특징은 소설 번역과 창작의 급속한 증가이다. 이는 단순히 이전과 비교하여 상대적인 양적 팽창이라는 차원을 넘어 '신소설'의 의의와 성격을 설명할 수 있는 중요한 '증상(症狀)'이다. 이것을 '증상'이라 부르는 까닭은 이러한 현상이 20세기 소설문학의 현상을 이해하는 데 다양한 단서를 제공해 주고 있음에도 정작 이에 관한 연구가 제대로 이루어지지 않고 있기 때문이다. 20세기의 시작과 더불어 폭발적으로 증가한 번역물이나 잡지들의 출현은 단순히 정치적, 사상적 맥락에서 설명될 수 있는 것이 아니다. 오히려 그러한 정치적이고 사상적인 맥락조차도 원인이 아니라 설명되어야 할 대상이다. 1900년 전후 그 세기의 전환기에 소설의 번역과 창작의 급증 요인을 설명하는 것은 이른바 20세기 초 신소설의 성격과 그 사회문화적 제도 간의 연관성을 이해하는 데 중요한 주제라고 할 수 있다.

20세기 초 중국에서의 소설출판의 폭발적인 '증상'을 설명하는 것은 물론 복잡한 요인에 대한 분석이 요구된다. 이러한 '증상'과 다소 문맥이 다르기는 하지만, 1897년 4월 18일(光緖23年 3月 17日)자 『신문보(新聞報)』에 발표된 상하이 서적 출판업계의 다음과 같은 공고문은 그 증상을 이해하는 데 단서를 제공해 준다.

> 본 업계는 수년 동안 서적 가격이 문란해지고 임금이 날로 상승하였으며 근래에는 종이 값이 또 앙등하여 출판비용이 과중해져 손실이 적지 않아 계속 유지하기가 매우 어렵다. 이에 본 업계의 인사들이 함께 의논하여 3월 1일부터 석인이든 연판(鉛版) 혹은 목각이든 출판 서적은 일률적으로 각각 본래 가격에서 2분(分)씩 올리고, 개인이 함부로 가격을 낮추지 않기로 하였다. 본 업계의 각 대표들은 모두 생산원가를 무시하는 경우가 없기를 바라며, 업무 담당자 역시 각 출판사의 출판비용을 반드시 고려하기 바란다. 아울러 한마음으로 협력하여 업계 상황을 안정적으로 유지할 수 있기를 바란다.[1]

청일전쟁 이후 일부 지식인과 관료들에 의해 변법을 위한 활동이 본격적으로 진행 중이던 시기에 상하이 출판업 단체인 상하이 서업숭덕공소(上海書業崇德公所, 1886년 결성)는 상호경쟁으로 출판계의 경제적인 어려움이 가중되자 지나친 가격경쟁의 지양은 물론이고 일률적으로 가격인상을 결정하였다. 그렇다면 출판사의 과다경쟁으로

---

1 "敝業數年以來, 售價日濫, 工料日貴, 近複紙貨奇昂, 成本吃重, 虧折非小, 支持良艱. 爰集同行公議, 自三月朔爲始, 不論石印、鉛版、木刻, 各書籍出售, 照原價統加二分, 不得私自減價濫售. 凡我同業各東, 諒無不自顧成本, 即爲經手者, 亦必顧東家成本. 尚祈協力同心, 保全大局幸甚."「本埠書業公議漲價告白」, 『新聞報』 光緒23年 3月 17日.

인해 출혈이 심화되었는데 그 원인이 무엇인가? 여기서 해당 서적은 소설 이외에 다양한 성격의 것들을 포함하고 있지만, 당시 대부분의 출판사들이 소설출판을 겸하고 있었고 또 실제 가격경쟁, 특히 소설가격의 할인판매가 심했던 상황을 보면 위 공고의 중심내용이 당시 소설의 출판상황을 염두에 두고 있다고 해도 무방하다. 앞의 질문에 이어 이러한 현상은 19세기 중국 소설의 출판과 어떤 관계가 있는가? 이와 20세기 초 중국의 소설계의 변화는 어떤 관계가 있는가? 등의 문제도 사고할 필요가 있다.

우선 출판사의 과다경쟁과 관련하여 지적할 것은 바로 출판사의 증가이다. 일단 앞의 공지문은 상하이 출판업계에 국한된 것이지만, 당시 서적시장은 새로운 우편제도와 철도, 해운, 수로 등 다양한 교통수단의 발전으로 전에 비해 훨씬 더 넓은 시장을 갖추고 있었다. 상하이는 이러한 교통 중심지에 위치해 있었기에 상하이의 출판업계의 활동범위는 상하이 인접지역을 훨씬 넘어선다. 그런 상하이에 출판업이 집중된 것은 자연스러운 현상이었다. 송·원대부터 민국시기까지 전통적인 통속소설을 출판한 출판사와 그 작품 목록을 정리한 『소설서방록』을 보면, 청대에 들어 건륭제 때부터 출판사가 증가하다가 광서제에 이르러 급증하는 것을 볼 수 있다.[2] 그중에서도 광서제 시기 전체 379곳 가운데 상하이 지역의 출판사는 동치제때 설립되어

2 이를 시기별로 보면 다음과 같다. 순치(順治, 1644-1661) 11, 강희(康熙, 1662-1722) 31, 옹정(雍正, 1723-1735) 9, 건륭(乾隆, 1736-1795) 93, 가경(嘉慶, 1796-1820) 107, 도광(道光, 1821-1850) 121, 함풍(咸豊, 1851-1861) 39, 동치(同治, 1862-1874) 43, 광서(光緒, 1875-1908) 379곳. 王清源·牟仁隆·韓錫鐸 編纂, 『小說書坊錄』, 北京圖書館出版社, 2002.

광서제 시기 활발한 출판활동을 한 문의서국(文宜書局)과 신보관(申報館)을 포함하여 153여 곳으로 전체 출판사의 40% 이상을 점하고 있다. 절대적인 수치만이 아니라 상대적인 측면에서도 상하이에 출판업계가 전례 없이 집중되어 있음을 알 수 있다.

그러나 출판사의 증가만으로 과다출혈 경쟁이 야기된 이유를 설명하기에는 부족하다. 다만 출판사의 확대에 비해 제한적인 도서시장의 한계를 고려해 볼 수 있을 것이다. 당시 도서시장 규모를 정확히 파악하기는 어렵지만, 한 연구에 의하면 태평천국 이후 중국의 전체 생원은 대략 91만 명 정도로 전체 인구의 0. 34%에 불과하다. 그렇지만 19세기 초 생원을 위한 과거시험을 보면 2,000명 가운데 문과 생원 16명과 무과 생원 16명 도합 32명을 뽑았는데,[3] 이로부터 당시 식자층과 도서시장의 규모를 가늠하면 도서시장이 결코 작았다고 볼 수는 없다. 또한 태평천국의 난으로 강남지역의 도서가 대량 소실됨으로써, 난 이후에 관(官)과 민간 출판사에 의해 서적출판의 붐이 일어날 정도로 서적에 대한 수요는 결코 작지 않았다. 그렇다면 문제는 여전히 출판사 자체에서 비롯되었다고 볼 수밖에 없다. 그중에서도 단순히 출판량의 변화가 아니라 인쇄술의 변화가 출판문화에 미친 영향과 구체적인 출판물의 성격 등을 통해 문제의 요인을 살펴볼 필요가 있다.

광서연간에 출판사가 급증한 것은 1차적으로 인쇄기술의 혁신에 의한 것이었다. 청대 중기까지 출판인쇄는 명말 이후 큰 변화가 없었지만, 후기에 들어서 연활자(鉛活字)인쇄와 석인술이 본격적

---

3 張仲禮 著, 李榮昌 譯, 『中國紳士-關於其在19世紀中國社會中作用的研究』, 上海社會科學院出版社, 1991(2002 재판), 92-112쪽 참고.

으로 도입되었다. 활자인쇄는 중국에서도 이미 송대부터 시작하여[4] 명말에는 목활자, 동활자 등이 사용되고 있었다. 그러나 활자의 제작 자체에 많은 비용이 소용되어 대중적인 독서물과 같은 경우는 경제적인 수지가 맞지 않았다. 이에 청 중기까지 소설은 대부분 목각본을 통해 인쇄되었다.[5] 비록 건륭 56년과 57년 각각 출판된 정갑본(程甲本) 및 정을본(程乙本) 『홍루몽(紅樓夢)』이 목활자를 사용하는 등 일부 작품이 활자로 인쇄되기는 했지만, 이는 당시 일부 사람들이 함께 공유하기 위한 것이었지 상업적인 목적으로 출간한 것은 아니었다.[6]

이러한 출판문화에 변화를 가져온 것은 서구의 선교사들이 들여온 활자 인쇄였다. 19세기 전반부터 동남아시아와 중국 광저우를 중심으로 활동하던 선교사들은 종교서적과 팸플릿 등을 인쇄하기 위해 서구의 인쇄기를 도입하였다. 이때 선교사들이 사용한 연활자 인쇄방식은 중국의 상용 인쇄기에 비해 질적으로 떨어지지는 않았지만, 중국의 (질적으로 떨어지는) 저렴한 인쇄에 비해서는 비용이 비싼

---

4 張秀民, 『中國印刷史』, 上海人民出版社, 1989; 張秀民, 『中國印刷術的發明及其影響』, 人民出版社, 1958, 70-101쪽; 曺之 저, 박문렬·민경록 역, 「교니활자 인쇄술의 기원」, 『博物館報』 No. 16, 2003, 5-31쪽 참고.

5 목각본은 한번 목판에 글자를 새기는 데 시간과 노력이 많이 투여되지만, 한번 판각이 이루어지면 여러 차례 재판을 인쇄할 수 있는 장점이 있다. 반면 새로운 서적을 인쇄할 때는 전혀 도움이 되지 않는 단점이 있다. 반면 활자 인쇄는 활자를 한 번 만들어 놓으면, 여러 서적을 인쇄하는 데 활용할 수 있는 장점이 있는 반면, 동일한 서적을 재인쇄할 때마다 조판을 다시 해야 하고 활자의 내구성이 약하다는 단점이 있다. 따라서 동일한 서적을 여러 번 거듭해서 인쇄하기에는 활자 인쇄보다 목각이 더 경제적이었으며, 장기적인 대중적 판매를 목적으로 하는 통속소설류는 목각이 더 유리했다.

6 王三慶, 『紅樓夢板本硏究』(上·中·下)(古典文獻硏究輯刊八編), 臺灣: 花木蘭文化出版社, 2009, 460, 476쪽.

편이었다. 하지만 상대적으로 질적으로 뛰어난 중국 인쇄에 비해서는 가격이 저렴한 편이었다.[7]

아편전쟁 이후 난징조약으로 새로운 개항장이 된 상하이, 닝보(寧波) 등으로 선교활동의 중심지가 옮겨 갔으며, 그에 따라 1844년 상하이에 묵해서관(墨海書館)이 설립되었다. 묵해서관은 런던선교회(London Missionary Society)의 월터 헨리 머드허스트(Walter Henry Mudhurst, 麥都思, 1796-1857)가 바타비아(Batavia)에서 선교활동을 위해 사용하던 인쇄기와 금속활자를 바탕으로 상하이에 설립한 인쇄소였다. 그리고 1847년과 1850년경에 각각 영국에서 원압식 인쇄기(Cylinder Press)와 소체(小體) 중국 금속활자를 들여와 성경과 선교 소책자를 인쇄하였다.[8] 이어 중국 연활자의 제조에 혁신적인 변화가 있었던 것은 1859년 상하이의 미화서관(美華書館)의 인쇄기술자였던 미국인 윌리엄 갬블(William Gamble)이 보다 간편하고 저렴하며 정교한 한자 활자를 제조하는 전기도금법을 응용하여 크기가 다양한 7종의 활자를 만들면서부터였다. 이 활자는 미화서관 이외에도 1872년 신보관(申報館)과 토산만인쇄소(土

7 來新夏 等著, 『中國近代圖書事業史』, 上海人民出版社, 2000, 25쪽.

8 당시 그 인쇄기의 성능을 보면 소의 축력을 활용하였는데, 하루에 대략 5만 페이지 정도를 인쇄할 수 있었다. 이에 대해 런던선교회에 의해 전문적인 인쇄기술자로서 중국에 파견되었던 알렉산더 와일리(Alexander Wylie, 偉烈亞力, 1815-1887)는 1848년 런던선교회본부에 새 인쇄기의 인쇄 속도가 너무 빨라 제본 등 기타 비용이 늘어나고 있다고 보고하기도 하였다. 沈國威, 「解題 - 作爲近代東西文化交流史硏究史料的『六合叢談』」, 沈國威 編, 『六合叢談』, 上海辭書出版社, 2006, 10-12쪽 참고. 중국 근현대의 인쇄술의 변화와 출판시장 및 문화의 변화과정에 대해서는 Christopher A. Reed, *Gutenberg in Shanghai-Chinese Print Capitalism, 1876-1937*, University of Hawai'i Press, 2004 참고.

山灣印刷所), 동문관인쇄부(同文館印刷部) 등 많은 인쇄소에서 사용하여 출판시장에 새로운 붐을 일으켰다.[9] 19세기에는 인쇄기술이 급속히 발전하여 인쇄의 속도와 질적인 측면에서도 지속적인 향상이 이루어졌는데, 신보관의 주요 영업활동 가운데 하나가 서구의 인쇄기와 활자 제조기 등을 수입하여 판매하는 것이었다.[10]

그러한 인쇄기술의 발전이 출판 상황에 미친 영향은 크게 두 방면이었다. 하나는 인쇄글자의 선명함과 미관의 개선이고 다른 하나는 인쇄비용의 절감이었다. 납으로 만든 연활자(鉛活字)는 글자 모양이나 세밀함, 선명함 등에 있어 목각본과는 비교가 되지 않을 정도로 뛰어나서 1870년대 이후 많은 출판사에서 서적 광고를 하는데 경쟁적으로 연활자의 사용을 부각시키고 그 장점으로 "글자체가 선명하고, 행렬의 반듯한 배열(字跡清朗, 行列井然)"을 강조하였다.

> "최근 서적을 출판하는 데 서로 연활자판을 중시하면서 매번 책이 출판될 때마다 서로 다투어 구입하지 않는 경우가 없다. 그 이유는 교열이 정확하고 글자체가 선명함에 있어 이보다 더 뛰어난 것이 없

---

9 何步雲, 「中國活字小史」, 『活字印刷原流』, 北京: 印刷工業出版社, 1990, 74-77쪽. 그 후 1884년 신보관 산하의 도서집성국(圖書集成局)에서 미관이 보다 뛰어난 3호 크기의 편체(扁體) 활자를 개발하였다.

10 인쇄 및 활자 제조 관련 기기의 판매 광고는 1976년 1월부터 신보관 사장 메이저(美查)의 이름으로 『신보』에 게재되는데, 서구의 새로운 인쇄방법에 대해 "재료 및 인건비의 절감, 더욱 빠른 인쇄, 그리고 저렴하면서 고품질(省料惜工, 靈快捷速, 價廉物美)"이라고 광고하고 있다. 「發賣印書各器」, 『申報』, 1876. 1. 6.

> 기 때문이다. 따라서 본 서방(書坊)에서는 특별히 서구의 뛰어난 기기를 구입하여 자체적으로 여러 연활자를 만들어 여러 서적들을 인쇄해 오고 있다. 만약 귀중한 원고가 있어 이를 세상에 널리 알리고 싶은 분들을 위해서는 인쇄를 대행해 줄 수 있다."[11]

이와 같은 연활자 사용으로 서적출판에 질적인 차이가 더욱 발생하게 되면서 독자들의 서적 구입 성향에도 적지 않은 영향을 미치게 되었다. 이에 따라 각 출판사에서는 신활자의 주조에도 더욱 신경을 쓰게 되었다.

두 번째는 새로운 활자인쇄로 인해 출판비용이 저렴해졌다는 점이다. 이는 크기가 다양한 활자를 사용함으로써 책의 크기를 여러 형태로 조율할 수 있고 조판과 인쇄 속도를 가속화하여 인건비를 절감할 수 있었기 때문이었다. 당시 새로운 인쇄기를 활용한 인쇄비용과 인쇄 속도는 『신보』의 다음 광고를 통해 그 일단을 가늠해 볼 수 있다.

> "본관은 서적인쇄를 대행함에 있어 가격을 매우 합리적으로 책정하고 있다. 여러분 가운데 훌륭한 작품을 창작하여 출판하고 싶다면, 본관의 대행방법을 이용하면 매우 간편하고 신속하게 할 수 있다. 중국의 일반서적을 인쇄하는 경우 한 권에 4만 자가량이고, 형태는

11 "邇來書籍, 競尙鉛板, 每値書出, 無不爭相購置. 實因校讎精詳, 字跡清晰, 無過於此. 故本坊特購泰西靈巧機器, 自鑄大小鉛字, 陸續排印諸書. 如有秘本欲行世者, 俱可代印."「精一閣告白」,『申報』, 1881. 2. 1.

『평절기략(平浙記略)』 책자의 형식으로, 종이는 흰색의 질 좋은 연지(連紙)를 사용하여 500권을 인쇄한다면 인쇄비용으로 25원(元) 정도 소요되며, 다시 500권을 더 인쇄하면 추가비용으로 15원(元) 5각(角)만 부담하면 된다. 그리고 인쇄기간은 3-4일이면 완성될 수 있다. 한편 본관은 이미 연활자를 새롭게 교체하였으며, 따라서 이후 출판되는 서적은 목각판에 비하지 못할 정도로 더욱 선명할 것이다."[12]

이에 따르면 4만 자 정도의 한 권에 37문(文) 정도 하는 것으로, 70만 자 정도의 『삼국연의(三國演義)』의 경우라면 인쇄기간이 대략 2개월 정도에 각 권의 가격은 대략 7각(角) 정도가 소요된다. 이를 명말에 『삼국연의』를 판각하는 데만 10명이 매일 판각하여 10개월이 소요되었던 것과 비교하면 엄청난 변화라고 할 수 있다. 이로 인한 비용의 절감은 독자들에게도 수혜가 있었지만, 당시 출판업자들에게 상당한 상업적인 이윤을 창출해 주었으며[13] 이는 청말 통속문학 시

---

12 "本館承辦代印書籍, 其價銀格外公道. 凡諸君有自著佳構, 或欲排印則有至便且捷之法也. 計印中國常式書, 一本約四萬字者, 照新出平浙記略式樣, 連紙連刷五百本之數, 只取工料銀二十五元,若再加五百本, 亦只須增加十二元五角. 所需時日, 每部書約三四日便可完工, 兼本館鉛字現已盡換一新, 故伺候出書愈覺淸爽, 非木板可比."「代印書籍」,『申報』, 1876. 2. 21.

13 예를 들어 신보관은 1874년 10월 『유림외사』를 연활자본으로 출판하여 초판 1,000부를 인쇄하고 나서 다시 6개월 후 1,500부를 재판하였는데, 각 권의 가격은 5각(角)이었다. 이에 대해 판젠궈(潘建國)는 신보관 자체의 광고에 입각하여 그 실제 출판비용을 계산하기를, 초판본의 매 권은 3각(角), 재판본의 매 권은 2각 7로 보았으며, 재판본까지 모두 판매되었을 경우 550원(元) 정도의 이익을 냈을 것으로 보았다. 潘建國,「鉛石印刷術與明淸通俗小說的近代傳播 - 以上海(1874-1911)爲考察中心」,『文學遺産』第6期, 2006, 96-97쪽.

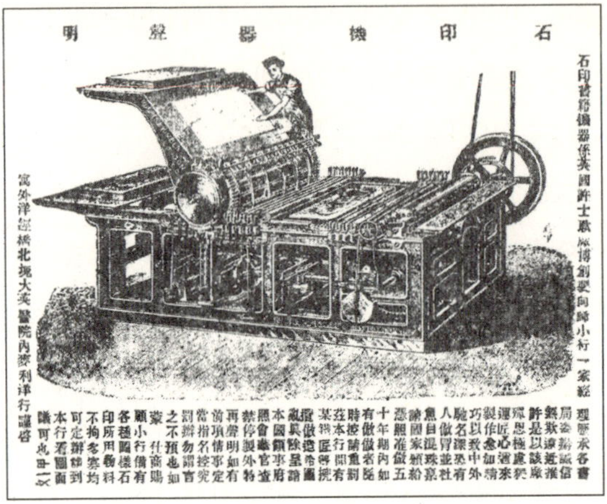

그림 3.1 석인 인쇄기 광고
(『신보』, 1887. 2. 24.)

장의 확대를 촉진시키는 중요한 요인이 되었다.

19세기 말 출판·인쇄의 새로운 변화는 연활자 중심의 인쇄기술의 혁신 이외에 또 한 가지 중요한 요소가 있었는데, 바로 사진 석인술(photo-lithography)이 그것이었다. 중국에서 일반 석인술(lithography)은 1832년에 도입되기는 했지만 별 주목을 받지 못했다. 1878년에 신보관에서 점석재석인국(點石齋石印局)을 설립하고 서구에서 "사진 촬영법에 의거해 글과 그림을 인쇄하는 새로운 기기(照印字畫新式機器)"를 도입함으로써 특수한 방식의 사진 석인술이 중국의 주목을 받기 시작하였다. 사진 석인술은 비록 연활자보다는 중국에 뒤늦게 도입되었지만, 그 고유 특징으로 인해 출판·인쇄분야에서의 영향력은 후자보다 훨씬 더 강력하였다. 그 이유는 인쇄방법이 훨씬 간편하고, 세밀한 인쇄가 가능하여 축소판 인쇄가 용이했을 뿐만 아니라 도판을 넣기가 용이했기 때문이다. 구체적인 석인과정에 대해 황스취안(黃式權)은 다음과 같이 묘사하고 있다.

> 서적을 석인하는 것은 서구의 석판을 사용한다. 석판을 거울처럼 마름질하여 사진 전사법으로 석판에 글자의 그림자를 비추고, 점착성 있는 물을 뿌리고 유묵(油墨)을 바르는 방식으로 인쇄하는데, 수천 페이지의 책도 하루 사이에 완성할 수 있다. 글자체가 세밀하기가 소의 털 같은데, 선명하기는 무쇠의 뿔과 같다. 번거롭게 판각용 칼 따위를 쓸 필요가 없다. 영국인이 점석재를 설립하고 그 이익을 4-5년 동안 독점해 왔는데, 최근 닝보(寧波)인이 설립한 배석산방(拜石山房)과 광둥(廣東)인이 설립한 동문서국(同文書局) 세 곳이 서로 각축을 벌이고 있다. 심하다, 이윤이 있는 곳이라면 사람들이 서로 다투어 좇으니.[14]

서적 출판에 이러한 사진 석인술이 일으킨 변화는 상상 이상의 것이었다. 연활자가 보다 선명하고 세밀한 글자체를 통해 독서의 편의성과 시각적 미관을 변화시키고 비용절감의 효과를 낳기도 했지만, 사진 석인술은 더 나아가 소설의 대중화 및 독자층의 확대와 직접 관련된 새로운 변화를 이끌어 냈다. 이는 19세기 말 연이은 새로운 인쇄술의 도입이 소설문화의 토대인 기존의 문화지층에 새로운 변형을 야기했음을 의미한다.

---

14 "石印書籍, 用西國石板, 磨平如鏡, 以電鏡映像之法, 攝字跡於石上, 然後傅以膠水, 刷以油墨, 千百萬頁之書, 不難竟日而就, 細若牛毛, 明如犀角, 剞劂氏二子可不煩磨厲以須矣. 英人所設點石齋, 獨擅其利者已四五年. 近則寧人之拜石山房, 粵人之同文書局, 與之鼎足而三. 甚矣利之所在, 人爭趨之也." 黃式權 撰, 「淞南夢影錄」, 『滬遊雜記·淞南夢影錄·滬遊夢影』, 上海古籍出版社, 1989, 118쪽. 1880년대 홍보재서국(鴻寶齋書局)의 석인술 도입과 출판에 대해서는 許靜波, 「鴻寶齋書局與上海近代石印書籍出版」, 『新聞大學』 第3期(總113期), 2012, 136-146쪽 참고.

우선 주목되는 것은 축소인쇄이다. 연활자와 사진 석인술을 활용하여 기존의 서적보다 축소인쇄함으로써 서적을 휴대하고 다니며 읽는 것이 가능해졌다. 이것이 지닌 의미는 당시 서적 광고에서 여행길에 마차나 배 위에서 책을 읽는 것이 가능함을 강조하며 선전하는 것을 통해서도 알 수 있는데, 이는 독서방식과 독서공간에 변화를 일으켰다. 이로써 이미 보유하고 있는 서적이라도 새로운 독서환경의 변화로 인해 새로운 유형의 서적 수요를 창출하게 되면서 서적 출판업은 전례 없이 성행하게 되었다. 연활자와 석인술의 도입으로 한 면에 글자 수가 증가하여 전체 권수가 줄어들거나 책의 크기를 축소할 수 있었고, 그 결과 새로운 독서방식과 새로운 서적 수요를 만들어 낼 수 있었다.[15]

그 대표적인 것이 『강희자전(康熙字典)』이다. 『강희자전』은 과거시험을 위한 필독서인 만큼 역대로 많은 판본들이 존재한다. 그중 목각본의 경우에 석인본 못지않게 작은 판형의 출판물도 있지만, 대신 대부분 한 질의 규모가 전체 40책을 넘었다. 그러나 석인술을 통해 인쇄된 경우는 책의 세로와 가로 크기가 대체로 20cm×14cm 정도이면서도 전체 6권 내지 7권으로 구성되어 목각본보다 훨씬 볼륨이 작아졌다.

본 관에서 구입한 기기는 최근에 특히 축소인쇄에서의 정교함을 추

15 『중국통속소설총목제요』를 분석해 보면 1870년 이전 출판된 통속소설은 대체로 1/2장에 적게는 9행에서 많게는 13행이고, 각 행은 또 글자 수가 17자에서 많게는 26자 정도로 구성되어 있다. 이에 비해 1870년 이후 출판된 활자본과 석인본은 1/2장에 적게는 11행에서 많게는 15행, 그리고 각 행은 27자 내지 39자로 구성되어 있다.

> 구한다. 비록 소털같이 세밀하지만, 무소의 뿔처럼 선명하다. 이제 다시 원판 『강희자전』을 구하여 1/9로 축소 인쇄하였는데, 한 페이지에 6페이지를 모아 인쇄하여 전체 300여 페이지의 연사지에 인쇄하여 책을 만들었다. … 그 글자는 여전히 반듯하고 조금도 흐트러짐이 없다. … 단지 집에서만 볼 수 있는 것이 아니라 수시로 꺼내 볼 수 있어 배나 마차에서 휴대하기가 이만큼 편리한 것이 없다.[16]

이는 점석재석인국에서 1880년 4월 7일에 석인방식으로 『강희자전(康熙字典)』 4만 부를 인쇄하여 출판하면서 낸 광고로, 이에 의하면 원판을 1/9로 축소하여 300여 쪽의 볼륨에 휴대를 간편하게 하였으며 그럼에도 글자가 선명하고 반듯하다고 말하고 있다. 가격도 저렴한 1원(元) 7각(角)에 판매하였는데, 그 결과 몇 달 사이에 모두 판매되었다. 이어 11월에 6만 부를 재판하여 가격은 1책 본은 2원(元), 4책 본은 2원 3각에 판매하였다.[17] 이 자전의 출판으로 점석재석인국은 18만 8,000원 이상의 판매수입을 거두었다.

이러한 사진 석인본 『강희자전』의 상업적인 성공은 당시 출판업계의 주목을 받았으며, 앞서 황스취안이 언급한 배석산방(拜石山房)과 동문서국(同文書局)이 1881년에 설립된 것도 이에 자극받은 바

16 “本齋所購機器近日特益求精於縮本一事, 雖細如牛毛而明於犀角. 今復訪求原板康熙字典, 縮成九分之一, 每一葉上合印六葉, 僅共三百餘葉連史紙刷印成書. … 其字跡仍復行列井然一絲不亂. … 不特在家繙閱可以如取如携卽舟車携帶亦莫便於此.” 「康熙字典縮本出售」, 『申報』, 1880. 4. 14. 한편 낙선당(樂善堂)에서 출판한 동판활자 축소본인 『강희자전』은 2원 8각이었다. 『申報』, 1886. 8. 11.

17 『申報』, 1880. 12. 5.

가 컸다.[18] 홍보재서국(鴻寶齋書局), 홍문서국(鴻文書局), 비영관(蜚英館)을 비롯하여 수많은 출판사들이 설립되었는데, 상하이 지역에 출판사가 동치(同治)연간에는 10여 곳에 불과하던 것이 수십 년 후인 광서(光緖)연간에는 10배가 증가하여 100여 곳이 넘었으며 그중 절반 이상이 석인인쇄국이었다.[19] 이는 사진 석인술이 중국에 도입되고 나서 나타난 현상으로, 당시 출판업계가 사진 석인술에 의해 얼마나 자극을 받았는지를 잘 말해 준다.

두 번째는 사진 석인술이 출판계에 미친 영향은 회도본(繪圖本)의 성행이었다. 1870년대 이후 연활자와 사진 석인술에 대한 시장의 반응은 총서류(叢書類) 및 사서(史書)와 같은 대형 출판시장과 전통적으로 인기가 있던 과거시험과 관련된 시문(時文)의 출판[20] 등으로 나

---

18 석인본『강희자전』의 주 구입자는 과거시험을 준비하던 사람들로, 그들은 과거시험을 치르기 위해 원거리를 왕래하는 과정에서도 편리하게 볼 수 있는 축소판 석인본을 선호하였다. 姚公鶴,『上海閑話』, 上海古籍出版社, 1989, 12쪽. 동문서국의 설립계기에 대해서는 徐潤,『徐愚齋自敍年譜』, 文海出版社, 1882, 31쪽 참고.『강희자전』으로 성공한 점석재석인국이 그 후 추진한 규모 있는 출판사업은 "고금도서집성(古今圖書集成)"의 출간이었다. 이는 1만 권(5,024책)에 달하는 매우 규모가 큰 사업으로, 점석재석인국에서는 이를 위해 1주당 150냥(兩)씩 1,500주를 발매하여 22만 5,000냥을 공모하였으며, 사업기간은 3년이 소요될 것으로 보았다. 민간에서 이러한 대규모 출판사업이 가능했던 것도 석인술과 같은 인쇄기술과 도서수요 시장이 있었기 때문에 가능했다.

19 1880년대에 출판사가 급증한 이유 가운데 하나는 1880년대 중반 이후 증기력을 이용한 인쇄법이 활용되었던 것과도 연관이 있다. 즉 증기력을 이용하면서 인건비를 절감할 수 있게 되어 적은 비용으로도 출판사를 창업할 수 있었다.「上海石印書業之發展」(1889), 張靜盧 輯註,『中國出版史料補編』, 中華書局, 1957, 88-91쪽; 梅花盦主,『申江勝景圖說』(國立北京大學, 中國民俗學會民俗叢書第78卷), 東方文化書局, 1972(「申江時下勝景圖說」卷上, 15쪽, "書肆" 참고). 청말시기 상하이의 석인출판사에 대해서는 張秀民,『中國印刷史』, 上海人民出版社, 1989, 590쪽 참고.

20 "천하에 문(文)으로 유명하기로 중국이 아니면 그 어느 국가이겠는가? 국가에서 향

타났다. 또 한편으로 대중적인 통속문학 출판에 있어서도 새로운 붐을 일으켰다. 그중에서도 그림인쇄에 효율적인 사진 석인술의 장점을 고려하여 화보와 화첩의 출판이 성행하였으며, 소설과 희곡 등에 삽화를 첨부한 형식의 통속문학 출판이 붐을 일으켰다.

한 연구에 의하면 1874년 신보관에서 『유림외사』를 활자 인쇄방식으로 출판한 이후 1890년까지 10여 곳의 출판사에서 기존의 통속소설을 새롭게 출판한 경우가 전체 54종의 판본(작품은 35종)이 있었으며, 그중 연활자본이 38종, 석인본이 14종, 동(銅)활자본이 2종이었다. 1891년에서 1898년까지 상하이 지역의 62개 출판사에서 연활자 혹은 사진 석인술의 방식으로 기존 소설을 출판한 경우는 280종이었고, 그중 석인본이 237종, 연활자본은 43종으로 석인본이 절대 다수를 점하고 있다.[21] 이는 1890년 이후 사진 석인본이 통속소설 출판의 주요 출판방식이 되었음을 의미하지만, 더 중요한 것은 짧은 8년 동안 양적인 측면에서 급속히 확장했음을 말해 주고 있다. 사진 석인술로 인해 소

시나 회시를 통해 사(士)를 선발함에 있어 우선 문을 중시하고, 다음으로 시, 그리고 또 책문을 중시한다. 그리하여 오늘날 시와 문 서적의 석인본이 성행하고 있는데, 향시나 회시 시험장에서 시와 문의 석인본이 휴대하며 보기 편해 모두가 구비하고 있다.(蓋天下之大四海之內, 文名之盛, 舍中華其誰與哉. 國家鄉會取士, 首重文, 次重詩而策文又次, 故今來石印詩文等書之盛行, 於鄉會場者, 以其取携最便而選擇至備者也. … 願學盧主人謹啓.)" 「石印三場一貫大成」, 『申報』, 1888, 8. 20.

21 潘建國, 「鉛石印刷術與明清通俗小說的近代傳播 - 以上海(1874-1911)爲考察中心」, 『文學遺産』 第6期, 2006, 97쪽. 또 마루야마 히로아키(丸山浩明)에 따르면 청말 민초에 출판된 석인본 소설은 대략 499종(640여 종의 판본)이었으며, 가장 많이 출판된 시기는 1888년, 1893-1895년 이외에 1908-1914년(신해혁명의 해인 1911년은 제외)이었다. 사진 석인술은 청말시기 전통적인 텍스트를 대규모로 확산시키는 데 중요한 기여를 하였다. 丸山浩明, 「中國石印版小說目錄」, 『廣島女子大學國際文化學部紀要』 第7號, 1999, 39쪽.

설출판이 붐을 일으키며 전체 독서시장을 확장시켰음을 의미한다.

2. 석인술과 번각본의 성행

사진 석인술이 통속소설의 출판활동을 촉진시킨 요인은 무엇이었을까?[22] 이는 역대 통속소설의 출판에서도 나타나고 있는 삽화의 문제와 밀접한 관련이 있었던 것으로 보인다. 소설은 처음 설서인(說書人)을 통해 듣는 방식에서 읽는 방식으로 정착되면서 통속소설 출판이 성행하게 되었던 것에서도 유추할 수 있는 바와 같이, 소설의 재미는 문자외적인 요소와도 깊은 관계가 있었다. 통속소설이 출판되기 시작하던 송대 말기와 원대에도 이미 소설출판에 삽화가 중요한 역할을 하였으며, 명대 가정연간과 만력연간에 소설출판이 성행할 때도 삽화본이 널리 유행하였다. 그 후 청대에도 삽화본이 꾸준히 출현하였는데, 이는 소설 장르의 특성상 인물과 시대상황, 구체적인 장면에 대한 상상을 보조해 주는 삽화가 독서과정에서 중요한 기능을 했

---

22 가격이 주요 요인은 아니었는데, 석인본이 연활자본에 비해 출판비용이 결코 적지 않았다는 점은 유념할 필요가 있다. 예를 들어 1880년 4월 16일(음력 3월 8일)자 『신보』에 실린 점석재(點石齋)의 광고 "족보 및 기타 작품의 염가 석인(廉價石印家譜雜作等)"을 보면 석인의 경우 석판비용과 종이비용, 필사비용 및 제본비용 등이 소용된다. 이 중 필사비용과 제본비용을 제외하면 3만 자의 도서를 200권 석인하여 출판하는 데 종이값(고급용지인 연사지(連史紙) 기준) 30원(元)을 포함하여 37원(元) 5각(角) 정도 소요되고 있다. 이를 목각으로 인쇄할 경우 판각비용만 45원 소요되는 것과 비교하면 매우 저렴하다고 할 수 있다. 그러나 연활자를 이용하여 출판할 경우 4만 자 정도의 서책을 500권 인쇄하는 데 25원 정도 소요된 것과 비교하면 오히려 더 비싼 감이 없지 않다.

음을 나타낸다. 이러한 상황은 청대 후기에도 마찬가지였다. 일찍이 청말 소설을 연구하여 청말 석인본 소설과 희곡 목록을 정리한 아잉(阿英)에 따르면, "청말 점석재 이후 석인소설과 희곡이 풍미하였는데, 장편 대작의 경우 삽화가 종종 수백 폭에 달했다."[23]라고 한다. 이러한 소설 속의 삽화에 대한 청대 후기의 인식은 1888년 왕타오(王韜)가 상하이 미잠재(味潛齋)의 석인본 『신설서유기도상(新說西遊記圖像)』을 위해 쓴 서문에서 그 일단을 엿볼 수 있다.

> 이 책의 이전 판본에는 그림이 적어 독자의 눈을 즐겁게 해 줄 수 없었다. 내 친구 미잠 주인이 옛 것과 기이한 것을 좋아하였는데, 그는 이 책의 전체 모습을 새롭게 하기 위해 특별히 저명한 화가를 초빙하여 삽화를 그렸다고 하였다. 전체 100회에 100폭의 그림 이외에 20폭을 더 넣어 표정이나 태도가 더욱 생동적이다.[24]

왕타오의 이러한 서술은 단순히 일반적인 서문에서 의례적으로 보이는 표현이 아니라, 1890년대 이후 석인본 소설이 본격적으로 출판되면서 각 출판사에서 경쟁적으로 광고할 때 주로 사용하던 표현이었다. 1890년 이후 소설광고에서 작품명 앞에 흔히 보이던 표현이 "신인회도(新印繪圖)", "석인회도(石印繪圖)"였으며, "상하이 저명 화

23 阿英, 「淸末石印精圖小說戲曲目」, 『小說三談』, 上海古籍出版社, 1985, 126쪽.

24 "此書舊有刊本, 而少圖像, 不能動閱者之目. 今餘友味潛主人, 嗜古好奇, 謂必使此書別開生面, 花様一新, 特倩名手爲之繪圖. 計書百回, 爲圖百幅, 更益以像二十幅, 意態生動." 王韜, 「新說西遊記圖像序」, 朱一玄 編, 『明淸小說資料選編』(上冊), 南開大學出版社, 2006, 449-450쪽.

가에게 청하여 매 회 그림을 그렸다(請滬上名家按回繪圖)"거나 "화가를 청하여 모든 그림을 다시 일일이 그려(請畵師將諸圖一一重繪)", "수염과 두건, 머리장식이 세밀하여 아름다운 자태를 드러낸다(須眉巾幗, 掩映生姿)"거나 "이야기를 전개하는 듯 그림을 보는 듯(如演如畵)", "정신을 전사(傳寫)하여 일단 책을 펼치면 바로 그 사람을 눈앞에 보는 듯하다(傳神阿堵, 一展卷而如見其人)"고 하였다.[25] 물론 석인술 이전의 삽화본의 경우 목각과정에서 비용이 많이 소요되어 전체 서적가격의 상승효과를 야기함으로써 대중적인 보급이라는 측면에서는 부정적인 면도 없지 않았다. 하지만 석인술로 인해 목각본에 비해 훨씬 저렴하게 삽화본을 출간할 수 있게 되면서 도(圖)와 문(文)을 병치한 통속소설의 대중화의 길이 열리게 되었다.[26] 이에 많은 출판사들이 경쟁적으로 작품의 생동감을 더해 줄 수 있는 삽화본 소설을 출간하게 되었다.

이와 같이 새로운 인쇄기술의 도입으로 다양한 형식의 서적출

---

25 청말 『신보』상의 소설광고에 대해서는 文娟, 『結緣與流變 - 申報館與中國近代小說』(廣西師範大學出版社, 2009.) 중 부록 "근대신보소설광고편년(近代申報小說廣告編年)" 참고. 원쥐안(文娟)의 자료는 매우 유용하지만, 『신보』의 소설 및 출판 관련 광고에서 누락된 부분이 많고 내용도 요약되거나 충분한 광고 정보를 제공하지 않아 아쉬운 점이 적지 않다.

26 1890년대 석인(삽화본)의 소설 가격은 삽화가 적게는 160폭에서 많게는 445폭에 달하는 등 많은 삽화가 포함된 『삼국연의』, 『수호전(水滸傳)』, 『요재지이(聊齋志異)』, 『아녀영웅전(兒女英雄傳)』, 『경화연(鏡花緣)』, 『동주열국지(東周列國志)』 등이 2원(元) 내지 4원(元)으로 비교적 비싼 편이었던 것 이외에, 대부분의 작품은 4각(角)에서 7각 정도였고, 1890년대 후반에는 가격 경쟁이 심화되어 1.5-3각 정도였다. 참고로 삽화본 『봉신연의(封神演義)』는 8각이었는데, 명말에 이 작품의 가격이 은 2냥(兩)이었던 것과 비교하면 많이 저렴해졌음을 알 수 있다.

판이 용이해지고 또 대중적인 기호에 부응할 수 있게 되면서 새로운 서적수요를 창출할 수 있었다. 이미 동일한 내용의 서적이나 작품을 읽었거나 소장한 경우라도 보다 흥미로운 새로운 판본이 출판되면서 서적 구매자로 이끌어 낼 수 있었다. 연활자나 석인술의 효과로서 축소인쇄를 통해 휴대가 가능한 포켓형 서적의 출판을 상술하였지만, 새로운 인쇄기술의 효과는 단지 이에 그치는 것이 아니었다. 오히려 작은 글자체와 상업적인 경쟁으로 인한 품질저하 현상도 출현하여 독서과정에서 정신적으로나 시력상의 피로감을 느끼는 사람들도 적지 않았다.[27] 포켓형 서적이 휴대의 측면이나 가격 면에서 새로운 독자층을 이끌어 내기도 했지만, 또 다른 독자층은 이에 대해 부정적이거나 보다 고급형의 소장용 서적을 요구하기도 하였다.

예를 들어 신보관에서는 1882년 12월 240폭의 삽화가 포함된 석인본 『삼국연의』 8권을 2원 4각에 판매하였다가[28] 1888년 8월에 재판을 인쇄하면서 1원 8각에 판매하였다. 이 책은 재판 광고에서 "각 부를 8권으로 나누어 비단으로 장식한 두 함에 담아 여행하면서 편리하게 휴대할 수 있고 등과 창문만 있는 곳이면 어디서든지 볼 수 있다."[29]라고 한 것으로 보아 포켓본이었을 것으로 추정된다. 그런데 3년 후인 1891년 신보관의 또 다른 출판국인 도서집성국(圖書集成局)에서 삽화본 『삼국연의』를 출판하였는데, 그 광고문에서 "『삼국연

27 梅花盦主, 『申江勝景圖說』, 東方文化書局, 1972, 19-20쪽; 委宛書傭, 「秘探石室」, 『申報』, 1887. 2. 5.

28 「石印三國演義全圖出售」, 『申報』, 1882. 12. 13.

29 "每部分訂八本, 外裝錦套兩函, 便舟車攜帶之資, 供燈窗披覽之品." 「重印三國志演義出售」, 『申報』, 1888. 9. 12.

의』는 근래 수없이 출판되고 있다. 그중 어떤 것은 글자가 너무 미세함으로 인해 읽을 때 시력이 지나치게 소모되는 것이 늘 독자들의 유감이었다. 본 서국에서는 특별히 새로운 연활자와 푸젠(福建)의 고급 용지인 백색의 연사지를 사용하여 글자가 선명할 뿐만 아니라 배열도 가지런하게 하였다."[30]라고 말하였다. 그리고 매회 삽화를 첨가하고 정밀하게 제본하여 매 부 12권으로 인쇄하고 양 2원에 판매하였다. 비슷한 시기에 홍문서국(鴻文書局)에서도 『수상전도 삼국연의(增像全圖三國演義)』 12본(本)을 3원 6각에 판매하였으며,[31] 이는 질적으로 차별을 두지 않고는 신보관의 서적과 경쟁할 수 없는 가격이었다. 이상과 같이 인쇄기술에 비추어 볼 때 가장 고급서적은 연활자나 동활자본에 석인술을 병행하여 삽화를 첨가한 것으로 활자 크기나 선명도, 그리고 삽화의 시각적 효과를 동시에 얻을 수 있었다. 물론 이는 가격 면에서 상대적으로 높아 일반 독자들이 구입하기에는 고가라고 볼 수 있으며, 출판 자체가 일부 계층을 겨냥한 것이었다.[32]

이러한 이원적인 독자의 수요는 19세기 후반의 독특한 현상이 아니라 이미 송대나 명대에도 있었다. 다만 19세기 후반의 특징은 석인술에 의해 이와 같은 각기 다양한 수요를 보다 쉽게 만족시킬 수

---

30 "三國演義一書, 近來層見疊出, 然或字跡太細, 殊費目力, 閱者每以爲憾. 本局特用新鉛字, 以上等閩制潔白連史紙, 重加刷印, 字跡清朗, 行列井然." 「新印繪圖三國演義」, 『申報』, 1891. 3. 24.

31 「鴻文書局石印鉛版各種書籍啓」, 『申報』, 1888. 8. 14.

32 당시 상하이 신기서장(愼記書莊)에서 판매한 소설을 보면 『증상전도경화연(增像全圖鏡花緣)』 8본 양 4원, 『증상전도서유기(增像全圖西遊記)』 8본 양 4원, 『상주요재도영(詳註聊齋圖詠)』 8본 양 5원 등과 같이 가격이 매우 높게 책정되어 있다. 「上海愼記發售一石印各種書籍」, 『申報』, 1888. 9. 18.

있었고 유연한 가격의 책정으로 더 많은 독자층을 만들어 낼 수 있었다는 점이다. 연활자와 석인술의 서적출판 시장에 대한 기여는 다양한 취향의 독자층을 겨냥한 여러 형식의 서적을 출판함으로써 독자층을 다양화하고 그 저변을 확대시킨 점에 있다. 또 한편으로는 새로운 인쇄기술로 도서출판이 보다 용이해지고 도서시장이 확대됨에 따라 이에 종사하는 출판사가 급증하면서 출판사 간의 경쟁이 심화되었다. 이는 출판사의 과잉경쟁의 원인을 어느 정도 설명해 주는 것처럼 보이지만, 『강희자전』의 판매시장에서도 볼 수 있는 바와 같이 당시 중국의 잠재적인 도서수요 시장은 상당히 큰 것으로 평가되기 때문에 단순히 출판사의 급증에 의한 공급과잉으로 볼 수는 없다.

이에 두 가지 측면을 주목하자면 하나는 해적판이라고 할 수 있는 번각본의 문제이고, 또 다른 하나는 출판서적 종류의 한계이다. 번각본은 출판시장에서 항상 존재했던 문제이지만, 새로운 인쇄술의 도입으로 서적출판이 훨씬 용이해지면서 번각본도 더욱 성행하게 되었다.[33] 19세기 말에 출판사들이 직면한 가장 큰 어려움 중의 하나가 번각본과의 경쟁이었다. 1879년 10월 31일자 『신보』에 회포거사(淮浦居士)가 『홍루몽도영(紅樓夢圖詠)』 출판광고를 할 때 번각본의 출현을 우려하며 이미 중국과 외국(상하이 조계)의 관의 승인을 받아 번각본의 출현을 금했지만, 그 후 염려한 바와 같이 번각본이 출현하여 1884년 2월에 다시 원본과의 질적인 차이와 원본을 확인하기 위한 "손계일사 과열(孫溪逸士 過閱)"이라는 인장을 부가했음을 공지하고 있다.[34]

33 「爲業之難」, 『申報』, 1890. 10. 19.

34 「眞原刻紅樓夢圖詠聲明」, 『申報』, 1884. 2. 27.

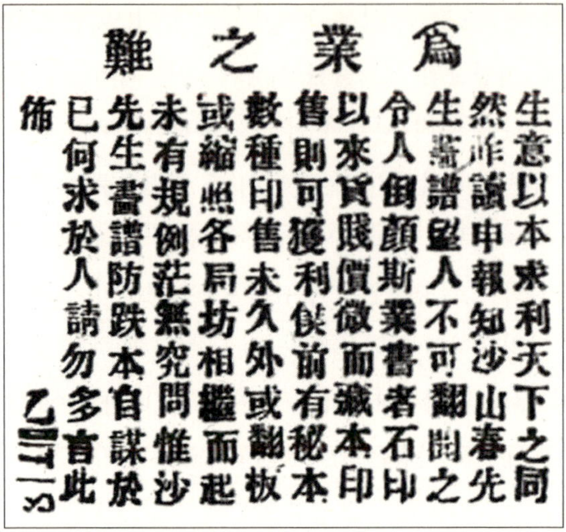

그림 3.2 『신보』, 1890. 10. 19.
「출판업의 곤경」이라는 이 광고는 석인술로 인해 출판의 용이함과 더불어 번각본이나 축소본이 난무하여 시장을 어지럽히고 이러한 상황에서 출판업이 곤경에 처해 있다고 지적하였다.

『홍루몽도영』은 1882년에 점석재석인관에서도 출판하는 등[35] 상당히 유행하던 작품으로, 법률적인 조치에도 불구하고 당시 유행하는 서적의 번각본 출현은 막기 어려웠음을 알 수 있다.

중국에서 출판시장이 급속히 팽창하던 시점인 1890년대 이후 번각본이 더욱 성행했다는 점은 번각본이 인쇄술과 일정한 관계가 있음을 말해 준다. 예를 들어 1891년 광백송재(廣百宋齋)에서 『회도증상서유기(繪圖增像西遊記)』(10책)를 출판하여 양 5원에 판매하였는

35 點石齋主人啓, 「增刻紅樓夢圖詠出售」, 『申報』, 1883. 2. 17. 원쥐안(文娟)은 회포거사가 출판한 작품과 점석재에서 출판한 작품을 동일한 것으로 보고 있으나(文娟, 『結緣與流變-申報館與中國近代小說』, 廣西師範大學出版社, 2009, 285쪽.) 실제로는 다른 작품이다. 전자는 화팅(華亭) 가이치샹(改七薌)의 그림을 저본으로 한 목각본으로 전체 4책(冊)이 4원(元)이었지만, 후자는 청장(澄江) 왕원제(王蕓階)의 그림을 바탕으로 한 석인축소본으로 전체 2권이 8角이었다. 「紅樓夢圖詠」, 『申報』, 1879. 10. 31.

데, 얼마 후 이를 저본으로 축소인쇄한 번각본이 출현하여 매 부 5각에 판매하였다. 이에 1892년 6월 광백송재에서는 번각자를 조사·처벌한다는 광고와 함께 서적 가격을 1원 2각으로 할인하여 판매하겠다고 공지하고 있다. 이와 같이 번각본의 경우 비록 질적인 차원에서는 많이 떨어지지만 매우 저렴한 가격으로 도서시장을 교란하여 출판사의 입장에서는 경제적으로 큰 손실이 아닐 수 없었다. 이러한 예로 세홍관(洗紅館)이 점석재석인국을 통해 인쇄한 『회도동국열국지(繪圖東國列國志)』, 진기서국(晋記書局)의 『후요재(後聊齋)』, 점석재의 『신강승경도(申江勝景圖)』, 홍문서국의 『오경휘해(五經彙解)』, 취육당(醉六堂)의 『금석췌편속편(金石萃編續編)』, 영화서국(英華書局)의 『야우추등록(夜雨秋燈錄)』 등 다양한 종류의 서적에 대해 번각이 성행하였다.[36] 이 중에서 『오경휘해』는 1888년에 출판되었는데, 1893년에만 3종의 번각본이 출현하였다. 이들 번각본은 모두 원본의 크기를 축소하는 전형적인 방식으로 가격을 낮추어 원본의 판매에 영향을 미쳤다.[37]

한편 번각본은 단지 음성적으로 출판되어 불법으로 판매된 것

---

36 「原底繪圖列國志開印啓」, 『申報』, 1892. 4. 2.; 「原底列國志出書並申明翻印」, 『申報』, 1894. 8. 21; 「原底繪圖列國出售告白」, 『申報』, 1896. 11. 13.; 「新出繪圖石印眞正後聊齋」, 『申報』, 1894. 9. 20.; 「重印增廣申江勝景圖告白」, 『申報』, 1894. 9. 21.; 「鴻文書局原板石印五經彙解」, 『申報』, 1894. 4. 1.; 「聲明石印味古齋原本金石萃編續編」, 『申報』, 1894. 4. 2.; 「原底〈列國志〉出書並申明翻印」, 『申報』, 1894. 9. 20.; 「石印繪圖新增三集夜雨秋燈錄」, 『申報』, 1895. 12. 23.

37 예를 들어 1888년 홍문서국본은 매 쪽 80행에 66자이고 전체 1,993쪽이지만, 1893년 봄에 출판된 번각본은 매 쪽 84행에 70자로 전체 1,814쪽이고, 여름에 번각된 것은 매 쪽 70행에 80자로 전체는 1,554쪽이며, 겨울에 번각된 것은 매 쪽 84행에 70자로 전체 1,869쪽이었다. 「鴻文書局原板石印五經彙解」, 『申報』, 1894. 4. 1.

이 아니라 기존의 원본을 일부 수정하거나 베껴서 공식적으로 출판하였고, 서로 원본임을 주장하며 다른 출판사의 판본을 비판하는 일도 종종 있었다. 1894년 4월 2일자 『신보』에 두 편의 광고가 나란히 게재되었는데, 하나는 취육당(醉六堂)의 광고이고 다른 하나는 상하이 보선서국(寶善書局)의 광고였다. 그런데 이 두 광고에서 공히 다루는 것은 『금석췌편속편(金石萃編續編)』이었다. 먼저 보선서국에서는 자신들의 저서는 19세기 초 저명한 학자이자 정치가인 루안위안(阮元)이 직접 교정하여 2만여 자 이상 보충을 한 것임을 강조하고 있다. 취육당에서는 당시 루안위안이 그러한 작업을 할 겨를이 없었기 때문에 이는 허위사실이며, 자신의 출판물은 향시 수석 합격자(解元)인 장수웨이(張叔未)가 직접 교정을 보아 1만여 자를 보충한 것으로, 보선서국은 자신의 출판물을 번각한 것이라고 비판하고 있다.[38] 어느 주장이 사실인지는 더 자세히 검토해 보아야겠지만, 이상과 같이 판본을 둘러싼 출판사 간의 경쟁은 당시 매우 흔한 일이었으며 심하게는 종종 분쟁으로 이어지기도 했다. 하지만 대부분의 경우 법률적으로 해결하지 못하고 단지 서로 독자들을 설득하는 방식으로 진행되었다. 이와 같이 번각본의 문제는 당시 출판계에서 매우 심각한 문제였으며, 1897년 상하이 서업공소에서 상하이 각 출판사에게 보유한 판권을 등록하도록 한 것도 이 때문이었다.[39]

---

38 「聲明石印味古齋原本金石萃編續編」; 「石印西域水道考新疆賦漢傳補註四種·阮校金石萃編續編」, 이상 『申報』, 1894. 4. 2. 나란히 게재된 이 두 광고는 취육당에서 자신의 출판물이 원본임을 주장하고 있는데, 오히려 가격은 취육당의 것이 10원인데 비해 보선서국의 것은 12원으로 더 비싸다.

39 상하이 서업공소(上海書業公所)는 1896년에 각 출판사의 판본을 등록하게 하여 조

당시 출판사의 과다경쟁의 주요한 원인은 다양한 서적에 대한 독자 수요에 비해 출판서적의 한계와 그로 인한 중복 출판에 있었다. 1894년 8월 17일자 『신보』의 동일한 면에 흥미롭게도 「애관기서인고백(愛觀奇書人告白)」과 「문의서국재계(文宜書局再啓)」라는 광고가 나란히 게재되었다. 그중 첫 번째 광고는 다음과 같다.

> 신문을 읽다가 『대명기협전(大明奇俠傳)』이라는 책 광고를 보니 이문헌(理文軒)은 8각, 문의서국은 1각이었다. 나는 문의서국에서 한 부를 구입하여 돌아와 읽었다. 그런데 매우 열받게도 내용이 절반 이상 누락되어 있었다. 이는 귀하고 미천함을 떠나서 독자들이 가장 싫어하는 것이다. 그래서 또 이문헌에 가 또 한 부를 구입해 집에 돌아와 자세히 읽어 보니 책이 매우 정교하고 우아하며 글자 크기도 자못 컸다. 두 출판사의 책을 자세히 비교해 보면 문의서국의 책은 단지 25회에 8만여 자 정도인 데 비해 이문헌의 책은 54회로 20만여 자에 이른다. 이로부터 보건대, 이 두 책 중 어느 것이 좋은지는 말할 필요도 없을 것이다. 책 구매자 여러분 값싼 것이 비지떡이라는

사하려 하였지만, 등록이 미비하여 신청 기한이 연장되는 것 등으로 미루어 보아 각 출판사들이 적극적으로 호응한 것 같지는 않다. 그 후 1906년에 상하이 출판협회에서 다시 장정(章程)을 제정하여 상하이 각 출판사에서 자신들이 출판한 판본을 등록하도록 했다. 상하이 기록문서관(檔案館)에 보관 중인 「판권등록[書底掛號]」에 의하면 57개 출판사가 2,470권을 등록하였다. 그런데 등록한 57개의 출판사들은 상무인서관을 비롯한 20세기 초 전후에 설립된 신학(新學) 중심의 출판사는 거의 없고, 대다수가 19세기 말부터 설립되어 출판활동을 해 오던 전통적인 출판사들이었다. 그리고 그들이 등록한 2,470권 중에서 전통서적이 2,020권으로 전체 82.3%를 점하고 있다. 王永進, 「檔案裏'書底掛號'」, 『檔案與史學』 第1期, 2003.

> 것을 결코 잊지 마세요.[40]

두 번째 광고는 바로 이 광고를 겨냥하여 다음과 같이 말하고 있다.

> 어제 게재된 「애관기서인고백」이라는 광고는 분명히 이문헌이 지어낸 것이다. 그대는 연활자의 책이 좋다고 하면서 어찌 또 허위 이름으로 광고를 하고 있는가? … 머리는 드러내지 않았지만, 당신 눈마저 멀었나 보다. 당신의 연활자판은 오탈자가 매우 많고, 기름 냄새가 나며, 수개월 후에 기름은 누런색으로 변화한다. 이는 다른 연활자판과는 천양지차인 것으로, 여러분은 모두 이문헌의 과거 출판물에 저열한 부분이 많다는 것을 알고 있으니 더 이상 세세히 말하지 않겠다. 또 『대명기협후전(大明奇俠後傳)』은 이미 원본을 세밀히 교정하여 연활자보다는 백 배 더 뛰어나다. 이제 석인으로 출판하여 10일 내에 판매하게 될 것이며 4권에 양 1각이다.[41]

---

40 "閱報見大明奇俠傳一書, 理文軒八角, 文宜一角, 愚向文宜局買來一部, 攜歸閱之, 殊覺可惡, 內中抽去大半, 想閱書之人最恨, 不分貴賤莫論. 故又至理文軒又買一部, 至家細閱, 書品精雅, 字跡放大. 將二店之書詳比, 文宜局之書只有廿五回, 八萬餘字理文軒有五十四回. 二十餘萬字. 二書好歹, 不問可知, 購書諸君決不貪區區便宜."「愛觀奇書人告白」,『申報』, 1894. 8. 16; 1894. 8. 17.

41 "昨愛觀奇書人告白, 顯系理文軒捏造之憑據也. 你云鉛版書佳,何又捏名登報, … 你頭雖未伸出, 諒你眼亦瞎矣. 你之鉛版錯字甚多也, 火油氣味也, 數月走油變爲黃色也, 與別店之鉛版大相懸殊也, 而諸君均悉理文 (軒) 之舊劣處頗多, 餘亦不細說也. 再大明奇俠後傳, 已將原底重爲細校, 比鉛版勝百倍矣. 現付石印, 總在旬內准可出售, 亦訂四本, 洋價一角. 此白."「文宜書局再啓」,『申報』, 1894. 8. 17.

이는 『대명기협전(大明奇俠傳)』을 둘러싸고 문의서국과 이문헌(理文軒) 두 출판사가 전개한 광고전인데, 당시 중복 출판 상황의 문제점을 잘 보여 준다. 『대명기협전(大明奇俠傳)』의 원명은 전체 54회로 구성된 『운중안삼요태평장전전(雲中雁三鬧太平莊全傳)』으로 1849년에 처음 낭환서옥(琅環書屋)에서 출판한 이후 1864년에 일소헌(一笑軒)과 국영헌(國英軒)에서 출판하기도 하였다. 그러다 1894년에 상하이서국[42]과 위 두 출판사에서 『대명기협전(大明奇俠傳)』이라는 서명으로 연이어 중복 출판하였다. 이와 같이 동일한 작품을 서명만 바꾸어 출판하는 경우는 당시 자주 있었던 일로서, 때로는 전혀 다른 내용의 작품을 인기 있는 작품명으로 바꾸어 출판하는 경우도 있었다.

위 광고전의 발단은 이문헌에서 먼저 『운중안삼요태평장전전(雲中雁三鬧太平莊全傳)』을 『회도대명기협전(繪圖大明奇俠傳)』이라는 동일한 서명으로 바꾸어 연활자로 인쇄하여 8각에 판매하고 있었는데, 뒤이어 문의서국에서 1894년 8월 15일 동일한 서적을 전체가 아닌 그중 일부인 25회분만을 석인술로 인쇄하여 『대명기협전(大明奇俠傳)』이라는 동일한 서명으로 1각에 판매하면서 시작되었다.[43] 문의서국의 출

---

42 천다캉에 의하면 상하이서국에서 1894년에 54회본 『대명기협전(大明奇俠傳)』을 출판하였다. 陳大康, 『中國近代小說編年』, 華東師範大學出版社, 2002, 61쪽.

43 두 출판사의 8월 17일자 광고 내용은 8월 18일에도 『신보』에 반복해서 게재되고 있다. 한편 8월 17일자 문의서국의 광고를 보면 문의서국에서는 전체 작품 54회를 『대명기협전(大明奇俠傳)』과 『대명기협후전(大明奇俠後傳)』 두 권으로 나누어 출판하려는 계획을 가지고 있었던 것으로 보인다. 즉 저렴한 가격으로 독자들을 전반부의 작품을 읽게 한 후 자연스럽게 후반부의 작품도 구입하게 하려는 판매 전략으로 볼 수 있다. 실제로 『대명기협후전(大明奇俠後傳)』은 9월 2일 출판되었으며, 후전만을 구입할 때 가격을 저렴하게 해 준다는 공지 외에 별도의 가격 표시가 없고, 전후 합본을 3각에 판매한다고 공지하고 있다. 「石印大明奇俠後傳告成」, 『申報』, 1894. 9. 2.

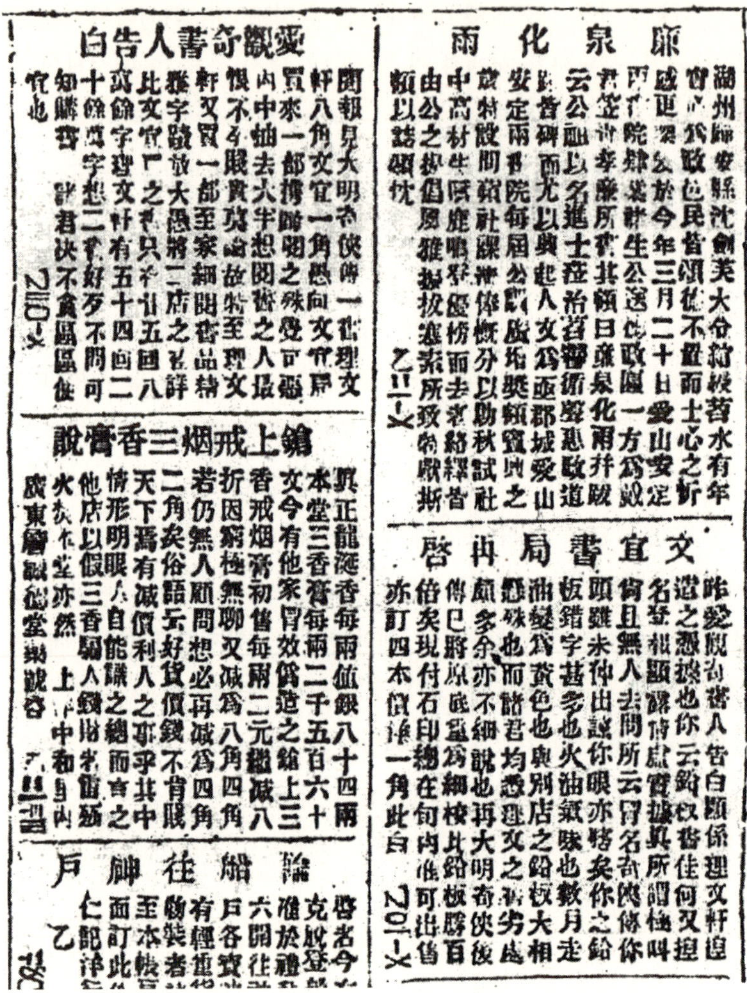

그림 3.3 『신보』, 1894. 8. 17.

직접 비방하는 문의서국의 광고와 애독자를 빌어 비방하는 이문헌의 광고가 같은 면에 게재되어 있다. 『금석췌편속편(金石萃編續編)』을 둘러싼 광고전과 유사한데, 번각본의 유행이 그 직접적인 원인이기도 하지만, 다른 한편으로는 당시 출판업계가 치열한 광고전을 전개할 수밖에 없을 정도로 경쟁이 상당히 심각한 수준이었음을 뜻한다.

판물이 전체 내용 중 1/2만 담고 있는 것을 보고 곧바로 16일에 이문헌에서 이를 "기이한 서적의 애독자"의 이름으로 비난하였고, 마침내 다음날 두 출판사의 상호비방 광고가 나란히 게재되게 된 것이다.[44]

이 광고전은 「대명기협전」을 둘러싸고 이문헌과 문의서국에서 전개한 논쟁의 한 사례이지만, 당시 중복 출판의 구체적 양상과 과열 경쟁의 문제점을 잘 보여 주고 있다. 연활자와 석인술의 도입으로 독자의 수요를 창출하면서 출판시장이 확대되었지만, 그 시장을 채운 것은 새로운 저작과 창작물이 아니라 기존의 서적들이었다. 크게는 고금도서집성(古今圖書集成)(1628책)과 이십사사(二十四史)를 비롯하여 각종 묵적(墨蹟), 통속소설(설부, 장회체 소설), 과거시험 관련 도서 등, 주로 중국의 기존 독자층에게 익숙한 도서들이었다. 그중 많은 서적들은 중복 출판되었는데, 상하이지역에서 『삼국연의(三國演義)』를 출판한 출판사만도 같은 『신보』사 계열인 점석재, 도서집성국(圖書集成局)을 비롯하여 광백송재(廣百宋齋), 홍문서국(鴻文書局), 문서루(文瑞樓), 췌문재(萃文齋), 동문진기서국(同文晉記書局), 문보임기(文寶琳

44 이러한 광고전이 진행되는 과정에서 또 하나 주목할 광고가 있는데, 8월 11-13일에 『신보』에 게재된 『석인한서감가(石印閒書減價)』라는 광고이다. 이 광고에서는 당시 설부류 작품의 할인을 예고하였는데, 그 가격은 『평정염비기략(平定捻匪紀略)』 6분(分), 『마본진주탑(馬本珍珠塔)』 7分, 『풍월전(風月傳)』 8分, 『초목춘추(草木春秋)』 8分, 『검협기중기(劍俠奇中奇)』 6分, 『상몽서(詳夢書)』 4分, 『철공계(鐵公鷄)』 2分, 『팔몽록(八夢錄)』 3分과 같이 저렴하였다. 예를 들어 당시 문의서국에서는 『석인회도철공계경희(石印繪圖鐵公鷄京戲)』를 2각, 『회도팔몽록(繪圖八夢錄)』을 2각에 판매하고 있었던 것에 비하면 거의 1/10 수준이다. 특히 위 광고는 특정 출판사나 서점을 명기하지 않아 당시 동일하거나 유사한 책을 판매하던 출판사의 공분을 야기하였는데, 이에 8월 14일 문의서국에서는 「문의서국계(文宜書局啓)」라는 광고를 통해 비난하였다.

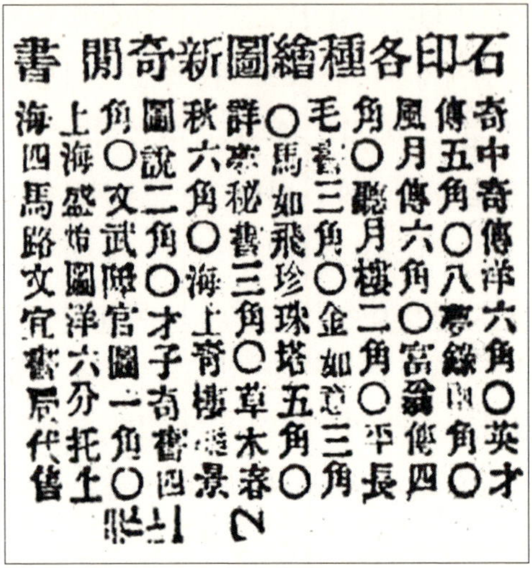
石印各種繪圖新奇閒書
奇中奇傳洋六角○英才
傳五角○八[illegible]錄[illegible]角○
風月傳六角○富[illegible]傳四
角○聽月樓二角○平長
毛[illegible]三角○金如[illegible]三角
○馬如飛珍珠塔五角○
詳[illegible]秘書三角○草木春
秋六角○海上青樓[illegible]景
圖說二角○才子奇書四
角○文武[illegible]官圖一角○
上海盛[illegible]圖洋六分托土
海四馬路文宜書局代售

그림 3.4 『신보』, 1894. 8. 23. 문의서국에서 판매하던 설부류의 작품과 가격. 당시 설부류는 대부분 "심심풀이 책"이라는 의미인 "한서(閒書)"로 광고되었다.

記), 미화빈기(美華賓記) 등 9곳 이상이 있었다.[45] 이러한 중복출판과 중국 독자들이 이미 많이 접하고 있던 작품들이 중심이 된 공급의 한계는 결국 매 작품에 대한 독자 수요를 제약하였다. 게다가 활자인쇄와 석인술의 특성상 판각본과 달리 재판을 발행하기가 수월하지 않은 점을 고려하여 1회 인쇄량이 적지 않았는데, 그 결과 많은 작품들이 팔리지 않고 누적되는 현상이 빈번하였다.

이와 관련하여 신보관의 소설출판 전략의 변화에 주목하지 않을 수 없다. 신보관은 1874년 『유림외사』를 출간하면서 지속적으로

45 이외에도 중복 출판된 작품은 매우 많다. 예를 들어 『소오의(小五義)』는 광서 16년 베이징 문광루(文廣樓)에서 처음 출판 이후, 곧이어 신보관, 광백송재, 십만권루(十萬卷樓), 충칭(重慶)의 선성당(善成堂) 등에서 연이어 출판되었을 뿐 아니라, 그 후속편인 『속소오의(續小五義)』도 광서 18년 문광루에서 출판된 이후 신보관, 상하이서국, 진예서국(珍藝書局), 선성당, 태산당(泰山堂) 등에서 출판되었다.

소설출판을 기획하고 원고와 판본을 모집하였는데, 그 주요 기준은 "신기하고 아름답고 기이하며 잘 알려지지 않은 특별한 책(新奇豔異, 幽僻瑰瑋之書)"이었다. 이에 비록 대작은 아니지만 당시 출판되지 않은 작품들을 적잖이 발굴하여 출판하였다. 『쾌심편(快心編)』, 『서유보(西遊補)』, 『하전(何典)』, 『둔굴난언(遁窟讕言)』, 『흔석한담(昕夕閑談)』, 『육합내외쇄언(六合內外瑣言)』, 『야우추등록(夜雨秋燈錄)』, 『임란향(林蘭香)』 등은 모두 1882년 석인본 소설을 본격적으로 출판하기 이전에 신보관에서 출판한 것으로, 대부분 신작(혹은 번역)이거나 오래전 판본을 발굴한 작품들이었다. 그러다 1880년대 중반 이후 석인본 소설을 출간하면서부터는 다른 출판사와 마찬가지로 기존의 명저 중심으로 재출판하였다. 그리하여 판젠궈는 석인본 소설출판의 핵심은 연활자 소설출판 때와는 달리 판본의 희소성에 있지 않고, 기존 명저를 중심으로 석인술의 "사진 같은 그림" 기능을 충분히 활용하여 대량의 아름다운 삽화와 대중성 있는 원문으로 독자들을 매료시키는 데 있었다고 지적하기도 하였다.[46]

3. 출판시장의 임계점과 독서취향의 변화

석인소설이 한창 성행하던 시기인 1894년 청일전쟁 및 1895년 시모노세키조약으로 중국 지식계와 도서시장에 일정한 변화가 발생했다. 청일

46 潘建國, 「서양 사진 석인술과 근대 중국 고전 소설 삽화본의 부흥」, 『코기토』 66, 2009. 8., 163-164쪽.

전쟁으로 인해 사회변화에 대한 출판시장의 반응은 두 가지였는데, 하나는 전쟁과 관련하여 조선 및 일본 관련 지도와 서적, 소설들이 출판되었다는 점이고 다른 하나는 시무(時務) 및 서구 관련 서적들이 급증했다는 점이다. 예를 들어 광학회(廣學會)에서는 1893년에 935권을 출판했지만, 1894년 2,286권, 1896년 5,899권, 1897년 1만 5,455권, 1898년 1만 8,457권 등으로 증가하였다. 1893년까지만 해도 광학회에서 출판한 책들은 거의 구독자가 없어 무료로 배포를 할 정도였는데, 청일전쟁 이후부터는 중국 지식인들의 구독이 급속히 증가했을 뿐만 아니라 전국적으로 번각본이 유행하였다. 『중동전기본말(中東戰紀本末)』을 출판할 때는 미국의 주중 총영사를 통해 중국 관청에 번각을 금지하고 단속해 줄 것을 요청하기도 하였다.[47]

또한 이 시기 시무 관련 서적 중에서 주목할 것은 총서의 발간이다. 총서는 산발적으로 출판되었던 기존의 양무(洋務) 관련 서적이나 서구 자연과학 관련 번역서들을 한데 모아 출판한 것으로, 새로운 지식을 체계화하고 새로운 독자층을 형성하는 데 중요한 기능을 하였다. 그 대표적인 예가 『서학대성(西學大成)』(王西淸 등, 1895), 『서학부강(西學富强)』(張蔭桓, 1896), 『질학총서(質學叢書)』(質學會, 1897), 『중서산학총서(中西算學叢書)』(1897), 『서정총서(西政叢書)』(求自强齋,

47 (英)李提摩太 撰, (中國)蔡爾康 譯, 「本廣學會第十一屆年報紀略」, 『中東戰紀本末(四)』(臺灣文獻匯刊, 第6輯 第11冊), 九州出版社/廈門大學出版社, 531-532쪽; 王樹槐, 「淸季的廣學會」, 林治平, 『近代中國與基督敎論文集』, 台北: 宇宙光出版社, 1981, 240-242쪽. 한편 발행량의 증가에 따라 광학회의 판매수입도 1893년 800원에서 1895년 2,000원, 1896년 5,000원, 1897년 12,000원, 1898년 18,000원으로 증가하였다. 鄒振環, 『20世紀上海翻譯出版與文化變遷』, 南寧: 廣西敎育出版社, 2000, 47쪽.

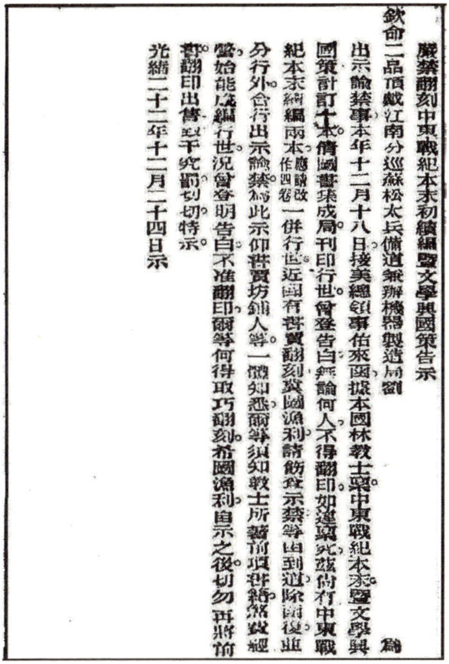
嚴禁翻刻中東戰紀本末初續編暨文學興國策告示
欽命二品頂戴江南分巡蘇松太兵備道兼辦機器製造局劉 為
出示諭禁事。本年十二月十八日。接美總領事佑來函。據本國林教士稟。中東戰紀本末暨文學興
國策計訂十本。倩圖書集成局刊印行世。曾登告白。無論何人。不得翻印。如違察究。茲尚有中東戰
紀本末續編兩本。應請改作四卷。一併行世。近聞有書賈翻刻。冀圖漁利。請飭發示禁等由到道。除函復並
分行外。合行出示諭禁。為此示仰書賈坊鋪人等。一體知悉。爾等須知教士所著前項書籍。煞費經
營。始能成編行世。況曾登明告白。不准翻印。爾等何得取巧翻刻。希圖漁利。自示之後。切勿再將前
書翻印出售。致干究罰。切切特示。
光緒二十二年十二月二十四日示

그림 3.5 1898년 광학회에서 출판한 알렌(林樂知)의 『중동전기본말(中東戰紀本末)』 내의 번각금지 공지문
티모시 리처드(Timothy Richard)에 의하면 당시 중국에는 광학회 출판 서적에 대한 구독이 급증하면서 번각이 전국적으로 유행하였는데, 쓰촨(四川)성에서만 19종의 번각본이 출판되었다고 한다. (英)李提摩太 撰, 蔡爾康 譯, 「本廣學會第十一屆年報紀略」, 532쪽.

1897), 『서학자강(西學自强)』(張之洞, 1898) 등이다. 이러한 서적들은 당시 과거시험에 양무와 관련된 문제가 출제되자 이와 연계하여 수험생들의 필독서처럼 선전되면서 중국의 독서시장을 파고들었다.[48] 독서계와 출판계의 이러한 관심의 변화가 통속소설의 독자층에 실질적으로 얼마나 영향을 주었는지는 정확히 가늠하기 어렵지만, 1896년부

48 당시 과거시험에서 서학과 시무에 관한 내용이 출제되면서 과거시험 준비용 시무(時務) 책자가 유행하였다. 대표적인 예로 『신찬석인시무책론총찬초집(新撰石印時務策論總纂初集)』, 『신집중외대략: 강구시무책대요서(新輯中外大略: 講求時務策對要書)』, 『신출석인중외시무책부통종: 책학백만권류편(新出石印中外時務策府統宗: 策學百萬卷類編)』 등을 들 수 있다.

터 본격화되는 변법운동이 독서취향에 일정한 영향을 주었음은 당시 서적광고를 통해서도 엿볼 수 있다. 1896-1898년 사이 『신보』, 『신문보』의 서적광고를 보면 주로 『중동전기본말(中東戰紀本末)』, 『신집시사신편(新輯時事新編)』, 『만국공법회통(萬國公法會通)』, 『신출적가재기언기행(新出適可齋記言記行)』, 『신출중서천문산학정온(新出中西天文算學精蘊)』, 『신출시무분류흥국책(新出時務分類興國策)』, 『화학지남(化學指南)』, 『신출황조경세문신편(新出皇朝經世文新編)』 등과 같은 서학이나 시사·시무 관련 서적들이 주요 서적광고를 채우고 있었다.

이에 비해 통속소설들의 전면적인 광고는 현저하게 줄어들었고 그나마도 기존에 판매하던 여러 작품들을 일률적으로 할인 판매하는 광고가 중심이 되고 있다. 여기서 할인판매는 이전부터 종종 있었던 일이라 새로울 것이 없지만, 중요한 것은 앞서 언급한 상하이 서업공소의 서적 할인판매 금지와 서적 가격 인상 조치에도 불구하고 1898년에 들어서서는 오히려 "서적 대할인(書籍大減價)" 광고가 증가하고 있다는 점이다. 예를 들어 무술년 정월 5일(1898년 1월 26일) 신기서국(信記書局)에서는 『신문보』에 "본 서국에서는 수년 동안 각종 서적을 적잖이 축적해 오면서 이미 출판했는데, 대부분 절반의 가격으로 판매한다. 종류는 다양하지만 각 종류마다 불과 10여 부에 불과하며, 정월에 일률적으로 판매를 끝내고자 하니 싸게 구입하고자 하는 분은 속히 와서 구입하기 바람"[49]이라는 광고를 게재

---

49 "本局數年以來, 積存樣書頗多, 刻已裝訂成套, 只取半價,概以售現. 雖花名頗多, 而每種不過十數部, 於正月份一例出清. 欲得便宜者, 速來購取. … 信記書局謹啟." 「書籍大減價」, 『新聞報』, 1898. 1. 26.

하였다. 또 같은 해 6월 28일(양력 8월 15일)과 29일에 각각 『신문보』의 "장방(帳房)"의 명의하에 "서적대할인(書籍大減價)", "서적 정말 싸다(書籍眞便宜)"라는 광고와 함께 23종의 소설을 게재하였으며, 가격은 전에 비해 절반 정도의 염가로 판매하였다.[50]

이러한 서적 할인판매는 전통 소설서적의 시장이 포화 상태에 달한 까닭이 주요 원인이겠지만, 다른 한편으로는 당시 시대조류의 변화에 따른 독자들의 독서 취향의 변화를 어느 정도 반영하고 있다. 신문잡지에 연일 게재되는 상하이의 신문물과 만화경 같은 세상을 접하면서 독자들의 독서취향도 전통적인 소재에서 벗어나 점차 새로운 근대의 풍경과 그 감각을 공유할 수밖에 없었을 것이다. 독서기호의 변화와 다양한 읽을거리에 대한 독서시장의 급속한 팽창이 지나치게 빨라짐에 따라 출판업자나 작가 등이 미처 시장에 반응하기 어려울 정도였다. 그리하여 출판업자는 손쉽게 이윤을 얻을 수 있는 기존 작품을 재발간하는 데 치중하였으며, 그 결과 얼마 못가서 출판시장의 임계점에 도달했다는 것은 상술한 바와 같다. 설부 시장의 확대가 곧바로 창작의 붐으로 연결되지는 못했고, 오히려 기존의 판본을 저본으로 쉽게 영리를 추구하기 위해 서로 먼저 도서시장을 확보하려는 출판사들의 경쟁으로 기존 작품에 대한 중복출판이 성행하면서 많은 독자층의 외면을 받게 되었다.

그렇다면 19세기 말 출판시장의 궁극적인 문제점은 새로운 창작과 신선한 작품들이 거의 부재한 상황이 빚어 낸 결과라고 볼 수

50 「書籍大減價」, 『新聞報』, 1898. 8. 15.; 「書籍眞便宜」, 『新聞報』, 1898. 8. 16.

있다. 물론 이전과 비교해 보면 1890년대 들어 소설의 창작이 눈에 띄게 증가하는 것은 사실이다. 특히 청일전쟁과 의화단의 난을 거치면서 창작소설이 증가하는 현상을 확인할 수 있다. 천다캉(陳大康)의 『중국근대소설편년』을 근거로 분석해 보면 1840년에서 1894년까지 창작된 소설은 138편(통속소설 65, 문언소설 73)으로 매년 2.5편에 지나지 않는다. 그러나 청일전쟁 이후 1895년부터 1902년까지 8년 사이에 전체 109편(통속소설 103, 문언소설 6)이 출판되었는데, 이는 매년 13.6편에 해당하는 것으로 이전에 비해 크게 증가하고 있음을 알 수 있다.[51] 이러한 소설 창작의 증가는 인쇄술의 발전에 따른 것이지만, 보다 직접적인 계기는 신문·잡지의 확대 및 대중화였다. 1895년에서 1902년 사이에 소설 창작이 급증한 것도 실제로는 1898년 이후 급증한 신문·잡지의 출간과 밀접한 관련이 있다. 다시 말해 인쇄술의 기술적인 변화가 곧 창작의 활성화를 의미하지 않는다는 것이다. 그리고 창작의 부진과 19세기 말 도서시장의 포화상태의 관계를 잘 이해해야만 20세기 초부터 번역작품의 대량 출시라는 현상, 그리고 20세기 중국문학에 있어서 신문·잡지의 역할과 그 의미를 설명할 수 있다.

51 陳大康, 『中國近代小說編年』, 上海: 華東師範大學出版社, 2002.

제4장 '소설문화'의 역술

1. 번역의 시대: 계몽과 유희 사이에서

당시 상하이라는 도시 공간은 근대적 공간이자 번역된 공간이었다. 중국인들은 상하이에서 벌어지는 많은 새로운 현상을 당연하게도 외래적인 것으로 간주했고, 그 가운데는 신문과 잡지라는 형식도 포함되어 있었다. 그러한 서구의 문명이 중국인의 일상 속으로 확장되면서 중국인들은 스스로 기이한 모습에 놀라게 된다. 그것은 자신이 중국인으로서도 서구인으로서도 다소 우스꽝스러운 모습, 즉 스스로 번역된 삶이나 존재로서 피할 수 없는 느낌이었다. 이는 새롭다는 것으로, 하나의 별난 취향의 유행과 같은 것으로 받아들여졌다. 쑨위성이 『도화일보(圖畵日報)』에서 묘사했던 상하이의 신풍경, 전족을 하고 치파오를 입은 여성이 선글라스를 착용하거나, 장식품을 달고, 마차를 타고, 금니를 박는 것은 그러한 상하이의 번역된 문명에 대한 일종의 풍자적인 묘사라고 할 수 있다. 이는 우리가 흔히 말하는 '번역된 근대'의 한 단면이기도 하다.

19세기 말부터 중국에서 번역은 미디어의 기반과 지식과 정보 자원의 전 지구화 추세에 대한 자연스러운 반응이었다. 번역은 계몽이나 근대를 위한 기획이라는 차원에 국한되는 것이 아니라 19세기 말 이후 세계적인 규모로 전개되는 인류사회의 새로운 존재기반이었다. 지역과 국가, 언어의 경계를 넘어서는 지식과 문화의 전세계적 흐름은 번역의 일상화라는 새로운 현상을 낳았고, 신문·잡지를 비롯하여 다양한 번역서는 각국 문화의 보편적인 현상이 되었다. 어느 정도의 시간적인 차이가 있기는 하지만, 거의 동시대적인 지식과 문화의 다양한 언어로의 쌍방향적인 번역은 동서양을 막론하고 근대 자체가 번역의 성격을 지니고 있음을 말해 주고 있으며, 농후한 민족 알레고리의 이면에는 문학·문화의 세계성이 동시에 자리 잡고 있었다. 따라서 지금까지 민족적인 관점에서 20세기 초 서구 및 일본 서적에 대한 중국의 번역을 설명하던 방식은 당시 번역이 지닌 글로벌한 의미를 간과할 수 있다는 점에서 좀 더 깊은 성찰이 요구된다.[1]

근대의 지형도 안에서 번역은 실제로 다층적인 의미와 역할을 지니는데, 번역은 단순히 언어 차원의 문제를 넘어서서 서로 다른 문명 간의 조우의 산물이다. 번역은 외국 문물을 받아들이는 주요 관문이자 새로운 문명으로 통하는 통로였다. 중국 근대문명의 태동 자체가 번역을 통해서 가능했다고 해도 과언이 아닐 것이다. 또 하나 이 시기에 급격히 팽창한 신문·잡지들의 범람 속에서 지면의 공백을 신속하게 채워 줄 수 있는 번역물에 대한 수요는 거의 절대적이었다. 번역물이

---

1 이런 의미에서 1980년대 첸리췬(錢理群)·황즈핑(黃子平)·천핑위안(陳平原) 등이 중국 근현대문학의 역사를 20세기라는 통합적 역사시간으로 접근하면서 그 중요한 특징으로 세계문학의 한 구성부분으로서의 중국문학을 지적한 것은 적절했다고 할 수 있다. 錢理群·黃子平·陳平原, 『二十世紀中國文學三人談』, 北京大學出版社, 2004.

신문·잡지 지면의 절반 이상을 차지하면서 발행량을 확대하고 독자층을 안정적으로 확보하는 데 주력군의 역할을 했다. 마지막으로 창작이 아직 무르익지 않은 시점에서 번역은 작가들이 문단에 등단하는 결정적인 계기의 하나이자 단순 문자번역에 그치지 않고 다양한 실험적인 글쓰기를 단련할 수 있는 기제로도 작용했다.

그 중심에서 지렛대 역할을 담당한 것은 신문·잡지 미디어로, 그중에서도 『신보』는 처음부터 홍콩 및 서구의 미디어, 그리고 전보를 통해 세계의 주요 뉴스와 사회상을 번역하여 게재하고 있었다. 서구에 전혀 가보지 못한 사람들이나 세계지도조차도 보지 않았을 다수의 중국인 독자들에게 그러한 세계 각지의 소식이 어떻게 받아들여졌을까를 짐작하기는 쉽지 않다. 다만 제1·2차 아편전쟁과 중불전쟁, 청일전쟁을 비롯하여 주변의 일본이나 안남(베트남)과 같은 국가의 변화소식을 빈번히 접하면서 서구는 결코 산해경 같은 괴이한 세계가 아니라 바로 주위에 동시대적으로 존재하는 세계라는 인식이 널리 확대되었을 것이다. 그리고 상하이는 뉴스 속의 서구를 비롯한 각지의 세계를 이해하고 상상하는 데 하나의 인식 도구였다. 서구는 또한 원치 않게 불쑥 다가온 세계가 아니라 이제 중국이 적극적으로 찾아가야 할 세계라는 인식이 지식인들을 중심으로 한 것이지만 사회적으로 널리 확산되기 시작한 시점이 청일전쟁 이후부터였다. 『신보』 등과 같은 대중매체 소식지와 광학회, 강남제조국 등에서 발간하던 서구문물이나 지식 관련 저서에 대한 수요가 급증하게 되고, 서구문명의 특징과 그 변화과정에 대한 지적 호기심이 높아졌다.

그러면서 이 무렵부터 번역활동이 이전과 달리 좀 더 명확한 시대적 테제와 연결되었다. 예를 들어 1897년 량치차오는 「역서를 논함(論譯書)」에서 "지금 세상에서는 반드시 번역을 강국이 되는 제일 과제로 삼아야 한다."[2]라고 말하며 민지(民智)를 일깨우는 방법으로 신문과 학교, 번역서의 보급을 들고 있다. 특히 기존의 번역이 군사와 과학 분야에 치우쳐 있다는 판단하에 정치와 사상, 인문 분야에 대한 번역이 시급하다고 생각하였다. 그해 그는 이러한 급선무를 해결하기 위해 캉유웨이(康有爲)와 함께 상하이에 대동역서국(大同譯書局)을 설립하고 번역 사업에 주력하였는데, 주로 정치사상과 관련된 일본어 서적의 번역에 중점을 두었다. 그가 일본어 서적의 번역을 서양 서적의 번역보다 우선시한 것은 일본어의 습득과 번역이 상대적으로 더 용이했기 때문이었으며. 일본어 서적의 번역을 통해 서양의 학문을 적극 수용하고자 하였다.[3]

대동역서국에서 역서를 위한 참고서목으로 출간한 것이 캉유웨이가 편찬한 『일본서목지(日本書目志)』였다. 『일본서목지』의 취지는 "구국자강(救國自强)"으로, 일본 부강의 근본인 서학의 번역서적들을 중국에 집중적으로 소개하여 교육계몽을 일으켜 변법자강의 정치적인 목적을 달성하는 것이었다. 캉유웨이는 그중 소설목록을 수록하면서 "서구유럽은 소설학이 더욱 발전하였다."라는 데 주목하고 "마땅히 소설을 번역하여 읽어야 한다."라는 필요성을 제기하였다.[4] 옌

2 "今日之天下, 則必以譯書爲强國第一要義", 梁啓超, 「變法通議」, 『飮冰室合集』 第1冊, 中華書局, 1898, 66쪽.

3 梁啓超, 「論學日本文之益」, 『飮冰室文集』 卷4, 80-81쪽; 양일모, 「근대 중국의 서양학문 수용과 번역」, 『시대와 철학』 Vol. 15 No. 2, 2004 참고.

4 "亟宜譯小說而講通之. 泰西尤隆小說學哉." 「『日本書目志』識語·卷十四」(節錄), 陳平原·夏曉虹 編, 『二十世紀中國小說理論資料』(第1卷, 1897-1916), 29쪽.

푸와 샤청유 또한「본사에서 설부를 부가적으로 인쇄한 연유(本館附印說部緣起)」에서 "유럽, 미국, 일본은 개화기에 종종 소설의 도움을 받았다"면서 서구소설의 사회적 역할을 환기시키고 여러 선진국의 문학작품들을 번역할 것을 주장하기도 하였다.[5]

량치차오, 왕캉녠 등이 중심이 되어 1896년에 창간한『시무보』는 첫 호부터 절반 이상을 주로 서양의 신지식을 전달하는 번역에 할애하였고 서양 번역소설을 연재하기도 하였다.『시무보』는 크게 논설에 해당하는 정론문과 외국 신문·잡지의 문장 번역으로 구성되어 있다. 량치차오는 비록 번역의 중요성을 누구보다도 더 중시하고 있기는 했지만, 신문·잡지의 핵심은 정론에 두고 있었다. 이에 비해 왕캉녠을 비롯한 일부 지식인들은 당시 중국에서 외국신문과 잡지로부터 지식과 여론을 직접 소개하는 것이 더 급선무라고 보았다. 그 이유는 어설픈 정론을 발표할 경우 정부나 반대자의 비난을 받거나 특정 정파적 관점을 설파하는 것으로 인식되는 등 오히려 역효과가 있을 수 있지만,[6] 번역을 위주로 할 경우 외국인의 이른바 "객관적"인 시각을 통해 직설적으로 중국의 문제를 비판할 수 있고 외국의 변화하는 다양한 모습을 소개함으로써 중국인의 인식을 넓힐 수 있다는 것이었다.[7]

그리하여 지면의 다수는 번역물로 구성되었고 주로 일본의 신문·잡지와 서구(영국, 프랑스, 러시아 등)의 신문·잡지에서 번역하였다.

---

5 "歐美東瀛, 其開化之時, 往往得小說之助."「本館附印說部緣起」, 陳平原·夏曉虹 編,『二十世紀中國小說理論資料』(第1卷, 1897-1916), 27쪽.

6 「鄒大鈞(十九)」,『汪康年師友書札』(三), 上海古籍出版社, 1986, 2648쪽.

7 「高鳳謙(一)」,『汪康年師友書札』(二), 上海古籍出版社, 1986, 1609쪽.

당시 중국에서 일본어나 서구 언어에 능통한 사람이 없지는 않았지만, 사회적 문제의식과 지식인들 사이에서 영향력을 가진 사람은 극히 드물었다. 일본어의 경우는 일본 상하이 영사관을 통해 때마침 일본을 방문하고 있던 일본의 한학자 고죠 데키치(古城貞吉)를 초빙하였으며, 영어의 경우는 장쿤더(張坤德), 리웨이거(李維格), 쑨차오(孫超), 왕스(王史), 쩡광취안(曾廣銓)을 선후로 초빙하였다. 이 가운데 영국 유학 경험이 있는 사람은 리웨이거 한 사람이고, 사회적 신분상 거인(擧人) 출신은 쩡광취안뿐이었다. 이들에 대한 섭외는 주로 황쭌셴(黃遵憲)과 왕캉녠이 맡았으며, 번역자에 대한 대우는 매월 은 70원에서 100원에 달할 정도로 당시로서는 매우 높은 편이었다.[8]

이와 같이 본격적인 번역의 시대가 도래하면서 이제 사회적으로 주변에 놓여 있던 번역가들이 사회무대의 중심부로 진입하였다. 19세기 말 중국 지식계에서 가장 영향력 있었던 잡지인 『시무보』의 주요 내용은 이들 번역가들에 의해 이루어졌다. 번역가들이 각자 맡은 언어권의 신문과 잡지를 통해 기사를 선택하고 번역하여 『시무보』의 편집자에게 제공하면 편집자들은 그 가운데 적당한 것을 선별하여 게재하였는데, 결국 어떤 해외소식과 여론을 소개할 것인가는 번역가들에 의해 결정된 셈이었다.[9] 번역가의 이러한 역할은 『시무보』와 소설(설부)의 관계를 이해하는 데 있어서도 중요하다. 『시무보』는 창간호부터

---

8 일 예로 고죠 데키치는 100원을 받은 것으로 보이며, 리웨이거(31-37冊 영문 번역 담당)는 실제 수령액은 알 수 없으나 왕캉녠에게 처음 100원을 요구하기도 하였다. 그리고 장쿤더(1-30冊 영문번역 전담, 第31冊 이후부터는 부분적으로 영문 번역 담당)는 매월 70원을 받았다.

9 「梁啓超(三十一)」, 『汪康年師友書札』(二), 上海古籍出版社, 1986, 1856쪽.

"해외신문번역(域外報譯)"란에 영국 신문 『런던아문보(倫敦俄們報)』에서 번역한 「영국 탐정의 커디에 의사 방문 미스터리(英國包探訪喀迭醫生奇案)」를 게재하였다. 이 기사는 주로 동아시아 시국이나 중국 관련 시사뉴스를 번역한 다른 기사들과는 달리 부유한 상인의 죽음이라는 사건을 탐정이 그 실마리를 조사하여 해결하는 과정을 그린 것으로, 허구적인 스토리라 단정하기 어렵지만 『신보』나 『신문보』 등에서 즐겨 보도하던 내용이었다. 이 내용의 번역자는 처음부터 영문기사 번역을 담당했던 장쿤더였다. 『시무보』에 이 사건 내용이 게재된 것은 편집자들의 승인을 거친 것이라고 하지만, 기본적으로는 번역자의 신문·잡지에 대한 관점과 독서취향이 개입한 것으로 보인다. 왜냐하면 장쿤더는 『시무보』 제6책에서부터 아서 코넌 도일(Arthur Conan Doyle)의 "셜록 홈즈(Sherlock Holmes)" 시리즈를 「셜록 홈즈 필기(歇洛克呵爾唔斯筆記)」라는 제목으로 번역하여 연재했기 때문이다.[10]

『시무보』에서 서사이야기를 게재한 것은 량치차오나 왕캉녠 등 편집인들의 의도와도 상관 있다. 편집부의 방침은 단순히 독자의 호기심이나 재미를 위한 이야기보다는 좀 더 계몽적인 효과가 있는 서사이야기를 염두에 둔 것인데, 리루첸(黎汝謙)·차이궈자오(蔡國昭)가 공동번역하여 창간호부터 연재한 「워싱턴전(華盛頓傳)」은 그러한 의

10 이 4편의 소설은 「영국 탐정이 밀약사건을 밝히다(英包探勘盜密約案)」(6-9冊, 출처는 "The Adventure of the Naval Treaty," *The Strand Magazine*, 1893, 10.-11.), 「꼽추의 복수(記傴者復仇事)」(10-12冊, 출처는 "The Adventure of the Crooked Man," *The Strand Magazine*, 1893. 7.), 「계부와 광녀 사건(繼父誑女破案)」(24-26冊, 출처는 "A Case of Identity," The Strand Magazine, 1891. 9.), 「최후의 과제(呵爾唔斯緝案被戕)」(27-30冊, 출처는 "The Adventure of the Final Problem," *The Strand Magazine*, 1893, 12.)로 대략 1896년 8월부터 1897년 5월 사이에 게재되었다.

도에 잘 부합하는 것이었다. 이에 비해 「셜록 홈즈 필기」는 중국의 전통적인 필기로 분류하여 독자들에게 제시하고 있는 바와 같이 처음부터 중국 독자들의 취향을 염두에 둔 것이었다. 그런데 여기서 그는 작품의 작가에 대해 작품인물 중 주요 화자인 왓슨(Watson, 장쿤더는 화전(滑震)이라 번역함)이 찬(撰)한 「셜록 홈즈 필기」라고 이해할 수 없는 설명을 붙이고 있다. 그에 의하면 「셜록 홈즈 필기」는 도일의 소설이 아니라 「왓슨 필기(滑震筆記)」인 것이다. 이렇게 작가의 실명을 공개하지 않은 이유는 장쿤더가 어느 판본을 저본으로 하여 번역했는지와 더불어 정확히 알 수 없다. 또 한 가지 특이한 점은 분명히 필기라고 하여 단순한 신문기사나 뉴스와 다르다는 점을 명시하였음에도, 『시무보』에는 「워싱턴전」과 같이 별도로 구분하여 편집하지 않고 영자신문에서 번역한 다른 기사들과 함께 배치하고 있다는 점이다.[11] 그 결과 목차만 볼 경우 일반기사와 명확히 구분하기 어렵다. 중국적 맥락에서 '필기'는 완전히 허구적인 것을 말하는 것이 아니라 단편적인 개인적 경험이나 사건들의 기록을 망라하는 포괄적인 개념이었다. 따라서 장쿤더가 필기라고 특별히 명시하고 있더라도 독자들의 입장에서 볼 때 여전히 뉴스 기사와의 구별이 확연한 것은 아니었다.

이러한 번역기사의 선택은 장쿤더가 『신보』와 같은 신문의 양식을 염두에 둔 것으로 보인다. 당시 신문은 허구적인 기이한 이야

---

11 예를 들어 第10冊의 "영문신문번역(英文報譯)"란에는 「錄諫俄皇書」, 「英俄劃界條款」, 「英報館與機匠問答節略」, 「論鶯粟始末弊端」, 「中國實情」, 「日本大臣新政」, 「日人治台灣論」, 「地球用煤數目」, 「新造煤磚」, 「衛生瑣談」과 함께 「꼽추의 복수(記傴者復仇事)」가 게재되었다.

기, 특히 "비과학적" 기담보다는 현실적인 사건 속에서 독자들의 흥미를 끌 수 있는 뉴스를 발굴하기는 했지만, 결국에는 신기하고 비일상적인 사건을 추구하는 독자들의 일반적인 취향에 민감하게 반응하고 있었다. 이에 따라 신문들이 주목한 것은 상하이의 현성(縣城)이나 영국 및 미국, 그리고 프랑스 등 조계지에서 매일 진행되는 재판사건들이었다. 『시무보』의 「영국 탐정의 커디에 의사 방문 미스터리(英國包探訪喀迭醫生奇案)」는 중국의 『신보』 독자들에게는 매우 낯익은 형식의 기사였다. 이어 제6책에서부터 연재된 「영국 탐정이 밀약사건을 밝히다(英包探勘盜密約案)」는 도일의 탐정소설인데, 장쿤더가 붙인 제목은 소설을 상하이의 일상적인 흥미로운 사건 가운데 하나처럼 바꾸어 놓았다. 여기서 "바오탄(包探)"이란 상하이 조계지의 순포방(巡捕房)에서 사건을 탐문하는 일을 맡고 있던 순포(巡捕, 즉 경찰)를 가리키는 말이었다.

당시 『신보』는 조계지 중에서도 영국 조계지의 공당(公堂)에서 다루던 여러 사건들을 "영국 조계지 관청의 잡다한 사건(英界公堂瑣案)", "영국관청 오후 판결사건(英廨晩堂案)", "영국관청 잡다한 오전 판결사건(英廨早堂瑣案)" 등의 제목하에 거의 매일 같이 보도하고 있었다.[12] 당시 중국 독자들의 측면에서 보면, 장쿤더가 도일의 탐정소설을 번역하여 『시무보』에 게재한 것은 중국에 탐정소설이라는 새로운 장르를 소개한 것이라기보다는 상하이 영국 조계지의 일상적인

---

12 쿵아차이(孔阿才), 스쿠이장(施奎江), 장아우(張阿五), 두윈칭(杜雲卿), 선진룽(沈金隆), 황쓰푸(黃四福), 자오인허(趙銀河), 스진룽(石金榮), 친샤오칭(秦少卿), 니순취안(倪順泉) 등은 1896년 『신보』에 자주 등장하던 대표적인 "바오탄(包探)"들이었다.

재판사건의 장편 외국판을 소개한 것에 가까웠다. 독자들에게 『신보』나 『자림호보(字林滬報)』 등에서 보도되는 상하이 영국 조계지의 재판사건과 장쿤더가 번역한 도일의 탐정소설, 그리고 역시 장쿤더가 번역하여 『시무보』에 게재한 「커뤼 치사사건 재판(審斷喀律致死事)」(제16-23책)과 같은 소송사건은 서로 연관된 서사이자 동일한 새로운 사회문화 현상이었을 것이다.

이러한 장쿤더의 번역 경향에 대해 『시무보』 편집자들은 대체적으로 수긍하고 있었던 것으로 보인다. 비록 장쿤더 번역의 질적인 측면[13]과 불성실한 태도[14]에 대해서는 불만이 없지 않았지만, 도일의 탐정소설에 대한 번역 자체에 대해서는 또 다른 측면에서 의미를 부여하고 있었다. 장쿤더가 『시무보』의 영문번역의 전담에서 물러난 후에도 「신융선박임대 사건 재판(會審信隆租船全案)」(제34-68책)을 종간 직전까지 번역하여 연재하고 있던 데서도 알 수 있다. 이 재판은 중국의 난징(南京) 주방국(籌防局)과 외국 신융회사 간의 선박임대

---

13 장쿤더는 어려서부터 서구언어를 익히기 시작하여 이후 상하이광방언관(上海廣方言館)에서 영어를 배웠다. 그리고 청의 부산영사관에서 통역을 담당했으며, 청일전쟁 시기 시모노세키 조약을 체결할 때 역시 통역을 맡기도 했다. 그런 면에서 볼 때 외국어, 특히 영어에 대한 이해와 구사능력은 좋은 편이었다. 하지만 중국 내 서학이나 문헌에 대한 독서량이나 지식방면에 있어서는 많은 한계가 있었는데, 『시무보』에 실린 그의 번역문이 어휘선택에 있어서 기존 번역사례와 차이가 많아 독자들의 불만을 사기도 하였다. 「鄒代鈞(23)」, 『汪康年師友書札』(三), 2658쪽; 「張元濟(九)」, 『汪康年師友書札』(二), 1685쪽; 「汪立元(八)」, 『汪康年師友書札』(一), 上海古籍出版社, 1986, 1029-1030쪽. 앞의 두 사람은 주로 번역어의 혼란에 대해 문제를 제기하고 있고, 왕리위안(汪立元)은 번잡한 문체에 대해 문제를 제기하고 있다.

14 량치차오는 장쿤더가 기한 내에 번역을 마치지 않거나 너무 적게 하고, 또 중문신문의 기사를 베끼는 등의 문제가 있다고 비판하였다. 「梁啓超(三十一)」, 『汪康年師友書札』(二), 上海古籍出版社, 1986, 1856쪽.

와 관련한 수리비 및 배상금을 둘러싸고 장기간 진행된 소송사건으로 당시 언론의 주목을 받고 있던 사건이었다. 장쿤더는 이 사건이 종결될 때까지 진행과정에 관한 『상해서자문회보(上海西字文匯報)』의 기사를 번역하여 게재하였다. 이 지루하고 번잡한 소송사건 보도와 관련하여 『시무보』의 편집자는 장차 "외교 교섭을 강구하는 사람들"에게 도움이 되고 "서구인들의 교섭방법을 살펴보기 위함"이라고 해명하였다.[15] 이러한 해명은 장쿤더의 탐정소설 번역에 대한 편집자의 시각이 어떠했을지 그 일단을 가늠케 한다. 당시 탐정과 소송과정에서 보여지는 여러 실증 및 논리와 절차, 방법 등은 단순히 그 내용이 지닌 오락성이나 취미 이외에도 새로운 서구문화의 특성과 계몽적인 효과, 나아가서는 직접적인 교육적 의미를 함축하고 있다고 보았다.[16]

그렇지만 『시무보』에서의 소설연재는 그러한 계몽적인 효과보다도 더 근본적인 의미가 포함되어 있다고 보여진다. 잡지라는 것이 서구적인 미디어 양식인 이상, 서구의 많은 잡지들이 소설을 주요 내용 가운데 일부로 삼고 있다는 것과 잡지의 대중적인 판매와 확산을 위해서도 소설이나 필기류가 효과적이라는 것은 편집자들도 이미 알고 있는 바였을 것이다. 1897년 11월 『시무보』 제46책부터 영문기사 번역을 전담한 쩡광취안이 무술변법이 본격적으로 진행되기 시

15 「本館告白」, 『時務報』 第38冊, 1897. 9. 7.; 「會審信隆租船全案」, 『時務報』 第68冊, 1898. 7. 29.

16 청말 탐정소설이 동시대 새로운 과학, 정치 담론과 연계되는 방식에 대해서는 백광준, 「청말, 그리고 외국 추리소설의 번역」, 『中國文學』 第49輯, 2006. 11., 237-250쪽 참고.

작하던 1898년 5월 제60책부터 영국의 소설가 헨리 라이더 해거드(Henry Rider Haggard)의 소설 『그녀』(*She: A History of Adventure*, 1887)를 번역한 「장생술(長生術)」(제60-69책)을 연재한 것은 그러한 계몽적이고 교육적인 효과와는 거리가 멀다. 환상적이고 기이한 스토리인 이 소설이 그 내용이나 소재에 있어 중국 독자들에게 새로운 경험인 것은 부정할 수 없지만, 굳이 분류하자면 전통적인 전기(傳奇)에 가까운 것이었다.

역자 쩡광취안[17]과 같이 변법운동에 적극 참여하면서 외교 통역관이 아닌 정식 외교관으로 활동하던 인물이 『시무보』에 대중적인 소설을 번역 연재했다는 것은 신문·잡지와 소설의 관계, 즉 근대 미디어와 소설의 관계에 대한 인식에서 비롯되었다고 보여진다. 게다가 유희성과 대중적인 독서취향에 대한 주목은 점차 소설이 계몽지식인들의 시야 속에 들어오기 시작했음을 의미한다. 이와 같이 전국의 모든 식자층을 독자층으로 하는 신문잡지와 그것의 중요성에 대한 인식은 곧 독자들의 취향에 주목하게 되었다. 이는 1898년 왕캉녠이 『시무보』 내부의 내홍으로 별도 창간한 『창언보(昌言報)』와 역시 무술변법의 실패로 일본으로 망명한 량치차오가 창간한 『청의보(淸議報)』에서 보다 명료한 방식으로 드러나게 된다. 『창언보』에는 『시

17 역자 쩡광취안은 쩡궈판(曾國藩)의 손자이자 청말 저명한 외교관 쩡지저(曾紀澤)의 조카로 일찍이 티모시 리처드(Timothy Richard)로부터 영어를 배웠으며 1893년부터 참찬(參贊)으로 영국에 파견되어 1899년까지 근무하였다. 그가 『시무보』 영문번역을 전담하면서 「장생술」을 연재한 것은 영국 체류 중에 이루어졌다. 그는 1897년 예한(葉翰), 왕캉녠, 왕중린(汪鍾霖) 등과 함께 몽학회(蒙學會)를 설립하고 『몽학보(蒙學報)』 발간에 참여하기도 하였다.

무보』를 이어 쩡광취안의 「장생술」을 계속 연재하였고 연재가 끝난 후에는 쩡광취안이 번역한 또 다른 미국 소설 『시베리아 피난기(西伯利亞避虐記)』(勞立志撰, 제2-3책, 7-9책)를 연재하는 등 소설 연재를 계속 이어 갔다. 또 『청의보』를 창간한 량치차오는 창간호에 「정치소설 번역서문(譯印政治小說序)」을 통해 식자능력이 있는 자들이 가장 즐겨 읽는 것이 소설이며, 서구 및 일본 각국의 정치발전에 있어서 정치소설의 역할이 매우 높다고 지적하고,[18] 일본 시바시로(柴四郞)의 정치소설 『가인기우(佳人奇遇)』를 번역하여 『청의보』(제1-35책)에 연재하였다.

『시무보』는 비록 량치차오, 왕캉녠 등이 중심이 되어 발간하기는 했지만, 당시 리훙장(李鴻章), 장즈둥(張之洞) 등 중국 관방의 주요 인물들의 적극적인 후원과 더불어 각 지방의 관공서 및 서원 등지에서 거의 필수적으로 구독하도록 장려하던 잡지였다.[19] 이는 그 이전의 서구 선교사나 외국인, 혹은 수재(秀才) 중심의 다소 주변적인 중국 인물들이 주축이 되어 상업적으로 발간하던 신문·잡지와는 그 위상이 달랐다. 그러한 의미에서 『시무보』라는 신문·잡지는 일반 독자들의 시각에서 볼 때, 그 형식 자체가 최초의 것은 아니지만 새로운 조류의 출현과 본격적인 신문·잡지 미디어시대의 도래를 의미하는 것이었다. 이러한 중요한 의미를 지니는 정론성과 시사성이 강한 잡지에 처음부터 문화지층에서 주변에 놓여 있던 소설·설부·필기가

---

18 「譯印政治小說序」, 『淸議報』 第1冊, 1898. 12.

19 그 후원 및 배포망, 발행부수에 대해서는 廖梅, 『汪康年-從民權論到文化保守主義』, 上海古籍出版社, 2001, 58-78쪽 참고.

주요 내용 가운데 하나를 구성하였다는 것은 미디어의 고유 성격과 소설의 대중화, 유희성 그리고 계몽의식 사이에 상호 추동하고 연계하는 그 무엇이 있었음을 말해 준다. 그리고 19세기 말 중국인에 의해 초기에 번역된 서구소설들이 프랑스의 알렉상드르 뒤마(Alexandre Dumas)와 영국의 도일, 해거드와 같이 가장 대중적인 인기를 끌던 작가의 작품이었다는 점도 되새겨 볼 만하다. 이들은 19세기 서구의 소설시장에서 가장 주목받던 대중적인 작가들로서, 동시에 중국의 독자들도 그러한 독자대열에 합류하기 시작했다는 것을 의미한다. 아울러 통역과 번역자로서 사회의 주변부에 있던 인물들이 이제 문화의 중심으로 진입하면서 글로벌 문화와의 관계에서 중국의 신문화를 이끌어 가는 중요한 역할을 하게 되었다.

주변부 문화에 놓여 있던 소설 앞에서 주저하고 있던 린수(林紓)가 자신의 삶을 그것에 기탁할 수 있었던 것도 소설·설부·필기가 번역이라는 서구의 세례를 받으면서 새롭게 재생한 세기말의 사회적인 전기(轉機)가 있었기 때문에 가능했다. 린수의 등장은 본격적으로 번역계에 커다란 사회적 반향을 일으키면서 그때까지도 상대적으로 미진했던 문학번역의 새로운 장을 가져왔다. 무술변법 운동이 한창 진행되고 시무(時務)와 서구 관련 지식들에 대한 지식인 사회의 관심이 높아 가고 있던 1898년, 외국어에 대해 전혀 문외한인 린수는 웨이한(魏瀚, 1880-1930), 가오얼첸(高而謙, 1863-1918), 왕서우창(王壽昌) 등과 교류하던 과정에서 친구 정수궁(鄭叔恭)이 프랑스 파리로부터 구입한 두 권의 책을 접하게 되는데, 바로 『나폴레옹 1세 전기(拿破侖第一全傳)』와 『비스마르크전기(俾斯麥全傳)』였다. 린수는 두 인물, 특히 나폴레옹 전기의 번역에 관심을 가지지만, 불어에 능숙한 친구들이 난색을 표하면서 포기하게 된다. 그러다가 우연하게 왕서우창과 웨이한의 제안으로 뒤마(1824-1895)의 1848년작 소설 『카멜리아 아가씨(*La Dame aux camélias*)』(즉 『동백꽃 아가씨』, 우리나라에서는 『춘희』로 알려짐)를 번역하였는데, 이는 계몽이나 상업적 이윤과는 관계없이 단지 소일거리를 위한 것으로 매우 우연한 계기로 이루어진 것이었다.

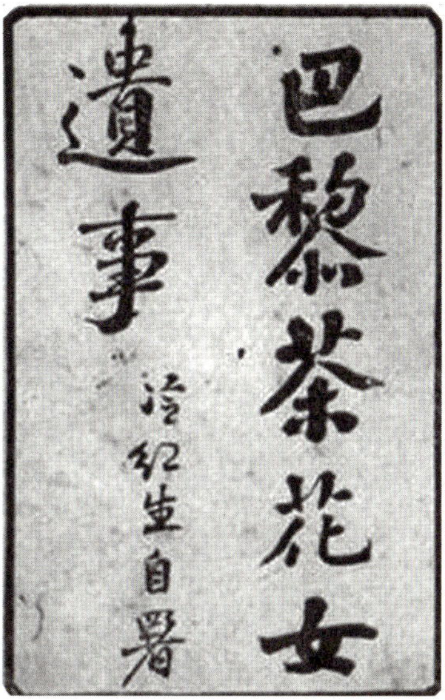

그림 4.1 1899년 출판된 『파리 동백꽃 아가씨 이야기』의 푸저우(福州) 오옥전서방(吳玉田書坊)본 표지

린수의 번역과정에서 중요한 역할을 한 것은 푸젠(福建)의 선정학당(船政學堂)이었다. 선정학당은 군함 제조와 조타 기술을 주로 교육하였지만, 1877년부터 수차례 프랑스와 영국에 유학생을 파견하여 19세기에 많은 인재들을 배출하였다.[20] 앞서 언급한 그의 친구들은 모두 선정학당 출신으로

20 1866년 설립, 초기 명칭은 구시당예국(求是堂藝局) 선정학당에서는 1877년, 1883년, 1886년, 1897년 총 4회에 걸쳐 85명을 영국, 프랑스, 독일 등에 파견하였는데, 그 가운데 적지 않은 인물들은 귀국 후에 해군에 종사하지 않고 외교관이나 외국어 교사, 번역가 등으로 활동하였다. 특히 1895년 서학에 대한 사회적 관심이 높아지면서 서구의 신문·잡지와 저서에 대한 번역 붐이 일었는데 이때 번역가로 활동한 많은 인물들이 푸젠 선정학당 출신들이었다. 린수의 첫 번째 번역 작품인 『동백꽃 아가씨』를 함께 번역한 왕서우창(王壽昌), 옌푸 등이 모두 선정학당을 졸업하고 외국유학을 다녀온 사람들이다. 鄭登雲·金林祥, 「福建船政學堂與留歐學生」, 『華東師範大學學

프랑스 유학 경험이 있는 사람들이었다. 잘 알려진 바와 같이 『카멜리아 아가씨』의 번역본인 『파리 동백꽃 아가씨 이야기(巴黎茶花女遺事)』(이하 "동백꽃 아가씨"로 약칭함)는 왕서우창이 제안하여 본인이 구술하고 린수가 그것을 바탕으로 번역한 작품이다. 웨이한이 80-90원 정도의 자금을 지원하여 1899년 정월에 푸저우(福州)의 오옥전서방(吳玉田書坊)에서 발간하였다.

번역서가 채 발간되기도 전에 『시무보(時務報)』의 주편으로 활동하다가 량치차오 등과 갈등으로 별도의 『창언보(昌言報)』 및 『중외일보(中外日報)』를 창간하였던 왕캉녠(汪康年)이 『시무보』 주편 당시 알고 있던 가오멍단(高夢旦)을 통해 『동백꽃 아가씨』의 상하이 지역 판권을 구입하려 하였다. 그리고 역자의 동의를 얻어 위 번역소설과 『시무보』에 연재하였던 탐정소설 「신역 탐정사건(新譯包探案)」 및 「장생술(長生術)」을 합쳐 3종 합인물을 발간하였다.[21] 1899년 왕캉녠이 발행한 『파리 동백꽃 아가씨·신역 탐정사건·장생술 3종합인(巴黎茶花女新譯包探案長生術三種合印)』은 서구의 대표적인 3명의 대중적인 작가와 중국의 수재 및 번역자, 그리고 소설이라는 문화의 결합으로, 중국의 대표적인 계몽사상가들의 적극적인 추동하에 새로운 시대의 도

報』(自然科學版) 第2期, 1983 참고.

21 실제 발간 시기는 대략 『신문보』와 『중외일보』에 출판 광고가 동시에 게재된 1899년 5월 26일(음력 4월 17일)쯤으로 추정된다. 광고의 내용은 다음과 같다. "『동백꽃 아가씨』는 스토리가 변화무쌍하고 번역이 매우 훌륭하다. 현재 이미 출판하였으며, 아울러 『신역 탐정사건』과 『장생술』 두 작품을 함께 묶었다. 백지(白紙) 인쇄본은 매 부 양 3각(角)이고, 양죽지(洋竹紙)본은 매 부 2각(角) 5분(分)이다.(茶花女遺事一書, 情節變幻, 譯筆又佳, 現已印出, 並附 新譯包探案, 長生術二種, 每部白紙價洋三角, 洋竹紙二角五分.)" 「巴黎茶花女新譯包探案長生術三種合印發售」, 『新聞報』, 1899. 5. 26.

래를 알리는 상징적인 의미를 갖는 사건이었다.

출판하기에 앞서 1899년 4월 24일(음력 3월 15일)자 『중외일보』에 출간을 예고하는 광고를 게재하였다. 광고문 가운데 역자에게 거액을 주고 판권을 구입하여 연활자로 인쇄한다는 내용에 대해 역자 린수가 불만을 제기하자,[22] 결국에는 다시 "이 책은 푸젠의 모 군이 번역한 것으로 본사에서 다시 재발간한다. 그리고 거액으로 역자에게 보답하고자 했으나 모 군의 큰 뜻을 받들어 판본에 대해서도 대가를 지불하지 않으며 본관이 상환해야 할 약간의 비용도 푸저우의 잠상공학(蠶桑公學)에 기부하고자 한다."[23]라고 재공지하였다. 린수가 번역료를 별도로 받지 않은 이유는 자신은 단지 소일거리로 유희 삼아 번역하였을 뿐이어서 별로 중요하지 않기 때문이라고 하였다. 이는 소설이 당시 지식인들에게 여전히 소일거리[閑書]라는 의미에서 크게 벗어나지 못했으며 그것을 통해 경제적 소득을 취한다는 것은 이른바 엘리트 문화계층 내에서는 여전히 비판적이었음을 암시한다. 소설(설부)이란 아직 지식인들이 내놓고 직업으로 삼는 것은 물론이고 이를 개인적인 영리 목적으로 삼는 것에 대해서도 사회적인 여론이 여전히 비판적이었다. 이러한 사회적인 여론을 의식하여 소설(설부) 작가나 출판사는 일찍이 『신보』에서 특정 서적을

22 「林紓」, 『汪康年師友書札』(二), 上海古籍出版社, 1986, 1159쪽.

23 "此書閩中某君所譯, 本館現行重印, 並擬以巨貲酬譯者. 承某君高義, 將原板寄來, 旣不受酬貲, 又將本館所償板價若干元捐入福州蠶桑公學." 『中外日報』, 1899. 5. 26. 사실 왕캉녠이 그 판본에 대한 비용을 현금으로 지불했는지는 명확하지 않다. 당시 자금난으로 곤경에 처해 있던 그는 다시 가오멍단에게 현금 대신 200부의 작품으로 대신할 수 없냐고 묻는 서신을 보낸 적이 있기 때문이다.

출판한 수익금으로 홍수의 재난을 지원한 바와 같이, 종종 판권비나 서적판매 수입을 공익사업에 기부하는 것을 통해 자신들의 명분으로 삼거나 포장하기도 하였다. 19세기 말 중국의 가장 이른 본격적인 번역소설도 이러한 사회적 운명에서 자유로울 수 없었다.

한편 왕캉녠이 집요하게 린수의 번역소설의 판권을 사고자 했던 것은 1898년 말부터 출판업계 노동자의 파업 등으로 『창언보』가 직면한 자금난을 소설판매를 통해 완화하고자 하기 위함이었다.[24] 이는 당시 출판물 가운데 소설과 같은 대중물이 상업적으로 상당히 전망이 컸다는 점을 확인시켜 준다. 실제로 왕캉녠이 출판한 『동백꽃 아가씨』가 얼마나 판매되었는지는 알 수 없지만, 왕캉녠 이외에도 6곳의 출판사에서 출판하여[25] 1만 부 이상 판매될 정도로 독서시장에서 큰 반향을 일으켰다.[26]

그럼 린수의 번역이 당시 출판계와 사회문화적인 맥락에서 지니는 의미를 어떻게 평가할 수 있을까? 우선 그 목적과 동기를 보면 린수는 소일거리, 즉 유희적인 것이었다고 말하고 있다. 이는 그가 당시 상처(喪妻) 직후의 아픔을 잊기 위해 주위 사람들의 권유에 따른 것으로 어느 정도 설득력이 있다. 그러나 소일거리이자 유희라고 하는 것은 당시 소설이나 설부를 지칭할 때 늘 수식어처럼 붙어 다니던 것으로, 지식인들이 소설을 접하는 것에 대한 자기 정당화를 위한 일

---

24 1898년 『창언보』의 자금난에 대해서는 廖梅, 『汪康年-從民權論到文化保守主義』, 上海古籍出版社, 2001, 236-238쪽 참고.

25 阿英, 「關於巴黎茶花女遺事」, 錢鍾書 等著, 『林紓的翻譯』, 商務印書館, 1981, 55-56쪽.

26 이에 대해서는 孔慶茂, 『林紓傳』, 團結出版社, 1998, 52-53쪽 참고.

반적인 수사(修辭)였다는 점을 고려한다면, 반드시 그러한 목적과 의도만 있었다고 보기 어렵다. 청일전쟁 이후 린수 역시 다른 지식인들처럼 시사적인 문제와 외국에 대해 많은 관심을 가지고 있었고, 이는 그의 친구 정수궁(鄭叔恭)이 파리에서 귀국하면서 불어의 기초도 모르는 린수에게 두 권의 책을 선물한 것을 통해서도 알 수 있다. 위로를 위해 외국소설을 권했다는 것 역시 린수가 외국문물에 적지 않은 관심을 가지고 있었다는 점을 나타낸다.

두 번째는 번역 직후 린수는 렁홍성(冷紅生)이라는 필명으로 「파리 동백꽃 아가씨 이야기 서문(巴黎茶花女遺事小引)」을 덧붙였는데, 거기서 그는 효재주인(曉齋主人), 즉 왕서우창(王壽昌)의 말을 빌려 프랑스 파리의 소설가는 모두 "명인(名手)" 출신이며, 그중 뒤마 부자는 파리에서 가장 지명도가 있는 작가라고 말하고 있다.[27] 이는 량치차오(梁啓超)나 옌푸(嚴復) 및 샤청유(夏曾佑) 등이 서구의 소설가는 저명한 석학이라는 표현과 다소 다른 차원의 것이기는 하지만, 서구에서 소설 및 소설가의 지위가 중국에서와는 다르다는 의미를 말함으로써 당시 소설 및 그 번역을 낮게 평가하던 중국 사회의 분위기를 겨냥하고 있다. 여기서 소설의 지위에 대한 재평가 혹은 재인식의 근거는 서구였다. 서구의 학문, 서구의 문학은 중국만 못한 하나의 외국 사례가 아니라 이제 어떤 문학이 가치가 있는가를 결정하는 또 다른 준거점이 된다. 이러한 점은 단순히 서구학문이나

27 "曉齋主人歸自巴黎, 與冷紅生談巴黎小說家均出自名手, … 仲馬父子文字, 於巴黎最知名, …" 冷紅生, 「巴黎茶花女遺事小引」, 陳平原·夏曉虹 編, 『二十世紀中國小說理論資料』(第1卷, 1897-1916), 北京大學出版社, 1997, 40쪽.

문화에 대한 번역을 단지 중국의 보조적인 위상을 지니는 것으로 평가하는 것과는 다르다. 서구 문물이나 학문만이 아니라 그것을 중국 독자에게 전달하는 방식도 아울러 중요한 의미를 지니게 된다.

마지막으로 린수의 번역의 상업적인 성공은 그 당시 더욱 가속화된 독서취향의 변화를 대변한다. 각종 신문·잡지에서 번역하여 전달하던 서구를 비롯한 세계 각지의 뉴스도 이제 외부세계의 별로 중요하지 않은 한담거리가 아니라 중국이 그 가운데 놓여 있는 세계에 대한 정보로서 현실적인 것으로 바뀌었다. 이와 더불어 서구문명의 낯선 이야기들도 이제 단순히 놀랍고 기이한 서사의 범주에 머무르는 것이 아니라 보다 현실적인 스토리로 중국적인 맥락에서 읽혀질 수 있었다. 이는 그 시대의 독특한 '역술(譯述)' 방식에 기반하기도 하지만, 이 시기 린수의 등장은 시대적인 계몽 코드와는 또 다른 번역물의 시장을 개척하면서 소설의 상업화, 대중화의 수요를 재차 확인하는 계기가 될 수 있었다.

2. 문명의 미디어로서의 번역

> 우리가 국민의 지혜를 열려면 반드시 학당을 세워야 한다. 그러나 학당은 그 효과가 늦게 나타나기 때문에 단체를 결성하여 연설을 하는 것만 못하다. 또 연설은 쉽게 조직할 수 없다. 따라서 단지 서적을 번역하는 방법밖에 없다. 옛날 파리에 왕러디(汪勒諦)라는 사람이 있었는데, 천주교가 기세등등할 때 이러한 주장을 내세워 비판하였다. 그 책은 수십 권에 달하며 대부분이 소설로써 국민의 지혜를 깨

우치는 것이었다.[28]

이는 린수가 『역림(譯林)』이라는 잡지를 위해 쓴 발간사의 일부분이다. 『역림』은 린수가 주도적으로 창간한 것은 아니지만, 그의 제자 및 후배 동료인 린창민(林長民, 1876-1925), 웨이이(魏易, 1880-1930)가 1901년 3월에 항저우(杭州)에서 창간한 월간 번역 잡지였다. 이는 당시 중국 내에서 가장 일찍 창간한 전문적인 번역 잡지 가운데 하나였다. 1900년 12월에 중국 유학생들이 일본 도쿄에서 발간한 『역서휘편(譯書彙編)』, 그리고 쑤저우(蘇州)에서 1901년 4월에 발간된 『여학역편(礪學譯編)』 등과 더불어 본격적인 번역잡지 시대를 알리는 상징적 의미를 지니고 있었다. 번역은 중국을 위기에서 구할 수 있는 응급처치이자 근대문명이 존속하기 위해 필요불가결한 조건이었다. 이러한 필요성은 번역 및 번역활동에 대해 중요한 의미를 부여하게 되었다. 린수는 비록 『역림』 잡지를 위해 서문을 쓰기는 했지만, 외국어에 대한 직접적인 번역능력이 없었던 그로서는 적극적으로 참여할 수 없었다. 『역림』에 소개된 번역문도 주로 일본인에 의한 것이었으며, 주요 내용도 경제, 법률, 상업에 관한 것이었다.

하지만 위 서문에서 린수는 번역의 중요성과 더불어 소설의 기능을 특별히 강조하여 지적하고 있다. 이는 량치차오 등이 정치소설의 의의를 높이 평가하면서 번역소설을 『청의보』에 게재하고 있던 것

28 "吾謂欲開民智, 必立學堂; 學堂功緩, 不如立會演說; 演說又不易舉, 終之唯有譯書. 昔巴黎有汪勒諦者, 在天主教洶湧之日, 立說辟之. 其書凡數十卷, 多以小說啟發民智." 林紓, 「譯林敘」, 『譯林』 第1期, 1901. 陳平原·夏曉虹 編, 『二十世紀中國小說理論資料』(第1卷, 1897-1916), 42쪽.

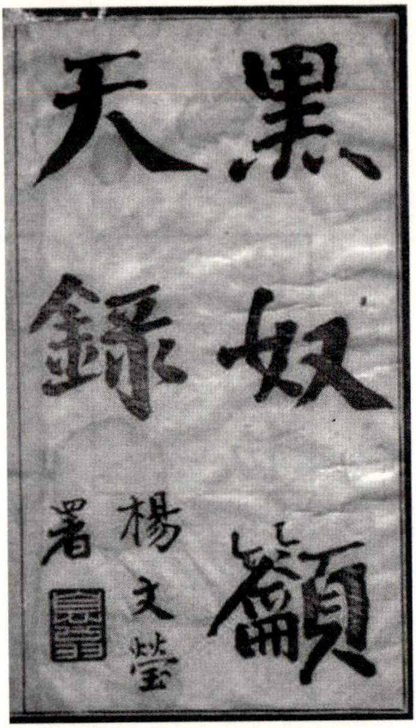

그림 4.2 1901년 출판된 『흑인노예가 하늘을 향해 외치다』, 목각본(木刻本), 무림위씨장판(武林魏氏藏版) 표지

을 고려하면 어렵지 않게 이해할 수 있다. 그리고 같은 해 여름, 대략 2개월에 걸쳐 린수는 자신의 거처에서 가까운 곳에 머물던 후배이자 『역림』 잡지의 주편이었던 웨이이(魏易)[29]와 더불어 두 번째 번역 소설인 『흑인노예가 하늘을 향해 외치다(黑奴籲天錄)』를 번역하였다. 이 소설은 해리엇 비처 스토(Harriet Beecher Stowe, 1811-1896)가 1852년에 쓴 *Uncle Tom's Cabin*(『톰 아저씨의 오두막』)을 번역한 것이었는데, 『역림』에 연재되지 않고 단행본으로 출간되었다.[30] 이는 린수가 번역

29 웨이이의 영어능력은 1896-1898년 사이에 성요한대학(聖約翰大學)의 전신인 상하이 범왕도학원(上海梵王渡學院, 미국 성공회에서 1879년 상하이에 건립)에서 익힌 것으로 보인다. 린수와 함께 번역을 시작하던 1901년에는 항저우의 양정서숙(養正書塾)에서 교편을 잡고 있었으며, 번역을 위한 원저는 항저우의 구시서원(求是書院, 저장대학(浙江大學)의 전신)에서 빌린 것이었는데, 본 작품의 선정도 웨이이가 했을 것으로 보인다.

30 『黑奴籲天錄』, 武林魏氏藏板, 1901. 위 작품을 『역림』에 연재하지 않은 이유는 그 잡지 자체가 소설류의 문장을 게재하지 않는 편집 방침과도 연관이 있을 수 있지만, 또 하나는 장편소설이기 때문에 처음부터 연재보다도 단행본 출판을 염두에 두고 번역했기 때문일 것이다. 린수가 소설의 연재 자체를 꺼린 것은 아니었다. 이는 린수와 웨이이가 위 작품을 번역한 직후 또 단편소설 「영국 이서얼 여사의 이혼(英女士意色兒離鸞小記)」, 「네 명의 파리 의인들(巴黎四義人錄)」을 두야취안(杜亞泉)이 1901년 10월에 상하이에서 창간하여 편집을 맡은 『보통학보(普通學報)』, 1901년 10월호와 11월호에 게재한 것을 통해서도 알 수 있다. 『보통학보』는 두야취안이 1900년에

한 소설 가운데 『동백꽃 아가씨』와 더불어 가장 많이 판매되고 또 반향이 컸던 작품이다.

『동백꽃 아가씨』와 『흑인노예가 하늘을 향해 외치다』의 상업적인 성공은 여러 요인이 작용하였다. 그중 우선 들 수 있는 것은 상술한 바와 같이 1890년 후반 중국의 출판시장이 그 확대된 수요에 비해 새로운 설부류를 공급하지 못하던 상황이었다. 소설에 대한 대중적인 수요는 이미 확인된 바이지만, 그중에서도 독자들이 가장 즐겨 찾던 소설이 애정, 협객, 공안(公案)소설과 『유림외사』와 같은 작품이었다. 그러나 이러한 류의 창작 작품은 매우 빈곤한 상태였고, 린수의 두 번역 작품은 당시 시장의 수요에 부합하는 것이었다. 린수의 『동백꽃 아가씨』는 당시 출판계에서 한창 주목을 끌던 '해상(海上)' 계열의 작품으로 읽혔을 것으로 보인다. 다소 이색적인 배경하에 기녀의 애정고사를 중심으로 한 소설 내용은 상하이의 기녀들의 세계와도 일면 부합하는 면이 있는데, 새로운 출판시장에 가장 먼저 창작적인 면에서 부응한 것이 '해상' 계열의 작품이었다.

두 번째는 독자의 소설 취향의 변화이다. 정치적, 사회적인 요인으로 인해 독자들의 사회적인 관심사가 높아지고, 또 신문미디어 등을 통해 매일 현재 세계 각지에서 벌어지는 새로운 흥밋거리들이 보도되면서 사람들의 관심과 취향도 점차 현실과 밀접한 이야기를 지향하는 경향이 뚜렷하였다. 세계 각지의 소식은 그 자체로 현실적이면서도 매우 기이하고 낯선 것이었으며, 장기간 그러한 내용에 익숙해진 중국의

창간한 과학잡지 『아천잡지(亞泉雜誌)』를 종합잡지의 성격으로 바꾸어 새로 발간한 잡지로 1903년까지 발간되었다.

독자들에게 서구소설은 새로운 감각과 기호에 부합하는 것이었다. 이는 중국의 독자층의 입장에서 볼 때 일종의 필기문학의 확장이었다.

세 번째는 소설에 대한 사회적 인식의 변화이다. 소설 자체가 흥미 있는 스토리를 바탕으로 지식을 넓히고 지혜를 일깨우는 등, 사회적 각성과 계몽의 역할을 한다는 인식이 사회적인 조류를 타고 널리 확산되고 있었다. 이러한 소설에 대한 인식 변화는 량치차오의 정치소설과 『신소설』 잡지의 영향이 크게 작용했지만, 린수의 번역은 그것과 서로 호응하면서도 또 다른 새로운 특징을 지니고 있었다. 정치소설과 같이 이념성을 강하게 내세우지 않더라도 새로운 스타일의 소설의 가능성과 붐을 만들어 냈던 것이다. 새로운 이국적인 내용을 바탕으로 중국의 전통적인 관념이나 풍속과 다른 내용들은 서구의 문명적 교사라는 암묵적인 배경하에서 일종의 계몽적인 성격을 갖추고 있는 것으로 간주될 수 있었다.

실제로 린수는 『흑인노예가 하늘을 향해 외치다』를 출판하면서 1894년 미국의 중국노동자 이민을 금지한 이후 중국인이 미국에서 당하는 부당한 처우를 흑인의 노예상황에 비유하고, 소설의 의미를 중국의 현재 속에서 찾았다. "최근 미국에서는 중국 노동자들을 엄하게 금지한다. 물가에 나무 울타리를 설치하고 멀리서 온 수백 명의 중국인들을 그 울타리 안에 가두며, 1주일이 지나서야 석방한다. 그 중 한두 사람은 2주일이 지나도 여전히 석방되지 않는 경우도 있는데, 이것이 본서에서 말하는 노예의 울타리이다."[31] 이러한 주장은 린

31 "近年美洲厲禁華工, 水涉設爲木柵, 聚數百遠來之華人, 柵而鑰之, 一禮拜始釋, 其一二人或逾越兩禮拜仍弗釋者, 此卽吾書所指奴柵也" 林紓, 「黑奴籲天錄跋」, 陳平

報關行不以貨物裝美船

商學會又定期抵制禁約

彙錄各埠致上海商會論抵制美約各函電

甯波商界學界會議實行不用美貨

湖郡第二次演說抵制美約

紀南潯士商抵制禁約情形

贛垣集議不用美貨傳單

鎮郡勵恥社刊行圖說勸人勿用美貨

蘇垣泉州會館集議不用美貨

松郡商界議抵制禁約

그림 4.3 『신보』, 1905. 8. 4. 제2면 기사
전체 면이 미국의 중국 노동자 금지 조약의 개정에 대한 요구와 이를 관철하기 위한 미국제품 불매운동에 관한 기사로 채워져 있다. 선전방식을 보면 연설, 전단지, 도화(圖畫), 대회 등과 같은 대중적인 선전방식이 동원되고 있다. 1905년 상하이도서집성국(上海圖書集成書局)에서 출판한 소설 『고사회(苦社會)』에 대한 광고가 7월 31일부터 「재미 중국노동자 실상을 기록한 소설 『고사회』 출현(記載旅美華工事實之苦社會小說出現)」이라는 제목으로 연속적으로 게재되기도 하였다.

原·夏曉虹 編, 『二十世紀中國小說理論資料』(第1卷, 1897-1916), 44쪽.

수가 단지 자신의 소설이라는 번역물에 대한 정치적인 정당성을 부여하기 위해서거나 사회적 관심사에 편승한 상업적인 수사로도 읽을 수 있지만, 다른 한편으로 외국의 번역 작품이 중국 독자들에게 읽힐 때 비교적 익숙한 지식 및 관심과 연계되어야 비로소 효과적임을 말해 준다. 『흑인노예가 하늘을 향해 외치다』는 원저의 종교적인 내용과 색채를 번역과정에서 제외시켰다. 이는 당시 중국 독자들의 기독교에 대한 반감을 고려한 것이었으며, 의화단의 난으로 인해 백인으로 상징되는 서구인에 대한 중국인의 정서가 번역서에 적지 않은 영향을 미치고 있음을 뜻한다. 린수와 웨이이의 작품 선정과 번역 전략은 번역자이기에 앞서 중국의 한 수용자로서의 관점이 반영된 것이며, 당시 번역서들이 의식 있는 일반 독자층에서 어떻게 읽히는지를 보여 주는 한 사례이다.[32]

나는 『흑인노예가 하늘을 향해 외치다』를 읽고 흑인의 눈물에 통곡하듯 우리 황인종을 위해 통곡하였으며, 흑인의 과거 처지를 대하듯 우리 황인종의 현재 처지를 위해 통곡하였다. 나는 우리 황인종이

---

32 웨이이(魏易)도 번역 서문에 미국의 중국노동자의 노예적인 상태를 지적하였는데, 그는 중국과 노예의 관계를 더 근본적으로 성찰하고 있다. 그는 중국인은 진(秦)왕조 때부터 노예로 대우를 받아 왔다. 진 왕조부터는 조정의 노예가 되었고, 송대 이후에는 아시아의 다른 민족의 노예가 되었으며, 명대 이후에는 전 세계의 노예가 되었다고 보고 있다. 이러한 관점은 『청의보』에서 중국의 전제주의와 국민의 노예근성을 비판한 량치차오의 주장과 일맥상통하는 면이 있다. 또 웨이이는 이러한 노예근성을 극복하여 독립심을 갖춘 국민으로 각성시키는 데 소설이 중요한 역할을 할 수 있다고 주장하였다. 魏易, 「黑奴籲天錄序」, 阿英 編, 『晚淸文學叢鈔·小說戲曲硏究卷』, 中華書局, 1960, 279-280쪽.

> 집집마다 『흑인노예가 하늘을 향해 외치다』를 사두기를 바라며, 『흑인노예가 하늘을 향해 외치다』를 읽는 사람들 모두가 아녀자의 비통한 울음을 함께 울고, 영웅의 뜨거운 눈물을 흩뿌리길 바란다. 나는 서장(書場), 차관(茶館)에서 소설을 들려 주는 것을 업으로 삼는 사람들이 자신의 평생 동안 갈고 닦은 재주로써 그 쓰리고 아픈 상황과 잔혹한 수단을 묘사하여 우리 국민을 일깨우기 바란다.[33]

이 독후감은 책이 처음 출판되고 나서 3년 후에 발표된 것이지만, 당시 소설이 읽히는 방식은 물론 전파되는 과정도 잘 보여 주고 있다.[34] 많은 작품들이 눈으로 읽히기도 하지만, 당시 유행하던 작품들을 읽어 주던 서장(書場)이나 차관(茶館) 등에서 구두나 연행을 통해 제2차적인 전파가 이루어지고 있었으며, 후에는 또 화극을 통해 공연되기도 하였다. 특히 린수의 번역 작품들은 문언문으로 되어 있어 일반 독자들이 쉽게 읽을 수 있는 것은 아니었기 때문에, 더욱 위와 같은 제2차적인 전파방식을 통해야 비로소 일반 대중들에게 접근할 수 있었다. 주의할 것은 『흑인노예가 하늘을 향해 외치다』가 린수의 주문과 같이

---

33 "我讀籲天錄, 以哭黑人之淚哭我黃人, 以黑人已往之境哭我黃人之現在. 我欲黃人家家置一籲天錄, 我願讀籲天錄者, 人人發兒女之悲啼, 灑英雄之熱淚. 我願書場、茶肆、演小說以謀生者, 亦奉此籲天錄, 竭其平生之長, 以摹繪其酸楚之情狀, 殘酷之手段, 以喚醒我國民." 靈石, 「讀黑奴籲天錄」, 『覺民』 第7期, 1904. 6. 8.

34 『흑인노예가 하늘을 향해 외치다』가 많이 읽혔던 요인 가운데 하나는 린수가 말한 미국의 중국노동자에 대한 억압과 이민금지 조치 등의 문제가 1905년을 전후하여 더욱 격화되고, 당시 신문과 잡지를 중심으로 차별조치의 근거가 된 조약의 철폐 혹은 개정을 요구하는 등의 사회적 이슈가 되었기 때문이다. 이에 대해서는 孔慶茂, 『林紓傳』, 團結出版社, 1998, 78-83쪽 참고.

흑인의 비극이 황인종의 비극, 특히 중국인의 비극으로 전치(轉置)되고 노예해방의 이야기가 민족적 우화로 읽히고 있다는 점이다.[35]

이러한 비슷한 예는 또 해거드의 *Joan Haste*(『조안 해스트』, 1895)를 번역한 『족본가인소전(足本迦茵小傳)』을 들 수 있다. 이 소설은 이미 1901년 상하이 중서서원(中西書院)의 학생 양쯔린(楊紫麟)이 판시쯔(蟠溪子)라는 필명으로 바오톈샤오(包天笑)와 함께 번역하여 『여학역편(勵學譯編)』에 연재하였으며, 1903년에 상하이 문명서국(文明書局)에서 출판하였다. 이 작품은 당시 적지 않은 독자들의 반향을 낳았지만, 문제는 작품 전체가 아닌 부분 번역이었다. 그 이유에 대해 역자는 원본 자체가 결본(缺本)이기 때문이라고 했지만, 전체 내용과 비교해 보면 번역에서 빠진 이유는 주인공이 결혼 전에 이미 임신을 하여 사생자를 낳은 부분이 중국 독자의 윤리 감각에 부합하지 않았던 것으로 보인다. 이에 대해 린수는 역자가 문제를 지나치게 중하게 고려한 것이라고 지적하고 완역하였다. 린수의 번역본은 1905년 2월 완역본(足本)이라는 표기와 더불어 상무인서관에서 처음 발간된 이후 사회적인 큰 반향을 일으켰다. 그리하여 1906년 9월에 이미 3쇄 인쇄를 하였으며, 1913-1914년에도 몇 차례 재판되기도 하였다. 이는 이미 1901년에 비해 사회적인 기풍이 변화한 이유도 있지만, 당시 외국

---

35 백광준은 "린수의 번역 실천에 대해 '보수적'이라고 간단히 못 박을 수는 없다"면서 린수가 상무인서관과 결합한 뒤 "그곳에서 처음 번역 출판한 책이 시대의식을 강하게 드러내고 있다는 점, 그리고 그때부터 시대에 대한 일갈을 토하기 시작하였다"는 점을 들어 번역을 문학교육의 일환으로 삼았던 그를 긍정적으로 평가하고 있다. 「清末과 林紓의 교육지향: 林紓의 翻譯을 보는 또 다른 시각」, 『中國語文學』 제52집, 2008.

작품 속에서 나타나는 인물들의 행동방식과 사회문화적인 배경들이 중국인들의 관념에 적지 않은 영향을 미치고 있음을 의미한다.[36]

린수는 그 후에 『이솝우화(伊索寓言)』, 해거드의 *Cleopatra*(『클레오파트라』)를 번역한 『이집트 피라미드 미이라 해부기(埃及金塔剖尸記)』, *The People of the Mist*(『안개 속의 사람들』)을 번역한 『무중인(霧中人)』, 그리고 월터 스콧(Walter Scott)의 *Ivanho*(『아이반호』)를 번역한 『색슨 약탈 이후 영웅(撒克遜劫後英雄略)』, 조너선 스위프트(Jonathan Swift)의 *Gulliver's Travels*(『걸리버 여행기』)를 번역한 『해외 거인(海外軒渠錄)』, 찰스 디킨스(Charles Dickens)의 *David Copperfield*(『데이비드 카퍼필드』)를 번역한 『한 덩어리 고기의 여생(塊肉余生述)』과 *Old Curiosity Shop*(『오래된 골동품 상점』)을 번역한 『효녀 나이얼전(孝女耐兒傳)』, 일본 작가 도쿠토미 로카(德富蘆花)의 『후죠키(不如歸)』를 번역한 『불여귀(不如歸)』 등을 포함한 총 185종에 달하는 외국문학 작품들을 번역하였으며, 영국, 미국, 프랑스, 러시아, 독일, 그리스, 벨기에, 스위스, 노르웨이, 스페인, 일본 등의 총 11개국 107명 작가의 소설들을 아우르고 있다.[37] 그의 이러한 번역자로서의 성공은 당시 소설 혹은 설부의 시장

---

36 당시 『가인소전(迦茵小傳)』의 자유연애 주제에 대한 독자들의 반응에 대해서는 郭沫若, 『少年時代』, 人民文學出版社, 1979, 126쪽; 魯迅, 「上海文藝之一瞥」, 『魯迅全集·二心集』 第4冊, 人民文學出版社, 1981, 292-293쪽 참고. 당시 지식인들을 비롯한 일부 독자들은 오히려 린수의 번역을 비판하는 경우도 적지 않았다. 그렇지만 이러한 찬반 논쟁은 한 외국소설의 번역이 가져온 결과로서, 그 만큼 번역 자체가 정확성 여부를 떠나 하나의 사회적 미디어와 같은 역할을 하고 있었음을 말해 준다. 린수의 번역에 대한 비판적 입장에 대해서는 松岑, 「論寫情小說於新社會之關係」, 魯迅, 「上海文藝之一瞥」, 『魯迅全集·二心集』 第4冊, 人民文學出版社, 1981, 第17號(第2年 第5號), 1905. 6.(光緒31年 5月); 寅半生, 「讀迦因小傳兩譯本書後」, 『遊戲世界』 第11期, 1905(陳平原·夏曉虹 編, 『二十世紀中國小說理論資料』(第1卷, 1897-1916), 249-251쪽).

을 더욱 확대하여 많은 번역자들과 창작자들이 활동할 수 있는 사회적인 분위기와 공간을 만들어 냈으며 다음 세대 작가들의 문학수업의 장이기도 하였다.[38]

린수가 이렇게 많은 번역작품을 통해 동시대 중국 사회문화에 큰 영향을 줄 수 있었던 것은 단순히 그의 탁월한 문장력 때문만은 아니었다. 린수의 방대한 소설번역은 당시 출판사를 비롯한 제도적인 지원과 추동이 없었다면 상상하기 어렵다. 린수가 비록 1901년 번역을 통해 명성을 얻기는 했지만, 본격적인 번역활동은 1903년 베이징 경사학당의 역서국(譯書局)에서 일하게 되면서부터였다. 그 해에 그는 웨이이와 함께 독일 미카엘 하버란트(Michael Haberlandt)의 *Volkerkunde*(『인종학』, 1898)을 로에베(J. H. Loewe)가 영역한 *Ethnology*(『인종(민족)학』, 1900)을 저본으로 하여 번역한 『민종학(民種

---

37 孔范今, 『二十世紀中國文學史』, 山東文藝出版社, 1997, 305쪽. 한편 궈옌리(郭延禮)에 따르면 린수의 전체 180여 종의 번역작품 가운데 소설은 163종이며, 11개국 98명 작가들의 작품을 번역했다고 한다. 『中國近代飜譯文學概論』, 湖北教育出版社, 1998, 264-265쪽. 참고로 1981년 상무인서관에서 출판된 『린수의 번역(林紓的飜譯)』 가운데 마타이라이(馬泰來)의 「린수번역작품전목(林紓飜譯作品全目)」에는 총 184종이 수록되었다. 또 린수의 번역에 협력했던 구술 번역자도 적지 않았다. 한광(寒光)은 16명이라고 했는데, 또 주시저우(朱羲胄)는 19명에 달한다고 하였다. 寒光, 『林琴南』, 中華書局, 1935; 朱羲胄, 『春覺齋著述記』, 世界書局, 1949 참고.

38 5·4운동 직후 본격적인 창작활동을 시작한 많은 작가들이 청소년기에 린수의 문학적 세례를 받은 세대들이었다. 궈모뤄, 루쉰 이외에도, 저우쭤런(周作人)은 린수의 번역으로 인해 외국에도 소설이 있음을 비로소 알게 되었고 외국문학에 대해서도 흥미를 갖게 되었다고 했다. 빙신(冰心)은 어려서 잔돈을 모아 책을 사들인 대부분이 상무인서관에서 출판한 린수의 번역소설이었으며, 교과서 이외에 자신의 글쓰기에 매우 큰 도움을 준 작품이었다고 회고하였다. 周作人, 「林琴南與羅振玉」, 『語絲』 第3期, 1924; 鬱乃堯, 「商務元老張元濟」, 『人物』 第5期, 2003 참고.

學)』과 토머스 아널드(Thomas Arnold)의 *The Second Punic War*(『제2차 포에니 전쟁』, 1886)을 번역한 『제2차 포에니 전기(布匿第二次戰紀)』를 경사대학당 관서국(官書局)에서 출판하였다. 이 두 번역서는 소설과 거리가 먼 사회학이나 역사관련 저서들이다.

그러나 린수가 본격적으로 번역에 임하게 되자 그의 소설번역이 독서시장에서 보여 준 반응을 잘 알고 있던 상무인서관과 상하이 문명서국에서 소설번역을 청탁하게 되었다. 이를 계기로 린수는 역서국을 위한 번역보다도 상업적인 번역에 집중하게 되었다. 물론 그러한 활동의 전환 계기는 당시 소설에 대한 사회적인 인식의 변화와 그에게 제시된 파격적인 원고료였다. 1903년 상무인서관 편역소(編譯所) 소장을 맡은 장위안지(張元濟)는 저장대학 일본파견 유학생 감독과 일본시찰을 마치고 귀국한 가오멍단(高夢旦)을 편역소의 국문부장(國文部長)으로 초빙하였다. 그리고 가오멍단은 평소 잘 알고 있던 린수를 상무인서관의 역서활동을 위해 초빙하였는데, 조건은 매 1,000자당 5-6원에 해당하는 고액의 원고료였다. 이는 비록 린수의 번역이 항상 조력자와 함께 진행하는 공역이라는 특수한 상황을 고려하더라도 당시 1,000자당 2-3원 하던 일반적인 기준에 비추어 보면 최상의 조건이었다.[39]

---

39 린수의 고액 번역비와 관련하여 그의 번역실을 "조폐공장(造幣場)"이라고 부르기도 했지만, 실제 그의 번역료는 1,000자당 3-3.5원 정도였고, 그의 공역자가 2-2.5원 정도를 받았다. 린수의 번역료가 사람들의 입에 회자된 것은 번역료가 최상이기도 했지만, 그의 번역작품 수가 다른 번역자와 비교할 수 없을 정도였기 때문이다. 이러한 대량의 번역은 상무인서관이라는 대형 출판사의 후원이 있었기 때문에 가능한 것이었다. 린수의 번역료와 관련해서는 다음 참조. 陳明遠, 『文化人的經濟生活』, 陝西人民出版社, 2010, 98쪽; 李家驥 等, 『林紓詩文選』, 商務印書館, 1993, 288,

그 결과 린수가 1903년 중반부터 진행된 번역서는 대부분 상무인서관에서 단행본으로 출판되어 린역소설총서(林譯小說叢書) 1집, 2집에 걸쳐 총 100여 권에 달하는 시리즈물이 나왔다. 이로써 린수의 문장력과 상무인서관의 출판권력(그 위상 및 광고의 힘)에 기반한 판매술에 힘입어 그의 번역소설이 당시 문화계에 어느 정도의 영향력을 행사했는지는 짐작하고도 남을 것이다. 당시 대부분의 번역소설이 잡지에 연재되던 것과는 달리 린수의 소설이 단행본으로 출판될 수 있었던 것은 이러한 고액의 원고료 계약과 선지급 형식의 우대조건이 중요한 작용을 하였다. 물론 린수도 단행본 이외에도 상무인서관에서 발행한 『동방잡지』나 『소설월보』와 같은 잡지에 번역소설을 연재하였다.[40]

3. 문학의 최상승: 문언번역소설

번역의 시대는 시대적 조류의 변화와 밀접히 관련되어 있기 때문에 당시 일종의 계몽운동과의 연관 속에서 그 흥성 원인을 찾거나 또는 신문·잡지와 같은 미디어의 대량 출현으로 인한 원고 수요의 급증과 연계시켜 설명하는 것이 기본 시각이다. 이러한 이해방식은 실제 현실조건에 비추어 볼 때 타당성이 없다고 할 수 없다. 쉬녠츠(徐念慈)

384쪽; 包天笑, 『釧影樓回憶錄』, 香港: 大華出版社, 1971, 325쪽.

40 린수는 특히 1911년 이후부터 단행본보다는 『소설월보』에 집중적으로 소설을 연재하여 그가 번역한 단편, 장편 작품들이 나란히 두세 편씩 같은 호 지면을 채우는 경우가 다반사였다.

는 일찍이 1907년 출간된 소설을 기준으로 창작은 10-20%밖에 안 된다고 보면서 그 원인에 대해 다음과 같이 진단하였다.

> 이는 저작과 번역의 관념상의 등급 차이로 판매상의 등급에도 영향을 미치게 되었다. 결국 글쓰는 자 또한 부득이하게 일본이나 서구의 서적에서 구하여 시대풍조에 영합하지 않을 수 없게 된 것이 그 한 원인이다. 또는 번역이 창작보다 쓰기 용이하고, 분량이 간소하며 판매가격도 저렴한 데 비해, 저서의 경우 오랜 시간이 걸리고 글쓰기가 번잡하며 원가가 비싸 번역과는 정반대이다. 따라서 저작 대신 번역을 선택하는 것이니 … 이것도 또한 원인 가운데 하나일 것이다.[41]

이에 따르면 번역이 창작보다 성행하는 이유는 결국 경제적인 요인 때문이다. 하나는 수요자의 독서취향이 창작보다 번역을 더 선호하기 때문이고, 둘째는 번역이 창작보다 글쓰기가 용이하고, 가격도 저렴하여 출판사의 입장에서 볼 때 경제적인 이윤을 창출하기가 용이하기 때문이다. 이러한 경제적 측면에서의 설명은 문제의 소재를 지나치게 단순화한 면이 없지 않다. 하지만 19세기 말 시장의 수요를 새로운 창작의 방식으로 대응해 나가기에는 일정한 시간이 요구된다는 점에서 일면 타당성이 있다.

19세기 말 독자층의 입장에서 보면 그 전에 접하기 쉽지 않던

---

41 "此著作与翻譯之观念有等差, 遂至影向于銷行有等差, 而使執筆者, 亦不得不搜索諸東西籍, 以迎合風尙, 此爲原因之一. 抑或譯書, 呈功易, 卷帙簡, 賣價廉, 與著書之經營久, 筆墨繁, 成本重, 造成一反比例, 因之舍彼取此, … 亦爲原因之一." 覺我, 「余之小說觀」, 『小說林』 第9期, 1908, 3-4쪽.

대부분의 작품들을 접하면서 작품에 대한 요구 수준도 높아져 각종 속편과 같은 방식의 개작이나 연작과 같은 방식으로는 독자들의 요구를 만족시키기 어려웠다. 세계에 대한 인식과 감각의 확장으로 독자들의 취향도 현실적이면서 동시에 이국적인 것에 대한 관심이 높아졌는데, 이러한 독자들의 감각을 일시에 만족시킬 수 있는 많은 작품들이 창작되기까지는 일정한 시간이 요구되었다. 따라서 출판사도 시장의 요구에 빠르게 반응하기 위해 우선 스토리나 서술방식이 새롭고 완성도가 높은 번역작품을 선택하는 것은 자연스러운 일이었다. 게다가 번역은 당시 모든 학문과 지식 분야에 걸쳐 일종의 패권적인 지식의 역할을 하고 있었는데, 번역의 권위성과 가치우위성은 소설에도 적용되는 것이었다. 새로운 지식체계를 통해 소설 혹은 설부류가 전체 문(文)의 체계에서 점하는 지위도 변화하였으며, 이 과정에서도 번역소설이 중요한 역할을 하였다.

20세기 초 중국의 소설 혹은 설부류에 있어서 문언소설보다는 백화의 통속소설이 압도적이라는 점과 번역소설의 급증이 대표적으로 두드러진 현상이다.[42] 1900년 이후 소설의 판로는 계속 확장되었으며, 소설 혹은 설부에 대한 사회적 수요는 여전히 다른 도서를 압도하고 있었다.[43] 쉬넨츠에 의하면 소설의 창작과 번역의 출판이 가

---

42 천다캉이 1840-1911년 사이 발표된 창작 및 번역소설 2,682종에 대한 분석에 의하면, 번역소설이 997종, 창작소설은 백화통속소설과 문언소설이 각각 1,589종과 96종이었다. 여기서 보듯이 창작소설 다수가 백화체였다. 다만 번역소설에 대해서는 문언과 백화에 대한 통계가 없다. 陳大康, 『中國近代小說編年』, 2002, 1-2쪽.

43 혹자에 의하면 당시 서적시장에서 소설의 판로는 다른 도서의 100배가 넘으며, 과거의 문인들은 경전에 몰입되어 있었지만, 오늘날은 소설가들이 문단을 지배하고 있다고 말하였다. 물론 이는 단순히 소설의 판매부수가 많다는 수사적 표현이지만,

장 정점을 이루던 1907년부터 소설의 출판시장에는 적지 않은 변화가 발생하고 있었다. 즉 소설의 출판량은 증가하는 반면 상업적인 요건은 더 악화되고 있었다.

> 서적판매의 길은 날로 형세가 더 좁아지고 있다. 이전에는 3개월이면 재판을 발행했지만, 지금은 5개월이 걸리며, 3,000부씩 발행하던 초판부수도 지금은 절반으로 줄어들었다. 이는 과연 경제력이 부족해서인가 아니면 문화적 진보가 정체되어서인가? 그도 아니면 이미 진부해져 염증이 생기고 독자도 단지 이 정도의 수밖에 안 되어 수요와 공급의 관계상 공급이 이미 그 범위를 훨씬 더 초과했기 때문인가?[44]

이에 의하면 1907년부터 중국의 출판시장은 1890년 중반 이후 또다시 한계에 도달한 것처럼 보인다. 다만 이때와 1890년대 중반과의 차이는 당시에 주로 공급의 한계로 인한 성격이 더 강했지만, 1907년에는 독자층의 한계에 도달한 것으로 보인다. 1900년 이후로 도서시장이 크게 확대되어 오다가 1907년을 전후하여 출판사와 출판서적이 급증하면서 시장의 압박을 받게 된 것이었다.[45]

과거제가 폐지된 이후 전체 도서시장에서 소설만큼 강력한 수요가 있었던 도서는 없었다. 世, 「小說風尙之進步以翻譯說部爲風氣之先」, 『中外小說林』 第2年 第4期, 1908.

44 “負販之途, 日形其隘. 嚮之三月而易版者, 今則遲以五月, 初刊以三千者, 今則減損及半. 是果物力不足之影響與, 或文化進步有滯留與. 抑習久生厭, 觀者僅有此數, 而供與求之比例, 已超過絶大與.” 覺我, 「丁未年小說界發行書目調査表」, 『小說林』 第9期, 1908, 1쪽.

45 1890년대 중반의 출판시장의 임계점을 초래했던 것과 같은 유사점도 보이며, 그중

20세기 초에 도서시장이 확대된 것은 서구와 일본 서적 번역을 중심으로 한 새로운 도서의 출판이 결정적인 역할을 했다. 소설의 경우는 새로운 작품의 공급이라는 중요한 요인 외에도 독자층의 범위가 계속 확대되었다. 이 시기 소설 독자층이 확대된 것은 우선 백화소설의 대량 출시로 대중을 적극적인 독자층으로 흡수한 것을 꼽을 수 있다. 그중에서도 문인계층 및 새로운 지식청년들을 적극적인 독자층으로 흡수하였다. 오히려 상인계층이나 일부 여성독자, 군인 및 노동자, 초등학교 학생(당시 기준으로는 고등소학(高等小學) 이하)과 같이 순수 백화문학 독자층보다도 백화는 물론 문언 작품을 감상할 수 있던 독자층들이 소설류 시장의 확대를 이끌었다. 특히 신소설의 제창과 번역소설의 등장은 소설의 지위와 사회적 역할에 대한 긍정적인 인식을 이끌면서 사회적으로 소설 읽기가 하나의 풍조를 이루었다.

여기서 주목할 것은 당시 전체 창작의 경우 백화체가 많았지만, 번역의 경우는 반드시 그렇지는 않았다는 점이다. 두후이민(杜慧敏)

하나가 바로 중복출판이다. 이는 특히 번역서에서 많이 보여지는데, 예를 들어 『교회동자(狡獪童子)』와 『황찬석(黃鑽石)』, 『한모단(寒牡丹)』과 『피득경장(彼得警長)』, 『백운탑(白雲塔)』과 『은산여왕(銀山女王)』 등은 모두 같은 작품을 다른 출판사에서 다른 제목으로 번역한 것으로, 이러한 경우가 적지 않았다. 따라서 번역자의 단체를 조직하여 지식과 정보를 서로 공유하고 번역의 질을 높이는 한편, 중복번역을 막고자 하였다. 중복출판을 막고 도서시장의 혼란을 막기 위해 번역 작품의 경우 표지에 원저명과 원저자를 표기하자고 제의하기도 하였다. 이외에도 정가를 표기하지 않고 염가에 판매하는 방식으로 서로 경쟁하였는데, 이러한 가격경쟁도 두 시기 모두 비슷하다. 분석에 의하면 1906년과 1907년을 비교하여 정가표시 비율이 5:4 정도였으며, 그로 인한 판매 속도와 판매부수의 비율도 각각 2:3, 3:4로 차이가 있었다. 周桂笙, 「譯書交通公會試辦簡章」, 『月月小說』 第1號, 1906. 11., 1-5쪽; 覺我, 「余之小說觀」, 『小說林』 第9期, 1908, 6쪽; 覺我, 「余之小說觀」, 『小說林』 第10期, 1908, 10-11쪽.

의 분석에 의하면 1902-1910년 5대 소설잡지라고 할 수 있는 『신소설』, 『월월소설』, 『수상소설(繡像小說)』, 『소설림』, 『신신소설(新新小說)』 등에 전체 133종의 번역소설이 게재되었다. 그중에서 문언 단편 56종, 문언 장회체 장편 6종, 문언 비장회체 장편 19종, 백화 단편 18종, 백화 장회체 장편 9종, 백화 비장회체 장편 8종이 있었다.[46] 이에 따르면 문언이 백화보다 2배 이상 많다. 이는 당시 가장 영향력 있던 소설잡지라는 점에서 의미 있는 숫자이다. 여기에 여러 연유가 있겠지만, 우선 당시 번역자들이 문언에 대한 훈련이 잘 되어 있어 글쓰기를 하는 데 문언이 백화보다 훨씬 더 용이했기 때문이었다.[47] 이는 서면어의 측면에서 볼 때 아직 백화가 문언처럼 규범화되지 못했기 때문이었다.

이러한 문언에 대한 선호는 단지 작가만이 아니라 독자들도 마찬가지였다. 백화보다 문언이 훨씬 더 예술성이나 감동적인 측면에서 볼 때 강점을 지니고 있었다. 당시 백화 통속소설이 많이 창작되기는 했지만, 작품에 대한 독자들의 수요를 보면 문언소설이 백화소설보다 더 많았다.

> 오늘날 실제 현실을 보면 문언소설의 판매가 백화소설보다 더 낫다. 이는 과연 국민의 국문에 대한 수준이 날로 향상되었기 때문인가? 우리는 이에 대해 정확히 알 수 없다. … 개인적인 의견으로 말하자

---

46 杜慧敏, 『晩淸主要小說期刊譯作硏究』, 上海世紀出版集團, 2007, 70-75쪽.

47 당시 작가와 번역자들이 번역하는 데 문언이나 백화를 사용하는 것에 대한 시각, 그리고 백화를 통한 번역 및 글쓰기의 어려움에 대해 토로한 것에 대해서는 陳大康, 「晩淸小說與白話地位的提升」, 『文學評論』, 2011. 4. 참고.

면, 백화소설이 문언소설보다 훨씬 빠르게 유행해야 한다. 그 언어가 쉽게 잘 이해되어 난삽한 연자(聯字)도 없으며. 그 의미도 명백하여 심오하게 감추어진 의미도 없으니 마땅히 잘 팔려야 할 것이다. 그런데 사회 현상은 예상과는 다르게 나타나니 무슨 까닭인가? 내가 보기에 아마 오늘날 소설을 구매하는 자는 90%가 구학문의 소양을 바탕으로 하여 새로운 학설을 받아들인 사람들이며, 9%는 일반인들이다. 정말로 학교교육을 받아 사상과 재능을 갖추고 있으며 신소설을 환영하는 사람들이 1만분의 1이나 될는지 모르겠다. 린친난(林琴南, 즉 린수-필자) 선생은 오늘날 소설계의 태두이다. 어찌하여 그를 숭배하는 사람들이 많은가? 그의 글쓰기는 『사기』나 『한서』를 본받고, 그 문장은 고아하고 아름다워 문학계의 한 자리를 차지하기에 손색이 없기 때문이다.[48]

48 "就今日實際上觀之, 則文言小說之銷行, 較 之白話小說爲優. 果國民國文程度之日高乎? 吾知其言之不確也. … 若以臆說斷之, 似白話小說當超過文言小說之流行, 其言語則曉暢, 無艱澀之聯字, 則意義則明白, 無幽奧之隱語, 宜乎不脛而走矣. 而社會之現象, 轉出於意料外者, 何哉? 餘約計今之購小說者, 其百分之九十出於舊學界而輸入新學說者, 其百分之九出於普通之人物, 其真受學校教育而有思想、有才力、歡迎新小說者, 未知滿百分之一否也? 所以林琴南先生, 今世小說界之泰鬥也, 問何以崇拜之者衆? 則以遣詞綴句, 胎息史漢, 其筆墨古樸頑豔, 足占文學界一席而無愧色." 覺我, 「余之小說觀」, 『小說林』 第10期, 1908, 9-10쪽. 린수를 소설계의 태두로 보는 시각은 당시 이미 사회적으로 널리 퍼져 있었다. 1911년 동성(侗生)도 근대 3대 소설가로 리보위안(李伯元), 우젠런(吳趼人), 린수를 뽑고, 리보위안은 이미 일찍 사망하였고 우젠런도 몇 편의 작품을 내놓은 후 새로운 성과가 없는 반면, 린수는 끊임없이 새로운 작품을 내놓고 있어 세 사람 가운데서도 가장 뛰어나다고 말하고 있다. 여기서 주의할 점은 앞의 두 사람은 창작을 위주로 한 명실공히 소설작가들이지만, 린수는 번역을 위주로 한 번역가임에도 오히려 소설가 중 으뜸이며, 소설계의 태두로 보고 있다는 것이다. 이는 당시 창작과 번역의 상호 경계가 모호한 '역술(譯述)'이라는 독특한 번역방식 때문이기도 하였지만, 또 한편으로는 번역이라

여기서 쉬넨츠는 문언소설이 유행하는 이유로 독자의 다수가 구학문을 바탕으로 신학문을 수용하는 사람들이기 때문이라고 말하고 있다. 문언문의 미적 취향에 익숙한 그들은 자연스럽게 문언소설을 선호한다고 본 것이다. 이러한 문언소설은 고등소학을 졸업한 사람들이 쉽게 읽을 수 있는 것이 아니다. 당시 초등학생의 수준으로는 어렵고 문언에 대한 일정한 소양과 자질을 갖추어야만 감상할 수 있다. 이는 소설계 혁명이 주로 학생들과 일반인들을 대상으로 계몽을 전개하기 위한 방편으로 제기되었지만, 정작 소설문단은 전통학문과 문언을 기초로 한 지식계층을 독자층으로 삼고 있었다는 것이다.(자세한 것은 본서 제6장 참고)

그러나 다른 한편으로는 20세기 초 중국에서 소설이 문(文)의 주변에서 중심으로 그 위치를 급속하게 이동할 수 있었던 요인은 소설의 문인화의 결과와도 관계가 있다. 소설은 대중을 대상으로 한다고 하지만, 그것을 창작하거나 번역할 수 있는 자는 문인이나 그에 준하는 학문적 소양을 갖춘 자들의 몫이었다. 그런 의미에서 린수는 20세기 초 소설에 새로운 지위와 의미를 부여하는 데 중요하게 공헌한 인물이라고 할 수 있다. 쉬넨츠도 말한 바와 같이 그의 문언으로 번역한 소설이 널리 환영받고 또 그를 숭배하는 사람들이 많은 이유는 그의 문장이 당시 지식인 중심의 문단에서 한 자리를 점할 수 있었기 때문이다. 더욱이 그는 1903년 경사대학당(京師大學堂) 역서국(譯書局)에서 근무하고, 1906년에는 경사대학당 교장인 리쟈쥐(李家

는 것 자체가 소설을 바라보는 시각의 변화에 중요한 영향을 미치고 있었음을 말해주기도 한다. 侗生, 「小說叢話」, 『小說月報』 第2年 第3期, 商務印書館, 1911.

駒)의 초빙으로 예과사범관 경학교원(豫科師範館經學教員)을 맡고 있었다. 이렇게 공식적으로 문장과 학식에 있어서 인정받은 인물이 서구 소설을 대거 번역한 것은 소설이 단지 유용성, 혹은 계몽적 도구라는 차원이 아니라 문단의 한 중요한 구성 부분으로서 사회적인 승인을 받는 것을 의미했다. 이전에는 내놓고 소설을 읽지 못하던 지식인들이 이제 소설을 읽고 쓰는 데 사회의 시선을 의식할 필요가 없게 되었다. 이는 근대 소설계 혁명의 언어적인 역설 문제나 소설의 지위와 변화에 미친 다양한 계기의 작용에 대해 정치소설을 중심으로 한 계몽이라는 차원을 넘어 접근해야 할 필요성을 말해 준다.

4. 창작의 기제로서의 번역과 미디어

린수의 예는 새로운 인쇄술에 기반한 근대적 출판에 의해서 번역의 시대가 이루어지고, 문장력은 있으되 평범했던 한 수재(秀才)가 50세라는 인생의 후반기에 어떻게 시대를 대표하는 번역가이자 문인으로 등장하게 되는지를 잘 보여 준다. 번역은 청일전쟁 이후 새로운 시대적 조류이자 사회·문화 변동의 상징적인 현상이었지만, 다른 한편으로 이는 1890년대 포화상태였던 출판업계에는 엄청난 새로운 시장의 확대를 가져다준 전기(轉機)였다. 린수는 이러한 출판시장의 변화가 만들어 낸 특수 현상이었다. 그러나 많은 사람들이 린수와 같은 행운을 맞은 것은 아니었다. 린수는 상무인서관 편역소에서 특별한 지위를 지니고 있었다. 다른 번역가들이 주로 편역소에 고용된 것과 달리 린수는 상무인서관과 계약관계를 맺고 원고료를 받는 자유로운 번역가이도 했다.

린수가 한창 번역에 종사하던 때는 중국이 본격적으로 번역의 시대에 진입한 시기였는데, 번역의 시대는 린수와 같은 몇몇 사람들이 만들어 낸 것이 아니라 당시 수많은 지식인이 집단적으로 만들어 낸 시대적 조류였다. 그리고 수많은 사람들을 이러한 조류로 끌어들인 것, 혹은 많은 사람들이 이러한 조류를 만들어 낼 수 있었던 것은 신문·잡지라는 미디어가 있었기에 가능했다. 신문·잡지가 새로운 지식 및 정보의 생산과 확산의 중심이 되면서 지식인들에게 문장을 발표할 수 있는 지면을 제공했다고 할 수 있지만, 실은 그러한 지면을 채워 줄 수 있는 새로운 지식이나 정보를 생산하거나 가공할 수 있는 사람들이 필요했다는 표현이 더 적절할 것이다. 새로운 지식과 정보를 생산한다는 것은 당시 중국의 미디어나 지식인 모두에게 있어서 결코 용이한 것이 아니었다. 『시무보』의 사례처럼 번역은 당시 중국의 정치적 조건에서 직접적인 평론이나 언설의 제약을 극복할 수 있는 전략이자 새로운 취향을 좇는 독자들에게 영합할 수 있는 문화적 코드였다. 그 결과 외국어 학습과 유학의 붐을 따라 새로운 지식계층들이 번역자 대오에 참여하였다.

여기서 중요한 것은 번역의 시대는 이후 지속적으로 유지되지만, 번역은 직접 새로운 지식이나 작품을 창조해 내는 저자와 작가들을 양산하는 일종의 창작 기제로서 기능하기도 했다는 점이다. 1900년 이후 초기 10여 년 동안 중국의 중요 작가이자 저자들 대부분은 처음에 번역을 통해서 집필활동을 시작하였다. 물론 저우구이성(周桂笙, 1873-1936)과 우타오(吳檮), 양신이(楊心一), 뤄지팡(羅季芳) 등은 린수처럼 주로 번역활동을 중심으로 문단에서 활약한 인물들이었지만, 천징한(陳景韓), 바오톈샤오(包天笑), 우광젠(伍光建), 천훙비(陳鴻壁), 황추이닝(黃翠凝), 천신팡(陳信芳), 그리고 루쉰(魯迅) 및 저우쭤런(周作人), 쑤만수(蘇曼殊) 등과 같이 주로 작가로서 활동했던 인물들도 처음에는 대부분 번역에 종사하였다. 그중에서도 대표적인 작가는 천징한과 바오톈샤오로서 두 사람은 모두 『시보(時報)』, 『신신소설(新新小說)』, 『월월소설(月月小說)』, 『소설시보(小說時報)』 등의 잡지 편집을 담당하며 동시에 번역과 창작을 병행하였다.

먼저 천징한(1878-1965)은 1903년 일본 유학생 잡지 『강소(江蘇)』(제4-6기)에 에밀 드리앙(Emile Driant)의 *La guerre fatale: France-Angleterre*(『숙명적인 전쟁: 프랑스-영국』)의 일역본(日譯本)[49]을 바탕으로 번역한 「내일의 전쟁(明日之戰爭)」을 게재하면서 번역 및 창작 활동을 시작하였다. 당시 『대륙보(大陸報)』의 주필도 겸하고 있던 그는 소설번역에 힘써 1903년 12월 번역소설집 『정탐담(偵探譚)』 1-2집을 출판하고 연이어서 1904년 『정탐담』 3-4집을 번역, 출판하였는데, 영국, 프랑스, 일본의 총 10종 소설을 포함하고 있었다. 이어 그는 디바오셴(狄葆賢, 1873-1941)에 의해 『시보(時報)』의 주필로 초빙되어 소설란의 연재를 맡으면서 왕성한 번역과 창작활동을 보였다. 현재까지 발견된 자료로는 『시보』에서만 대략 46종이 넘는 소설(그중 번역소설 20종)을 발표하였으며, 『신신소설』, 『월월소설』, 『소설시보』 등에 발표한 소설까지 합치면 총 118종에 달한다. 다만 그중 77종이 번역

49 에밀 드리앙 작품에 대한 일본어 번역본은 鹿堂散人 譯, 『明日の戰爭』(兵事新報社, 1894)와 桃源仙史 譯, 『明日の戰爭. 野戰の部』(有則軒本店, 1899). 두 종류가 있었는데, 천징한이 어느 것을 저본으로 했는지는 명확하지 않다.

소설로 창작보다 훨씬 많다.[50]

바오톈샤오 또한 양쯔린(楊紫驎)과 공동으로 번역한 『가인소전(迦茵小傳)』의 성공적인 출판을 계기로[51] 문학활동을 시작하였다. 그는 천징한과 함께 『시보』와 『소설시보(小說時報)』의 편집을 맡는 동시에 『월월소설』, 『소설림(小說林)』, 『소설대관(小說大觀)』, 『소설화보(小說畵報)』 등 17종 잡지의 편집을 맡으면서 총 400여 종에 달하는 작품을 발표하였다. 그는 비록 다산작가이지만 초기에 주로 잡지편집과 번역에 종사하여 상대적으로 창작소설이 많지 않은데, 청말시기 발표한 82종 소설 가운데 번역 작품이 대략 60여 종이나 된다.[52]

---

50 대표적으로 영국작가 에드워드 불워 리턴의 *Eugene Aram*을 번역한 『성인인가 도적인가(聖人歟盜賊歟)』(『新新小說』 제1-3호), 모파상의 「의용군(義勇軍)」(『新新小說』제2號), 알렉상드르 뒤마의 『몽테크리스토 백작』의 일부를 번역한 「파산(破産)」(『月月小說』 第1年 第11-12號)과 「굴속의 사람(窟中人)」(『時報』 연재(1908. 1. 24.-5. 25. 6. 16.-8. 14. 1909. 7. 15.-1910. 3. 1.)), 푸시킨의 「러시아 피터대제(俄帝皮得)」(『小說時報』 第1期), 체호프의 「생계(生計)」(『小說時報』 第2期), 빅토르 위고의 「Sealed lips[聾裁判]」(『小說時報』 第4期), 빅토리앵 사르두의 『조국(祖國)』(『小說時報』 第5-6期) 등을 들 수 있다. 李志梅, 『報人作家陳景韓及其小說研究』, 華東師範大學 博士學位論文, 2005, 71쪽, 126쪽 참고.

51 바오톈샤오는 양쯔린과 공동번역한 해거드의 소설 『가인소전』을 1901년 『여학역편(勵學譯編)』 第1-12冊까지 연재한 후에, 1903년 상하이 문명서국에 판권비를 받고 출판하면서 투고에 관심을 갖게 되었다.

52 리즈메이(李志梅)는 번역소설이 창작소설보다 많은 현상이 천징한에게만 해당되는 것은 아니라고 보고, 청말시기 바오톈샤오가 발표한 51종 소설 가운데 번역이 34종임을 그 예로 들었다.(『報人作家陳景韓及其小說研究』, 華東師範大學 博士學位論文, 2005, 126쪽) 그러나 그가 밝힌 통계수치는 부정확한 것으로, 선칭후이(沈慶會)의 『包天笑及其小說研究』(華東師範大學 博士學位論文, 2006,) 중의 부록 「바오톈샤오저작·번역작품편년(包天笑著譯作品編年)」에 따르면, 1901-1911년까지 발표된 소설은 82종에 달하며 번역소설로 추정할 수 있는 것만 60종이고 저작인지 번역인지 확실히 표시하지 않은 경우가 빈번함을 감안하면 이보다 훨씬 많으리라 짐작된다. 주로 미국, 영국, 프랑스, 이탈리아, 러시아, 일본 등지의 소설들을 번역하였는데, 구로이와

위의 두 작가는 특별한 경우가 아니라 이 시기 대부분의 작가들에게 드러나는 공통적인 글쓰기의 패턴을 보여 주고 있다는 데 주목할 필요가 있다. 그들은 신문·잡지 미디어가 제공해 주는 안정적인 발표공간과 경제적인 지원을 바탕으로 본격적인 작가의 길로 들어서게 되었다. 신문·잡지의 대폭적인 증가, 그리고 전문적인 번역가의 부재 혹은 결여라는 일반적인 상황에서 신문·잡지 미디어와 직·간접적으로 연계된 저널리즘 글쓰기를 통해 번역과 창작이 병행되고 있는 것이다. 이 시기의 소설 번역가들은 이들처럼 대체로 당시 주요 신문·잡지 미디어의 편집인이거나 작가였으며 혹은 훗날 작가로 성장하게 되었다. 미디어를 기반으로 번역하면서 창작을 병행하거나 번역을 통한 습작과정을 거쳐 창작을 시작하는 것이 보편적인 현상이었다. 번역가와 작가의 역할이 확연히 분리되지 않은 상태에서 번역은 곧 창작의 원동력이 되었고, 어떤 의미에서 번역으로부터 창작으로의 전환은 자연스러운 귀결이었다.

루쉰(魯迅)과 저우쭤런(周作人) 역시 일찍이 번역활동을 통해 문단에 발을 들여놓은 것은 잘 알려져 있다. 루쉰은 1903년 역사소설 「스파르타의 혼(斯巴達之魂)」과 쥘 베른(Jules Verne)의 공상과학소설 『달나라 탐험(月界旅行)』 번역을 시작으로 1936년까지 14개 국가 100여

루이코(黑岩淚香)의 『野之花』(Mrs. Thomas Hardy의 작품을 일역한 것)를 번역한 『空谷蘭』(『時報』, 1910. 3. 2.-12. 18. 연재), 에드몬도 데 아미치스(Edmondo De Amicis)의 『쿠오레[馨兒就學記]』(『教育雜誌』 第1년 第1-13期), 빅토르 위고의 『뷔그 자르갈[俠奴血]』(1905)과 『사형수 최후의 날[鐵窗紅淚記]』(『月月小說』 第1年 第1期-第2年 第6期), 체호프의 단편 「사진첩(寫眞帖)」(『小說時報』 第2期)과 「6호병동(六號室)」(『小說時報』 第4期) 등이 있다.

작가의 200여 종 작품을 번역하였다.[53] 최근에는 타루모토 테루오(樽本照雄)처럼 「스파르타의 혼」을 창작소설로 보는 견해도 있지만 기존에는 줄곧 번역소설로 간주되었는데,[54] 이 작품이 1903년 일본 유학생 잡지 『절강조(浙江潮)』 제5기와 제9기에 처음 게재되었다. 이어서 그는 빅토르 위고(Victor Marie Hugo)의 「팡티느의 내력("L'origine de Fantine")」을 번역한 「애진(哀塵)」(1903), 루이스 스트롱(Louise J. Strong)의 「비과학적인 이야기("An Unscientific Story")」를 번역한 「조인술(造人術)」(1905), 쥘 베른의 『지구속 여행(地底旅行)』(1906) 등 정치소설과 과학소설류를 다수 번역하였다. 이러한 번역활동에 비해 그가 처음 작품을 창작한 것은 1911년에 이르러서였다. 문언단편소설인 「회구(懷舊)」가 1913년 『소설월보(小說月報)』 제4권 제1호에 게재되면서 이때 작품 투고로 받은 그의 첫 원고료는 5원이었다

저우쭤런 또한 1904년 영문본 *Arabian Knights*(『아라비안나이트』) 중의 「알리바바와 40인의 도둑」을 편역하여 『여자세계(女子世界)』에 연재하였고 1905년 『협녀노(俠女奴)』란 제목으로 출판하였다. 이어 1904년 에드거 앨런 포(Edgar Allan Poe)의 *The Gold-Bug*(『황금벌레』, 1843)를 번역하여 『옥충연(玉虫緣)』이란 제목으로 1905년 소설림사(小說林社)에서 출판하였다. 그의 창작은 루쉰보다 더 일찍 시작되었다. 그는 1905년 처녀작이라 할 수 있는 단편소설 「여렵인(女

---

53 王曉鳳, 「魯迅飜譯思想演變的文化解讀」, 『中國國情國力』 第7期, 2011.

54 루쉰은 「스파르타의 혼」의 서두에서 그 자신을 역자(譯者)로 칭하였고, 후에 『집외집(集外集)』의 「서언(序言)」에서 「스파르타의 혼」을 언급할 때도 일어에서 번역한 것이라고 말하였다.

獵人)」(『女子世界』 제2년 제1호)[55]과 「여화기(女花枝)」, 중편소설 『고아기(孤兒記)』를 창작하였는데, 마지막 작품은 1906년 소설림사에 20원의 원고료를 받고 넘겼다. 이 작품은 엄밀히 말하면 루쉰의 「스파르타의 혼」처럼 번역과 창작이 결합된 형식의 작품이었다. 이에 대해 그는 『지당회상록(知堂回想錄)』에서 『고아기』의 후반부는 빅토르 위고의 *Claude Gueux*(『클로드 괴』, 1834)를 참조하여 썼다고 한다.[56] 1907년 이후에도 해거드와 앤드루 랭(Andrew Lang)의 공저 *The World's Desire*(1890)를 번역한 『홍성철사(紅星鐵史)』를 비롯하여 『천의보(天義報)』, 『하남(河南)』 등 신문·잡지에 작품을 발표하였으며, 1909년에는 루쉰과 함께 번역서 『역외소설집(域外小說集)』을 일본에서 출판하였다. 이 소설집은 의역이 아닌 직역의 방식으로 번역하였으며, 영국, 미국, 프랑스, 러시아, 폴리네시아(프랑스령), 폴란드, 핀란드 등의 16편 단편소설을 번역한 것으로 주로 동유럽 약소민족 문학에 편중되어 있다. 이외에도 1910년대 대표적인 작가인 쑤만수 역시 일찍이 빅토르 위고의 *Les Misérables*(『레미제라블』)을 『비참한 세계(慘世界)』(1903)로 번역하였으며, 저우구이성(周桂笙)도 *Arabian Knights*(『아라비안나이트』)를 『천일야화(一天零一夜)』(1903)로, 그리고 보아고베(Fortuné Du Boisgobey)의 *Margot la Balafrée*(『흉터난 마르고』, 1884)를 『독사권(毒蛇圈)』(1903)으로 번역하면서 본격적으로 문학에 입문하였다.

청말시기를 일관되게 관통하는 이러한 번역문학의 중요한 특징

---

55 「여렵인(女獵人)」은 영국 성덕부인(星德夫人)의 소설 「남비박사기(南非博獅記)」 번역을 참조하면서 그의 창작구상을 결합시켰다고 전하지만, 현재로서는 원저자와 원저명을 확인할 수 없다.(『周作人譯文全集』 第11卷 說明)

56 周作人, 「魚雷堂」, 『知堂回想錄』, 三育圖書文具公司, 1970, 62쪽.

중의 하나는 이른바 '역술(譯述)'이라는 글쓰기 방식이다. 번역문학의 흥성기에 루쉰과 저우쭤런 형제를 필두로 한 일련의 직역 움직임이 출현했지만, 여전히 주도적인 번역문학 방식은 '역술'이었다. '역술'이란 단순히 외국작품을 소개하는 데 그치는 것이 아니라 번역이란 행위를 통해 타국의 문화를 중국 독자들에게 쉽게 풀어 내고 재차 서술하는 인문적인 글쓰기 양식의 하나였다. 이 당시 '역술'이 대세일 수밖에 없었던 연유는 우선 제1대(第一代) 번역가들의 제한적인 외국어 수준과 외국문학에 대한 이해 부족에서 기인하는 바가 크다.[57] 둘째, 번역의 동기 및 목적과 연관되는 것으로, 상술한 바와 같이 애초에 번역문학 또한 당시 시대적 맥락에서 제기된 '번역강국'이라는 사회정치적 목적으로부터 자유로울 수 없었다. 이에 따라 의도적으로 적합하지 않은 원문의 일부를 첨삭 또는 개역(改譯)하는 것을 마다하지 않는 현상이 일반화되었다. 이를 두고 외국문학의 예술적인 가치를 경시하는 태도에서 기인한다고 지적하는 시각도 있지만,[58] 그보다는 문학외적인 번역의 목적이 앞섰던 데서 초래한 결과라고 생각된다. 셋째 독자수용이란 측면에서 낯선 외국의 사회실정이나 문화풍속

57 청말시기 외국어 실력자가 많지 않은 관계로 일찍이 '대역(對譯)'방식이 유행했었는데, 대표적으로 린수 같은 번역가들은 타인의 구술에 의거하다 보니 처음부터 원문에 충실하기는 힘들었다. 상당기간 적잖은 번역가들이 정도의 차이는 있지만 이러한 합작 '대역'방식을 채택했고, 어떤 작품은 한 사람이 뜻을 번역하고 다른 이가 윤필하거나 연의(演義)하는 등의 협업이 이루어졌다. 당시 이런 형태의 두 사람의 합작 번역방식은 필연적으로 '역술'현상을 낳을 수밖에 없었다.

58 連泰·李洁, 「晩淸飜譯小說的意譯特點及其原因探究」, 『湖南工程學院學報』 第19卷 第2期, 2009; 陸國飛, 「試論中國晩淸飜譯小說中的"意譯"現像」, 『浙江社會科學』 第2期, 2007.

등에 대한 사전 지식이 전혀 없는 일반적인 중국 소설 독자층의 독서 습관을 고려한 현실적인 선택일 수밖에 없었다. 그로 인해 본문 속에 수시로 번역자의 설명이나 해설을 덧붙이고 낯선 외국 지명이나 인명, 사물을 중국식으로 바꿔 버리는 경우마저 빈번하게 일어났다.

따라서 기본적으로 원문에 충실할 수 없을뿐더러 때로는 원문을 크게 벗어나 역자가 오히려 주도적이고 반역적인 역할을 행하는 글쓰기가 유행하였다. 이러한 번역문학은 흔히 말하는 '의역'과 구별되는 '역술'[59]의 한 형태로서, 여기서 '역술'은 원문을 바탕으로 역자에 의해 재구성된 글쓰기 방식을 의미한다. 원문은 더 이상 번역되기만을 기다리는 텍스트가 아니라, 다시 쓰여질 수도 있는 텍스트로 탈바꿈된다. 다시 말해 저자가 작품 속에서 표현하고자 하는 의도와 상관없이 역자는 상대적으로 자유로운 주동권을 발휘하여 원작을 고쳐 쓰고 재서술할 수도 있다는 말이다. 이로부터 역자가 저자의 권위를 무너뜨리고 창작과 번역의 경계가 모호해지면서 새롭게 재구성된 글쓰기가 출현하게 된다. 이것이 바로 청말시기 번역문학의 본질적인 특성이 드러나는 지점이다. 로베르 에스카르피(Robert Escarpit)가 언어학적· 문화적 경계

---

59 두후이민(杜慧敏)은 원작을 중시하는 직역과 의역 개념을 넘어선 만청시기 소설문학의 주요한 번역 방식을 두 가지로 나누었는데, 백화소설을 대부분 '연술(演述)'로, 문언소설을 '역술(譯述)'로 구분하였다. 즉 '연술'은 중국고대 연의체소설(演義體小說)의 창작방식을 운용하여 작품 속에서 역자가 '설화인(說話人)'과 비슷한 위치를 찬탈하여 임의대로 서술에 개입하고 해석한다. 이에 비해 '역술'은 역자가 작품의 배후에 숨어 비교적 원작의 내용을 전달하는 데 집중하면서도 경우에 따라 첨삭과 부언설명을 동원하여 원작을 고쳐 서술한다는 것이다.(『晩淸主要小說期刊譯作硏究』(1901-1911), 上海世紀出版集團, 2007, 120-150쪽 참조) 그러나 그의 설명대로 확연하게 이분되는 것도 아니기 때문에, 여기서는 이상의 번역방식을 '역술'이란 말로 통괄하여 그 의미를 밝히고자 한다.

를 가로질러 이루어지는 "번역은 항상 하나의 창조적인 반역이다."[60] 라고 말한 바 있다. 이에 비추어 보면 청말시기의 '역술'은 그러한 번역 자체의 특징, 이질적인 텍스트가 다른 문화권에 이식되면서 수반될 수밖에 없는 창조성이나 반역성의 일반적인 범주를 훨씬 넘어서는 글쓰기 양식이었다. 한마디로 말해 번역과 창작이 혼재되어 있는, 주어진 텍스트를 원천 삼아 '다시 쓰기'가 가능한 것이었다.

'다시 쓰기'는 번역소설과 원작 사이에 등가관계가 성립하지 않는 커다란 '균열' 공간 속에서 이루어지며, 기본적으로 말해지는 것과 번역-전달되는(의미하는) 것 사이의 '불일치' 위에서 성립된다.[61] 이 시기 서구소설에 대한 번역과정에서 보편적으로 나타나는 이러한 '균열'과 '불일치' 현상을 단순히 '문화적 오독' 혹은 '오역'의 차원으로 치부해 버릴 수만은 없는 문제이다. 어찌 되었든 그것은 자국의 문화적 전통을 기반으로 타국의 텍스트를 흡수하는 과정에서 번역자가 중국의 기존 독자층의 독서기호에 맞추어 상호 매개적인 가교 역할을 능동적으로 수행하던 특정 시기 글쓰기 실천의 한 패턴을 대변한다. 이를 번역이라 하든 창작이라 하든 아니면 창작과 번역의 혼재라 하든 간에, 원작과 번역작의 커다란 '균열' 사이에서 불완전하지만 주체적인 방식으로 타국의 사상과 문명을 수용하고 나아가 세계상을 구현코자 한 인문학적 실험이 비로소 가능했다. 두 텍스트의 '균열' 공간은 분명 원작을 존중하는 일반적인 번역 규범을 일탈한

60 R. 에스카르피 지음, 민병덕 옮김, 『출판·문학의 사회학』, 일진사, 1999 참고.

61 王宏法는 번역소설과 원저 사이에는 간단히 등호가 성립될 수 없고 오히려 커다란 틈이 존재할 수 있는데, 만청시기 서구소설에 대한 이해는 이러한 틈 위에 이루어진 것이라고 하였다.(『翻譯與文學之問』, 南京大學出版社, 2011, 161쪽)

장소이지만, 어떤 면에서 '주체적인 서술'이 허용되는 무한한 가능성과 창조성을 부여해 주는 글쓰기 기제가 작동하는 공간이기도 하다. 이로써 문학 번역에서 창작으로의 전환이 가능했고 번역과 창작 사이의 경계를 넘나들며 작동하는 글쓰기 기제를 통해 직업작가들이 서서히 훈련되고 성장해 갈 수 있었다.

이처럼 번역과 창작, 그리고 미디어가 연동된 상황에 대해 대략적으로 [표 4.1]을 참조해 볼 수 있다. 도표의 통계자료는 불완전하기는 하지만, 당시 번역의 성행, 그리고 그것이 전체 문단에서 지닌 의미를 잘 보여 준다. 이 표에 의하면 1840-1911년 번역소설은 총 1,019종으로, 비록 창작소설 1,704종에 미치지 못하지만[62] 급격한 증가폭을 나타내고 있다. 특히 1903년부터 1908년까지 단행본으로 출판된 작품은 번역이 창작을 압도할 뿐만 아니라 1906년까지 신문·잡지에 게재된 번역작품도 창작소설의 50%에 육박하고 있다. 추이를 보면 1903년부터 번역소설이 양적으로 크게 증가하여 1907년 정

---

62 도표의 통계수치는 거의 장샤(張霞)의 『출판과 근대문학 현대화의 발생(出版與近代文學現代化的發生)』(復旦大學 博士學位論文, 2011)의 통계자료를 참고한 것이지만, 그가 근거로 한 타루모토 테루오의 통계와도 편차가 있다. 예컨대 타루모토 테루오는 『청말민초소설목록(淸末民初小說目錄)』에 근거하여 1840-1911년 번역소설은 1,016종, 창작소설은 1,288종으로 제시하고 있다. 이러한 편차는 1988년에 출판한 목록 이후 타루모토 테루오가 10여 년이 지나서 낸 『청말민초소설년표(淸末民初小說年表)』의 통계자료와 다를 수밖에 없기 때문이다. 참고로 장샤(張霞)는 이 연표에 근거하여 도표를 산출하였다. 주의할 것은 아잉(阿英)이 『만청소설목(晚淸小說目)』을 근거로 만청시기 번역소설이 창작소설보다 많다고 주장하였지만, 타루모토 테루오가 새로 발굴한 작품목록을 통해 1911년 이전 시기 번역은 약 44%를 차지할 뿐, 창작이 번역보다 1.27배가 많다는 사실을 밝혔다는 점이다. 王宏志 編, 「淸末民初的翻譯小說 - 經日本傳到中國的翻譯小說」, 『翻譯與創作 - 中國近代翻譯小說論』, 北京大學出版社, 2000, 157-158쪽.

[표 4.1] 청말 번역소설과 창작소설의 추이

연도	번역소설			창작소설			소설전체
	단행본	게재	총합	단행본	게재	총합	합계
1840–1891	9	7	16	62	1	63	79(110)
1892	0	0	0	3	3	6	6(9)
1893	0	0	0	8	0	8	8(13)
1894	1	0	1	10	0	10	11(19)
1895	0	0	0	8	1	9	9(15)
1896	1	3	4	2	0	2	6(10)
1897	1	4	5	11	11	22	27(21)
1898	1	5	6	4	1	5	11(11)
1899	2	0	2	13	2	15	17(26)
1900	3	1	4	11	1	12	16(26)
1901	7	3	10	7	31	38	48(36)
1902	5	13	18	6	15	21	39(42)
1903	51	45	96	15	58	73	169(237)
1904	41	32	73	18	78	96	169(240)
1905	65	26	91	26	67	93	184(295)
1906	91	42	133	58	82	140	273(439)
1907	141	57	198	51	153	204	402(665)
1908	99	55	154	83	172	255	409(844)
1909	56	29	85	98	163	261	346(559)
1910	35	26	61	79	95	174	235(399)
1911	11	51	62	111	86	197	259(459)
합계	620	399	1,019	684	1,020	1,704	2,723

*1840–1895 통계는 郭浩帆, 「清末民初小說與報刊業之關係探略」, 『文史哲』 第3期, 2004 참고. 1896년부터 張霞, 『出版與近代文學現代化的發生』, 復旦大學 博士學位論文, 2011 통계자료 참고. 장샤(張霞)의 학위논문은 (日)樽本照雄, 『清末民初小說年表』(清末小說研究會, 1999)의 통계에 의거했다고 하는데, 타루모토 테루오(樽本照雄)의 통계를 인용하는 중국인 논자들마다 연도별 수치가 일치하지 않을 뿐더러 더 중요한 것은 타루모토 테루오의 통계 자체도 불완전하다.

소설 전체합계( ) 안의 통계수치는 劉永文, 『晚清小說目錄』(上海古籍出版社, 2008) 가운데 소설연표 참고. 상대적으로 최근 자료인 류용원(劉永文)의 통계는 소설의 재판(再版)까지 포함하고 상당한 수량을 보충해서 제시하고 있다지만, 이 역시 부정확하기는 마찬가지이다. 이러한 편차는 자료의 성격이 다양하고 양적으로 방대하여 정확한 통계를 내기 어렵기 때문일 것이다. 그럼에도 불구하고 번역 및 창작 작품의 양적 변화의 추이 자체는 큰 차이가 없다.

점에 이르렀다가 이후 다시 점차 하락한다. 이러한 증가량의 추이는 당시 신문·잡지의 증가 추세 및 편집방향과 밀접한 연관이 있다. 비록 『신보』, 『영환쇄기』, 『만국공보』, 『시무보』, 『청의보(淸議報)』, 『여학역편(勵學譯編)』 등에 번역소설들이 간간이 실리고 단행본도 출판되긴 했지만, 1902년 『신소설(新小說)』 창간 이후 소설에 대한 인식의 전환을 겪으면서 비로소 단행본 출판과 신문·잡지 게재량이 대폭 증가하였다. 량치차오는 중국의 신문·잡지가 우선적으로 할 일은 바로 세계 각지의 최근 소식을 번역 소개하는 것이라고 지적한 바 있는데,[63] 『신소설』 또한 창간 초기부터 창작소설과 번역소설을 1:1로 할 정도로 번역소설을 비중 있게 다루었다.[64] 창간호에 실린 작품 중 설부류 9편(소설 7, 전기 1, 희본 1) 가운데 소설 4편이 번역 작품이었으며, 『신소설』은 종간될 때까지 전체 27종 소설 중에 번역이 16종으로 59%를 점하였다.

한편 상업출판사로서 번역출판에 적극적이었던 상무인서관은 1901-1911년 사이 총 257종 소설을 출판하였으며 그중 번역소설이 대다수를 차지하고 있다. 그중에는 린수의 번역소설이 큰 비중을 점하고 있지만, 그와 더불어 중요한 것이 1903년 창간한 『수상소설(繡像小說)』 잡지이다. 이 잡지에는 총 20종의 번역소설이 게재되었고, 그중 역자 서명이 없는 대부분 작품은 출판사 편역소(編譯所) 내의 역자(譯者)들의 원고로서 연재가 끝남과 동시에 단행본으로 출판되었다. 물론 간혹 에드워드 벨러미(Edward Bellamy)의 『뒤돌아보며(回頭

63 「論報館有益於國事」, 『時務報』 第1冊, 1896. 8. 9.

64 「中國唯一之文學報」, 『新小說』」, 『新民叢報』 第14號, 1902. 8. 18.

看)』,[65] 일본 미야케 히코야(三宅彦彌)의 『산호미인(珊瑚美人)』 그리고 헤르만 주더만(Hermann Sudermann, 1857-1928)의 *Der Katzensteg*(『고양이의 다리』, 1890)를 번역한 『매국노(賣國奴)』[66] 같은 번역소설들은 먼저 단행본으로 출판되었다가 뒤늦게 『수상소설』에 연재되기도 했지만, 이 역시 번역소설에 대한 당시의 관심과 호응을 짐작케 한다.

번역소설이 가장 많이 발표된 최고조 시점은 1907년을 전후한 시기이다. 그 이유는 여러 가지가 있겠지만, 그중 하나가 1906년 11월 『월월소설』의 창간과 1907년 2월 『소설림』의 창간이다. 이 두 소설잡지는 발간사에서도 천명하고 있듯이 번역을 첫 번째 위치에 놓을 만큼 번역문학의 중요성을 강조하고 있다. 「월월소설발간사(月月小說發刊詞)」에서 "본 잡지의 소설은 두 가지이다. 하나는 번역이고 하나는 저술이다. 타산의 옥으로 자신의 잘못을 바로잡을 수 있으니, 번역은 늦출 수 없다."[67]라고 한 것처럼 소설의 번역을 매우 중시하였다. 또 헌정(憲政)을 위해 대중의 무지함을 깨우치기 위해서는 역서(譯書), 그중에서도 많은 독자층을 지니고 있는 소설번역이 가장 절실하다고 피력하였다.

---

65 『시무보』의 모델이었던, 재중 서구 선교사들이 발행한 『만국공보』에서 1891년 12월부터 1892년 4월까지 티모시 리처드와 차이얼캉(蔡爾康)이 미국 에드워드 벨러미의 소설 *Looking Backward, 2000-1887*을 번역한 「백년 만에 깨어나다(百年一覺)」를 연재한 적이 있었다. 한편 이 소설은 또 1898년에 츄웨이어(裘維鍔)가 번역하여 그가 주편하던 『중국관음백화보(中國官音白話報)』 第7-8期에도 연재되었으며, 1904년에는 티모시 리처드의 번역본이 상무인서관의 『수상소설』에 「뒤돌아보며(回頭看)」라는 제목으로 연재되었다.

66 이 작품은 우타오(吳檮)가 도바리 치구후(登張竹風)의 『賣國奴』(金港堂, 1904)를 저본으로 하여 중역(重譯)한 것이다.

67 陸紹明, 「月月小說發刊詞」, 『月月小說』 第1年 第3號, 1906.

1904년 쩡푸(曾朴)가 설립한 소설림사는 소설출판 사업을 위주로 한 출판기구로, 저우구이성과 시뤄(奚若)가 번역한 코넌 도일의 『셜록 홈즈의 귀환(福爾摩斯再生案)』 출판을 시작으로 1904-1908년 사이에 총 120종에 달하는 소설들을 출판하였다.[68]

> 서구에서는 문학을 논하는 데 소설가를 으뜸으로 삼는다. 참으로 사회를 개량하는 방법에 있어서 소설의 힘이 가장 크다. 우리 사회의 암흑은 너무 심하다. 그리하여 구소설 세력이 실지로 좌지우지한다. 근년에 비로소 소설계를 바로잡고 혁신하려는 사상이 생겨났다. 본사에서는 큰 뜻을 펼치기 위해 먼저 일본과 서구의 소설 수백종을 구입하고 저명인사를 초빙하여 번역하고자 한다. 이제 부족함을 무릅쓰고라도 스스로 새로운 작품을 창작하거나 옛 작품을 개량하여 우리 중국 소설계의 범위를 날로 넓히고, 사상을 날로 발전시켜, 번역시대로부터 창작의 시대로 나아감으로써, 세계에서 일본과 서구의 대문호와 겨루고, 구사회에도 영향력을 발휘하고자 하는 것이 본사를 창립한 종지이다.[69]

위의 문장은 '소설림총서(小說林叢書)'를 출판하면서 그 총서에 포함된 도서출판을 광고하는 문안인데, 여기서 소설림사가 수백종에 달하는 일본과 서구소설 번역을 주력사업으로 기획함으로써 대량의 번역물을 통해 창작을 진작시키고자 했음을 알 수 있다. 이를 위해 소

68 張銘·徐蒙, 「小說林社及其刊物廣告, 告白硏究」, 『史料』 第5期, 2010.
69 小說林社의 서적광고, 關家錚, 「關于小說林社」, 『圖書館建設』, 2001에서 재인용.

發行所 商務印書館

書名	原著者	著譯者	出版月	定價
十字軍英雄記	英司各德	林紓	三月	九〇
拊掌錄	美華盛頓歐文	林紓	四月	三〇
金風鐵雨錄		林紓		一〇〇
俠隱記	法大仲馬	君朔	五月	一五〇
孤星淚	法然俄		六月	七〇
漫郎攝實戈	法約甘華斯德		五月	三〇
旅行述異	美華盛頓歐文	林紓	六月	七五
滑稽外史	英却而司迭更司	林紓 魏易	七月	二〇〇
大食故宮餘載		林紓		六五
神樞鬼藏錄	英阿瑟毛利森	林紓	三月	二五

調査表 二

그림 4.4 「정미년소설계발행서목조사표(丁未年小說界發行書目調査表)」, 『소설림』 제9기, 1908.
상무인서관에서 1907년에 출판한 소설 중 일부를 보여 주고 있다. 대부분이 린수의 번역 작품들이다.

설림사는 출판사 설립 3년 만에 『소설림』 잡지를 창간하면서 총력을 기울였고, 『월월소설』의 54종 번역 소설량에 미치지는 못하지만 총 18종의 번역소설[70]을 게재하였다. 그중 9종이 장편인데, 소설림사 동인들이 번역한 장편소설이 5종이나 될 만큼 비중이 높다. 주편인 쉬녠츠가 1908년 『소설림』 제9기에 「정미년 소설계 발행 서목 조사표(丁未年小說界發行書目調査表)」를 실었는데, 그는 1907년 소설의 출판 상황을 분석하면서 당시 번역서, 특히 소설(번역)이 두드러지게 약진하는 현상을 지적하였다. 그의 자료는 다소 불완전하지만, 이에 따르면 1907년 상무인서관(商務印書館), 소설림사(小說林社), 신세계소설사(新世界小說

70 각 잡지의 구체적인 번역소설 목록은 闞文文, 『晩淸報刊上的翻譯小說』, 齊魯書社, 2013 참고.

社), 광지서국(廣智書局)을 비롯한 15곳 출판사에서 총 122종의 소설을 출판하였으며, 그중 번역소설이 79종, 창작소설이 43종으로 번역소설이 전체 65%를 차지하고 있다.[71] 여기서 소설 발행량 상위에 올라 있는 상무인서관, 소설림사, 신세계소설사, 광지서국 등은 모두 소설잡지 출판과 발행을 주도했던 출판사들로, 신문 및 잡지에 게재된 소설과 단행본 출판은 선후의 문제였을 뿐, 상호 긴밀히 연동되어 있었다.

1907년을 전후하여 번역소설을 게재하는 신문·잡지의 창간도 줄을 이었다. 『월월소설』, 『소설림』 이외에도 『신세계소설사보(新世界小說社報)』, 『시사보(時事報)』, 『중외소설림(中外小說林)』, 『신소설총(新小說叢)』, 『경립사소설월보(競立社小說月報)』, 『소설세계(小說世界)』, 『신주일보(神州日報)』, 『광동계연신소설(廣東戒煙新小說)』 등이 연이어 발간되었다. 일반 신문과 종합잡지에서도 소설을 대거 게재했던 것을 고려하면 당시 소설 창작은 물론 번역도 상당한 규모였음을 쉽게 이해할 수 있다. 대표적인 예로서 1904년 창간부터 소설란을 개설하여 거의 매일 번역소설을 게재한 『시보』를 들 수 있는데, 1911년까지 총 52종의 번역소설을 실었다. 한동안 소설게재를 기피하였던 『신보(申報)』도 『시보』의 영향을 받아 1907년에 다시 소설란을 개설하여 1911년까지 총 249편의 소설(그중 45편은 번역소설)을 실었다.[72] 이처

71 「丁未年小說界發行書目調查表」, 『小說林』 第9期, 1908; 郭延禮, 『中國近代翻譯文學概論』, 湖北教育出版社, 1998, 44쪽. 쉬넨츠의 도표에는 명확한 표시가 없지만, 궈옌리(郭延禮)가 소설목록을 보고 번역·창작소설로 구분하여 통계를 낸 것으로 보인다. 그는 번역소설이 전체 70%를 차지한다고 지적했지만, 122종 가운데 79종이면 65%가 정확한 수치로 추정된다.

72 闞文文, 『晚清報刊上的翻譯小說』, 齊魯書社, 2013, 77, 84쪽.

럼 전문적인 문학잡지의 연이은 창간과 시사종합지의 소설란 개설로 번역소설이 다수 실릴 수 있는 미디어환경이 조성되면서 자연스럽게 번역문학이 흥성기로 진입할 수 있었다.[73]

이상과 같이 미디어와 번역, 그리고 창작은 서로 긴밀하게 연계되어 문단의 새로운 생태계를 형성하였다. 위 세 요소의 긴밀한 상호의존적 관계를 잘 이해하는 것은 20세기 중국 근대소설의 형성 과정을 파악하는 데 매우 중요하다. 특히 번역작품의 성행은 소설 혹은 설부에 대한 시장의 수요, 그리고 새로운 취향에 관한 관심이라는 독자층의 요구에 기반하고 있지만, 한편으로는 설부의 수요에 대해 창작이 적절하게 대응하지 못한 원인도 컸다. 1890년대부터 임계점에 도달해 있던 출판계에 새로운 활력을 불어 넣은 것은 "새롭고 신기한(新奇)" 외국소설의 번역이었다.

그 이유는 첫째 일본을 중심으로 한 외국유학이 붐을 이루고, 외국의 소식과 문화 등에 대한 사회적 관심사가 고조되면서 번역자의 대오가 크게 확대되었다. 그리하여 일본소설이나 일본어 번역본을 통한 서구소설에 대한 중역(重譯)이 크게 증가하였다. 두 번째는 19세기 말부터 신문과 잡지는 새로운 사상과 문화를 생산하고 확산하는 가장 주요한 미디어가 되었다. 이 미디어의 특징은 변화하는 세계의 소식과 정보를 가장 빠르게 전달할 수 있다는 장점을 가지고 있

73 천다캉에 의하면 『신보』가 창간된 1872년에서 신해혁명이 발발한 1911년까지 소설을 게재하였던 신문·잡지는 최소 205종이다. 그중에서도 급속히 증가하기 시작하는 해는 1903년부터이며, 1906-1909년에 가장 많이 창간되었다. 陳大康, 『中國近代小說編年』, 華東師範大學出版社, 2002, "表三: 近代刊載小說報刊一覽表", 3-5쪽 참고.

다. 발행주기를 다양하게 하면서 정보와 문화를 생산하는 속도에 맞추어 발표할 수 있다는 것은 당시 새로운 지식과 문화에 대해 조급증을 보이던 중국인들에게 가장 유용한 매체였다. 세 번째는 많은 신문과 잡지들이 지면을 채우기 위해 새로운 지식과 내용을 자체적으로 생산하기보다는 번역에 의존하는 경우가 많았다. 네 번째는 서구의 지식과 정보에 대한 사회적 관심이 높아지기는 했지만, 상업적 메커니즘에 의거하여 운영되는 신문과 잡지들은 보다 많은 독자들을 확보하기 위해 경쟁을 해야만 했다. 따라서 신문과 잡지가 가장 대중적인 독서물인 소설에 주목하는 것은 자연스러운 일이었다. 마지막으로 과거제도의 폐지로 인해 사회적 진출이 어렵던 지식인들이 경제적 문제를 해결하기 위해 신문 및 잡지에 기고하는 경향이 더 심화되었는데, 번역은 그들의 글쓰기를 위한 훈련의 장을 제공하였다. 이로 인한 활발한 외국문학 번역은 당시 중국 신소설 창작을 촉진시키는 매개 역할을 하면서 미디어를 기반으로 이른바 소설의 시대를 이끌었다.

제5장 신소설론의 미디어적 시각

1. 정치소설로부터[1]

20세기 문학 특히 소설로부터 시작된 문학의 사회적 전경화(foreground-ing)는 '정치소설'로부터 시작된다. '정치소설'을 소설의 전경화의 발단으로 보는 까닭은 이 개념으로 인해 소설이라는 기존의 관습적 용법이 새로워졌기 때문이다. 이른바 '신소설'에서의 '새롭다'는 의미는 기존의 것으로부터 '낯설다'는 의미이며, 이는 소설의 전경화를 의미함에 다름 아니다. 1902년 '신소설' 이전의 기존 소설에 새로운 감각과 인식의 변화를 준 것은 '정치'와 소설의 결합이었다. 이는 두 가지 측면에서 새로운 것이었다. 첫째는 '정치'라는 아직 낯선 용어가 친숙한 소설이라는 어휘와 결합된 것이었다. '정치(政治)'[2]라는 용

1 5장의 내용은 「청말시기 신소설론의 미디어적 시각」(『중국현대문학』 제68호, 2014. 3.) 이란 제목으로 발표한 글을 수정한 것이다.

2 '정치(政治)'라는 용어는 일찍이 고대 중문문헌인 『상서(尙書)·필명(畢命)』, 『주례(周禮)·지관(地官)·수인(遂人)』, 『신서(新書)·대정하(大政下)』 등에서 나타나고 있다. 예컨대 『상서·필명』: "도가 흡족하고 정사가 잘 다스려져 백성이 윤택해진다.(道治政治, 澤潤生民.)"; 『주례·지관·수인』 : "국가를 통치함에 있어 시행되는 일체의 조치를 주관한다.(掌其政治禁令.)"; 가의(賈誼), 『신서·대정하』: "가르침이 있고 나서 정사가

어는 19세기 중반 전후부터 전통적 의미를 바탕으로 서구의 개념을 번역한 의미로 사용되기도 했다.[3] 그렇지만 이는 서구인에 의해 사용된 용례로서, 중국인에 의해 직접 사용되기 시작한 것은 19세기 말 일본으로부터 근대적 정치개념으로 본격 소개된 이후이다. 량치차오를 중심으로 소개된 '정치소설'에서의 '정치' 개념도 일본이 고대한자를 차용하여 서구어를 번역한 개념으로 새로이 들어온 회귀차형어[4]였다.

다스려지고, 정사가 다스려지고 나서야 백성이 힘써 노력하게 된다.(有教, 然后政治也, 政治, 然后民勸之.)" 등이 대표적인 예이다. 후대 역사에서는 "정(政)"과 "치(治)"가 함께 사용되는 경우도 종종 있었지만 대개는 분리되어 사용되어 왔다.

3 번역어로서의 '정치'의 대표적인 초기 용례는 19세기 전반 웨이위안(魏源)의 『해국도지(海國圖志)·구라파주총연혁(歐羅巴洲總沿革)』(卷37)에서 "정치(政治)"라는 번역어를 사용한 이후, 1853년 홍콩에서 발행되어 홍콩과 상하이의 묵해서관(墨海書館) 등지에서 판매·유통되었던 『하이관진(遐邇貫珍)』이라는 중문잡지를 들 수 있다. 이 잡지에서는 「영국정치제도(英國政治制度)」(第1卷 第3號, 1853. 10.), 「화기국정치제도(花旗國政治制度)」(第2卷 第2號, 1854. 1.)을 비롯한 5편의 문장에서 전체 11차례 "정치"라는 용어가 등장하고 있다. 여기서 "정치제도"는 "constitution"의 중국 번역어이다. 그러나 본문에서 사용된 "정치(政治)"라는 어휘의 용례는 "追溯前代鑑史政治之方"(第1號, 1853, 「序言」); "國中政治悉統持於內閣"(第3號, 1853, 「英國政治制度」; "政治之明良"(第7號, 1854, 「瀛海筆記」; "願修其政治"(第10號, 1854, 「近日雜報」) 등과 같이 "politics", "governance" 등에 상당하는 의미로 사용되고 있다. 『遐邇貫珍』(影印本), 上海辭書出版社, 2005.

4 '회귀차형어'의 사례에 대해서는 리디아 리우 지음, 민정기 옮김, 『언어횡단적 실천』, 소명출판, 2005의 "부록D" 참고, 특히 '정치' 어휘에 대해서는 495-496쪽 참고. "정치"라는 용어가 일본을 통해 중문문장에서 본격적으로 출현하기 시작한 것은 1896-1898년이었다. 그중에서도 주목할 것은 1896년 량치차오가 「서학서목표후서(西學書目表後序)」에서 "정치연혁(政治沿革)"이라는 표현을 사용하였으며, 1896-1897년 편찬되어 1898년 출판(上海大同譯書局)된 캉유웨이의 『일본서목지(日本書目志)』에서는 서적분류 항목으로 "정치문(政治門)"을 두고 있다. 여기서 캉유웨이는 정치학(政治學), 정체(政體), 행정학(行政學), 재정학(財政學), 사회학(社會學), 경제학(經濟學), 통계학(統計學), 가정학(家政學) 등 17종류 424권의 책을 소개하고 있고, 또 주석에서도 "정치의 학술이 가장 뛰어나기로는 육경(六經)만한 것이 없다. 서

두 번째는 정치와 소설은 중국의 학문과 지식분류 혹은 그 위계 질서에 있어서 병치되기 어려운 개념이었다. 예를 들어 청대 1652년의 출판 및 서적 유통과 관련한 조치에서 "민간 출판인과 서적상들은 단지 이학(理學)과 정치(政治)와 같이 문화 및 덕성교육과 관련된 서적만을 출판해야 한다. 그 밖에 자질구레한 말과 음란한 말은 … 유통을 엄히 금하며, 이를 어기는 자는 엄히 다스릴 것이다."[5]라고 하였다. 여기서 말하는 자질구레한 말과 음란한 말이란 민간 출판업자들이 판각한 '교화에 위배'되는 각종 설부류, 즉 장회소설을 비롯하여 창본(唱本)이나 극본과 같은 것을 의미한다. 이학과 정치는 정치적으로나 학문적 위계에 있어 규범적인 것인 반면, 통속소설과 같은 경우는 이를 해치거나 위배되는 것으로 양자는 전혀 어울릴 수 없는 성격의 것이었다. 따라서 1898년 량치차오가 처음 '정치소설'을 소개했을 때, 이는 중국 독자들에게 파격적인 개념이었다.

하지만 당시 독자들 대부분은 여기서 말하는 '정치'의 의미를

구가 강해진 까닭을 살펴보면 모두 우리 경서의 의미에 암암리 부합한다.(政治之學最美者, 如吾六經也. 嘗考泰西所以强者, 皆暗合吾經義者也.)"라고 말하는 등 "정치(政治)"라는 개념에 육경(六經)이 내포하는 범위와 같은 매우 포괄적인 의미를 부여하고 있다. 『康南海先生遺著彙刊十一·日本書目志』, 宏業書局影印, 179-222쪽; 沈國威, 「康有爲及其『日本書目志』」, 『或問 WAKUMON』 51, No. 5, 2003, pp. 51-68. 이후 1897년 12월 창간된 『국문회편(國聞匯編)』에 신후이(新會) 우광젠(伍光建)이 서술한 「구주정치약론(歐洲政治略論)」이 게재되었다. 1898년 6월 광둥 출신의 중국인들이 일본에서 발행한 『동아보(東亞報)』에서는 "정치(政治)"라는 고정란을 두고 일본인 오오하시 테츠타로우(大橋鐵太郎)가 편집책임을 맡아 일본과 서구의 신문·잡지로부터 정치, 경제 등 여러 방면의 시사뉴스를 번역하여 게재하기도 하였다.

5 "坊間書賈, 止許刊行理學政治有益文業諸書, 其他瑣語淫詞 … 通行嚴禁. 違者從重究治." 淸魏晉錫 纂修, 『學政全書·書坊禁例』 卷7(王利器 輯錄, 『元明淸三代禁毁小說戲曲史料』, 上海古籍出版社, 1981, 23쪽 재인용).

politics, 혹은 political의 번역어로 인식하기보다는 여전히 중국어의 정(政)과 치(治)의 의미조합으로서 '정사(政事)의 치리(治理)'와 관련된 포괄적인 의미로 인식했을 것이다. 여기서 정치는 위정자(군주와 관료)의 통치행위와 제도를 망라한 포괄적인 의미이며,[6] 정치소설이란 그러한 통치행위와 제도 등에 관련된 소설이라고 할 수 있다. 좀 더 구체적으로 말하면, 그 의미는 아마 일본에서와 마찬가지로 "정사(政事)에 관한 패사(稗史)" 정도로 인식되었을 것이다.[7]

량치차오가 정치소설이라고 했을 때, 그것은 단순히 소설의 효능을 넘어선 일종의 장르적인 의미를 지니고 있었다. "정치소설이라는 문장의 체제(격식)는 서구인으로부터 시작되었다.(政治小說之體, 自泰西人始也.)"라고 「정치소설 번역서문(譯印政治小說序)」(『佳人奇遇』의 譯者敍言) 모두에서 말한 바와 같이, 량치차오는 소설의 기능보다도

6 청대 건륭제시기 편찬된 통속어휘집이라고 할 수 있는 『통속편(通俗編)』에서는 '政治'라는 상위 분류개념하에 행정, 사법, 제도, 언론 등을 망라한 140여 개의 어휘를 수록하여 설명하고 있다.(翟灝, 『通俗編·政治』 卷6, 無不宜齋雕本, 武林竹簡齋藏版.) 하지만 '政治'라는 개념에 대한 직접적인 설명은 없어 그 정확한 의미를 알기 어렵고, 하위항목의 설명부분에서도 정치라는 단어는 사용하지 않고 있다. 따라서 이는 분류의 영역이지 일반적으로 쓰이던 통속적인 용어라고 보기 어렵다.

7 일본에서 '정치소설' 혹은 '정사소설(政事小說)'이라는 개념이 출현하기 시작한 것은 1885년 이후부터이며, 그 이전에는 주로 "政事に關する稗史小說", "政論稗史" 등으로 불리었다. 이에 대해서는 西田谷洋, 「政治小說の成立」(『翻訳と歴史』 1, ナダ出版センター, 2000. 7.), 17-21쪽, (『翻訳と歴史』 2, ナダ出版センター, 2000. 9.), 9-15쪽 참고. 한편 앞서 말한 康有爲의 『日本書目志』의 "小說門"에서는 부분적으로 "人情小說", "탐정소설", "時事小說", "정치골계소설", "상업소설", "개량소설", "裁判小說", "소년소설", "政敎小說", "學藝小說", "사회소설", "정치소설", "政事小說" 등의 표기를 붙인 작품을 포함하여 전체 1,056종의 작품을 열거하고 있다. 그러나 정치소설의 대표작으로 불리는 『佳人之奇遇』, 『經國美談』에는 아무런 표기도 없이 제목만 소개되고 있다. 『康南海先生遺著彙刊十一·日本書目志』, 宏業書局影印, 653-735쪽.

'정치'에 더 방점을 두고 있었다. 이는 소설의 기능성을 강조하는 것이 아니라 기존의 의미의 소설과 비교하여 특수한 체제로서의 특징을 부각시키는 것이다. 그중에서도 우선 지적할 것은 정치소설의 작가이다. 량치차오는 작가에 대해 "학식이 뛰어난 석학이자 어진 이, 지사(魁儒碩學, 仁人志士)"를 강조함으로써, 소설가의 지위를 최대한 제고시켰다. 이는 『가인기우(佳人奇遇)』나 『경국미담(經國美談)』의 저자인 시바시로(柴四郎)와 야노 류케이(矢野龍溪)의 실제적인 정치적, 사회적 지위를 의식한 것이라고도 볼 수 있지만, "석학", "어진 이, 지사"에 대한 강조는 문장에 대한 중국 지식인들의 태도를 의식한 것이기도 하다.[8] 정치소설에서 다루는 주요 내용이 정치에 관한 것인 만큼, 저자의 지위를 중시하는 것은 량치차오 외에도 일본의 초기 정치소설 주창자들에게서도 보이는 공통된 현상이다.[9]

그러나 이는 어디까지나 주창자들의 상상이자 기대일 뿐이며, 다른 한편에서는 정치소설의 개념을 매우 협애하게 설정함으로써 정치소설의 개념 및 그 지위에 대한 제약요소로 작용할 수 있다. 실제로 1901년 일본의 서점에는 수십 내지 근 100여 종에 달하는 정치소

---

8 량치차오는 『청의보(淸議報)』 第1卷에서 『가인기우』의 저자 시바시로를 "동해산사 전농상부시랑(東海散士前農商部侍郎)"으로, 「음빙실자유서(飮冰室自由書)」에서 『경국미담』의 저자 야노 류케이를 현재 "중국공사(中國公使)"이자 "일본문학계의 태두(日本文學界之泰斗)"이자 "진보당의 인걸(進步黨之傑物)"이라고 소개하는 등 그들의 정치적, 사회적 지위를 강조하고 있다. (日)東海散士前農商部侍郎柴四郎, 「佳人奇遇」, 『淸議報』 第1冊, 1898. 12. 23.; 任公, 「飮冰室自由書·傳播文明三利器」, 『淸議報』 第26冊, 1899. 9. 5.

9 寇振鋒, 「清末政治小説の術語, 概念の形成と明治政治小説との關わり」, 名古屋大學言語文化部·國際言語文化硏究科, 『言語文化論集』 第29卷 第1號, 2007, 11쪽, 93-104쪽.

설이 출간되었는데,[10] 이러한 소설들이 모두 대정치가나 학자와 같은 인물들에 의해 쓰여진 것은 아니었다. 량치차오의 '정치소설' 관점은 그런 의미에서 문제적이고 논쟁적인 것이었지만,[11] 당시에는 일종의 정치적 비유 혹은 수사적 의미로 받아들였다. 이는 당시 소설작가나 독자, 혹은 소설비평가와 같은 문단이나 그와 관련된 영역에서 나온 목소리가 아니라 정치운동 차원에서 기존의 소설문단과 종사자들에 대해 비판적인 사회적 층위로부터 제기된 목소리였다. 량치차오는 소설의 본질에 대해서는 논하지 않고 그것의 부정할 수 없는 사회적 현상, 즉 대중적인 유행이라는 점에 착안하여 그것에 정치적이고 사회학적인 의미를 부여하였다.

이는 기존 소설계 자체의 변화를 목적으로 한 것이 아니었다. 그보다는 비소설계 문인집단에게 소설이라는 글쓰기 방식을 새롭게

10 蘭陵氏, 「累卵東洋·跋」, 大橋乙羽 著, 憂亞子 譯, 『累卵東洋』, 大房元太郎, 1901(寇振鋒, 「淸末政治小說の術語, 槪念の形成と明治政治小說との關わり」, 2007, 97쪽 재인용).

11 정치소설이 유행하던 1898년 전후시기에 일본에서는 정치소설에 대한 견해가 분분했는데, 그 대표적인 관점은 대략 다음과 같았다. 첫째, 정치상의 사상, 주의, 의론을 소설에 기탁하거나 속담평화(俗談平話) 등과 같은 것을 통해 확산시키기 위한 매개. 둘째, 정치무대를 중심으로 정치가들이 서로 정치사건을 둘러싸고 용호상박하는 현상이나 권모술수를 드러냄. 셋째, 정치가를 주인공으로 하면서도 직접적으로 정치적인 운동을 서술하는 것이 아니라 개인적인 가족관계, 친구관계나 다양한 사회적 삶속에서 겪는 일상을 그린 것. 넷째, 현 정치가들의 의식을 분석하여 보편적이고 일반적인 것을 한 개인 인물에 응축시켜 표현하는 것. 後藤宙外, 「時文(小說界の新生面/吾人の所見)」, 『新小說』 第3年 第11卷, 明治31年 10月 5日; 「時文(再び政治小說を論ず/任は誰れにかある)」, 『新小說』 第3年 第12卷, 明治31年 11月 5日. 참고로 고토 츄가이(後藤宙外, 1866-1938)는 근대 일본의 대표적인 문학가이자 비평가이며, 1897년에 『신저월간(新著月刊)』 편집에 참여하고, 1900년에는 『신소설(新小說)』의 주편을 맡기도 하였다.

활용하는 것의 의의와 방법을 제시하는 데 주요 목적이 있었다. 물론 그 결과로서 새로운 유형의 소설창작을 통해 소설을 문인의 합법적인 글쓰기로 전환시키는 효과가 없는 것은 아니었다. 다만 정치소설 작가는 일반적인 의미의 소설가라기보다는 여전히 정치가나 대학자이며, 소설은 그들의 주의와 포부를 서술하고 표현하여 전달하는 일종의 매개체였다. 이를 반구(班固)의 『한서(漢書)·예문지(藝文志)』에서 분류한 구류십가(九流十家)를 통해 설명한다면, 량치차오의 목적은 소설가의 지위를 높이는 데 있는 것이 아니라 소설가를 제외한 구류(九流)의 "제자(諸子)"에게 소설적 글쓰기를 통한 '경세(經世)'를 요구하는 것이었다. 이와 같이 정치소설은 소설 가운데 특수한 체제이지만, 그 중점은 체제보다도 기능성에 두어짐으로써 소설론의 측면에서 새로운 관점을 보여 주는 데까지 나아가지는 못하였고, 이후 '신소설'론으로 대체되었다.

그러나 '정치소설'은 기존 소설계에 대한 밖으로부터의 충격이었으며, 소설계의 외연을 확대시킴으로써 자체의 영역 확대는 물론 사회적 비판으로부터 자신을 옹호할 수 있는 논리를 제공하였다. 대표적인 예가 『유희보』에 실린 당시 번역서적 광고이다.

> 구미의 소설은 모두 신분이 높은 공경(公卿)과 석학들이 천하의 대세를 관찰하고, 인류의 인륜 …, 과거 …, 미래를 예측한 후 자신의 견해를 전개하여 책으로 만든 것이다. 이를 통해 백성들의 눈과 귀를 일깨움으로써, 사람들의 적폐에 대해 경계하거나 국가의 위기를 위해 본보기를 세운다. 그 저작의 뜻은 한결같이 국가와 백성을 이롭게 하는 데 있으며, 활기찬 생기가 인간사회에 항상 함양될 수 있도록 하

는 데 있을 따름이다. … 근래 뛰어난 새 인물들이 모두 이러한 이치를 밝히기 위해 창작이나 번역을 하는 것이 시대의 유행이 되고 있는데, 이 책은 더욱 신뢰할 수 있다. 담고 있는 내용은 대개 아녀의 일로 사람들을 더욱 감동시키기 쉬워 이를 번역한다. … 패사 읽기를 좋아하는 사람들은 이로써 뜻과 기개를 발양하여 각자 국민의 의무를 다할 수 있으니 조금이나마 도움이 없지는 않을 것이다.[12]

이는 일본서적을 번역한 책 광고인데, 주요 내용은 정치운동과는 관계없이 단지 일본 유신운동에 참여했던 인물을 주인공으로 한 남녀의 애정고사를 위주로 하고 있다. 그럼에도 위 광고에서는 량치차오나 옌푸 등의 소설에 대한 중요성, 특히 정치소설에 대한 주장을 끌어와 번역의 의미를 소개하고 있다. 이는 신소설론이 본격적으로 제기되기 전에 이미 정치소설을 중심으로 한 소설담론이 상업적인 출판에까지 확산되고 있음을 뜻한다.

12 "歐美之小說多係公卿碩儒察天下之大勢, … 人類之頤理, … 往古, 豫揣將來, 然後抒一己之見, 著而爲書, 以醒齊民之耳目, 或對人群之積弊而下砭, 或爲國家之危險而立鑑, 然其立意則莫不在益國利民, 使勃勃欲騰之生氣常涵養於人間世而已 … 近者求新之魁桀多明此理, 或手著, 或譯本, 風行一時, 而此書尤信而有徵, 其所記者大抵兒女之事, 尤易感人, 因取而譯之 … 好讀稗史者亦可以感發志氣, 各盡其國民之義務, 不無小補云爾."「日本維新兒女英雄奇遇記自序」, 『游戲報』 第1596號, 1901. 12. 13.

2. 근대문명 미디어로서의 소설

고토 츄가이(後藤宙外)가 지적한 바와 같이 '정치소설'이라는 개념은 다양한 유형의 소설 범위를 포괄할 수 있다. 그중 량치차오를 비롯한 중국의 정치소설 주창자들은 고토 츄가이가 지적한 '정치소설'의 첫 번째 유형에 주목하고 있다. 즉 정치소설을 "학식이 뛰어난 석학이나 어진 이, 지사"들이 "자신의 경험이나 품은 정치적 의론을 소설에 기탁"한다든가, "한 시대의 대정론가가 작품 중의 인물에 기탁하여 자신의 정견을 서술한 것"[13]이라고 보고 있다. 이는 고토 츄가이가 정치소설을 이해하는 대표적인 관념으로 소개한, "정치상의 사상, 주의, 의론을 소설에 기탁하거나 속담 평화(俗談平話) 등과 같은 것을 통해 확산시키기 위한 매개"로 간주하는 입장과 매우 일치하는 것으로, 소설 자체를 일종의 매개물 혹은 미디어로 이해하는 것이다.[14]

정치소설에 대해 기존의 많은 연구들이 소설을 도구로 삼는 공리주의 문학관이라고 평가를 해 왔다. 이는 그 평가의 옳고 그름을 떠나 문학의 심미성 혹은 문학성이라는 관념을 전제로 하여 소설의

---

13 "其魁儒碩學, 仁人志士, 往往以其身之經歷, 及胸中所懷政治之議論, 一寄之於小說." 任公, 「譯印政治小說序」, 『淸議報』 第1冊, 1898. 12. 23.; "著書之人, 皆一時之大政論家, 寄託書中之人物, 以寫自己之政見." 任公, 「飮冰室自由書·傳播文明三利器」, 『淸議報』 第26冊, 1899. 9. 5.

14 1885년 쓰보우치 쇼요(坪內逍遙)도 이와 유사하게, "정사소설(政事小說)은 전적으로 정치계의 현황을 묘사하는 것으로, 암암리에 당파적 의론을 펼치려는 정치가들에게 익숙한 것"이라고 규정하고 있다. 坪內雄藏(坪內逍遙), 『小說神髓』 上卷, 松月堂, 1885, 29쪽.

기능성을 중시하는 관점에 대한 평가라고 할 수 있다. 공리성과 심미성(혹은 문학성)은 근대적 문학관념의 형성을 설명하는 데 중요한 기준으로 간주되어 왔으며, 특히 후자를 중심으로 한 문학관을 문학의 근대성 확립의 주요 표지로 삼아 왔다. 소설의 기능이든 아니면 그 심미성이든 20세기 초 소설담론 형성의 중요한 계기이자 의미를 부여한 것은 글쓰기의 새로운 환경변화였으며, 그러한 변화의 성격과 특징이 근대문학의 성격을 규정해 왔다. 여기서 말하는 환경은 안과 밖이라는 차원에서 단순히 외적인 조건을 의미하는 것이 아니다. 환경은 외적인 배경에 머무는 것이 아니라 그 자체로 내면화된 속성으로 자리 잡기도 한다. 이러한 측면에서 20세기 소설의 성격을 직접적으로 규정하는 중요한 환경은 글쓰기와 관련된 정치적 환경과 물질적 조건[器機]의 변화였다.

량치차오가 일본의 정치소설에 주목하고 이를 중국에 적극적으로 소개할 때는 일본의 지인들의 영향을 적잖이 받았는데, 그중에 대표적인 사람은 정치가 이누카이 쓰요시(犬養毅), 동아동문회(東亞同文會) 간사 카시와바라 분타로(柏栢文太郎), 그리고 량치차오의 일본어 스승이자 『가인기우』에 대해 평론을 쓰기도 했었던 다카다 사나에(高田早苗) 등이었다.[15] 여기서 주목할 것은 이누카이 쓰요시가 열거한 일본 근대문명을 보급시킨 세 가지 방법이다. 그는 량치차오에게 그 방법으로 학교, 신문·잡지, 연설 세 가지를 지적하였는데, 량치차오는 이를 "문명 전파의 세 가지 이로운 기기(傳播文明三利器)"라고 명

15 丁文江·趙豊田 編, 『梁啓超年譜長編』, 上海人民出版社, 1983, 169쪽.

명하였다. 학교와 신문·잡지, 연설[16]이 문명을 전파하는 중요한 방식이라는 점은 새로울 것이 없다. 여기서 근대란 특정한 형태의 문명을 가리킬 뿐만 아니라, 그 가운데는 특정한 전파방식도 포함하고 있다. 근대문명을 구성하는 이념과 기제는 그것을 사회적으로 구축하는 혹은 구축 가능하게 하는 방식과 분리되지 않으며, 오히려 후자에 의해 전자가 추동되거나 그 토대가 구성된다.

량치차오가 말한 근대문명의 세 가지 "매체[傳播利器]"도 그 자체가 근대문명의 토대이자 일정 정도 근대문명의 성격을 규정하는 요소라고 할 수 있다. 량치차오는 이누카이 쓰요시의 주장에서 한걸음 더 나아가 일본을 예로, 위 세 가지 요소에 한 가지를 더 추가하였으니, 그것이 바로 소설이었다. 앞의 세 가지 외에도 메이지 유신을 진행하는 데 큰 공훈을 세운 것 중의 하나가 소설이라고 보았다.[17] 물론 그가 여기서 가리키는 소설은 정치소설이지 일반소설이 아니었다. 오히려 그는 기존의 소설에 대한 경시 풍조를 의식하여 『가인기우』, 『경국미담』을 비롯한 일련의 정치소설들을 전적으로 소설로서만 간주할 수 없다고 주장하기도 하였다.

이와 같이 정치소설은 처음 그 기능과 의미에 있어서 신문·잡지 및 연설의 그것에 비견되는 과정을 통해 근대문명의 중요한 미디어로 간주되어 제기되었다. 이러한 시각은 단지 량치차오에만 국한되는 것이 아니라 당시 소설론에서 상당히 유행하는 보편적인 관점

---

16 20세기 초 중국에서 연설이 지니는 의미에 대해서는 천펑위안, 「소리 있는 중국: '연설(演說)'과 근현대(近現代) 중국문장(中國文章)의 변혁(變革)」, 『大東文化研究』, Vol. 58, 2007, 61-133쪽 참고.

17 任公, 「飮冰室自由書·傳播文明三利器」, 『淸議報』 第26冊, 1899. 9. 5.

이었다. 예를 들어 앞서 언급한 『누란동양(累卵東洋)』의 역자 유야쯔(憂亞子)는 그 서문에서 "오호, 정치소설이 어찌 단지 보통의 학교, 신문사의 효용뿐이겠는가? 모든 정치소설은 그 사상도 다양하게 변화시키고, 그 정감도 심화시키며, 그 내용도 신기하고 그 문장도 널리 퍼진다."[18]라고 하면서 정치소설의 교육적, 미디어적 기능을 학교나 신문사의 기능보다 더 높이 평가하고 있다. 이것이 1901년 정치소설이 한창 유행하던 초기의 관점이라면, 정치소설에서 신소설론으로 확대된 이후인 1906년에도 여전히 유사한 시각에서 미디어로서의 소설의 기능이 더욱 강조되고 있다.

> "문화가 날로 발전하고 사조가 날로 고양되면서, 사회에서는 소설의 효과가 연설이나 신문보다 더 빠르며, 소설을 단지 감정소일의 도구가 아니라 민(民)의 지혜를 깨우치는 교량이자 민의 덕을 함양하는 요소라는 것을 알고 있다. 따라서 정치, 과학, 실업, 애정, 탐정 등 각종 소설은 모두 신소설에 의해 창조된 것이며, 이것이 바로 소설이 가치를 지니고 있는 이유이다."[19]

학교와 신문·잡지, 집회에서의 연설보다 문명전파 혹은 근대 문

---

18 大橋乙羽 著, 憂亞子 譯, 『累卵東洋』, 大房元太郎, 1901(寇振鋒, 「清末政治小說の術語, 概念の形成と明治政治小說との關わり」, 2007, 100쪽 재인용).

19 "文化日進, 思潮日高, 群知小說之效果, 捷於演說報章, 不視爲遣情之具, 而視爲開通民智之津梁, 涵養民德之要素, 故政治也, 科學也, 實業也, 寫情也, 偵探也, 分門別派, 實爲新小說之創例, 此其所以絶有價値也." 「新世界小說社報發刊辭」, 『新世界小說社報』, 光緒32年 5月 25日, 2쪽.

명사회의 건설에 더 효과적인 것이 바로 소설이라는 것이다. 근대국가 혹은 근대문명 형성에서 신문과 소설의 역할에 대해서는 이미 널리 알려져 있지만, 이 양자 간의 관계에 대해서는 소설과 신문이라는 양식 혹은 체제상의 차이만큼이나 다른 영역으로 간주된다. 특히 허구를 소설의 핵심적인 요소로 간주하고서부터 신문·잡지와 소설은 경계가 명확할 뿐만 아니라 자신의 정체성을 규정하기 위한 상호적인 타자로 간주되었다.

그러나 상술한 바와 같이 당시까지만 해도 소설 혹은 문학과 신문의 경계가 그다지 명확한 것은 아니었다. 신문은 여러 글쓰기 양식 가운데 하나이자 특유한 형식의 독서물 가운데 하나였다. 소설의 전통적인 지위와 그에 대한 견해의 불안정성만큼이나 소설적 글쓰기와 신문의 글쓰기는 같은 문(文)의 영역에 놓여 있었다. 역으로 언어문자를 통한 계몽 혹은 교화라는 차원에서 보면 소설과 신문·잡지, 연설은 똑같이 미디어 기능을 수행하고 있었다. 그렇다고 이러한 주장이 소설, 신문·잡지, 연설의 고유 문체나 양식, 또 내용상의 차이점 등을 부정하는 것은 아니다. 문제는 그러한 차이, 즉 소설의 고유성격이나 신문의 고유성격에 대한 심도 있는 논의가 그들 상호 간의 경계를 구축하는 것이 아니라 서로 상이한 미디어 기능을 보다 명확히 이해하기 위한 것이었다.

1903년 리보위안이 "지금 사람들의 지혜를 가장 잘 일깨울 수 있는 것으로 신문만한 것이 없다. 다만 중국인은 글자를 모르는 사람이 너무 많다. 그래서 각 성의 사대부들이 연설회를 개최한다. 하지만 연설은 아직 연극공연을 통해 모든 충신과 간신, 선과 악을 대중 앞에서 사실적으로 연기하여 보여 주는 것만 못하다. 연극은 비록 어리석은 하층사람이라도 이해할 수 있다."[20]라고 하면서 신문과 연설, 연극공연을 같은 맥락에서 파악하여 연극공연의 효과를 가장 높이 평가한 것도 이러한 연유에서이다. 량치차오의 「소설과 군치의 관계를 논함(論小說與群治之關係)」도 이러한 측면에서 가장 심도 있는 분석을 보여 주는 초기의 예이다. 그가 중점적으로 분석하는 소설의 감염과 감동의 미적 특징은 소설이라는 '미디어'의 독특한 미적 기능을 의미한다.

3. 소설론의 인식 전환

이상과 같이 정치소설론은 미디어적 소설론을 전경화시키는 충격요법이었다. 량치차오가 이에 주목하게 된 것은 무술변법의 실패에 따른 새로운 정치적 각성과 일본에서의 경험이 결합되면서 이루어진 것이지만, 그 시각의 형성과정을 보면 이는 무술변법 전후시기 중국에서 대두되기 시작한 소설과 미디어의 조우, 더 나아가 일본에서의 급진적인 정치관념이 결합된 산물이었다. 정치소설은 그 이전의 미디어적 소설의식의 대두와 일정한 관계가 있기는 하지만 동일한 것은 아니었다. 중국의 정치소설의 등장을 단순히 일본의 정치소설의 수입 결과로만 간주할 수도 없지만, 다른 한편으로 그것과 19세기 말

20 "現在最足開人智慧者, 莫如報紙, 惟中國人不識字者甚多, 故各省士大夫開演說會, 然演說尚不若演戲之現身說法, 得一切忠奸善惡, 當眾描摩, 雖在下愚亦能領會也." 「奸臣上當鄉愚快」, 『游戲報』 第2002號, 1903. 2. 18.

미디어적 소설론의 관계는 기존의 대부분 연구시각이 보여 주는 바와 같이 소설에 대한 도구적 관점 혹은 계몽 일원적 관점의 연속선상에서만 이해할 수 없는 것이다.

먼저 미디어적 소설의식은 1895년을 전후한 중국사회에서의 소설에 대한 새로운 '발견'과 관련 있다. 여기서 '발견'이라고 한 까닭은 그것이 서구의 근대적인 소설의식과 더불어 소설을 통한 교화라는 전통적인 수사와는 또 다른 차원의 기능성에 대한 자각의 산물이기 때문이다. 또 하나 중요한 것은 그러한 발견을 가능케 한 주요 물질적 조건이 19세기 마지막 10년 동안 중국에서 성숙한 모습을 보여 주고 있다는 점이다.

그러나 19세기 말 '소설' 개념은 다소 혼란스럽다. 청말시기 소설론을 논하기 위해서는 먼저 당시 소설이라는 개념이 현재의 용법과 일정한 차이가 있다는 점을 고려해야 한다.[21] 그 이유는 '소설'이라는 개념 자체가 역사적으로 그 지시범위가 명확하지 않다는 것도 있지만, 또 '설부' 등과 같이 다른 개념들과 혼용하여 사용하고 있기 때문이다. 중국의 소설 개념의 역사는 시대마다 적지 않은 변화를 보여 주지만, 크게 두 가지 경향으로 나눌 수 있다. 하나는 소설을 반구(班固)와 같이 자부(子部)류로 보는 것이고, 다른 하나는 류즈지(劉知幾)와 같이 사부(史部)류로 보는 것이다.[22] 전자는 경전의 내용과는

---

21 20세기 초 중국에서 전통적인 문(文)의 해체, 그리고 '小說' 개념과 서구의 'novel' 사이의 상호관계에 대해서는 이보경, 『문과 노벨의 결혼: 근대 중국의 소설 이론 재편』, 문학과지성사, 2002 참고.

22 자부류와 사부류의 관점에서 역대 소설론 형성과정과 특징에 대해서는 陳文新, 『中國筆記小說史』, 志一出版社, 1995, 제1장 참고.

다르지만 자질구레한 말들에 비유적인 의미를 담아 수신과 제가에 유익한 글이라고 보고 있는 반면, 후자의 경우는 정사(正史)의 내용에서 누락된 잡다한 내용을 서술하여 보충하는 것으로 보고 있다. 자부류 설은 내용 속에 담겨진 저자의 뜻을 강조한 반면에 사부류 설은 그 서사내용을 강조하고 있다.[23] 청대 관방 및 주요 지식인들의 관점을 보여 준다고 할 수 있는 『사고전서』에서는 소설을 사부류와 구분하여 자부류에 귀속시키고 있는데, 총편자 지윤(紀昀)은 잡다한 일에 대한 서술, 기이한 소문에 대한 기록, 자질구레한 말들의 수집 등과 같은 필기소설을 위주로 하고, 『삼국연의』나 전기(傳奇)류와 같은 작품은 소설에 포함시키지 않았다.[24]

학문분류상의 관념이 아니라 일반 통속적인 차원에서 소설은 오히려 송대 이후에 성행한 백화소설과 전기류를 통칭하였다. 청대 통속어휘집인 『통속편(通俗編)』에서는 당시 방언과 속어들을 조사하여 수록하고 있는데, 제7권 '문학편'의 '소설(小說)' 항목에서 고대의 소설과 당시의 소설 개념 사이에는 큰 차이가 있음을 설명하고 있

---

23 명대의 후잉린(胡應麟)은 자부류와 사부류를 구분하지 않고 별도로 지괴(志怪), 전기(傳奇), 잡록(雜錄), 총담(叢談), 변정(辨訂), 잠규(箴規)로 분류하였다. 다만 그의 분류 속에는 송대 이후 번성하기 시작한 백화소설류를 포함하지 않고 주로 문언작품들에 국한시키고 있다. 胡應麟 撰, 『小室山房筆叢·丙部九流緒論下』 卷29, 廣雅書局, 1896, 4-5쪽.

24 『四庫全書總目提要·小說家類一』. 루쉰은 『사고전서』와 같은 경우는 목록학의 성격을 지니고 있고, 이는 중국학문에서 사학(史學)에 속하는 것이기 때문에, 소설을 비롯한 전체 분류 기준에는 역사학의 관점이 반영되었다고 보고 있다. 즉 사실을 중시하는 경향이 허구적인 소설을 경시하거나, 허무맹랑하지 않고 조리가 있는 경우라도 전설적인 요소가 짙은 것은 사서가 아닌 소설로 분류하였다. 루쉰 저, 조관희 역주, 『중국소설사』, 소명출판, 2004, 32-36쪽.

다.[25] 이를 보면 청대에 '소설'을 두고 두 가지 개념이 상호 충돌하고 있었음을 알 수 있다. 사대부들에게 있어 소설은 문언의 필기소설류와 같은 것을 의미한 반면, 민간의 통속적인 측면에서는 고사성이 강한 백화소설을 포함하여 체제와 양식이 다양한 작품들을 가리키고 있었다.[26] 이러한 혼란을 피하기 위해 청대 후기에 특별히 후자처럼 고사성을 위주로 한 소설을 가리키는 말로 널리 사용된 것은 바로 설부(說部)라는 개념이다. 이 개념 역시 처음에는 사가(史家)의 일종으로 시작하여 이치를 밝히고 고증하며 자료를 수집하는 등의 의미를 포함한 포괄적인 의미로 사용되었지만,[27] 청대 후기에 오면서 주로

25 "『신론(新論)』: '소설가는 단편적인 자질구레한 말을 모아 비유적인 의미를 부여하여 짧은 문장을 짓는다.' 주석: "고대에 무릇 잡다하고 짧은 글 가운데 경전에 근거하지 않은 것을 일반적으로 소도(小道)에 비유하고 소설이라고 불렀다. 따라서 제자·잡가류는 오늘날의 잡다하고 황당한 말과 달랐다. 『철경록(輟耕錄)』에서 말하길, '송대에 우스갯소리의 소설이 있었다'고 했는데, 이때부터 오늘날의 소설을 가리키기 시작하였다. 『수동일기(水東日記)』에서 "민간 출판사와 서점에서는 이익을 도모하는 무리들이 소설과 잡서를 지어 내고 있으며, 농민, 공인, 상인들 가운데 이를 베끼고 그려서 집에 보관하고 있기도 하다. 특히 멍청한 부녀자들이 좋아하며, 호사가들은 이를 『여통감(女通鑑)』으로 여기기도 한다."라고 하였다. 『칠수유고(七修類稿)』에서는 '소설은 송대 인종(仁宗)때부터 출현하기 시작하였는데, 당시는 태평한 시대가 오래 지속되어 국가적으로 한가하여 신기한 일을 황제에게 올려 오락으로 삼으려고 하였다. …'고 했다." 翟灝, 『通俗編·文學』 卷7, 無不宜齋雕本, 18쪽.

26 소설 개념의 이러한 혼란은 1895년 프라이어의 소설 현상공모와 관련하여 리펑치(李鳳祺)가 프라이어에게 보낸 서신에서도 잘 보여 주고 있다. 그는 소설이 포괄하는 체제의 다양함을 지적하며 통속소설, 문언소설은 물론 희곡, 잡록, 각종 창사(唱詞)도 소설범주에 속한다고 보고 있다. 또 1897년 추웨이쉬안(邱煒萲)도 소설을 실제를 기록하고 이치를 연구한 것(紀實研理), 여우나 귀신을 서술한 것(談狐說鬼), 애정이나 풍속을 서술한 것(言情道俗)으로 구분하였는데, 이 가운데 첫 번째와 두 번째는 필기문학이고 세 번째만 설부에 속하는 것이었다. 李鳳祺, 「致傅蘭雅的信」, 『清末時新小說集』 第8冊, 上海古籍出版社, 2011; (清)邱煒萲 撰, 『菽園贅談』, 香港: 海澄鄧氏, 1897(阿英 編, 『晚清文學叢鈔·小說戲曲研究卷』, 中華書局, 1960, 380-381쪽).

스토리 중심의 소설과 희곡에 대한 지시어가 되었다.

리광팅(李光廷)은 설부에 대해 고대의 패관의 직이 없어지고 나서 발흥하였으며 특히 송대 이후 번성하였다고 보고, 그 내용을 『용재수필(容齋隨筆)』, 『곤학기문(困學紀聞)』과 같은 고증류와 『당국사보(唐國史補)』, 『북몽쇄언(北夢瑣言)』과 같은 소설류로 구분하였다.[28] 이와 같이 설부는 독서일기나 문헌 및 작품에 대한 비평을 비롯하여 다양한 필기를 포함하는 개념으로 간주되었다. 류사오쥔(劉曉軍)은 설부는 인물의 언행, 알려지지 않은 재미있는 고사를 기록하거나 산천과 명승고적을 고증하기도 하고, 황실의 전고(典故)와 저명인사의 명저에 대해 기술하거나 거리의 풍문이나 잡다한 야사를 기록하며, 맛있는 차나 술, 요리에서부터 음악, 서화, 장기와 새·나무·벌레·물고기 등을 기록하는 등 거의 포함하지 않는 내용이 없다고 하였다.[29] 19세기 중반 이후 설부라는 용어의 사용이 널리 확산되면서 그 의미도 변화하기 시작했다. 그 이유는 청대 중기 이후 필기류를 중심으로 한 특정한 글쓰기 양식이 지식인들 사이에 크게 유행하고, 또 19세

---

27 劉曉軍, 「"說部"考」, 『學術硏究』 第2期, 2009. 그에 의하면, 설부라는 개념은 명대 왕사정(王士貞)이 『엄주사부고(弇州四部稿)』에서 처음 사용하였는데, 여기서 사부(四部)란 '부부(賦部)', '시부(詩部)', '문부(文部)'와 '설부(說部)'를 의미하였다. 이는 문인들의 가장 일반적인 글쓰기 즉 유자(儒者)의 아언(雅言)을 네 가지로 분류한 것인데, 그중 설부에는 「차기(箚記)」, 「좌일(左逸)」, 「단장(短長)」, 「예원치언(藝苑卮言)」, 「치언부록(卮言附錄)」, 「완위여편(宛委餘篇)」으로 구성되어 있다. 王士貞, 『弇州四部稿』(明代論著叢刊), 偉文圖書出版社有限公司, 1976, 6381-7942쪽.

28 李廣廷, 「蕉軒隨錄序」, 方濬師 撰, 『蕉軒隨錄續錄』, 北京: 中華書局, 1995, 1쪽.

29 문체도 다양하여 傳, 記, 說, 論, 議, 諫, 對, 辨, 原, 解, 規, 辭, 贊, 頌, 銘, 檄, 喩, 表, 謠, 九錫文, 詩文評 등을 모두 포괄할 수 있다고 보고 있다. 劉曉軍, 「"說部"考」, 『學術硏究』 第2期, 2009, 130-131쪽 참고.

기 말 주요 대중적인 지면과 출판계를 중심으로 널리 확산되면서 사회적인 관념에 영향을 주었기 때문이다.

> 설부는 역사류 가운데 한 종류로, 그 큰 요지를 종합하면 모두 육경에서 의미를 취하고 여러 전적에서 기원하고 있다. 어떤 것은 이름과 실제 및 이치를 드러내고, 어떤 것은 기록을 보충하며, 또 어떤 것은 비유적으로 풍자하거나 직설적으로 직언을 하기도 하는데, 이 모두는 정서(正書)가 미비한 바를 보충하기에 족하다. 『동명(洞冥)』, 『수신(搜神)』이 나온 이후로, 작자들은 대부분 기이한 것을 추구하여 결국 자부(子部)의 한 지류가 되고 말았다. 하지만 그 깊은 의미를 살펴보면 완곡한 풍자를 통해 인심세태의 타락을 방지하는 데 있음을 거듭 주장하였다. 그런데 근래 사람들의 저술은 사람들을 고상한 절개로 향상심을 갖게 하는 고인들의 본래 뜻을 살피지 않고 오로지 진기하고 괴상한 이야기만을 취하여 황당하고 기이한 이야기가 되고 말았다. 그리하여 날로 더더욱 기이한 것과 환영적인 것을 추구하면서 전 세계에서 또 천고 이래로 보지 못했던 것을 꾸며서 늘어놓고는 스스로 역대 작자의 반열에 기탁하니, 이 어찌 이치에 어긋나지 않은가?[30]

---

30 "說部爲史家別子, 綜厥大旨, 要皆取義六經, 發源群籍. 或見名理, 或佐紀載; 或微詞諷諭, 或直言指陳, 鹹足補正書所未備. 自『洞冥』、『搜神』諸書出, 後之作者, 多鈎奇弋異, 遂變而爲子部之餘, 然觀其詞隱義深, 未始不主文譎諫, 於人心世道之防, 往往三致意焉. 乃近人撰述, 初不察古人立懦興頑之本旨, 專取瑰談詭說, 衍而爲荒唐俶詭之辭. 於是奇益求奇, 幻益求幻, 務極六合所未見, 千古所未聞之事, 粉飾而論列之, 自附於古作者之林, 嗚呼悖已." 朱康壽, 「澆愁集敘」, 鄒弢, 『澆愁集』, 申報館叢書本, 1877.

주캉서우(朱康壽)에 의하면 청대 후기에 이르러 설부는 주로 기이하고 황당한 이야기에 치중하고 있어 처음 설부가 지니고 있던 가치가 상실되었다고 보고 있다. 여기서 설부의 주요 내용이 기이하고 황당하다는 것으로 미루어 보아 이는 허구적인 스토리이거나 특이한 풍문 혹은 견문에 대한 기록이라는 점을 알 수 있다.

소설이든 설부든 지식인 계층은 백화체 소설 혹은 설부를 문인들의 글쓰기와 구분하여 그 가치를 폄훼하거나 부정하였다. 경전과 정사(正史), 그리고 그 규범적인 가치를 발휘하는 시부(詩賦) 및 문장과 달리, 이른바 설부 혹은 소설류는 대부분 그 규범에서 벗어날 뿐만 아니라 사회의 기풍을 문란케 한다는 것이 비난의 주요 이유였다. 이러한 비판에 대해 당시 출판된 소설 혹은 설부작품의 작가나 독자들은 자신이 경전에서 규정하고 있는 인륜적인 가치와 덕목의 옹호자이자 지지자임을 자칭하였다. 다른 한편으로는 대중적인 소설 혹은 설부에 대한 개인적인 기호와 지식인 세계의 가치를 접목시켜 자신들의 창작과 독서 행위의 사회적인 합법성을 승인받기 위해 지속적으로 노력하였다.

그 대표적인 방식은 먼저 소설 혹은 설부를 통한 교화 작용을 역설하는 것이었다. 이는 소설이 그 존재의 의의와 지위를 인정받고 자체의 가치를 증명함에 있어 당시 사회에서 요구받던 방식이었다. 청대 문인계층에서 소설에 기대하는 가치 기준에 대해서는 역시 『사고전서총목제요』에서 그 일단을 엿볼 수 있다. 지윈에 따르면 당송 이후 소설이 성행하기는 했지만, 그 가운데는 "허위로 날조되어 진실하지 못한 것과 요망하여 듣는 자를 현혹시키는 것들이 적지 않았는데, 권계의 내용을 내포하거나 견문을 넓히는 것, 그리고 고증의 자료"[31]를 제공해 주는 것도 뒤섞여 있다. 이는 소설들 다수가 비속하고 황당한 것이 적지 않지만, 그 가운데 가치 있는 것은 권계와 견문, 고증에 유익한 작품이라는 것을 말해 주고 있다. 이 기준은 주로 문언 필기소설을 대상으로 한 것이지만, 권계의 효과와 견문의 확대라는 측면은 경전과 정사(正史)에 대해 보충적인 역할을 겨냥한 것으로, 백화소설을 포함한 이른바 설부작품들과 필기소설의 가치를 논할 때 거의 수사적으로 따라붙던 표현들이었다.[32]

또 다른 방식은 남녀의 애정문제를 다룬 작품들처럼 이른바 '외설'적이고 '선정'적인 작품에 대해 그 외설성과 선정성을 최대한 부정하거나 다른 유사작품들과 차별화하면서 사람들의 이목과 마음을 즐겁게 하면서도 세상을 권계하고,[33] 또 충렬협의(忠烈俠義)와 같은

---

31 "唐宋而後, 作者彌繁. 中間誣謾失真, 妖妄熒聽者固爲不少, 然寓勸戒, 廣見聞. 資考證者亦錯出其中."『四庫全書總目提要·小說家類一』.

32 예를 들어 청대 후기의 대표적인 소설『탕구지(蕩寇志)』는 "왕을 받들고 적을 멸함(尊王滅寇)",『대명기협전(大明奇俠傳)』은 "선행에는 복, 음란함에는 재앙(福善禍淫)",『청루몽(青樓夢)』은 "미혹에서 구할 수 있는 귀한 뗏목(渡迷寶筏), 세상을 각성시키는 훌륭한 훈계(覺世之良箴)",『화월흔(花月痕)』은 "권선징악(懲惡勸善), 악을 몰아내고 선을 떨침(激濁揚清)"을, 그리고『풍월몽(風月夢)』은 "어리석은 자에게 주의를 주고 세상을 일깨움(警愚醒世)",『홍루몽영(紅樓夢影)』은 "선악을 공정하게 하고(善善惡惡), 충을 가르치고 효를 행함(教忠作孝)"을 작품의 취지로 내세웠다. 이에 대해서 陳大康,『中國近代小說編年』, 華東師範大學出版社, 2002 참고.

33 예를 들어 주호어은(珠湖漁隱)은『대명기협전(大明奇俠傳)』(일명『운종안전전(雲鍾雁全傳)』)의 서문에서 "바른 말로써 행할 수 없는 것은 은미한 말로 하며, 은미한 말로써 행할 수 없는 것은 전기소설(傳奇小說)을 창작하여 세상에 권고한다. 어리석은 남녀들이 모두 이를 마음으로부터 환영하며 입에 담기를 좋아하는데, 귀와 눈을 즐겁게 함으로써 그 심혈을 기울인 작품이 미혹을 일깨우는 데 더욱더 효과가 있다."라고 하였다.(珠湖漁隱,「雲鍾雁全傳序」, 丁錫根 編著,『中國歷代小說序跋集』(下), 人民文學出版社, 1996, 1597쪽) 또 서하거사(棲霞居士)는『화월흔(花月痕)』의 제사(題詞)에서 "설부는 비록 작은 도(小道)이지만 반드시 교화와 관계가 있으며, 세상의 교화에 도움을

바른 기풍[正氣]을 발양시킨다는 등과 같이 변호하는 것이었다.[34] 이러한 자기를 위한 변호는 실제 독자의 수용적인 측면에서 그러한 결과를 낳는 경우도 부정할 수 없다는 점에서 근거가 없다고 할 수는 없다. 작품의 서문, 발문과 제사(題詞) 등의 형식을 통해 그러한 주장을 펼치는 것은 사회의 부정적인 시각에 대한 자기옹호의 차원을 넘어 독자들의 독서방향을 제시하는 효과도 없지 않을 터이기 때문이다.

그러나 19세기 중·후반에 중앙 및 지방의 관방에서 줄곧 설부류의 작품을 음서(淫書)로 간주하여 출판유통을 금하고, 사회적으로도 가훈이나 향약, 종규(宗規), 학칙을 비롯한 각종 여론을 통해 설부에 비판적이었던 것을 고려하면,[35] 이러한 자기옹호가 사회적인 관념으로 형성되기에는 한계가 있었다. 다만 당시 설부류의 작품이 일정한 식자능력을 갖춘 독자층 사이에서 매우 폭넓게 읽히고 환영받고 있었다는 점은 부정할 수 없다. 그중에서도 주요 독자는 상인계층과 부유한 집안의 규수들과 젊은 자제들이었는데, 사회적으로 설부류를 적극적으로 금지하고자 했던 것은 일부 식자층과 서민들 사이에서의 유행 이외에도 그러한 지식계층의 자제들이 이에 탐닉하여 과거시험 준비, 경전학습 등과 같은 본분 및 행실에 적잖은 영향을 받았기 때문이었다.[36] 소설을 통한 교화작용은 당시 문인을 비롯한 지식계층의 시각에서 볼 때 동의하기 어려운 것이었으며, 이른바 '문이재도(文以

줄 수 있다."라고 하였다.(棲霞居士, 『花月痕·題詞』, 閩雙笏盧藏板, 光緒戊子夏月開雕.)

34 文光樓主人, 「小五義序」, 『繡像忠烈小五義傳』, 文光樓書坊, 1891.

35 이에 대해서는 王利器 輯錄, 『元明淸三代禁毀小說戲曲史料』, 上海古籍出版社, 1981; (淸) 餘治, 『得一錄』 卷11, 蘇州得見齋, 同治8年 참고.

36 王利器 輯錄, 『元明淸三代禁毀小說戲曲史料』, 1981, 118, 142, 195, 239-240쪽.

載道)'와는 더더욱 상치되는 것이었다.

한편 19세기 말 중국에서 신문이 지괴류에 대한 수용 여부와 관계없이 패관야사의 필기류에 속한다는 것은 앞서 제2장에서 언급한 바와 같다. 이는 당시 중국의 전체 문(文)의 분류방식에서 신문이라는 서책 혹은 출판물의 양식과 체제에 부여할 수 있는 가장 합법적인 규정이었다. 만약 당시의 문(文)에 대한 분류방식에 의거한다면, 이는 단지 19세기 말의 신문이나 잡지에 해당하는 것이 아니라 현재의 모든 신문·잡지도 마찬가지일 것이다. 그럼에도 지금 그것을 패관야사로 분류하거나 규정하지 않는 것은 전체 문(文)을 분류하는 체계가 변화했기 때문이다. 당시 패관과 직접 관계가 있었을 뿐 아니라 이후 문(文)의 분화 과정에서 중요한 역할을 한 이른바 '소설'이라는 양식과 체제는 당시 패관에 대한 인식은 물론 신문의 특수한 성격을 규정하는 데도 중요한 분별적인 잣대였다. 그런 의미에서 소설에 대한 인식의 변화는 신문은 물론 전체 문(文)의 체계 변화에서 중요한 의미를 지니고 있다.

따라서 『신보』의 발간과 더불어 다양한 도서들을 대거 출판하였던 신보관(申報館)에서 신문과 소설을 전체 문(文) 속에서 어떻게 배치하거나 구분하였는지를 살펴보는 것은 당시 소설의 의미를 이해하는 데 중요한 단서가 된다. 다양한 작품들의 성격을 규정하는 명명은 『신보』의 출판물 광고에서 가장 빈번하게 출현하고 있으며, 이를 통해 당시 소설의 관념과 그에 대한 평가 내지 의식을 가늠해 볼 수 있다. 명명과 관련하여 가장 많이 사용된 것은 소설과 설부이며 종종 장회소설이나 패관소설과 같은 개념도 사용되기도 하였다. 그리고 그에 해당하는 구체적인 작품들의 면면은 당시 『신보』의 출판광고를 통해서 확인할 수 있다. 광고문에서 '설부'라고 명명하여 출판소식을 광고한 것[37] 중에 이후 필기류와 소설류로 구분되는 작품들이 혼재되어 있기도 하다. 이와 대조적으로 '소설'이라고 명명하여 작품을 소개한 광고도 있는데,[38] 소설로 명명된 다수의 작품에는 장회소설을 비롯하여 후대에 소설로 분류된 것들이 대부분이다. 그 가운데 『경화연』에 대해 설부라는 명칭과 소설이라는 명칭이 혼재하고 또 장회체 가운데도 설부로 명명하는 경우 등이 있는 것을 보면, 소설과 설부는 일정한 경계가 있다기보다는 혼용되고 있다고 보는 것이 더 타당하다. 예를 들어 "『둔굴난언(遁窟讕言)』은 근래 나온 최신의 설부로서 실로 한·당대 여러 소설가들과 견줄 만하다"든지, "혹 설부 창작을 좋아하는 재능이 뛰어난 분들 가운데 작품이 완성된 후 보내 주시면 대신 발행해 드릴 것이다. 다만 작품의 체제는 『유림외사』와 같이 전체 논조가 서로 연계되고 음란한 말이 없는 것이 가작이다."[39]라는

---

37 대표적으로 『형창이초(螢窗異草)』, 『견문속필(見聞續筆)』, 『홍루보(紅樓補)』, 『둔굴난언(遁窟讕言)』, 『인설헌수필(印雪軒隨筆)』, 『육합내외쇄언(六合內外瑣言)』, 『야우추등록(夜雨秋燈錄)』, 『석류서담(昔柳庶談)』, 『다여담회(茶餘談薈)』, 『송은만록(淞隱漫錄)』, 『경화연(鏡花緣)』, 『해상기서(海上奇書)』(잡지), 『연자병(蓮子瓶)』(章回說部), 『예화선사(藝花仙史)』(章回說部) 등이 있다.

38 대표적인 작품은 『유림외사(儒林外史)』, 『서유보(西游補)』, 『지이속편(志異續編)』, 『경화연(鏡花緣)』(패관소설(稗官小說)), 『야수폭언(野叟曝言)』, 『차중인어(此中人語)』, 『삼국연의(三國演義)』, 『풍월몽(風月夢)』, 『쾌심편(快心編)』, 『소오의(小五義)』, 『십립금단(十粒金丹)』, 『화월흔(花月痕)』, 『선호절보록(仙狐竊寶錄)』, 『해공대홍포(海公大紅袍)』(이상 7종은 장회소설), 『회도제사재자평산냉연(繪圖第四才子平山冷燕)』(근시소설(近時小說)), 『석인회도승선전(石印繪圖升仙傳)』, 『교합삼연(巧合三緣)』, 『포공설원기안(包公雪冤奇案)』, 『수상호가장자금편전전(繡像呼家將紫金鞭全傳)』, 『수상성세인연전(繡像醒世姻緣傳)』 등이다.

39 "近來最新之說部,誠足以與漢唐諸小說家齊驅", 「本館告白」, 『申報』, 光緒1年 3月16

등의 말을 통해서도 알 수 있는 바와 같이 설부와 소설은 서로 동류의 범주 내의 것으로 간주되고 있다.

그러나 이 시기에 소설과 설부를 완전히 동일시한 것은 아니었다. 정확히 말하면 설부류에 소설이 그 일부로 포함되었다고 볼 수 있다. 그러한 구별을 잘 보여 주는 것이 신보관에서 발간한 「신보관 총서 서목」이다.[40] 신보관에서는 1874년 『유림외사』를 출판하여 상업적으로 크게 성공한 이후 잇따라 작품들을 수집·발굴하여 신보관 총서로 발간하는 동시에, 『사고전서』와 같이 작품을 분류하고 제요를 붙인 목록집을 출판하였다. 「신보관 총서 서목」에서 눈에 띄는 것은 필기류에 속하는 내용을 사실과 허구의 기준에 따라 구분하고 있다는 점이다. 이른바 사실을 기록한 것이라는 의미의 '기실류(紀實類)'가 그것인데, 목록에서는 그것을 또 고사(古事)와 근사(近事)로 나누어 분류하였다. 이는 사실에 대한 기록이라고 하더라도 상대적으로 최근 사건에 대한 기록을 중시하는 의도가 반영되었다고 보여진다. 구체적으로 보면 최근 소식이라도 짧고 단편적인 기록은 '근사잡지류(近事雜誌類)'로 별도 구분하였다. 기존에는 설부류로 분류되었을 것을 더 세분하여 '고금기려류(古今紀麗類)'[41]와 '신기설부류(新奇說部類)'[42]로 분류하였다. 그리고 별도로 '장회소설류(章回

日; "或鴻才碩彦好制說部, 等書制成後, 亦可寄來代印, 但書之體裁必如儒林外史之一氣相生而又無淫亂語者爲佳." 「本館告白」, 『申報』, 光緒1年 6月 29日.

40 '신보관 총서 서목'은 「신보관신인서적총목(申報館新印書籍總目)」 54종(1877)과 「신보관서적속집총목(申報館書籍續集總目)」 64종(1879)이 있다.

41 『진회화방록(秦淮畫舫錄)』, 『양주화방록(揚州畫舫錄)』, 『연대화사록(燕臺花事錄)』 등의 5종을 수록하였다.

42 『이서사종(異書四種)』, 『야우추등록(夜雨秋燈錄)』, 『영담(影談)』, 『인설헌수필(印雪軒

小說類)'와 '신배원본류(新排院本類)' 항목을 두고[43] 『영환쇄기』, 『격치휘편(格致彙編)』과 같은 잡지류는 '총잔회각류(叢殘匯刻類)'의 항목으로 분류하였다.[44] 또 누형선사(縷馨仙史), 즉 차이얼캉(蔡爾康)이 편찬한 「신보관총서목록속집」에서는 사실기록에 가까운 것은 장고류(掌故類)로 통합하고, 다양한 단편적인 필기모음집은 총서류(叢書類)로 분류하였으며, 기려류(紀麗類)로 105편의 작품을 수록하였다. 또 장회소설을 별도로 두지 않는 대신에 설부류와 소설류로 구분하였다.[45]

신보관의 이러한 서적분류 방식은 당시 일반적인 총서 목록집과 비교하여 매우 독특한 성격을 지닌 것이며, 그 가운데는 문(文)에 대한 새로운 인식변화가 반영되어 있다. 먼저 한 출판사에서 출판하는 서적 전반을 총서로 기획했다는 것도 드문 일이지만, '기실(紀實)', '근사잡지(近事雜誌)', '고금기려(古今紀麗)', '신기설부(新奇說部)', '장회소설(章回小說)', '총잔회각(叢殘匯刻)'의 분류는 고금

隨筆)』, 『용한재필기(庸閒齋筆記)』 등 14편을 수록하였다.

43 각각 『유림외사(儒林外史)』, 『홍루몽보(紅樓夢補)』, 『서유보(西遊補)』, 『수호후전(水滸後傳)』, 『쾌심편(快心編)』, 『흔석한담(昕夕閒談)』, 『임란향(林蘭香)』등 7편과 『반혼향전기(返魂香傳奇)』 1편을 수록하였다.

44 이외에도 분류항목으로는 '예림진보류(藝林珍寶類)', '투보척독류(投報尺牘類)', '정인도화류(精印圖畫類)' 등이 있었다.

45 이 가운데 설부류는 『이우(耳郵)』, 『요수집(澆愁集)』, 『소사(笑史)』, 『문견이사(聞見異辭)』와 명대의 『산중일석화(山中一夕話)』가 포함되었으며, 소설류에는 『대만외기(臺灣外紀)』나 『여재자(女才子)』와 같은 장회체가 아닌 작품을 비롯하여 『설월매전(雪月梅傳)』, 『청루몽(青樓夢)』, 『하전(何典)』과 같은 장회소설이 포함되었다. 이상 신보관의 목록에 대해서는 周振鶴 編, 『晚清營業書目』, 上海書店出版社, 2005, 177-219쪽 참고.

의 사실영역에서 허구영역에 이르기까지 허실의 다양한 층위에 따라 분류하고 있고 내용과 형식의 상당 부분이 신문·잡지라는 미디어와 관련이 있다. 따라서 설부는 자연스럽게 그 범위가 '새롭고 기이한 이야기'로 좁혀지고, 소설 또한 장회소설을 중심으로 한 허구적인 장편 스토리에 해당하는 특수한 체제의 글쓰기로 규정되고 있다.

이러한 분류는 신보관의 주인 메이저(Ernest Major, 중국명 尊聞閣)의 관점이 투영된 만큼 서구의 문(文)에 대한 이해가 반영된 것으로 볼 수 있다. 물론 서구의 문(文)에 대한 관념이 중국에 소개되기 전, 중국 독자들에게 이러한 분류가 어떻게 받아들여졌는가는 정확히 알 수 없다. 신문광고에서 작품을 소개할 때 설부와 소설에 대한 명명이 혼재하고 있기 때문이다. 이러한 관습적인 혼용은 민국 초까지 계속 이어진다. 주목할 것은 설부이든 소설이든 광의의 범주로부터 장회소설은 특별히 강조되어 별도로 분류하고 있다는 점이다. 이는 당시 장회소설이 독자나 작가에게 특수한 지위를 점하고 있음을 의미한다. 결국 신보관의 출판활동이나 신문발간의 측면에서 보면 허구와 사실에 대한 경계는 여전히 모호하지만, 신문의 사실보도라는 의식은 점차 강화되고 있음을 알 수 있다. 그와 더불어 『신보』와 같은 신문·잡지에 의한 새로운 문체와 지식의 창출이 기존의 문(文)의 분류에 일정한 변화를 유발하고 있음을 확인할 수 있다. 즉 정사와 다른 패관외사(稗官外史)의 의미가 아니라 허구적인 이야기로 서구의 'novel'에 가까운 글쓰기로서의 장회소설과 전기(傳奇)류, 그리고 사실과 허구의 경계가 모호하지만 기본적으로 흥밋거리 위주로 서술된 것들을 폭넓은 의미에서의 필기로부터 분리해 내고 있다. 이는 주캉서우(朱康壽)가 청대 후기의 설부의 변화를 비판했던 것과는 달리, 그러한 변화를 적극적으로 승인하면서 설부의 범위와 의미를 더욱더 허구성을 중심으로 재설정하고 있는 것으로 보인다.

하지만 이러한 새로운 분류방식에 은연중 드러난 새로운 인식은 설부나 소설에 대한 명확한 관념으로 구체화되기 전에, 사회의 급격한 변동이라는 외적인 조건하에서 사회적인 담론의 한 중심으로 부각되었다. 널리 알려진 바와 같이 캉유웨이, 량치차오, 샤청유(夏曾佑), 옌푸 등이 대표적인 인물들인데, 그들의 소설 혹은 설부에 대한 호출이 지니는 의미 가운데 하나는 관방 혹은 지식계층이 가치론적으로 거리를 두었던, 당시 상대적으로 민간계층에서 사용하던 개념을 채택했다는 점에 있다. 설부류의 독서물이 문인계층에 의해 수용되거나 그들의 사회적인 활동의 유용한 매개체 혹은 도구로 인식되기 위해서는 인식의 패러다임 전환 없이는 불가능하다. 설사 캉유웨이나 량치차오, 샤청유 및 옌푸 등이 다른 문인이나 지식인들에 비해 개인적으로 설부류의 작품들에 대해 관대한 인식이나 그러한 취향을 가졌다고 하더라도, 그것을 사회적으로 공공연하게 제창하기 위해서는 오랫동안 유지해 온 사회적인 관념을 변화시킬 모종의 인식론적 전환 없이는 불가능하다.

량치차오 등이 설부의 중요성을 논할 때 항상 거론하곤 했던, 「학교론: 아동교육(論學校五: 幼學)」 중 설부의 활용방법 및 의의에 대한 설명부분은 그러한 전환이 어떻게 이루어지는지 일면을 보여준다.

> 고대 사람의 문학은 언어와 합치되었었지만, 오늘날 사람들의 문학은 언어와 분리되어 있다. … 오늘날 사람들은 말을 할 때는 모두 오늘날 말을 사용하면서 글을 쓸 때는 고대 언어를 모방한다. 그리하여 부녀자와 아동, 그리고 농민 등은 책 읽기를 어려운 일로 여기지 않는 사람이 없다. 그런데 『수호전』, 『삼국연의』, 『홍루몽』과 같은 책의 독자는 육경(六經)의 독자보다 오히려 더 많다. … 오로지 오늘날의 속어를 사용하고, 음과 문자를 모두 표기한 책을 쓴다면 이해할 수 있는 사람이 더욱 많아지고, 독자도 당연히 더욱 많아질 것이다. … 이제 마땅히 오로지 통속적인 언어를 사용한 여러 저서를 통해 위로는 성인의 가르침을 해석하고 아래로는 다양한 역사 사실을 서술한다면, 국가의 수치심을 자극하여 발양시킬 수 있을 뿐만 아니라 윤리적 정감에도 미칠 수 있다. 그리하여 관방세계의 추태, 과거시험장의 악취, 아편의 중독, 전족의 잔혹한 형벌 등의 각종 양태를 모두 낱낱이 드러내고 저열한 습속을 진작시킬 수 있으니, 그 이로움을 어찌 다 헤아릴 수 있겠는가?[46]

이 문장에서 비록 아동교육의 교과내용으로 설부의 의의를 설명하고 있지만, 그가 설부에 주목하는 것은 설부의 여러 특징들 가

46 "古人文學與語言合, 今人文學與語言離, … 今人出話, 皆用今語, 而下筆效古言, 故婦孺農氓, 靡不以讀書爲難事, 而水滸, 三國, 紅樓之類, 讀者反多於六經. … 今宜專用俚語, 廣著群書, 上之可以闡聖教, 下之可以雜述史事; 近之可以激發國恥, 遠之可以旁及彝情; 乃至宦途醜態、試場惡趣、鴉片頑癖、纏足虐刑, 皆可窮極異形, 振厲末俗, 其為補益, 豈有量哉." 新會梁啟超, 「論學校五: 幼學」, 『時務報』 第18冊, 1897. 2. 22.

운데서도 그 언어에 있다. 설부는 다른 문장들과 비교하여 그 언어가 통속적이고 구어체에 가까워서 글자에 발음까지 표기한다면 누구나 쉽게 읽고 이해할 수 있을 것이라고 보고 있다. 물론 『삼국연의』, 『수호전(水滸傳)』, 『홍루몽』이 많이 읽히는 것을 지적하고 있기는 하지만, 그 이유도 역시 이야기 중심의 서사문학 특징보다는 언어의 통속성에 있다고 보고 있다. 따라서 이를 소설이 전체 문(文)에서 지니는 의의를 높이 평가한 것으로 보는 것은 문맥상 납득하기 어렵다. 이미 많은 설부의 비평가들에 의해 설부가 지닌 언어의 통속성 이외에 대중적인 취미의 성격 등이 강조되어 왔던 것과 비교하면, 설부의 역할에 대한 량치차오의 이해는 지나치게 단순하다고 할 수 있다. 또 아동의 독서물로서 설부를 언급하면서도 그것을 통해 담을 내용으로 관방세계의 추태, 과거시험장의 악취, 아편의 중독, 전족의 잔혹한 형벌 등 사회문제를 거론한 것이 적절한지도 논란이 될 수 있다. 다만 이러한 주장을 통해 명확하게 보여지는 것은 통속소설을 단순히 사회비판 혹은 계몽을 위한 매개물 혹은 도구로 간주하고 있다는 점이다.

량치차오는 설부가 지닌 이러한 유용한 역할을 학식 있는 사람들이 경시한 나머지 스스로 그러한 통속적인 작업을 하길 기피하였으며, 조금 재주가 있는 사람들은 그것을 방종하고 유희적으로 다루어서 도둑질이나 간음을 가르치는 것이 주요 내용을 이루고 있다고 비판하였다.[47] 결국 기존의 설부를 음서로 간주함에 있어서, 량치차

47 新會梁啓超, 「論學校五: 幼學」, 『時務報』 第18冊, 1897. 2. 22.

오의 관점은 문인계층의 그것과 크게 다르지 않다. 반면에 설부의 통속적인 언어에 사회 계몽적이고 교화적인 내용을 담아 적극적으로 활용해야 한다는견해는 기존의 문인은 물론 통속적인 설부의 옹호자들과도 다르다.[48] 전통적인 문이재도의 관념과 유사하기는 하지만, 그 도와 문이 가리키는 지시대상이 다르다는 점에서 같은 맥락에서 논할 수는 없다. 그런 의미에서 설부를 단순한 직접적인 매개수단으로 보는 량치차오의 위의 문장은 오히려 그 단순성으로 인해 더욱더 인식상의 전환의 의미를 지닌다고 할 수 있다.

이러한 인식상의 전환은 단순히 소설 발전의 내재적인 논리에 따른 것이거나 단지 관념상의 것이 아니라, 익히 알고 있는 바와 같이 전체 사회사상과 조류의 변화와 밀접한 관련이 있다. 이러한 변화는 량치차오만이 아니라 당시 중국사회와 사상계의 문제점을 의식하던 사람들에 의해서 공감대를 형성하고 있었다. 그중에서 주목을 끄

48 중국 문인계층 가운데 통속소설을 역으로 활용하여 세태풍속의 개량에 대한 사고가 전혀 없었던 것은 아니다. 일례로 강희제 시기 장쑤(江蘇)의 순무(巡撫) 탕빈(湯斌)은 음사소설(淫邪小說)을 금하는 포고문에서 도덕적 품성이 훌륭한 지식인 가운데 충효나 염치, 절개, 인의와 양보 등에 관한 내용을 중심으로 세속을 일깨우고 훈계하는 작품을 쓴다면 소설류라고 하더라도 금하지 않는다고 말하고 있다. 湯斌, 「江蘇巡撫湯斌嚴禁私刻淫邪小說戲文告論」, 王利器 輯錄, 『元明淸三代禁毁小說戲曲史料』, 上海古籍出版社, 1981, 100쪽. 또 소설이나 희곡에 대한 대중적인 애호현상을 금지라는 소극적인 방법으로는 효과를 보기 어렵다고 보고, 오히려 적극적으로 소설이나 창본, 희본의 내용 중 인심이나 풍속에 해로운 부분을 개작하거나 수정하여 출판, 보급함으로써 소설이나 창본, 희본 등의 장점을 활용하자는 의견을 제시하기도 하였다. (淸) 余治, 「得一錄」(卷11), 王利器 輯錄, 『元明淸三代禁毁小說戲曲史料』, 1981, 193-195쪽 참고. 그러나 이는 소극적인 차원에서 합법적으로 허용할 수 있는 소설의 성격을 말한 것이지, 소설을 통한 교화활동을 적극 권장하는 것이라고 보기 어렵다.

는 것은 청일전쟁의 패배로 중국사회의 개혁에 대한 여론이 비등하기 시작하던[49] 1895년, 즉 량치차오의 위의 문장이 발표되기 1년 전에 존 프라이어(John Fryer)가 진행한 「신소설 현상모집(求著時新小說啓)」이었다. 공모문에서 프라이어는 일정한 체제를 갖추고 비속하지 않지만 쉬운 언어로 부녀와 아동들도 이해할 수 있는 새로운 취향의 소설을 요구하였으며, 주제로는 중국의 가장 큰 사회적 문제인 '아편, 시문(時文), 전족의 폐단과 그 해결방법'을 제시하였다. 프라이어의 이러한 공모활동은 소설을 통한 국민계몽, 구체적으로 세 가지 사회문제를 주제로 제시한 것 등에 있어서 1년 후 량치차오의 주장과 매우 유사하다.[50] 물론 프라이어가 소설을 단순한 계몽도구 혹은 매체로 간주한 것은 아니었다. 그보다는 아이텔(Dr. Eitel)이 그 공모활동에 대해 평한 바와 같이 『톰 아저씨의 오두막(*Uncle Tom's Cabin*)』이 노예제 반대에 대한 민중들의 견해를 각성시키는 중요한 역할을 한 것처럼, 잘 쓴 한 편의 소설이 대중들에게 미치는 영향이 매우 크다는 점에 착안한 것이다.[51] 더 나아가 그는 이후 중국에 전문작가가

---

49 청일전쟁이 중국 정부와 지식인에게 준 충격은 잘 알려져 있지만, 다음과 같은 프라이어의 분석은 외국인, 특히 서양인의 관찰자 시각에서 분석한 중국인의 충격을 잘 보여 준다. 그는 거만하고 자만에 가득 차 있던 중국이 그들이 경멸하던 작은 나라에게 비참하게 화평을 구걸하고, "서구의 야만인"들로부터 하루 빨리 배우지 않으면 붕괴에 직면한 위기를 면하기 어렵다는 교훈을, 청일전쟁에서 재난과 고통을 통해 배우게 되었다고 말하고 있다. John Fryer, "The Educational Outlook for 1896," *Chinese Recorder: Educational Department*, Vol. 27, 1896. 1. pp. 36-37. 또는 戴吉禮(Ferdinand Dagenais) 主編, 『傅蘭雅檔案』 第2卷, 廣西師範大學出版社, 2010, 623쪽.

50 이에 대한 구체적인 내용과 분석은 본서 제8장 참고.

51 "The immense influence for good that a well written story can exert over that popular mind has been often exemplified, but perhaps never more fully than in the case of

출현하여 그러한 창작활동을 지속할 수 있기를 희망하였다. 따라서 공모문의 서두에서는 비록 중국인에게 익숙한 어조로 소설의 의의를 설명하고 있지만, 프라이어의 구상 속에는 서구에서의 소설이 지닌 지위와 의미가 자리 잡고 있었다.

이와 같이 프라이어와 량치차오의 소설(설부)에 대한 주목은 시대적으로나 사회적으로, 또 내용적으로도 같은 맥락에 있다. 하지만 소설(설부)을 접근하는 방식과 시각에 있어서는 미묘하지만 중요한 차이점이 존재한다. 그것은 19세기 말 중국 지식계에 새롭게 형성된 중요한 관념, 즉 미디어관념과 결부된다.

4. 소설과 신문·잡지 미디어의 결합

1895년을 전후한 시점은 정치적으로, 그리고 출판업 분야에서 하나의 새로운 정점과 전환을 이루던 시기였다. 캉유웨이가 당시 상하이의 점석재(點石齋) 출판사를 방문하여 잘 팔리는 책에 대해 질문했을

'Uncle Tom's Cabin'. The value of that one work and the beneficial results it achieved in awakening popular opinion against slavery cannot perhaps be too highly estimated. What China now wants, among many other things, is a story or series of stories of the same thrilling description, true to the life, exposing the great evils that are everywhere rampant, and which the government is either unable, or unwilling to counteract. Opium, foot-binding, and the literary examination system, any one of them would suffice for a long story. The lamentable facts connected with them are only too well known all over the empire." "Notes and Items," *Chinese Recorder*, Vol. 26, 1895. 7. pp. 330-331.

때, 그 주인은 "서(書)와 경(經)은 팔고문만 못하고, 팔고문은 소설만 못합니다."[52]라고 대답했다는 이야기는 소설을 가장 중요한 교육수단으로 삼아야 하는 현실적 근거로 인용되어 왔다. 흔히 소설이 많이 팔리는 이유에 대해 송대에 출현한 소설은 통속적이기 때문에 독자가 가장 많다고 지적하는데, 당시 소설이 가장 많이 팔리게 된 까닭이 단순히 그 통속성 때문만은 아니었다. 석인인쇄술을 통해 가장 많이 인쇄된 출판물 가운데 하나가 바로 소설이었고 다양한 소설·설부류 작품들에 대한 대할인 판매가 이루어지면서 독자들은 매우 저렴하게 기존에 접하기 어려웠던 작품들을 손쉽게 구입할 수 있었다.

또한 인쇄술의 향상에 따라 신문·잡지가 사회소통의 중요한 매체로 새롭게 부각되었는데, 1895년 청일전쟁 직후 캉유웨이 등이 가장 심혈을 기울인 것 가운데 하나가 신문·잡지의 발간과 각종 학회를 조직하는 것이었다. 그리하여 신문과 연설이 중요한 선전방식이자 매체로 부각되었으며 지식과 정견의 전파, 국민에 대한 계몽이 최우선 과제로 제기되었다. 캉유웨이와 량치차오 등이 소설·설부에 주목하는 것도 이러한 변법과 계몽운동의 성과를 위해서는 새로운 미디어에 대한 의존이 절대적이었고, 그에 못지않은 매체들을 발굴, 활용해야 했기 때문이었다. 그들의 변법 구상은 정치구조나 제도의 변화에 그치는 것이 아니라 새로운 사상관념에 기반하여 장기적으로

---

52 "何書宜售也?" 曰: "'書', '經'不如八股, 八股不如小說." 『康南海先生遺著彙刊 十一·日本書目志·敎育門·小學讀本識語』 卷10, 宏業書局影印, 415쪽. 캉유웨이는 위의 경험적 고사를 1900년에 설부의 전파력을 강조하기 위해 재차 거론할 정도로 소설의 대중화에 대한 부정할 수 없는 실례로 사용하고 있다. 更生(康有爲), 「聞菽園居士欲爲政變說部詩以速之」, 『淸議報』 第63冊, 1900. 11. 12.

추진하는 사회개혁이었다. 따라서 눈앞의 사회적이고 국가적인 문제를 해결하기 위한 노력과 더불어 실제 교육이 가능한 계층[53]을 위한 교육 시스템과 교과내용을 준비하는 일이 시급해졌는데, 그 교재의 하나로 주목받은 것이 소설·설부였다. 신문·잡지와 더불어 소설을 주요 전파매체로 간주하게 된 것은 1880년대 이후 인쇄술의 급속한 변화에 따라 인쇄매체가 대중화됨으로써 비로소 가능한 일이었다. 그러나 이는 물질적인 조건일 뿐, 그것이 지닌 정치·사회적, 문화적 맥락에 대한 인식이 있어야만 비로소 가능하다.

19세기 말 제기된 '교육'[54]은 전통적으로 강조되어 온 '교화'와는 그 성격이 완전히 다르다. 후자는 주로 도덕적인 윤리의식 혹은 그러한 가치에 부합하는 풍속 및 습관의 권장에 중점을 두고 있는 것으로, 이른바 신민(臣民)의 덕성을 주입하고 익히는 것이라면, 전자는 스스로 세계 각 분야에서 필요한 지식을 익히고, 세계의 변화에 적응

---

53 량치차오는 장년층 이상은 이미 생활문제를 해결해야 하므로 교육을 받을 여유가 없으며, 주요 피교육 대상은 15세 이하의 아동들을 중심으로 해야 한다고 보았다. 新會梁啓超, 「蒙學報演義報合敘」, 『時務報』 第44冊, 1897. 11. 5.

54 19세기 말 중국 지식인들이 양무운동의 한계를 인식하면서 중국의 우선적인 개혁 대상으로 삼은 것은 정치방면의 개혁과 더불어 교육체제의 개혁이었다. 이를 간단히 요약하면 국민국가의 시스템을 도입하는 것이자 그 주체인 국민을 양성하는 것이었다. 캉유웨이는 서구의 부강과 일본의 개혁을 위해 우선적으로 진행된 것이 교육에서의 변화였다는 점을 강조하였으며, 이러한 견해에 영향을 준 서적은 『문학흥국책(文學興國策)』이었다. 이 책은 일본의 외교관이자 문부 대신을 역임한 모리 아리노리(森有禮)가 외국의 부강의 근본은 교육에 있음을 강조하고, 서구의 교육제도를 적극 소개한 글을 알렌(Young J. Allen)과 런팅쉬(任廷旭)가 번역하여 1896년 광학회(廣學會)에서 『중동전기본말(中東戰紀本末)』의 부록으로 출판하였다. 단 서명에서 말하는 '문학'은 교육을 의미한다. 『康南海先生遺著彙刊十一·日本書目志·教育門』 卷10, 台灣: 宏業書局影印, 409쪽; 『文學興國策』, 上海書店出版社, 2002.

할 수 있는 능력을 배양하는 데에 중점이 있다. 따라서 '교육'이란 현재의 시사적인 지식과 나날이 변화하는 전문지식을 익히고, 현재의 문제점을 비판적으로 극복할 수 있는 마음과 뜻(志)을 배양하는 것이 주요 내용을 구성한다. 그 교육대상도 일부 계층이 아니라 전체 백성이어야 한다는 의식이 전제되어야 하는데, 이는 곧 '국민'과 '국가'라는 관념이 전제되어야 한다는 것을 의미한다.

『시무보(時務報)』라는 잡지 발간과 동시에 량치차오가 중점을 두고 연재한 「변법통의(變法通議)」의 전체 취지와 내용이 '교학', '인재양성'에 있었던 것도 사회와 국가의 근간으로서의 '국민'에 대한 인식이 점차 형성되고 있었기 때문이었다. 서구와 같이 국민 혹은 민족의 형성에 있어서 신문과 문학, 특히 소설이 중요한 기능을 한 것과 마찬가지로,[55] 19세기 일본과 중국의 개혁과정에서 소설의 중요성은 재중 서구 지식인과 일본인들을 통해 설파되기 시작했다. 량치차오는 이를 신문·잡지와 같이 지식의 직접적인 전파와 교육 수단으로서의 소설이 지닌 매체성으로 이해하였다. 소설은 신문과 다르기는 하지만 가장 대중적인 지식매체라는 점에서는 유사성을 지니고 있었

55 서구에서 근대소설의 발생을 국민국가 담론과 연계시켜 설명하는 대표적인 예는 이언 와트이다. 그는 영국을 예로, 자본주의 경제의 발전과 독서대중의 확대, 그리고 국민국가의 형성과의 연관 속에서 근대소설의 발생을 설명하고 있다. 이언 와트(Ian Watt) 지음, 강유나·고경하 옮김, 『소설의 발생』, 강, 2009. 이외에도 미국에서의 국민국가 형성과 소설의 직접적이고 밀접한 관계에 대해서는 Cathy N. Davidson, *Revolution and the Word: The Rise of the Novel in America*, Oxford University Press, 1986. 그러나 최근에는 소설(Novel)의 출현을 국민국가의 틀 속에서 해석하지 않고 오히려 탈국가적, 혹은 국가 간 문화교섭을 통해 형성된 것으로 보는 경향도 있다. Margaret Cohen and Carolyn Dever, ed., *The Literary Channel: The International Invention of the Novel*, Princeton University Press, 2002, pp. 1-72 참고.

다. 이러한 점에서 초기 소설(설부)에 주목한 사람들이 모두 신문·잡지의 기능을 높이 평가하고 그 발간 및 편집에 종사하던 사람들이었다는 점은 매우 자연스러운 현상이었다.[56] 그들은 모두 신문에 대한 주목, 신문미디어에 대한 인식의 연장선상에서 소설(설부)의 기능성을 읽어 내고 있었다. 『신보』가 처음 필기라는 측면에서 설부와 신문의 공통성을 발견했다가 이후 신문의 필기와 허구성을 중심으로 한 설부를 분리해 나갔다면, 량치차오는 전파를 위한 미디어라는 측면에서 신문과 설부의 공통점을 발견하였다. 즉 후자는 차이점 가운데 공통점을 발견한 셈이다.

이와 같이 소설과 잡지는 당시 동일한 기능 권역에 놓여 있었다. 이 양자는 교육과 더불어 상호연관 속에서 재매개의 방식으로 그 효과를 극대화시키려 하였다. 예를 들어 1897년 11월 예란(葉瀾), 왕캉녠(汪康年) 등이 상하이에 몽학공회(蒙學公會)를 설립하고 동시에 『몽학보(蒙學報)』를 발간하였으며, 같은 시기 장보추(章伯初), 장중허(章仲和) 형제 등이 『연의백화보(演義白話報)』를 창간하였다. 여기서 주목할 것은 교육과 신문·잡지와 소설이 만나는 방식이다. 이 두 잡지의 발간인은 모두 량치차오와 밀접한 관계가 있던 사람들이었다는 점에서 앞서 소설(설부)을 호출하던 문제의식을 공유하고 있던 사

---

56 1900년 이전 개혁파 인사 중에 소설·설부에 깊은 관심을 가지고 이를 계몽활동에 적극 활용하려 했던 인물들 대부분이 신문 혹은 잡지의 편집자로 활동하고 있었다. 예를 들어 량치차오는 1896년 『시무보』, 1898년 『청의보』를, 그리고 샤청유는 1897년 옌푸와 더불어 『국문보(國聞報)』를, 그리고 캉유웨이의 문하생 추웨이쉬안(邱煒萲)은 1898년 『천남신보(天南新報)』를 창간하였다. 이들은 캉유웨이의 제자이거나 그 그룹과 밀접한 관계를 맺고 활동하였는데, 세부적인 사상관념에서는 차이가 있을지라도 전반적인 지향점과 활동방식은 유사성과 연계성을 가지고 있었다.

람들이었다. 그러한 관계로 인해 량치차오는 위 두 잡지의 창간과 더불어 공동의 서문을 『시무보』에 게재하였다. "서구 국가의 교과학(教科學)이 가장 발전해 있으며, 그 교과서로는 유희나 소설의 형식으로 쓴 것이 특히 많다. 일본의 변법은 속요와 소설의 힘에 의존한 바가 컸다. 무릇 아동을 즐겁게 하고, 어리석은 백성을 이끄는 데는 이보다 좋은 것이 없다."[57] 잡지에 대한 서문임을 감안할 때 량치차오의 서문은 교육을 위해서 신문·잡지와 소설이라는 미디어가, 그리고 신문·잡지를 위해서는 소설이라는 대중적인 스토리가, 또 소설을 위해서는 신문·잡지 같은 것이 상호 추동하며 미디어 효과를 극대화하는 관계임을 말해 주고 있다. 물론 이러한 관계는 이 시기에 와서 처음 출현한 것이 아니라 이미 『신보』나 『호보(滬報)』 등에서 시험적으로 취한 바가 있지만, 계몽과 소설, 신문·잡지가 하나의 목적을 위해 결합되는 방식에 대한 인식은 전에 없던 새로운 것이었다.

샤청유의 「본사에서 설부를 부가적으로 인쇄한 연유(本館附印說部緣起)」[58]라는 글도 이러한 맥락에서 이해할 필요가 있다. 그는 당시

---

57 "西國教科學最盛, 而書以遊戲、小說者尤夥, 故日本之變法, 賴俚歌與小說之力.蓋以悅童子, 以導愚氓, 未有善於是者也." 新會梁啟超, 「蒙學報演義報合敘」, 『時務報』 第44冊, 1897. 11. 5.

58 이 글에 대해 지금까지 대부분의 연구자들이 옌푸와 사청유(夏曾佑)가 공동집필한 문장으로 보고 특히 옌푸의 역할을 중요하게 평가해 왔으나, 최근 몇몇 연구결과는 오히려 사청유(夏曾佑)의 문장으로 보기도 한다. 필자는 최근 연구의 입장에 설득력이 있다고 보고, 사청유(夏曾佑)가 중심이 되어 집필했으며 그 내용에 옌푸의 견해나 조언이 반영되었을 것이라고 본다. 후자의 입장에 대해서는 王栻, 「嚴複在『國聞報』上發表了那些論文」, 王栻主 編, 『嚴複集』 第2冊, 中華書局, 1986, 440쪽; 皮後鋒·楊琥, 「『國聞報』所刊『本館附印說部緣起』之作者考辨」, 『明清小說研究』 第3期, 2011 참고.

신문의 사회적 기능에 대해 누구보다도 깊이 있게 이해하고 있었다. 그는 옌푸의 주도하에 왕슈즈(王修植)와 함께 1897년(光緒23年) 10월 1일 톈진(天津)에서 일간지 『국문보』를 창간하였다. 그리고 보름 후인 10월 16일부터 11월 18일까지 샤청유의 위 글이 연재되었으며, 같은 해 12월 8일 순간(旬刊)인 『국문휘편(國聞彙編)』을 발간하기 시작하였다. 이와 같이 옌푸와 샤청유 등은 『국문보』를 중심으로 일간지와 순간지, 그리고 부간(附刊)을 동시에 기획하였는데, 이러한 계획은 정보의 성격 및 유통 속도와 독자층의 차이에 따른 것이었다. 미디어의 기본 목표는 한 국가가 건설되고 부강해지기 위해 필수적으로 요구되는 상하의 소통과 중외(中外)의 소통이었지만, 정보의 성격과 독자층의 차이에 따라 다양한 미디어 형식이 요구된다고 보았다.[59] 우선 중국 국내소식을 중심으로 다룬 일간지 『국문보』의 주요 독자는 상인을 비롯해 각종 업종에 종사하는 사람들이었다. 이에 비해 순간지인 『국문휘편』은 상대적으로 정보수집에 시간이 소요되는 해외소식을 중심으로 하고 있으며, 주요 독자는 사대부를 중심으로 한 지식인이었다. 일간지와 순간지의 성격상 일간지는 다소 사소하고 잡다한 내용을 포괄하여 사대부들이 기피하였으며, 순간지는 언어와 내용에 다소 심도가 있어 난해한 면이 없지 않았다. 『국문휘편』은 독자 수가 제한적인 관계로 제6기까지만 출간하고 1898년 2월 15일 이후 정간되었다.

이러한 일간지나 순간지와 비교하여 '설부' 부간은 「본사에서

59 「國聞報緣起」, 『國聞報彙編』(光緒29年 6月 初印), 臺北: 文海出版社, 1983.

설부를 부가적으로 인쇄한 연유」에서 밝힌 바와 같이 설부를 주요 내용으로 하며, 『국문보』와 함께 구독자에게 발송될 계획이었다. 그렇다면 '설부' 부간에서 설정하고 있는 주요 독자는 각종 업종에 종사하는 상인들일 것이라고 예상할 수 있다. 상인층은 전통적으로 통속적인 설부의 주요 독자층이었다는 점에서 일간지와 동일한 독자군을 형성하였기 때문에, 신문의 발행부수를 늘리기 위한 방법으로 일간지와 설부를 결합시키는 것은 자연스러운 현상이었다. 설부의 독자층은 상인계층보다 훨씬 더 포괄적이라는 점에서 『국문보』의 구독층을 확대시킬 수 있는 방안이기도 하였다.

그러나 『국문보』가 단순히 상업적인 측면에서만 설부의 부간 발행을 고려한 것이 아닌 이상, 부간의 발행 목적은 또 다른 측면에서 설명할 필요가 있다. 부간 발간에 있어서 설부가 가장 주목받았던 이유도 역시 그것이 지닌 대중성과 전파력이었다. 전파력은 시간적, 공간적 두 차원에서 이루어지는데, 과거의 역사와 인물들이 후대에 지속적으로 전달되는 것과 작품이 한 시대에 사회적으로 전파되는 데 있어 설부만큼 전파력을 갖춘 것이 없다는 것이 설부 부간 발간의 인식상의 전제였다. 그리고 설부의 이러한 전파력은 언어의 통속성, 언문일치에 있으며 대중들의 기대와 감성에 가장 부합할 수 있도록 허구적인 서술·묘사가 가능하기 때문이라고 보고 있다. 캉유웨이가 육경이나 정사(正史), 어록과 법률 등으로 가르치거나 다스릴 수 없는 것은 소설로써 해야 한다고 한 것처럼, "설부가 성행하면 그것이 사람들의 마음에 깊이 호소하는 것이나 세상에 널리 전파되는 측면에서 경(經)과 사(史)를 능가하며, 천하의 인심과 풍속은 설부에 의해 지탱되지 않을 수 없다."[60]고 보았다. 비록 계획처럼 설부 부간을 발간하지는 못했지만, 이로부터 인식상으로나 실천적으로 소설과 미디어를 결합시키려는 당시 설부와 소설을 둘러싼 담론장의 형성과 그 특징을 이해할 수 있다. 19세기 말 중국에서는 미디어로서의 소설에 대한 주목과 그것을 구체적으로 실천하기 위한 시도가 적극적으로 이루어지고 있었다.

5. 신소설론: 미디어적 소설론

정치소설은 중국 소설담론에 있어 하나의 충격이었다. 물론 그 이전에도 소설의 지위를 제고시키려는 언술이 여러 방면에서 끊임없이 제기되어 왔다. 그중에서 소설을 칠략(七略)에서 별도로 팔략(八略)으로 독립시키고 사부(四部)에서 독립하여 그와 대등한 오부(五部) 가운데 하나의 지위로서 인정받아야 한다는 캉유웨이의 주장은, 량치차오에 의해 소설의 가치와 지위를 높이 평가하기 위한 논리로 인용될 만큼[61] 소설을 계몽의 중요한 미디어로 부각시킨 대표적인 언술이었다. 이러한 언술을 당시 캉유웨이와 량치차오 문장 특유의 논리와 수사법임을 고려하여 이해해야 하지만, 이러한 수사법은 당시 현실적으로 급박한 실천적 요구를 바탕으로 한다는 점에서 그 이전의 소설

60 "夫說部之興, 其入人之深、行世之遠, 幾幾出於經史上, 而天下之人心風俗, 遂不免爲說部之所持." 陳平原·夏曉虹 編, 『二十世紀中國小說理論資料』(第1卷), 北京大學出版社, 1997, 27쪽.

61 『康南海先生遺著彙刊十一·日本書目志·小說門』 卷14, 台灣: 宏業書局影印, 734쪽; 任公, 「譯印政治小說序」, 『淸議報』 第1冊, 1898. 12. 23.

을 통한 교화를 강조하는 유사한 논리와 그 언설의 맥락이 완전히 다르다. 이 시기 설부 혹은 소설에 대한 호명은 사회 전반에 걸쳐 새로운 관념의 대두를 그 맥락으로 하는 인식상의 전환을 함축하고 있었다.

이러한 인식상의 전환과정에서 정치소설론이 점하는 지위와 의의는 바로 그러한 전환이 내포하고 있는 문제의식을 첨예화시킴과 동시에, 담론적인 차원에서 실천적인 차원으로 확대, 전개되었다는 데 있다. 소설과 설부의 미디어적 기능을 승인했다고 하더라도, 그것을 통해 담아 낼 내용을 생산해 내는 것은 또 별개의 일이다. 『국문보』에서 기획한 설부 부간의 발간이 선언으로 그치고 만 것도 그러한 창작실천의 어려움을 해결하지 못했기 때문이었을 것이다. 량치차오는 그러한 현실적인 난제를 『청의보』에서 번역이라는 비교적 용이한 방법을 통해 해결하려고 하였다. 그리고 의도하지는 않았지만, 번역실천을 통해 정치소설 관념은 기존의 소설관이나 소설과 차별성을 더욱 부각시키며 자신을 새롭게 전경화시킬 수 있었다. 그런 의미에서 정치소설은 이미 "신소설"이었다.

그러나 정치소설은 아동 및 부녀자와 같은 광범한 계층을 독자층으로 삼기보다는 어느 정도 지식계층을 대상으로 삼고 있었다는 점에서 이른바 대중적인 미디어 혹은 대중적인 소설과 일정한 거리가 있었다.[62] 번역된 정치소설은 여전히 「정치소설 번역 서문(譯印政

---

62 이런 점에서 량치차오가 1902년 이전에 번역한 『가인기우』 및 『경국미담(經國美談)』과 같은 정치소설을 린수(林紓)가 웨이이(魏易)와 함께 1901년 번역한 『흑인 노예가 하늘을 향해 외치다(黑奴籲天錄)』와 비교했을 때, 문체나 내용, 그리고 번역 목적 등에 있어 큰 차이가 없다고 할 수 있다. 제4장에서 살펴본 바와 같이 『흑인 노예가 하

治小說序)」에서 적극적으로 호명한 대다수의 단순한 식자층 혹은 문자의 소외계층(병사, 상인, 농민, 공인(工人), 인력거꾼, 부녀, 아동 등)의 입장에서 보면, 여전히 고담준론(高談峻論)에 해당하는 것이었다. 이는 미디어의 측면에서 볼 때 「정치소설 번역 서문」에서의 주장과 실제 작품 번역의 실천 사이에는 일정한 거리가 있었음을 뜻한다.

이러한 의미에서 대중적인 미디어와 정치소설의 결합, 혹은 소설과 잡지라는 두 미디어가 대중적인 형식을 통해 결합된 최초의 대표적인 예는 1902년 창간된 잡지 『신소설』이라고 보아야 한다. 『신소설』 잡지는 그 체제나 내용, 취지, 작가 및 번역자 등 다방면에서 획기적인 의의를 지니고 있지만, 미디어의 시각에서 볼 때 우선 주목을 끄는 것은 언어이다. 비록 외래의 신조어가 잡지 내의 소설 각 편에 두드러지게 편재되어 기존의 소설과 차별화가 명확하지만, 전체적으로 최대한 언문일치를 추구한 백화소설이 적지 않게 게재되었다. 언어와 문체의 측면에서 기존의 설부가 가지고 있는 대중성을 십분 발휘하고 있는데, 이는 당시 독자층을 고려할 때 반드시 유리한 것만은 아니었다. 왜냐하면 언문일치의 백화는 시대적 분위기 변화에도 불구하고 지식인 계층의 감성에 부합하지 않으며, 정치, 외국역사, 과학, 철리를 제재로 한 소설들은 대중적인 취향과 일정한 거리가 있었기 때문이었다. 이에 『신소설』은 기존의 소설이나 설부의 대중성을 바탕으로 하면서도 동시에 새롭게 자신의 독자층을 창출해

늘을 향해 외치다』 역시 당시 정치소설로 분류될 수 있을 뿐만 아니라 그 독자대상도 당연히 일반대중이 아니라 지식층이었다. 이 작품에 대해서는 (美)斯士活 著, 林紓·魏易 譯, 『黑奴籲天錄』, 商務印書館, 1981; 阿英 編, 『晚清文學叢鈔·小說戲曲研究卷』, 中華書局, 1960, 279-282, 591-592쪽 참고.

내지 않으면 안 되었다. 새로운 문장 양식으로서의 신문(新聞)이 그 내용과 형식적인 측면에서 대중과 지식인 사이의 독서취향 및 감성 사이를 오가며 자신의 사회적 위치와 정체성을 모색해 나갔던 것처럼, 소설 혹은 설부 역시 기층대중과 지식인 사이의 감성과 지적 취향 사이의 적절한 위치에서 자신의 새로운 정체성을 수립하지 않을 수 없었다.

량치차오의 「소설과 군치의 관계를 논함」은 지금까지 많은 연구·분석이 이루어졌지만, 미디어적 시각에서 볼 때 새로운 독자층과 새로운 글쓰기 방식을 모색하고 사회적 승인을 얻기 위한 선언적인 문장이라고 할 수 있다. 이 글은 이전에 주로 언어와 유희적 측면에서 소설 혹은 설부를 논하던 방식에서 더 나아가 이상적인 경계 묘사 및 서술과 현실을 지배하는 오묘한 이치의 재현이라는 차원에서 소설의 독특한 기능을 설명하고, 수용과정에서 발현되는 심미적인 구조를 분석하고 있다.[63] 소설에 대한 이러한 심리학적 비평은 소설을 근대학문의 틀 속에서 논함으로써 소설에 대한 흥취에 보편성과 학문성을 부여하였다.[64]

그러나 량치차오의 위 문장이 당시 사회에서 지니는 의미는 소설에 대한 심도 있는 분석에 있다기보다는 오히려 소설 '패망론'에 있었다. 전통적인 사대부의 설부 혹은 소설에 대한 일반적인 시각은

63 「論小說與群治之關係」, 『新小說』 第1號, 橫濱: 新小說社, 1902. 11., 1-2쪽.

64 이에 앞서 샤청유가 『국문보』의 설부 부간에 대한 발간사에서 인류의 성정과 적자생존에 기반한 진화론적 관점에서 소설 혹은 설부의 사회적, 문화적 기능을 설명함으로써 설부를 신학문의 논리 속에 배치하였다. 그러나 설부의 글쓰기 혹은 그 서사성에 대한 심도 있는 분석에 있어서는 「소설과 군치의 관계를 논함」에 비하기 어렵다.

경시와 거리두기였다. 량치차오는 이러한 소설 혹은 설부로부터의 거리두기에 대해, 그것이 개인 및 사회에 대한 영향력이 강력하여 아무도 그것으로부터 자유로울 수 없는 이상 무책임한 태도라고 주장한다. 게다가 중국사회의 여러 문제와 국민성의 낙후는 모두 전통소설의 부정적인 영향의 결과라고 보았다. 따라서 사회개혁에 있어서 소설은 선택의 여지가 있는 미디어가 아니라 상업적 이윤을 추구하는 서적상들로부터 그 출판과 유통, 독서 지도의 주도권을 빼앗아 와야 하는 중요한 미디어였다. 소설은 신문과 마찬가지로 대중적인 여론과 심미, 가치의식을 둘러싸고 전개되는 권력투쟁의 장이었다.

> 오호! 소설이 사회를 곤경으로 이끄는 것이 이 정도로구나, 이 정도로구나. 대성인, 명철한 학자가 수만의 말로도 가르칠 수 없는 것을 경박한 서적상들이 한두 권의 책으로 타락시킬 수 있다. 품행이 뛰어난 군자들이 무시하면 할수록, 소설은 전적으로 경박한 서적상들의 수중에 떨어지고 만다. 그 성질과 지위는 공기와 같고 양식과 같아서 한 사회에서 기피하거나 버릴 수 있는 대상이 아니다. 따라서 경박한 서적상들이 결국 한 국가의 주권을 장악하고 그것을 조종하게 된다.[65]

65 "嗚呼! 小說之陷溺人羣乃至如是, 乃至如是! 大聖鴻哲數萬言諄誨之而不足者, 華士坊賈一二書敗壞之而有餘. 斯事旣愈爲大雅君子所不屑道, 則愈不得不專歸於華士坊賈之手, 而其性質其位置, 又如空氣然, 如菽粟然, 爲一社會中不可得避不可得屏之物, 於是華士坊賈, 遂至握一國之主權而操縱之矣."「論小說與群治之關係」, 『新小說』第1號, 橫濱: 新小說社, 1902. 11. 14., 8쪽.

소설은 개혁의 중요한 대상이자 상시적으로 세밀한 관찰과 비평이 요구되는 대상이다. 왜냐하면 소설이 사람과 사회에 미치는 영향은 매우 섬세한 방식으로 작동되기 때문이다. 소설비평은 개인적인 감상을 논하는 것이 아니라 그 자체가 사회비평이자 정치비평, 문화비평의 의미를 지닌다. 한 작품의 보편적인 가치를 드러내는 것이 비평의 목적이 아니라 시기마다 독자들의 독서에 개입하여 새로운 정치·사회적 맥락 속에서 그 의미를 해석하는 것이 비평의 기능이자 목적이다. 만청시기의 폭발적인 소설의 출간과 더불어 비평의 대두는 그것이 소설 자체에 대한 문학담론에 그치는 것이 아니라 일종의 미디어 비평의 의미를 지니고 있음을 뜻한다. 소설비평은 전체 사회개혁에 개입하는 지식인들의 실천행위 가운데 하나가 되었다.

이러한 미디어적 소설론의 관점은 소설 혹은 설부에 대한 기존의 인식을 크게 전환시켰지만, 소설 장르 자체에 대한 인식에서는 큰 변화가 없었다. 오히려 기능적인 관점에서 보았기 때문에 유사한 기능의 폭넓은 소설 혹은 설부의 관념이 신소설 속에 자리 잡고 있었다고 할 수 있다. 실제로 신소설론이 제기되고 새로운 소설을 표방하는 소설잡지들이 연이어 출현하였지만, 그 소설잡지들에서 다루는 범위는 오히려 이전부터 지배해 온 범잡(氾雜)한 관념에 부합하는 것이었다. 각종 주제로 분류된 소설 이외에도 희본, 노래가사, 잡다한 유희적 문장 및 기사들을 망라하고 있었는데, 이는 잡지라는 형식을 고려하여 다양한 읽을거리를 제공한다는 의미도 있지만, 다른 한편으로는 그만큼 소설이라는 개념을 폭넓게 간주하였던 것에 기인한 바가 컸다. 또 소설이라는 용어와 더불어 설부라는 용어도 계속해서 병행하여 사용되었다. 상무인서관에서 출판한 린수의 번역소설을 포함한 많은 작품들은 "설부총서(說部叢書)"라는 명의하에 출판되고 광고되었다. 따라서 20세기 초 '신소설'에서 말하는 소설은 서구적인 'novel' 개념의 흔적이 없는 바는 아니지만, 기본적으로는 전통적인 소설관념에서 크게 벗어났다고 보기 어렵다.[66]

신소설이 제기된 이후 소설잡지와 소설작품, 그리고 번역작품의 출판 붐이 출현하고 이와 더불어 소설비평에서는 소설의 사회적 기능을 강조하는 문장들이 연이어 발표되었는데, 문제는 그 내용이 오히려 놀랄 정도로 대동소이했다는 점이다. 전체 출판시장에서 소설이 점하는 상대적으로 높은 비중이나 독자층의 적극적인 반응이라는 현실의 변화에도 불구하고 이러한 가장 기본적인 것에 대한 반복적인 강조가 연이어 제기되었다. 사회풍속 개량과 의식개혁에 있어 소설이 지니는 역량에 대한 강조는 역설적으로 소설이 사회 속에서 적절한 위치를 찾지 못하고 있다는 것에 대한 반증이라고도 볼 수 있다. 즉 소설의 기능에 대한 사회적 합의에도 불구하고, 소설의 궁극적인 목적과 현실 사이에는 일정한 갭이 있었다. 이는 상술한 바와 같이 정치소설에서부터 보여 주던 역설적인 현상이었다. 정치소설은 아동과 부녀자를 독자의 대상으로 삼고 제창되었음에도 정작 『청의보』에 연재된 소설은 문언에 가까운 것이었다. 신소설론 이후에도 비록 백화소설이 양적으로 계속 증가하기는 했지만, 소설의 사회적 지위의 상승을 주도한 것은 오히려 백화체 소설보다 문언체 소설이었다. 이러한 현상은 문(文)에 대한 사회적인 취향 및 기호가 크게 변화

66 이에 대한 상세한 분석은 張麗華, 『現代中國短篇小說的興起』, 北京大學出版社, 2011, 203-263쪽 참고.

하지 않은 상황에서 소설이 점차 문인들의 정당한 독서물로 자리 잡게 되면서 나타나는 자연스러운 현상이었다.

여기서 백화소설과 문언소설의 양극화는 단순히 언어문체 차원의 문제만이 아니었다. 동일한 내용에 대해 단지 접근 가능성 혹은 이해 가능성이라는 측면에서 차이가 있는 것이 아니라 거기에는 문장에 대한 취향과 감각, 그리고 지식의 심도에 있어서도 큰 차이가 존재하고 있었다. 중문의 문장에 대한 소양이 있는 사람일수록 오히려 백화로 글쓰기를 하는 것은 더 어려웠는데, 이는 백화로 쓰기 어려워서가 아니라 자신의 문장에 대한 심미적 수준과 경향에 부합할 수 있게 백화소설을 창작하거나 번역하기 어려웠기 때문이었다. 이는 백화소설이 직접적인 계몽의 도구적 가치 이상의 문학 혹은 문장으로서의 가치를 지니기 전에는 극복하기 어려운 난제였다. 장회체를 비롯한 기존의 통속소설이 문언의 세계로 진입하기는 했지만, 그렇다고 해서 기존의 문언중심의 필기체 소설과 백화 중심의 통속소설에 비교되는 새로운 소설의 양극화는 여전히 존재하고 있었다. 쉬녠츠(徐念慈)가 언급한 바와 같이 적극적인 독자층과 독서시장 전체를 보더라도 문언소설이 더 지배적이어서 신소설이 표방한 백화 독자층을 겨냥한 계몽과는 다소 거리가 있었다.

이는 신해혁명 직후 신소설의 제창으로부터 10년이 지난 후에도 크게 변화하지 않았다. 청말 민초시기 대표적인 소설비평가인 관다루(管達如)는 신소설 관념이 가장 완숙한 모습을 보여 주는 사례로써 주목할 필요가 있다. 그는 우선 소설을 여러 기준에 따라 분류하였는데, 문학(文學, 여기서는 문장의 의미임)상으로는 문언체, 백화체, 운문체(전기(傳奇)와 탄사(彈詞))로 나뉘며, 체제(體制)상으로는 필기체와 장회체로 구분된다고 보았다. 이러한 분류는 시, 소설, 희곡, 산문이라는 1920년대 이후 널리 확산된 장르 분류에서의 소설이 지시하는 범주와는 달리, 그 소설이 포함하는 문(文)의 범위가 상당히 폭넓은 것임을 알 수 있다.[67] 관다루는 소설이 비록 다양한 체제를 포괄하지만, 기본적으로 갖추어야 할 것은 사회의 기풍을 바로잡을 수 있는 도덕의식과 사회에 대한 깊은 지식을 갖추어야 하며, 여기에 고상한 문장력과 백화체를 운용하여 사회의 제반 현상들을 묘사해야 한다고 보았다. 소설의 종지는 물론 전적으로 특정 사회를 묘사하는 것이지만, 이를 위해서는 다른 다양한 사회에 대해서도 알고 있어야 한다고 주장하였다.[68] 이러한 주장은 5·4 신문학운동 시기 소설개혁 주장과 큰 차이가 없었다.

여기서 주목할 것은 소설의 의미는 기본적으로 사회의 다양한 현상들을 보다 심층적으로 묘사하는 것이라는 익숙한 주장이다. 그는 소설은 예술의 일종이며 문학(즉 문장의 의미임)의 일종이지만, 다른 문(文)과 다른 것은 문언이 아니라 통속적이며, 공허한 것이 아니라 사실적이고, 실제 사실에 대한 기록이 아니라 복잡하고 이상적인 사실이라고 주장하였다.[69] 이는 그가 전통소설을 도적질을 가르치고(誨盜), 음란함을 가르치며(誨淫), 미신적이고 황당무계한 폐단을 지니고 있다고 비판한 것[70]과 같은 의미인데, 소설의 가치가 리얼리즘

---

67 管達如, 「說小說」, 『小說月報·文苑』 第3卷 第5期, 1912, 2-3쪽; 『小說月報·文苑』 第3卷 第7期, 1912, 1-2쪽.

68 管達如, 「說小說」, 『小說月報·文苑』 第3卷 第11號, 1913, 4-5쪽.

69 管達如, 「說小說」, 『小說月報·文苑』 第3卷 第9號, 1913, 1-3쪽.

70 管達如, 「說小說」, 『小說月報·文苑』 第3卷 第11號, 1913, 2-3쪽.

에 있다는 의식이 잘 나타나 있다. 이러한 리얼리즘적인 시각은 서구의 번역소설에서 영향받은 바가 적지 않다.

> 중국 소설의 단점 가운데 첫 번째는 실제에 부합하지 않는다는 점이다. 어떤 일에 관한 것이든 그 지면에서 말하고 있는 바를 읽으면, 하나같이 저자가 직접 겪은 것 같고 상황도 사실에 가까운 것처럼 보이지만, 실제 살펴보면 하나도 부합하는 것이 없다. 이는 우리 사회가 사실을 조사하는 사상이 결여되어 있어 매사에 실험을 중시하지 않기 때문이다. 서구는 다르다. 그들의 국가의 과학은 이미 매우 발달하였으며, 그 국민도 실제를 숭상한다. 매사에 실험을 중시하여 저술가들이 근거 없이 지어낼 여지가 결코 없다. 소설을 창작하는 사람도 사회의 모든 일에 대해 일일이 주의깊게 관찰해야 하며, 각종 과학에 관련된 것은 비전문가는 말할 수 없다. 소설은 사회에 대한 반영이다.[71]

관다루는 서구의 소설들은 사실을 중시하는데, 이는 서구의 실험과학이 발달하여 국민들도 실제를 숭상하기 때문이라고 말하고 있다. 서구의 리얼리즘의 발생 원인은 정확히 설명하기 어렵지만,

71 "中國小說之所短, 第一事卽在不合實際. 無論何事, 讀其紙上所述, 一若著者曾經身歷, 情景逼眞者然, 然按之實際, 則無一能合者. 此由吾國社會, 缺於覈實之思想, 凡事皆不重實驗致之也. 西洋則不然, 彼其國之科學, 已極發達, 又其國民崇尙實際, 凡事皆重實驗, 故決無容著述家向壁虛造之餘地. 著小說者, 於社會上之一事一物, 皆不能不留心觀察, 其關涉各種科學處, 亦不能作外行語焉. 夫小說者, 社會之反映也." 管達如, 「說小說」, 『小說月報·文苑』 第3卷 第11號, 1913, 2-3쪽.

19세기 후반 과학 특히 실증과학의 대두로 인해 세계를 바라보는 사람들의 시각이 변화한 것을 한 원인으로 보기도 한다. 미국의 언론학자 마이클 셔드슨(Michael Schudson)에 의하면 이러한 리얼리즘적인 경향이 미국의 신문미디어에서 사실을 추구하는 새로운 조류를 형성하는 데 적잖은 역할을 하기도 하였는데, 이는 문학에도 마찬가지였다.[72] 이러한 의미에서 관다루가 서구 문학작품들이 과학적인 태도를 기반으로 사회를 묘사했다고 보는 것은 어느 정도 설득력이 있다.

그러나 그가 소설을 논함에 있어서 사회적 심리의 반영 내지 묘사라는 점을 강조하는 것은 단지 과학적 태도에 대한 중시에서 나온 것이라기보다는 넓은 의미에서의 사회개량이라는 목적에서 나온 것에 더 가깝다. 사회의 제반 문제와 그 가운데 인간들의 심리를 묘사함으로써 사회의 풍속이나 심리를 바꾸어 나갈 수 있다는 의식은 20세기 초 신소설 관점의 연장이자 소설의 미디어적 성격을 강조하는 것이라 볼 수 있다. 그가 마지막 부분에서 "오늘날 우리 중국의 소설은 마땅히 사회개량을 종지로 삼아야 하며, 사회를 개량하려면 무엇보다도 우선 어리석음을 일깨우는 것이다. 상등의 사람들은 별도로 지식을 추구하는 방도가 있어서 소설에 의존하지 않아도 된다. 오늘날 소설을 짓고 번역하는 사람들은 상층인을 대상으로 말하는 경우가 많은 반면, 하층인을 대상으로 말하는 사람은 적은 것 같다. 소설가들은 이 점을 잘 생각해 보길 바란다."[73]라고 하면서 백화체 소설의 중요성을

---

72 Michael Schudson, *Discovering the News: A Social History of American Newspapers*, Basic Books, 1978, pp. 71-76.

역설한 것도 그가 소설을 계몽의 도구이자 미디어적 기능성을 중시하고 있음을 말해 주고 있다. 이러한 기능적 입장에서 소설을 접근할 때, 같은 기능성의 문역(文域)에 속해 있는 각종 설부들을 굳이 세분하여 나눌 필요가 없다. 중국에서 서구의 장르 분화를 중심으로 한 문학 관념이 시기적으로 늦게 수용된 것은 이러한 특정한 기능성을 전제로 한 미디어적 소설론이 강하게 지배했기 때문이었다.

요컨대 20세기 초 신소설론에는 소설·설부를 미디어로서 접근하는 시각이 자리 잡고 있었다. 신소설이 청말시기에 출현하여 20세기 중국문학의 "최상층"으로 자리 잡을 수 있었던 것도 인쇄미디어 발전의 정점 시기에 가장 효과적으로 미디어 역할을 수행할 수 있는 특유의 기능성 때문이었다. 19세기 말 세기의 전환기에 신소설의 출현을 단순한 계몽주의나 공리주의로 해석할 것이 아니라, 정치·사회적 변화와 그것의 물질적 토대로서의 미디어 환경의 변화 속에서 다른 미디어와의 경쟁과 보충, 상호 재매개의 과정으로 이해할 필요가 있다.

---

73 "吾國今日小說, 當以改良社會爲宗旨, 而改良社會, 則其首要在啓迪愚蒙, 若高等人, 則彼固別有可求智識之方, 而無俟於小說矣. 今之撰譯小說者, 似爲上等人說法者多, 爲下等人說法者少, 愿小說家一思之." 管達如, 「說小說」, 『小說月報·文苑』 第3卷 第11號, 1913, 3쪽.

제6장 상상의 계몽과 '신소설' 독자

1. 독자에 대한 상상[1]

근대독자는 누구인가, 그들은 어떻게 출현하였는가? 근대문학 가운데 소설독자는 어떻게 형성되었는가? 이 물음은 최근 많은 연구경향들이 보여 주는 바와 같이 근대문학과 문화사 연구에서 중요한 주제 가운데 하나이다. 근대독자의 형성에 관한 연구는 근대적 주체 형성과정에 관한 연구의 핵심적인 부분으로서 근대 국민국가의 형성, 근대 교육, 근대 미디어의 변화과정과 밀접하게 연계되어 있다.[2] 독자

---

1 6장의 내용은 「상상의 계몽과 '신소설' 독자」(『중국현대문학』 제70호, 2014. 9.)라는 제목으로 발표한 글을 수정한 것이다.

2 중국의 근대독자의 형성에 관해서는 아직 본격적인 연구가 없지만, 비슷한 시기 조선과 일본의 근대독자의 형성에 관한 연구는 중국의 근대독자 연구의 한 참고가 될 수 있다. 조선과 일본의 예에 대해서는 천정환, 『근대의 책읽기: 독자의 탄생과 한국 근대문학』, 푸른역사, 2003; 마에다 아이 지음, 유은경·이원희 옮김, 『일본 근대독자의 성립』, 이룸, 2003 참고. 또 근대시기 프랑스나 영국의 독자문제에 대해서는 Martyn Lyons, *Readers and Society in Nineteenth – Century France: Workers, Women, Peasants*, New York: Palgrave Macmillan, 2001; Richard D. Altick, *The English Common Reader: A Social History of the Mass Reading Public, 1800-1900*, Columbus: Ohio State University Press, 1998 참고.

의 문제는 근대 문화생산의 중요한 일환으로 근대문학의 성격을 이해하는 데 반드시 설명되어야 할 부분이다. 그러나 중국 근대문학 연구에서 독자의 문제는 아직 심도 있는 연구가 진행되지 못하고 있다. 그 이유는 문학 혹은 문화영역의 주요 문제는 창작과 생산의 측면에 있으며, 창작과 생산의 측면에서 변화가 발생하면 그에 따라 독자들의 독서 방법과 취향이 변화한다는, 이른바 작가와 작품 중심적인 사고 때문일 것이다. 작가의식과 작품의 경향이 변화하고 학교와 도서관 등과 같은 근대교육 시스템이 도입됨에 따라 독자들도 자연스럽게 변화하고 근대독자가 형성된다는 인식이 그것이다. 근대적인 학당이 어떻게 전국적으로 파급되어 가고, 도서관이 어떻게 보급되었으며, 문자계몽운동이 어떻게 전개되었는가에 대한 몇 가지 통계적인 자료를 통해 근대독자의 형성의 추이를 이해할 수 있다는 것이다.

20세기 초 중국의 근대적인 독자에 대한 상기와 같은 시각에 영향을 준 것은 오히려 당시 신소설을 적극적으로 주창하던 인물들의 주장이라고 할 수 있다. 당시 중국에서 부단하게 제기된 정치소설 혹은 신소설론은 소설의 독자 문제와 긴밀히 결부지어 제기되었지만, 독자에 대한 언급과 서술방식은 오히려 독자의 문제를 은폐시키는 역할을 해 왔다. 예를 들어 샤청유와 옌푸(嚴復), 량치차오 등이 설부(說部) 혹은 소설을 강조하고 소설계 혁명을 주창한 것은 이미 설부와 소설이 대중적인 독서물로 자리 잡고 있다고 보고 그것의 대중적인 미디어 성격을 높이 평가했기 때문이었다. 그들에 따르면 20세기 초 이전에 중국에서의 소설독자는 이미 지식인층은 물론이고 여성과 아동들까지 망라하는 포괄적인 독자층을 형성하면서 사회풍속에 지대한 영향을 발휘하고 있었다. 다만 문제는 그러한 소설이라는 미디어가 전달하는 메시지가 사회문화를 타락시키는 유해한 내용이 대부분이어서 이를 개량할 필요가 있다는 점이었다.

샤청유와 옌푸는 설부의 중요성을 지적하기 위해서 길가는 사람들을 잡고 조조, 유비, 송강, 무송, 반금련, 양귀비에 대해 어떤 사람인가를 물으면 모두 막힘없이 잘 대답한다는 점을 지적하고, "기이하구나, 시장의 장사꾼, 들판의 농부와 노인네, 부녀자와 아동들이 기탄없이 손짓 발짓하며 고금의 이야기를 하고, 기쁘면 입가에 침을 흘리고, 분노하면 머리가 죽간처럼 쭈뼛하게 서고, 슬프거나 원망스러우면 고개를 숙이고 발을 구르며 눈물로 옷깃을 적시는데, … 정말 기이하다."[3]라고 하였다. 또 캉유웨이와 량치차오도 여러 서적류 가운데 소설이 가장 인기가 있고 부녀자와 아동들도 좋아한다는 이유로 소설의 계몽도구로서의 가치를 높이 평가하였다. 나아가 서구의 예를 들어 새로운 정치사상을 소설의 형식을 통해 펼치기만 하면 학생 및 지식인은 물론 병사나 시정잡배, 농민, 노동자, 인력거꾼 및 부녀자, 아동들이 모두 환영할 것이라고 보았다.[4]

이러한 관점에서 보면 소설과 독자의 관계에서 새로운 독자층의 창출은 문제가 되지 않는다. 왜냐하면 독자층은 이미 상하의 계층과 남녀의 차이를 넘어 광범위하게 형성되어 있기 때문이다. 다만 문

---

3 "異哉, 何觀於販夫市賈、田夫野老、婦人孺子之類, 指天畫地, 演說古今, 喜則涎流吻外, 怒則植髮如竿, 悲與怨則俯首頓足, 泣浪浪下沾衣襟, … 是可怪矣."「國聞報附印說部緣起」,『國聞報』, 光緒23年 10月 16日.

4 "在昔歐洲各國變革之始, 其魁儒碩學, 仁人志士, 往往以其身之經歷, 及胸中所懷, 政治之議論, 一寄之於小說 . … 下而兵丁、而市儈、而農氓、而工匠、而車夫馬卒、而婦女、而童孺, 靡不手之口之, 往往每一書出而全國之議論爲之一變."「譯印政治小說序」,『淸議報』第1冊, 1898. 12. 23.

제가 되는 것은 중국의 민간, 특히 기층사회에 갖가지 미신이나 부귀 영화만 쫓고 염치가 없으며, 경박하고 색정을 밝히는 것, 녹림당을 모방하는 풍조가 만연해 있는데, 이 모든 것은 그들의 소설에 대한 애독과 그 부정적인 영향 때문이라는 것이다.[5] 이에 소설가들이 스스로 자각하여 새로운 관념과 사상을 소설작품에 주입한다면 대중에 대한 계몽과 사회변화에 큰 효과가 있을 거라는 것이 신소설론자들의 기본 관점이다. 계몽적 상상이 대부분 그러한 것처럼 샤청유 및 옌푸와 량치차오 등도 이렇게 위로부터 새로운 지식과 사상을 대중사회에 주입하면 자연스럽게 새로운 주체와 사회가 형성될 것이라는 믿음을 가지고 있었다. 이를 위해 이미 대중적인 미디어로 자리 잡은 소설을 계몽을 위한 가장 효과적인 방법으로 호출한 것이다.

그러나 그들이 전제로 삼고 있는 소설 혹은 설부의 독자들이 실제로 노동자, 농민, 시정잡배와 여성 및 아동을 포괄한다는 가정은 어느 정도 사실에 근접하는지 의문이 아닐 수 없다. 만약 그들의 언술이 호명된 이러한 기층대중 가운데 극히 일부만이 실제 소설 독자였다는 것에 기반하고 있다면, 대중적인 미디어로서의 소설은 매우 과장된 것이다. 하지만 전체적인 맥락에서 볼 때, 그들의 언술의 초점은 극히 소수의 소설독자층을 겨냥한 것이 아니라 광범한 각 계층을 모두 소설의 독자로 간주하고 있는 것이다. 이러한 가정이 맞다면 당시 중국인의 상당수가 식자층이었다는 말이 된다. 그들이 말하는 것이 문언이 아닌 백화의 설부 혹은 소설에 국한된다고 하더라도, 『삼국연

5 「論小說與羣治之關係」, 『新小說』 第1卷 第1期, 1902. 11. 14.

의』, 『수호전』, 『홍루몽』 등 당시 유행하던 소설 혹은 설부류를 독해하기 위해서는 상당한 수준의 식자능력과 이해능력이 요구되기 때문이다.

지금까지 20세기 초 이전 중국의 식자율은 여전히 해결되지 않은 현안이다. 그럼에도 많은 연구들이 보여 주는 바는 19세기까지 중국의 식자율은 매우 낮았다는 것이 통설이다. 일찍이 청대 중국의 식자율에 대해 체계적인 연구를 진행한 이블린 사카키다 로스키(Evelyn Sakakida Rawski)에 의하면 1880년 중국 남성의 식자율은 30-45%, 여성의 식자율은 2-10%라고 보았다.[6] 이 수치는 동서양 각국의 근대 이전 식자율과 비교하여 상대적으로 높은 편이다. 장평위안(張朋園)이 지적한 바와 같이 로스키의 연구는 그 근거의 추출과정과 해석부분에서 논란이 많으며, 실제보다 과다하게 통계가 이루어졌다는 점을 부정하기 어렵다.[7] 로스키가 다소 낙관적인 통계수치를 제시하였다면, 1908년 「9년간 예비 입헌을 위한 매년 추진준비 사항 목록(九年豫備立憲逐年推行籌備事宜清單)」에서는 매우 보수적으로 식자율을 계산한 경우라고 할 수 있다. 입헌제 실시를 위해 필요한 국민의 식자율을 제고하기 위해 7년 후인 1914년 전국 식자보급 목표율을 1%로 상정하고 있으며, 1915년과 1916년에는 각각 2%와 5%로 상정하였다.[8] 이는 입헌제 도입시기를 가능한 늦추려는 청 왕조의 극히 보수

6 Evelyn Sakakida Rawski, *Education and Popular Literacy in Ch'ing China*, University of Michigan Press, 1979, p. 23.

7 張朋園, 「勞著『淸代教育及大衆識字能力』」, 『中央硏究院近代史硏究所集刊』 第9期, 1980. 7., 455-462쪽.

8 「憲政編查館等奏遵擬憲法大綱暨議院選擧各法並逐年應行籌備事宜摺附淸單二

적인 통계라고 할 수 있지만, 로스키의 통계와는 상당한 차이가 있음을 알 수 있다.[9] 여기서 주목할 것은 신소설론자들이 적극적으로 호명하였던 여성의 식자율인데, 로스키의 낙관적인 통계에서도 2-10%에 그치고 있고 장펑위안에 의하면 이 역시 너무 과다한 통계수치이다. 당시 여성들 가운데 주요 식자층은 대부분 전체 인구의 2%에 불과한 신사계층의 부녀자들이었으며, 그들이 모두 식자층이었다 해도 여성의 식자율은 1%를 넘을 수 없다.[10]

이러한 측면에서 볼 때 여성 및 아동과 노동자, 농민, "시정잡배" 등을 포함한 기층대중의 식자율은 모두 합해도 매우 낮은 수치일 수밖에 없다. 국민을 계몽한다는 의미에서 소설을 중요한 매개로 활용한다는 것은 의미가 없지는 않지만, 그 효과는 매우 제한적일 수밖에 없다. 20세기 초 사회적으로 널리 성행했던 소설 계몽과 소설 구국은 현실적인 조건을 고려하면 매우 낭만적이고 낙관적인 구호였다. 그렇다면 샤청유 및 옌푸나 량치차오 등의 정치소설, 신소설을 통한 소설 계몽론을 어떻게 이해해야 할까? 현실조건을 망각한 계몽지식인의 착오이거나 아니면 자기과대적인 수사에 불과한 것은 아닐까?

결론적으로 말하자면 다수의 아동과 여성, 기층대중이 소설의 직접적인 독자였다면, 이는 당시 현실적인 조건하에서 가능했을까에

件」, 『東方雜誌』 第9期, 1904. 11. 2., 50-51쪽.

9 장펑위안은 청말시기 중국의 식자율은 20% 정도이며, 보통소학교육이 30여 년 진행된 1930년대의 식자율이 대략 30%를 넘지 않을 것으로 보고 있다. 張朋園, 「勞著『清代教育及大衆識字能力』」, 『中央硏究院近代史硏究所集刊』 第9期, 1980. 7., 459-461쪽.

10 張朋園, 「勞著『清代教育及大衆識字能力』」, 『中央硏究院近代史硏究所集刊』 第9期, 1980. 7., 460쪽.

대해서는 부정적이다. 상술한 바와 같이 신소설론자들은 기층대중과 소설의 관계에 대해서 언급할 때, 주로 그들이 소설 속의 인물이나 스토리를 잘 알고 있다는 점을 지적하고 있다. 그러나 많은 기층대중이 소설속의 인물이나 스토리를 잘 알고 있는 것은 직접적인 독서를 통해서라기보다는 당시 설창이나 희곡과 같은 구술 장르를 통해서였다. 이와 관련하여 량장쥐(梁章鉅)의 다음과 같은 언급, 즉 "우리 향촌에서는 번번이 고사를 칠언으로 편집하였으며, 연주하거나 노래할 수 있는 것은 모두 소설이라고 불렀다."[11]라는 지적은 소설 수요층에 대한 중요한 시사점을 제공해 준다. 그에 의하면 소설은 일차적인 저본이라고 할 수 있는 문자로 서술된 작품만이 아니라 그 작품의 일부 혹은 전체 내용을 구연(口演)이나 연기를 통해 표현하는 것을 모두 포괄하고 있다.

소설개념의 이러한 쓰임새는 1895년 프라이어의 소설 현상공모와 관련하여 리펑치(李鳳祺)가 프라이어에게 보낸 서신에서도 잘 보여 주고 있다. 그는 소설이 포괄하는 체제의 다양함을 지적하며 통속소설, 문언소설은 물론 희곡, 잡록, 각종 창사(唱詞)도 소설범주에 속한다고 보고 있다.[12] 프라이어의 소설 현상공모에 응모했던 사람들 대부분이 하층 사인(士人) 집단이었다는 점을 고려하면, 당시 사회에서 소설에 대한 관념은 매우 폭넓은 의미를 포괄하고 있었다. 이는 기층대중의 입장에서 볼 때 소설은 중요한 오락물이자 주요 문화

---

11 "吾鄉村里輒將故事編成七言, 可彈可唱者通謂之小說." (淸) 梁章鉅, 「歸田瑣記·卷七(小說)」, 『筆記小說大觀』 第19冊, 江蘇廣陵古籍刻印社出版, 1983, 40쪽.

12 李鳳祺, 「致傅蘭雅的信」, 『淸末時新小說集』 第8冊, 上海古籍出版社, 2011.

활동 가운데 하나였지만, 이는 어디까지 그들이 독자로서가 아니라 청중으로서 소비했음을 의미한다. 당시 소설관념에 비추어 볼 때, 기층대중이 주로 접하였던 것은 다른 소설류보다 훨씬 이해하기 쉬운 창사(唱詞)나 각종 전기(傳奇)였다. 직접적으로 사회 인심이나 풍속에 영향을 미치는 것도 각종 탄사(彈詞), 고사(鼓詞)나 전기와 같은 공연예술이었다. 이는 명청시기 대중적인 문예활동에 대한 금지조치의 내용을 통해서도 확인할 수 있다.[13]

샤청유, 옌푸나 량치차오의 언술에서는 비록 소설에 대한 독자와 청중의 관계가 명확하게 설명되어 있지 않지만, 그들이 소설의 대중적인 영향력을 강조할 때는 공연활동까지 포괄하는 의미에서의 소설이었다. 그들은 비록 일본이나 서구의 소설을 참작하고 있었다고 하더라도, 당시 중국 사회에서 독자와 청중을 공히 소비자로 삼고 있던 소설이라는 통상적인 개념을 염두에 두고 있었다. 이러한 측면에서 보면 당시 중국의 상당수 기층대중이 중국의 전통적인 소설 인물이나 줄거리를 알고 있고, 그것에 대해 매우 흥취를 가지고 있었다는 그들의 언술은 실제에서 벗어나지 않는다. 다만 20세기 초 사용된 소

---

13 『元明淸三代禁毁小說戲曲史料』를 보면 소설, 연의소설, 창본, 희본 등 다양한 용어들을 사용하고 있고, 장회체소설이나 연의소설을 단편적인 창본이나 희본 등과 구분하고 있기는 하지만, 기층대중이 주로 접하던 것은 문장에 대한 독서를 통해 접근할 수 있는 전자가 아니라 후자였다. 이에 따라 명청시기 주요 금지대상도 전자보다 후자에 더 집중되어 있다. 당시 강창(講唱)과 희본(戲本)의 대본 가운데 적지 않은 것은 읽기 중심의 소설류에서 제재를 취한 것이 적지 않다. 청대 금지된 창편(唱片)과 희본의 목록에 대해서는 王利器 輯錄, 『元明淸三代禁毁小說戲曲史料』, 上海古籍出版社, 1981, 192-193, 199쪽 참고. 또 청대 금지된 소설과 극본의 목록에 대해서는 「附錄二: 淸代禁毁小說及劇本書目」, 吳哲夫, 『淸代禁毁書目硏究』, 嘉新水泥公司文化基金會, 1969, 80-84쪽 참고.

설개념의 용례에 있어서 그 의미의 편차가 적잖이 존재했고, 소설 및 설부의 소비층을 독자와 청중으로 세분하지 않음으로써 그 후 여성과 아동 및 하층대중을 실질적인 소설의 문자 독해적인 독자로 간주하게 된 것이다.[14]

따라서 20세기 근대소설 독자를 논할 때는 소설이라는 개념의 다양한 층위를 염두에 두면서 근대적인 독자와 청중이 어떻게 형성되는지, 그리고 청중이 독자로 어떻게 변모해 가는지를 동시에 고려하지 않으면 안 된다.

---

14 어찌되었든 샤청유, 옌푸와 량치차오의 소설론은 적지 않은 논쟁점을 지니고 있다. 그중에 하나는 소설이나 설부의 수용자층이 경서나 사서 등과 비교하여 훨씬 더 폭넓게 형성되어 있었다고 해도, 그 주요 독자층은 결코 기층대중이었다고 단정할 수 없다는 점이다. 또 사회와 문화의 '타락'을 소설의 영향으로 인한 기층대중의 타락으로 보는 시각도 마찬가지이다. 지식인의 도덕적 우월주의, 독서의 계층화, 대중의 교화적 대상화, 정념의 죄의식화와 같은 오래된 사회통치의식이 신소설론에도 동일하게 나타나고 있는데, 이는 소설을 비롯한 이른바 대중문화의 생산자와 유력한 소비자들이 실은 지식계층이었다는 점을 회피하고 있다. 소설의 독자층으로 여성과 아동을 강조하는 것 또한 소설 혹은 설부와 그 문화현상을 젠더화하거나 가치 서열화하는 것이라고 볼 수 있다. 즉 일반서적이나 신문·잡지는 사대부가 읽고, 소설은 "오로지 부녀와 하층사람을 대상으로(專攻婦人與下等人, 「說小說」, 『中外日報』, 1902. 4. 10.)해야 한다든지", "부녀자와 무식한 사람은 읽을 만한 책이 없으므로 문화를 주입하려면 소설 외에 다른 방도가 없다."(惟婦女與粗人, 無書可讀, 欲求輸入文化, 除小說更無他途)"(別士, 「小說原理」, 『繡像小說』 第3期, 1903. 6. 25., 4쪽) 등의 의식은 신소설론자들에게 보편적이었다.

2. 학생층 독자의 실상

신소설이 표방한 것은 대중적인 미디어를 통한 계몽활동이었다. 이는 소설과 신문이라는 미디어가 근대시기 민족이나 국민의 형성에 있어서 주요한 역할을 했다는 관점에서 보면, 전혀 새로운 것이 아닐 뿐 아니라 근대사회 혹은 근대국가의 형성에서 관찰되는 보편적인 현상처럼 보인다. 실제로 이러한 과정이 장기적으로 다양한 층위에서 제도화됨으로써 소설이라는 미디어가 근대시기 계몽적인 역할을 했다는 점을 부정할 수 없다. 그러나 직접적인 계몽, 그것도 특정한 기층대중을 염두에 둔 20세기 초 중국 신소설의 계몽론이 담론적인 차원을 넘어 실제로 어떻게 기층대중을 계몽했는지에 대해서는 의문이 아닐 수 없다. 이는 신소설론의 주창자였던 량치차오가 그로부터 15년 후에 신소설의 효과에 대해 부정적인 견해를 보여 준 바에서도 잘 드러나는데, 문제는 그러한 부정적인 결과가 왜 발생했는가 하는 점이다.

> 오늘날 소설의 힘은 10년 전에 비해 몇 십 배, 몇 백 배 더 증가하였다. … 그러나 오늘날 이른바 소설문학은 어떠한가? … 90%는 도적질이나 음란함을 가르치는 것일 뿐이거나 혹은 신랄하거나 경박하여 아무런 의미도 없는 유희적인 문장이다. … 최근 10년간 사회풍습의 악화를, 어찌 신소설이라는 것이 더 조장한 것이 아니겠는가?[15]

15 "今日小說之勢力, 視十年前增加倍蓰什百 … 今之所謂小說文學者何如, … 其什九則誨盜與誨淫而已, 或則尖酸輕薄毫無取義之遊戲文也. … 近十年來,社會風習, 一

량치차오에 의하면 1903년 이후 소설 관련 출판사와 작가, 작품이 폭발적으로 급증하고, 소설을 통한 계몽을 주창하는 담론이 사회적으로 확대되었음에도 사회의 풍속은 더욱 악화되었다. 그 이유에 대해 그는 소설의 사회적 영향력은 더욱 확대되었지만, 소설작품의 내용이 여전히 구소설에서와 같이 도적질이나 음란함을 가르치거나 유희적인 것에 치중했기 때문이라고 보았다. 그의 이러한 주장은 당시 소설계를 겨냥한 것으로 그 내용에 대한 확인이 요구되지만, 주목할 것은 신소설에 대한 그의 비판의 적절함을 떠나 그가 주장을 위해 전제로 삼고 있는 몇 가지 판단이다. 그중 첫 번째는 이른바 신소설이라는 작품이 대중적으로 많이 읽혔다는 것이고, 두 번째는 소설의 사회적인 영향력이 지대하다는 것이다. 그는 신소설은 그 이전 소설도 그랬듯이 대중적으로 가장 많이 읽히는 독서물이며, 사회의 인심과 풍속을 좌우하는 것은 소설이라고 보고 있다. 이 가운데 두 번째 주장에 대해서는 소설의 영향력을 강조하기 위한 수사적인 표현이라고 볼 수도 있지만, 지나친 소설결정론이라는 비판을 면하기 어렵다. 오히려 일찍이 1905년 만수(曼殊)라는 필명의 논자도 지적한 바와 같이 당시 사회의 "추악"한 현상을 "저열"한 소설 때문이라고 보는 것은 사태의 본말을 전도시킨 것으로, 오히려 "저열"한 사회야말로 "추악"한 소설이 출현하는 원인이라고 보는 편이 더 설득력이 있어 보인다.[16]

落千丈, 何一非所謂新小說者階之厲." 梁啟超, 「告小說家」, 『中華小說界』 第2卷 第1期, 1915. 1. 1.

16 "今之痛恨祖國社會之腐敗者, 每歸罪於吾國無佳小說. 其果今之惡社會爲劣小說之果乎. 抑劣社會爲惡小說之因乎." 曼殊, 「小說叢話」, 『新小說』 第13號, 1905. 2., 172-173쪽.

그렇다면 량치차오의 위의 주장에서 문제의 중심은 신소설 독자이다. 신소설의 영향력도 결국에는 독자가 그만큼 광범하다는 것을 전제로 하기 때문이다. 하지만 량치차오는 신소설 독자의 범위에 대해 구체적인 정보를 제공해 주지 않고 있어 그의 언술만으로는 판단하기 어렵다. 다만 그는 정치소설이나 신소설을 제기할 때와 마찬가지로 소설이 가장 대중적으로 많이 읽히는 독서물이라는 점만을 언급하고 있다.[17] 따라서 당시 신소설 독자의 상황을 판단하기 위해서는 실제 소설의 구입은 물론 소설을 접할 수 있는 조건들이 어떻게 형성되었는지를 살펴볼 필요가 있다. 그중에서도 지식인 계층보다 사회풍속의 변화에 더 직접적으로 관련 있는 광범한 기층대중의 독서나 관람이 어떻게 이루어졌는지를 살펴보아야 한다.

기층대중의 소설에 대한 수용은 읽기와 듣기라는 두 방식을 통해서 이루어졌으며, 식자능력이 크게 제고되지 않는 한 이러한 두 방식을 통한 수용은 여전히 불가피하다. 게다가 신소설은 그 내용이나 주제 등에 있어서 기존의 소설과 차별화하였기 때문에, 기존의 소설에 익숙해진 독자들의 감각과 취향을 변화시키지 않으면 식자능력이 향상되더라도 실제적인 독자군을 형성하기 어렵다. 신소설은 이 두 가지 측면을 모두 고려하여 새로운 독자층을 형성하지 않으면 안 된다. 실제로 20세기 초에 들어서서 처음 10년 동안 새로운 독자층 만들기는 다양한 방식을 통해서 진행되었다. 그중에서 대표적인 예가

17 "試一流覽書肆, 其出版物, 除教科書外, 什九皆小說也. 手報紙而讀之, 除蕪雜猥屑之記事外, 皆小說及游文也. 擧國士大夫不悅學之結果, … 歐美新學, 僅淺嘗焉爲口耳之具, 其偶有執卷, 舍小說外殆無良伴." 梁啓超, 「告小說家」, 『中華小說界』 第2卷 第1期, 1915. 1. 1.

학당의 설립, 새로운 독서물의 보급, 그리고 풍속 및 사회문화의 변화를 목적으로 한 각종 다양한 사회개량운동 등이 그것이다. 이 가운데 풍속을 포함한 사회문화의 변화를 위한 제반 활동은 대중들의 의식과 생활방식의 변화를 목적으로 한다. 이는 새로운 지식 및 관념, 감각 등을 수용토록 하는 데 매우 중요하지만, 소설독자층의 형성과 관련해서는 직접적인 조건이라고 보기 어렵다. 그보다 학당이나 새로운 독서물의 보급과 같은 새로운 교양의 함양과 소설에 대한 직접적인 접촉을 가능케 하는 실천활동이 독자의 형성에 더 중요하다.

중국에서 새로운 학당은 19세기 말에 주로 교회학교를 중심으로 설립되다가 1900년대 초부터 전국적으로 확대되었다. 학교는 소학, 중학, 고등 학제를 바탕으로 하였지만, 실제로는 각지에 다양한 형식의 교육기관이 존재하고 있었다. 예를 들어 과거제가 폐지된 후 2년 후인 1907년부터 신해혁명 전까지 3년 동안 학부(學部)에서는 매년 전국의 학당 운영과 관련한 중요한 지표를 조사하여 발표하였는데, 그중 1907년 자료에 의하면 베이징에 중학당 이하의 학교를 보면 전체 211곳이 있었다. 그 가운데는 실업학당(3), 사범학당(優級選科, 初級, 傳習 포함)(12), 중학당(21), 소학(144), 몽양원(蒙養院)(1), 반일학당(半日學堂)(8), 여자학당(11), 권학소(勸學所)(1), 선강소(宣講所)(9) 등이 포함되어 있으며, 이들 교육기관에서 수업을 받던 학생은 9,939명 정도였다.[18] 그리고 전국 23성의 고등학당을 포함하여 각급 학당과 교육기관이 3만 7,672개가

18 學務總務司 編, 「光緒三十三年分第一次教育統計圖表」, 陳學恂 主編, 『中國近代教育史教學參考資料』 下冊, 人民教育出版社, 1998, 294쪽, "京師中學以下各學堂統計總表" 참고.

있었으며 전체 학생 수는 101만 3,571명이었다.[19] 그 가운데 보통학당인 중학당, 소학당, 몽양원, 반일학당 등은 3만 5,045개에 학생 수는 94만 9,320명이다.[20] 이 숫자를 어떻게 평가할 것인가는 보는 시각에 따라 다를 수 있지만, 당시 전체 학령의 인구수에 비하면 결코 높은 수치는 아니다. 예를 들어 1910년 12월 중국 민정부(民政府)의 호구조사 보고서「淸民政部具奏調査第二次人戶總數折單」에 근거하여 레이먼드 테니(Raymond P. Tenney)가 추산한 것에 따르면, 학당 보급률이 상대적으로 높았던 베이징의 학동(學童: 7-15세)은 4만 7,653명이었다. 이를 1909년 학생 수 1만 1,192명과 비교하면 23.5%만이 중학 이하 과정에서 수학하고 있음을 알 수 있다.[21]

160여 만 명에 달하는 학생층은 정도의 차이가 있기는 하지만, 새로운 사회적인 분위기 속에서 신지식을 익히면서 일정한 식자능력을 바탕으로 중요한 독서계층을 형성한 것으로 볼 수 있다. 여기서 간과해서는 안 될 것은 전체 학생들 가운데 초보적인 식자능력의 수준을 갖춘 자, 즉 소학당 가운데 식자 기초교육을 중심으로 한 초등 단계의 학생이 2/3 이상을 점한다는 사실이다.[22] 이는 학생들 중 다

---

19 陳學恂 主編,『中國近代敎育史敎學參考資料』下冊, 1998, 302-303쪽, "各省普通學堂統計表" 참고.

20 陳學恂 主編,『中國近代敎育史敎學參考資料』下冊, 1998, 295쪽, "各省學務統計總表" 참고.

21 레이먼드 테니의 통계에 대해서는 楊海貴,「丁尼對淸末中國人口的估計」,『江蘇社會科學』1期, 2013, 243-246쪽 참고. 덧붙여 말하면, 테니는 당시 티벳을 제외한 중국의 전체인구를 3.3억으로 추산하고 있는데, 양하이구이(楊海貴)는 통계상의 오류를 지적하며 그보다 훨씬 더 많을 것으로 보고 있다.

22 예를 들어 1909년 전체 학생 수 162만 6,720명 가운데, 소학당의 고등(高等), 양등(兩等), 초등(初等) 세 단계 가운데 가장 낮은 수준인 초등과정의 학생이 117만 852명이

[표 6.1] 청말 학당 및 학생 수

	각 성 학당 및 학생 수	각 성 보통학당 및 학생 수(여자학당/학생 수)	베이징 중학 이하 학교 및 학생 수(여자학당/학생수)
광서33년 (1907년)	37,672개/1,013,571명	35,045개/949,320 명	211개/9,939명 (12개/661명)
광서34년 (1908년)	47,532개/1,284,965명	41,530개/1,214,964명 (18개/755명)	256개/13,652명 (11개/629명)
선통원년 (1909년)	58,896개/1,626,720명	51,877개/1,561,674 (298개/13,489)	274개/11,192명 (10개/565명)

자료 출처: 陳學恂 主編,『中國近代教育史教學參考資料』下册, 1998, 293-343쪽.

수가 신학문의 지식과 소설 등의 텍스트에 대한 직접적인 독자가 될 수 있는 능력을 갖추지 못했다는 것을 의미한다. 이들은 도서를 구입할 수 있는 경제적인 능력은 물론이고, 당시 사회적으로 확산되고 있던 도서관[23]이나 장서각, 도서열람소 등의 서적을 이용하는 데도 한계가 있었다. 가능하다고 하더라도 대부분은 주로 백화신문이나 백화 문학작품에 국한되었다고 보아야 하며, 학생 가운데 신문이나 소설, 신학문 저서를 직접 읽을 수 있는 수는 당시 유학생과 통계에서 누락된 숫자들을 포함해도 50만 명에 미치지 못했을 것으로 보인다.

며, 여기에 몽양(蒙養), 반일학당, 여자학당의 학생 수를 합하면 121만 2,256명으로 전체 학생의 74.5%를 점하고 있다. 반면 어느 정도 식자능력이 갖추어진 양등(兩等) 및 고등소학 이상의 학생 수는 41만 4,464명 정도이며, 여기에 같은 해 일본 유학생 5,266명(그중 여학생 149명)을 합하면 대략 42만여 명 정도의 학생이 신학문이나 소설류에 대한 실제 독자의 능력을 갖추었다고 할 수 있다. 청말 민초 일본·중국 유학생의 통계에 대해서는 陳學恂 主編,『中國近代教育史教學參考資料』下册, 1998, 375쪽, "1906年至1921年留學日本學生人數統計表" 참고.

23 우시(吳晞)에 의하면 1901-1910년 사이 중국에서 설립된 근대적인 관립도서관은 20여 개 이상이었다. 이에 대해서는 우시의『從藏書樓到圖書館』(書目文獻出版社, 1996)을 참고, 특히 "淸末主要官辦公共圖書館一覽表", 81쪽 참고.

이 수치는 학당이 건립되기 이전 시기와 비교해도 그다지 증가한 것이라고 보기 어렵다. 결국 신소설이 제창되고 나서 10년 동안 소설잡지나 작품들이 크게 증가했음에도 이들 작품에 대한 직접적인 독자(청중 제외)의 수는 증가했다고 보기 어렵다.

다만 단순 식자능력을 넘어 문장에 대한 이해능력을 갖춘 학생층이 양적으로는 그다지 증가하지 못했다고 하더라도, 또한 초기 학당의 교육과정이나 운영이 매우 부실했던 점을 감안하더라도, 이들은 새로운 문화나 관념, 감각을 적극적으로 받아들이는 계층이라는 점에서 신소설의 적극적인 독자층이었음은 부정할 수 없다. 이들은 신소설에 대한 직접적인 독자였으며 가족이나 주변에 그것을 전파하는 데도 중요한 역할을 하였다. 따라서 수적으로는 그다지 증가하지는 않았지만, 소설에 대한 당시 사회인식의 변화에 따라 보다 적극적으로 소설문화를 확대해 나가는 중추적인 역할을 했다.

3. 대중독자 만들기: 신문열람소·강독소

학당이라는 제도화된 교육기구를 중심으로 일부 학생계층의 식자능력 및 근대적 교양과 감수성들을 양성해 나갔다면, 일정한 학령을 넘어섰거나 학당에 입학하기 어려운 사람들을 위한 사회적인 계몽기구들이 출현하였다. 그 가운데 대표적인 것이 열람소의 설립이다. 열람소는 기본적으로 신문과 잡지를 비롯하여 일부 도서를 구비하고 사람들에게 자유롭게 열람할 수 있도록 함으로써 지식을 전파하고자 하는 목적에서 만들어졌다. 열람소는 1904년부터 장쑤(江蘇),

산둥(山東), 후난(湖南), 저장(浙江) 등 지역을 중심으로 설립되기 시작한 이후, 1905년에는 베이징에 45곳을 비롯하여 즈리(直隸) 18곳, 산둥(山東), 허난(河南) 지역에 각각 10곳 등과 같이 전국적으로 확대되기 시작하였다. 열람소는 주로 여러 종류의 신문·잡지를 비치하여 대중들에게 열람하게 하는 것으로, 신문이나 잡지의 독자층을 확대하는 데 중요한 역할을 하였기 때문에 당시 여러 신문과 잡지 매체들이 깊은 관심을 가지고 보도하였다.[24] 물론 열람소의 설립 주체와 각 신문 잡지에서는 대중들 특히 기층대중들의 계몽과 시사적인 지식의 전파를 설립목적으로 내세웠지만, 무엇보다도 당시 사회의 가장 강력한 미디어와 결합하여 사회의 중요한 관심거리가 되었다. 각종 신문과 잡지들은 자신들과 이해관계가 밀접한 열람소의 설립상황에 대해 상세히 보도하였다. 1905년 『동방잡지』의 다음과 같은 보도는 신문열람소가 사회적으로 급속히 확산되어 가는 양상을 잘 보여 주고 있다.

> 근래 베이징의 기풍이 크게 변화하여 신문열람소가 점차 설립되고 있다. 먼저 시청(西城)에서부터 시작하여 각 처에 설립되고 있는데, 장판우(蔣範五) 군 등이 단체를 결성하고 자금을 모아 팡진샹루(方巾巷路) 동쪽에 극명열보처(克明閱報處)를 설립하였고, 리싱우(李星五) 군 등이 둥즈먼(東直門) 팔기학당(八旗學堂)과 호국사(護國寺),

24 열람소에 대해서 특히 깊은 관심을 가지고 보도한 매체는 『대공보(大公報)』, 『경종일보(警鐘日報)』, 『순천시보(順天時報)』, 『경화일보(京話日報)』와 『동방잡지(東方雜誌)』 등이다.

류리창(琉璃廠) 내에 신문열람소를 설립하였다. 왕 모군은 토지사(土地祠)에 신문열람소를 세웠으며, 그 밖에 왕쯔전(王子貞) 사진관에도 여러 부의 신문을 구입하여 사람들이 자유롭게 열람케 하였다. 모 찻집 옆의 약국에서도 백화보를 구입하여 약국 안에서 신문을 읽어 주고 있다. 둥단패루(東單牌樓)에는 뜻있는 모 인사가 자금을 기부하여 중외신문 열람소를 설립하였으며, 첸먼(前門) 밖의 대완시관(大宛試館) 내에도 주중푸(朱仲孚), 주쿤위(朱昆玉)가 출자하여 신문열람소를 개설하였다. 또 전하는 말에 의하면 진스팡제(錦什坊街)에 위에궁(悅公)이 신문열람 규정을 마련하여 곧 부제외원(府第外院)에 각종 신문·잡지를 구비하고 열람소를 개설하여 사회진화에 일조하고자 한다.[25]

일찍이 청말시기 기층 대중사회의 계몽운동에 대해 자세히 분석한 적이 있는 리샤오디(李孝悌)에 의하면, 열람소는 처음 이른바 "지사(志士)", 즉 일반 계몽적인 지식인들에 의해 추진되다가 이후에는 상인과 관리, 그리고 관방 등으로 그 주체가 확대되어 갔으며, 예비 입헌조치 이후에는 각 지방자치를 위한 교육기관으로 열람소와 선강소(宣講所)도 포함됨으로써 1910년대에는 거의 사회의 보편적인

25 "近來京中風氣大開, 閱報處逐漸設立. 自西城首先開辦爲各處倡於是. 蔣君範五等結成團體合資設一克明閱報處於方巾巷路東, 李君星五等設一講報處於東直門八旗學堂, 同人設一閱報處於護國寺, 琉璃廠內. 王君設一閱報處於土地祠, 其餘王子貞照相館, 亦購報數份聽人觀覽. 某茶館旁之藥舖, 亦購白話報在內宣講. 東單牌樓有某志士, 亦捐資設立中外閱報處. 前門外大宛試館內, 朱君仲孚昆玉出資創立閱報處. 又聞錦什坊街, 悅公亦調取閱報章程, 卽在府第外院購備各種報紙組織一閱報處, 以爲社會進化之助." 『東方雜誌』 第2卷 第9期, 1905, 249쪽.

현상이 되었다.[26]

열람소의 설립은 기본적으로 기층대중을 포함하여 많은 사람들이 신문이나 잡지를 널리 읽도록 하기 위한 것이며, 설립 및 활용자의 측면에서 보면 다양한 형태를 지니고 있었다. 열람소를 설립한 사람들은 일반적인 계몽인사에서 신상(紳商), 관청, 관리, 승려, 여성인물 등과 같이 다양하고, 그 장소 역시 회관, 학당, 차관, 약국, 사원을 비롯하여 사람들이 많이 모이거나 오고가는 곳에 세워졌다. 또 베이징과 광둥에 각각 8곳과 2곳 등을 포함하여 전적으로 여성을 위한 열람소나 강독실도 부분적으로 있었다.[27] 단순한 신문이나 잡지를 구비한 곳에서부터 산학(算學), 여지(輿地), 지도 등과 같은 서적을 함께 구비하였거나[28] 또는 신간서적, 소설문집 등 각종 서적을 소장하는 도서관을 겸한 곳과 같이 다양한 형태가 존재하였다.[29]

그러나 열람소 자체가 식자층을 전제로 한 이상 그것을 활용할 수 있는 사람들은 제한적이었다. 베이징의 한 열람소에서 구비했던

26 李孝悌, 『清末的下層社會啓蒙運動: 1901-1911』, 河北教育出版社, 2001, 48-64쪽. 리스이(李斯頤)는 1901년부터 1911년까지 각종 신문 등을 조사하여 전국적으로 220여 곳의 신문열람소나 선강소를 정리한 적이 있는데, 비록 정확한 수치는 아니지만 당시 신문열람소 상황의 일단을 가늠할 수 있다. 「清季末葉的閱報講報活動」, 『文史知識』 第7期. 2002. 또 열람소를 비롯하여 기층대중에 대한 계몽운동에 대해서는 張仲民, 「清季啓蒙人士改造民衆閱讀習慣的論述」, 『近代史研究所集刊』 第68期, 2010. 6., 51-96쪽; 謝蕙風, 「大衆化·化大衆: 清末的白話報刊」, 『聯大學報』 第2期, 2005, 245-269쪽 참고.

27 여자 신문열람소의 사례에 대해서는 「各省報界彙誌」, 『東方雜誌』 第1年 第10期, 1904, 242쪽; 「各省報界彙誌」, 『東方雜誌』 第11期, 1906, 332쪽; 「女閱報社」, 『警鐘日報』, 1904. 11. 25.

28 「設閱書報處」, 『大公報 』, 1906. 2. 4.; 「昌平書社」, 『警鐘日報』, 1904. 10. 24.

29 「各省報界彙誌」, 『東方雜誌』 第4卷 第7期, 1907, 179쪽.

신문들 즉 『북양관보(北洋官報)』, 『순천시보(順天時報)』, 『대공보(大公報)』, 『일일신문(日日新聞)』, 『북방일보(北方日報)』, 『중직보(中直報)』, 『화보(畫報)』, 『관화자모보(官話字母報)』, 『농무보(農務報)』, 『상보(商報)』, 『애국보(愛國報)』, 『경화보(京華報)』 등을 보면[30] 신문은 백화보, 시사신문류, 관보(官報)와 화보 등 다양했지만, 그중 다수는 낮은 수준의 식자층들이 쉽게 이해할 수 없는 신문들도 많았다. 한 독자는 "귀 신문사에서는 신문열람소를 많이 설립하도록 권하는데, 이는 식자능력은 있지만 경제적인 여력이 없어 신문을 구입할 수 없는 사람에게는 유익하고 사회의 흐름을 알 수 있으나, 글자를 모르는 사람은 여전히 그러한 조류를 알기 어렵다."[31]라고 지적하였다. 그 해결방법으로 열람소에서 전문적으로 신문을 읽어 주거나 해설해 주는 사람을 두고 매일 점심 이후 2시까지 최근 백화보를 들려주면, 모든 사람들이 가서 들을 수는 없더라도 노동자들 가운데 청취한 사람이 들은 내용을 차를 마시며 한담할 때 다른 사람들에게 전파하게 될 것이라고 제안하기도 하였다.

이러한 사회적인 수요에 따라 열람소에서는 독자층, 특히 기층 대중의 열람을 유도하기 위해 백화신문을 다수 구비하는가 하면, 실제로 열람소 내에서 일정한 시간에 신문의 뉴스를 읽어 주거나 해설해 주는 사람들을 두기도 하였다. 열람소에서 신문강독이나 선강(宣講)을 겸하게 된 것이다. 허난(河南)의 중진루(鍾瑾如) 등은 팔기(八旗)

---

30 「立閱報處」, 『順天日報』 第1508號, 1907. 3. 8.

31 "貴報有勸多立閱報處, 是與認字而無餘款買報者有益, 可以知其風氣, 其不識字者, 尙難知其風氣." 「來函」, 『大公報』, 1905. 6. 6.

의 동지를 규합하여 본영의 무비강습소(武備講習所) 내에 신문열람소를 개설하고 매일 돌아가며 신문기사의 내용을 강독하여 문맹자도 시사를 잘 알 수 있도록 했다.[32] 즈루(直隸)의 루쟈구(陸嘉穀)는 계지열보사(啓智閱報社)를 설립하고, 매주 일요일 사람을 파견하여 시사에 대해 연설케 함으로써 민지를 깨우치는 활동을 하기도 하였다.[33] 또 신문만이 아니라 고금중외의 여러 서적들을 소장하고 열람케 하던 홍교서보사(虹橋書報社)에서는 매월 삭망에 연설회를 개최하고, 또 매달 3, 6, 9자로 끝나는 날은 저녁 8시경에 2시간씩 신문의 시사내용을 강독하여 문맹인도 내용을 이해할 수 있도록 하였다.[34] 당시 기층대중의 다수가 문맹인 상황에서 신문기사 강독은 사회적인 붐을 일으켰다. 그 결과 신문열람소만이 아니라 『요재지이(聊齋志異)』의 설창으로 유명했던, 베이징의 시쓰패루(西四牌樓) 영순헌(永順軒)에서 활동하던 설서인 장즈란(張智蘭)은 당시 시대적 조류의 자극을 받아 매일 2시간씩 신문기사를 내용으로 무료로 설창을 하기도 하였다.[35]

한편 신문을 읽어 주거나 해설해 주는 데는 신문들 중에서도 백화신문이 특히 유용하였는데, 기층대중에 대한 계몽이 사회적인 주요 의제가 되면서 신문열람소·강독소의 확대는 자연스럽게 백화신문 및 잡지의 발간을 더욱 추동하게 되었다. 차이러쑤(蔡樂蘇)와 리샤오디(李孝悌)에 의하면, 1900-1911년 사이에 출판된 백화신문과 잡지는 131종에 달한다.[36] 백화신문과 신문열람소·강독소의 출현은 같은

32 「各省報界彙誌」, 『東方雜誌』 第10期, 1906, 283쪽.
33 「各省報界彙誌」, 『東方雜誌』 第13期, 1906, 412쪽.
34 「虹橋書報社簡明章程」, 『警鐘日報』, 1904. 12. 2.
35 『東方雜誌』 第3卷 第5期, 1906, 103쪽.

이념적 동기에 의해 추동되었기 때문에 그것의 사회적인 성행도 비슷한 흐름을 보여 주고 있다. 신문독자 수가 증가함에도 다수의 지식인이나 식자층이 신문을 읽지 않는 상황에서 모든 신문열람소가 처음부터 전적으로 기층대중을 목표로 한 것은 아니었다. 반면 백화신문은 그 언어의 특성에서 보여 주는 바와 같이 문장이나 내용에 대한 상대적으로 이해능력이 낮은 독자계층을 겨냥한 것이었다. 기층대중에 대한 주목은 신문열람소보다도 백화신문이 더 앞선다고 할 수 있다.

그러나 신문열람소가 그 주요 대상을 기층대중을 포함한 사회의 다양한 독자층을 겨냥하게 되고, 특히 문맹의 청중까지도 고려한 강독소가 출현하게 되면서 오히려 백화신문의 창간을 촉진시키는 계기가 되었다.[37] 그 예로 상하이 경업학회(競業學會)에서 1906년 9월 11일에 창간한『경업백화순보(競業白話旬報)』는 각 지역의 선강(宣講)과 연설(演說), 그리고 각 몽학과 소학당의 수요에 부응하는 것을 주요 취지로 내세우기도 하였다.[38] 그리하여 열람소와 백화신문, 신문

---

36 蔡樂蘇,「清末民初的一百七十餘宗白話報刊」,『辛亥革命時期期刊介紹』第5期, 1987, 493-538쪽; 李孝悌,「胡適與白話文運動的再評估」,『清末的下層社會啓蒙運動: 1901-1911』, 河北教育出版社, 2001, 254-255쪽. 이러한 백화신문 및 잡지의 출판은 신해혁명 이후에도 계속 확대되어 백화문학 운동이 본격적으로 전개되던 1918년 전까지, 즉 1911-1918년 사이 베이징에서만도 최소한 37종이 발행되었다.

37 백화신문의 증가추세를 보면 1902(6개), 1903(12개), 1904(20개), 1905(12개), 1906(10개), 1907(16개), 1908(15개), 1909(8개), 1910(14개) 등과 같이 증가하는데, 1903년부터 증가하다가 신문열람소가 본격적으로 출현하기 시작한 1904년부터 크게 증가하고 있음을 알 수 있다. 참고로 본 수치는 류쩡허(劉增合)의「媒介形態與晚清公共領域研究的拓展」(『近代史研究』第2期, 2000)과 리샤오티(李孝悌)의「胡適與白話文運動的再評估」(『胡適與近代中國』, 時報文化, 1991)를 참고하여 종합한 것이다.

강독(講報) 혹은 선강은 자연스럽게 서로 결합하여 기층대중의 신문 독서(청취)를 추동하였다.

이러한 신문열람소·강독소는 근대적인 독자의 형성과 직접적으로 결부되어 있다. 일단 신문 및 시사적인 주제에 대한 강연과 강독은 독자 혹은 청중들의 현실 인식과 새로운 사회문화의 변화에 대한 감각을 훈련시키는 역할을 하였다. 또 유용한 지식과 시사적인 뉴스는 사람들의 독서에 대한 취미를 양성하는 데 도움이 되며 식자를 위한 노력에 동기부여가 될 수도 있었다. 같은 시기에 각 지역과 학당을 중심으로 전개된 도서관 건립과 더불어 신문열람소에서는 방문한 독자들에게 일정한 독서규칙을 제시함으로써 근대적인 독서방식, 문명의식과 공덕(公德)을 위한 훈련의 장소가 되기도 하였다.[39] 특히 열람소는 일종의 계몽운동의 방식이지만, 이는 위로부터 대중을 직

---

38 「各省報界彙誌」, 『東方雜誌』 第11期, 1906, 332쪽.

39 대부분의 열람소에서는 열람방식과 관련하여 일정한 열람시간, 묵독과 정숙, 그리고 서적의 파손 및 오염에 대한 주의 등의 규정을 두고 있었다. 예를 들어 양저우열서사장정(揚州閱書社章程) 가운데는 "본사는 학문을 연구하여 사회의 기풍을 진작시키고 사람들의 일반지식을 양성하는 것을 종지로 한다", "열람실에서는 반드시 정숙해야 하고 토론이나 논쟁은 대화실에 가서 해야 하며, 외부사람이 찾아올 때는 응접실에서 만나 소란하지 않게 해야 한다", "봄과 겨울에는 아침 8시부터 저녁 9시까지, 여름과 가을에는 아침 7시부터 저녁 11시까지 개방하며 본사의 동인(同人)은 수시로 서적과 신문을 열람할 수 있다."(「揚州閱書社章程」, 『警鐘日報』, 1904. 9. 17.)라는 규정을 두고 있다. 이는 다른 신문열람소나 도서열람소의 일반적인 상황이었다. 또 "신문을 읽을 때는 입 밖에 소리내거나 크게 떠들고 웃으면 안 된다. 각 신문은 외부로 대출할 수 없으며, … 읽다가 떠오른 생각이나 의견을 신문지상에 적어도 안 된다. 신문을 읽는 것 외에 아무데나 앉아 한담을 해서도 안 되며, 실내에 침 뱉는 곳을 두었으니 아무 곳에나 침을 뱉어서는 안 된다."(「續北京閱報處章程」, 『大公報』 第1003號 第3版, 1905. 4. 16.)와 같이 도서관과 열람소는 독서행위를 규율화하는 역할을 하기도 하였다.

접 동원하고 교육하는 방식이 아니라 독자 혹은 청중들이 자발적으로 찾아오는 것을 바탕으로 하고 있기 때문에 열람실 및 방문객의 숫자에 비해 효과는 더 컸다. 이는 자발적이고 적극적인 독자 혹은 청중을 양성하는 데 적잖은 기능을 하였다.

그럼에도 불구하고 이러한 백화신문, 열람소·강독소에 의해 실제로 어느 정도의 근대적인 독자층이 형성되었는지는 판단하기 쉽지 않다. 더욱이 신문보다 더 대중적인 독서물이라고 할 수 있는 소설 독자층의 형성에 위의 방식이 미친 영향을 평가하기는 어렵다. 다만 지역적인 차이는 있지만, 다음과 같은 몇 가지 사례는 그 효과가 그렇게 낙관적이지만은 않다는 것을 말해 준다. 장시(江西)의 삼육선회열보공소(三育善會閱報公所)에서는 일찍이 여성을 위한 여열보사(女閱報社)를 개설하였는데, 개설한 지 10일이 지나도록 방문한 사람은 3명뿐이었고 그것도 모두 한 가정 내 모 인사의 첩들이었다.[40] 또 후저우(湖州)의 다이시(埭溪)는 당시 다소 편벽된 곳으로 식자율이 매우 낮은 곳이었는데, 일찍이 춘인연서사(春人演書社)를 조직하여 운영하는 등 기층대중에 대한 계몽에 앞장섰던 차이루눙(蔡綠農)은 다이시에 파도선열서사(擺渡船閱書社)를 설립하고 많은 백화신문과 소설 등을 구비하고 열람하거나 대출해 주었다. 그러나 하루에 방문하는 사람은 7-8명에 불과하였다. 그리하여 그는 자비로 완고한 부녀자와 아동을 위해 특별히 소설강연소(小說講演所)를 설립하고, 매번 5일과 10일자의 밤에 발몽학당(發蒙學堂)의 여학생 교실을 빌려 손짓 발짓

40 「女閱報社」, 『警鐘日報』, 1904. 11. 25.

을 하며 생동감 있게 강설하였다. 강설한 작품은 『장미(玫瑰花)』와 같은 소설이었는데, 이렇게 함으로써 비로소 약간의 사회적 반향을 이끌어 낼 수 있었다고 한다.[41]

이와 같이 열람소·강독소의 운영이 독자의 자발성에 기반하고 있는 한,[42] 식자능력의 제약을 받았고 또 강독이나 강설이라고 하더라도 그 내용의 제약을 받았다. 강설이라도 기층대중이 관심을 가지고 있는 주제나 내용이 아니면 청중들을 끌어들이기 쉽지 않았다. 기층대중은 시사적인 것보다도 소설류에 더 관심이 많았는데, 이에 지방에서는 신문열람소가 아니라 소설 중심의 열람소를 두기도 하였

41 「講演小說所之組織」, 『警鐘日報』, 1904. 11. 21.; 「報界之切實調査」, 『警鐘日報』, 1904. 12. 12.

42 예비입헌이 발표된 이후 각 지방에서는 자치 준비의 일환으로 기층대중에 대한 교육과 계몽을 적극적으로 추진하였는데, 그 결과 선강(宣講)이 위로부터 이루어져 부분적으로 대중을 동원하는 경우도 없지 않았다. 허난(河南)의 다음과 같은 상황은 이러한 점을 일면 보여 주는 사례이다. "허난성은 전에 백화보를 창간하여 연설, 역사, 교육, 뉴스 등 10여 란을 두고 매달 6회 발간하고 있는데, 각 주와 현에 사람들을 보내 그 내용을 강설한다. 또 듣기로는 각 처에 권학소(勸學所)가 설립되어 설강지시를 수행하고 있는 곳이 매우 많다고 한다. 예를 들어 산저우(陝州) 펑츄(封邱) 등의 현(縣)에서는 별도로 더 10부를 발송하여 각 향(鄕)과 진(鎭)의 지도자들이 선강을 하도록 하고 있으며, 산저우의 천(陳) 태수(太守)는 더 나아가 매월 5일과 10일자 등의 날에 직접 주요한 곳을 골라 선강을 감독하고 모든 백성들이 듣도록 널리 권고하고 있다고 한다." 「各省報界彙誌」, 『東方雜誌』 第4卷 第3期, 1907, 63쪽. 또 중앙정부의 학부(學部)에서도 일부 소설작품을 선강(宣講)의 텍스트로 선정하여 보급하였다. 상무인서관에서는 자사에서 출판한 소설 『로버트 클라이브(Robert Clive)전(克萊武傳)』, 『아메리카 아이의 엄마 찾아 만리길(美洲童子萬裏尋親記)』, 『로빈스 크루소 표류기(魯濱孫漂流記)』, 『오스트레일리아 모험기(澳洲歷險記)』 등을 학부선정 선강 텍스트로 광고하였다. 『新聞報』, 1907. 1. 6.; 1907. 5. 16(음). 1909년 학부 선정 선강텍스트 목록에 대해서는 「學部采擇宣講所應用書目表」, 『浙江教育官報』 第11期, 1909. 6. 27. 참고.

다.[43] 하지만 이는 이미 소설대여점 등이 적지 않은 상황에서 무료로 열람케 한다는 의미 이상으로 새로운 독자층을 형성하는 데 기여하기는 어려웠다. 여성을 위한 신문도 발간되기는 했지만, 그러한 여성들이 자유롭게 열람하거나 강독을 청취할 수 있는 곳은 드물었다. 이는 베이징도 마찬가지였는데, 그나마 여성들의 교육에 개방적이었던 교회 내에 부녀자를 위한 신문을 강독해 주는 곳이 있어 일부 여성들이 찾는 것이 전부였다. 이렇게 문화계몽을 위한 미디어나 활동으로부터 오히려 여성과 기층대중들은 소외되는 경향이 있었으며, 그 결과 그들이 주로 찾는 곳은 거리의 사람들이 많이 운집해 있는 곳에서 열리는, 이른바 음란한 소설 등을 제재로 한 기존방식의 설창이나 공연이었다.

4. 신소설과 대중독자

신소설 독자를 논하기에 앞서, 상술한 백화보와 각종 신문의 독자층을 보면 당시 각종 독서물에 대한 독자들이 사회적으로 어떻게 형성되었는지를 가늠해 볼 수 있다. 『경종일보(警鐘日報)』에서는 1904년 10월부터 사회조사 차원에서 중국의 각 지역의 신문·잡지 구독상황

43 대표적인 예는 우시(無錫)의 시진(錫金)에 사회기풍을 진작시킨다는 취지하에 신구(新舊)소설과 각종 신문과 서적을 구비하여 열람케 하는 "개지소설사(開智小說社)"가 창설되었다.(「開智小說社」, 『警鐘日報』, 1905. 1. 14.) 또 소설강독회 혹은 소설의 설창을 통한 교화의 중요성을 강조하는 주장에 대해서는 耀公, 「普及鄉閭教化宜創辦演講小說會」, 『中外小說林』 第2年 第3期, 1908 참고.

을 조사하여 발표하였다.[44] 이 자료는 구체적인 조사방법에 대한 설명이 없어 각 지역의 실제 판매상황을 정확하게 반영했다고 할 수는 없지만, 당시 중국에서 각종 신문·잡지가 어떤 계층에 의해 구독되고 읽혔는지를 판단하는 데 유용한 시사점을 제공해 준다.

『경종일보』에서 조사대상으로 삼은 7개 지역은 후베이(湖北)의 우한(武漢)을 제외하면 모두 장쑤(江蘇)와 저장(浙江)을 중심으로 한 남방 장강 하류의 중소규모의 인구와 경제력을 갖춘 곳으로, 그곳에서 발간되고 판매되던 신문·잡지는 중국 전역에서 읽히곤 하였다. 타이저우(泰州), 전장(鎭江), 타이싱(泰興), 닝위안(寗垣)은 장쑤성, 다이시(埭溪)와 취저우(衢州)는 저장성 지역인데, 이들 지역에서 판매된 신문·잡지는 적게는 17종에서 많게는 31종에 이르며, 상호 지역 간의 거리가 그다지 크지 않음에도 적지 않은 차이를 보이는 것을 알 수 있다. 이는 당시 베이징, 상하이, 톈진 등 주요 도시와 그 밖에 광범한 향촌지역 간의 격차가 상상 이상으로 컸을 것임을 말해 준다. 그러한 지역 간의 격차에도 불구하고 구매하는 신문·잡지는 관보, 전국적인 시사신문, 혁명적 혹은 계몽중심의 신문 잡지, 그리고 백화보와 소설잡지 등 크게 5종류로 나뉜다. 그중에서 가장 많이 읽히는 신문은 상대적으로 일찍 창간된 『신보(申報)』, 『신문보(新聞報)』, 『동문호보(同文滬報)』를 비롯하여 『중외일보(中外日報)』와 『시보(時報)』 등이다. 이들

44 『경종일보』에서는 1904년 정월부터 1905년 정월까지 약 1년간 7개 지방에서의 구독상황을 조사한 결과를 발표하였다. 조사지역과 그에 대한 발표월일은 다음과 같다. (泰興)1904年 10月 21號; (泰州)1904年 11月 17號; (武漢)1904年 11月 31號; (鎭江)1904年 12月 8號; (埭溪)1904年 12月 12號; (衢州)1905年 正月 2號; (寗垣)1905年 正月 18號.

[표 6.2] 지역별 주요 신문·잡지의 구매자

지역 / 잡지명	泰州	鎭江	埭溪	泰興	衢州	甯垣	武漢	주요 구매자
	부수/구입자	부수/구입자	부수/구입자	부수/구입자	부수/구입자	부수/구입자	부수/구입자	
申報	200/상인, 科擧之士	200/官商	3/官場	150/ 商人, 科擧之士	8/官商	450/官商	300/官商, 學堂	科擧之士, 官商, 官場,學堂
新聞報	70/商人, 士人	100/官商	1/商人	50/商人, 一般之士	10/官商, 學堂	120/官商	300/官商, 學堂	商人, 士人, 官商, 學堂
中外日報	50/商人, 士人	80/官商	1/商人	50/商人, 一般之士	28/官商, 學堂	240/官商	500/官商, 學堂	商人, 士人, 官商, 學堂
同文滬報	15/商人, 士人	5/官商		20/商人, 一般之士		30/官商	200/官商, 學堂	商人, 士人, 官商, 學堂
匯報	8/科擧之士					5/學堂		科擧之士, 學堂
時報	6/商人, 士人	60/官商		4/商人, 一般之士	1/新學界	180/官商, 學堂	300/官商, 學堂	商人, 士人, 官商, 學堂, 新學界
南洋官報	20/官紳, 科擧之士			20/官紳	2/學堂	90(9000)/官		官紳,科擧之士, 學堂, 官
北洋官報						10/官		
政藝通報	6/士人	4/官場		3/學堂, 學社, 學會			70/學堂	學堂,學社,學會, 官場, 士人
南洋七日報	10/科擧之士							科擧之士
天津日日新聞		3/社會		3/社會				社會
大公報		2/社會			2/學堂	15/官商		官商, 學堂, 社會
政法學報	4/新學界		1/書社	6/學堂, 學社, 學會	2/學堂, 新學界	5/新學界	30/新學界	學堂, 新學界, 學社, 學會
漢口日報						10/官商		官商
萬國公報					2/官商	5/學堂		官商, 學堂
外交報	5/士人			2/學堂, 學社, 學會	4/學堂, 新學界	20/官商, 學堂	50/官商	學堂, 新學界, 官商, 士人
東方雜誌	2/士人	2/學生界					80/官商, 新學堂	學生界, 官商, 新學堂, 士人
江蘇雜誌					2/新學界	10/學堂		新學界, 學堂
新民叢報	25/士人	10/學生	3/各種社會	20/學堂, 學社, 學會	4/新學界	20/新學界	50/新學界	學堂, 學社, 學會, 新學界, 社會, 學生, 士人

[표 6.2] 계속

지역 잡지명	泰州	鎭江	埭溪	泰興	衢州	寗垣	武漢	주요 구매자
	부수/구입자	부수/구입자	부수/구입자	부수/구입자	부수/구입자	부수/구입자	부수/구입자	
游學譯編	3/新學界		1/書社	8/學堂, 學社, 學會				學堂, 學社, 學會, 新學界, 書社
警鐘日報	3/新學界	20/學生	1/學生社會	3/學堂, 學社, 學會	3/新學界	40/新學界	300/新學界	新學界, 學生, 學堂
江蘇	2/新學界	6/學生	1/書社	8/學堂, 學社, 學會			30/新學界	學堂, 學社, 學會, 新學界, 學生, 書社
浙江潮	3/新學界		1/書社	7/學堂, 學社, 學會			40/新學界	學堂, 學社, 學會, 新學界, 書社
大陸報		1/社會	1/學生	4/學堂, 學社, 學會	2/新學界	5/新學界		學堂, 學社, 學會, 學生, 新學界, 社會
覺民報			1/書社					書社
大舞臺			1/書社					書社
靑年報			2/演書社					演書社
漢聲			1/書社	5/學堂, 學社, 學會			20/新學界	學堂, 學社, 學會, 新學界, 書社
漢報					2/新學界		300/官商	新學界, 官商
新白							10/學堂	學堂
新小說	3/新學界	5/學生	1/學生	5/學堂, 學社, 學會	1/新學界	5/新學界	30/新學界	學堂, 學社, 新學界, 學生
新新小說	1/新學界		2/書社	1/學堂, 學社, 學會			10/學堂	學堂, 學社, 學會, 新學界, 書社
繡像小說	2/上中下社會		1/書社	2/上中下社會				上中下社會, 書社
中國白話報	2/上中下社會	10/商業, 學生	2/演書社	5/上中下社會			80/學堂	上中下社會, 商業, 學生, 演書社, 學堂
杭州白話報	3/上中下社會		1/演書社	7/上中下社會	2/新學界	10/學堂		演書社, 上中下社會, 學堂
湖州白話報	2/上中下社會		21/中下等社會	2/上中下社會				中下等社會
安徽俗話報	1/上中下社會	10/商業, 學生	2/演書社			40/學堂	20/學堂	中下等社會, 商業, 學生, 學堂, 演書社
福建白話報	1/上中下社會		1/演書社			5/學堂		演書社, 學堂, 上中下社會

[표 6.2] 계속

지역 / 잡지명	泰州	鎭江	埭溪	泰興	衢州	甯垣	武漢	주요 구매자
	부수/구입자	부수/구입자	부수/구입자	부수/구입자	부수/구입자	부수/구입자	부수/구입자	
寧波白話報			1/演書社	2/上中下社會				上中下社會, 演書社
紹興白話報			1/演書社					演書社
江蘇白話報			2/演書社					演書社
南潯通俗報			1/演書社					演書社
新白話報			1/演書社					演書社
繪圖西學白話報			1/演書社					演書社
初學白話報			1/書社					書社
東京白話報			2/演書社					演書社
揚子江叢報		60/商業, 學生	1/書社	1/上中下社會	1/新學界	5/新學界		商業, 學生, 上中下社會, 新學界
日新學報				1/學堂, 學社, 學會				學堂, 學社, 學會
蒙學報				3/學堂, 學社, 學會				學堂, 學社, 學會
女子世界				2/開通之女子				開通之女子
武漢小報							20/官商	官商
총 종수	25종	17종	31종	28종	17종	22종	21종	

자료 출처: 『경종일보(警鐘日報)』

신문의 독자층은 주로 전통적인 지식계층인 관상(官商)과 사인(士人) 집단이며, 유신인사들이 중심이 되어 발간한 『중외일보』와 『시보』는 이들 독자 외에도 학당과 신학문계 지식인 혹은 학생계층이었다.

다음으로 『외교보(外交報)』, 『정법학보(政法學報)』, 『동방잡지(東方雜誌)』, 『신민총보(新民叢報)』와 같이 비교적 신지식이나 시사 중심의 신문과 잡지는 관상들보다도 신학문계의 지식인이나 학당, 학생층이 주요 독자군을 형성하고 있다. 일본의 중국 유학생들이 중심이 되어 발행한 정치적이고 신지식 중심 잡지들, 즉『유학역편(游學譯編)』,『강소(江蘇)』,『절강조(浙江潮)』,『한성(漢聲)』및 상하이에서 발간된『경종일보』등의 구매자는 신학문계와 학당, 그리고 여러 도서를 구비한 열람소인 서사(書社)였다. 여기서 주목할 것은 소설잡지와 백화보이다.『신소설(新小說)』,『신신소설(新新小說)』과 같이 새로운 지식과 문명의 전파를 중심으로 한 소설잡지는 학당이나 신학문계, 서사(書社)에서 구독하고 있으며, 같은 소설잡지이지만 상대적으로 전통적인 소설과 연속성을 강하게 보여 주는 상무인서관에서 발행한『수상소설(繡像小說)』은 사회의 각 계층과 서사(書社)에서 구독하고 있다. 그리고 마지막으로『중국백화보(中國白話報)』,『항주백화보(杭州白話報)』,『안휘속화보(安徽俗話報)』,『호주백화보(湖州白話報)』,『복건백화보(福建白話報)』,『양자강총보(揚子江叢報)』,『영파백화보(寧波白話報)』등은 주로 사회의 각 계층을 포함하여 학당과 연서사(演書社) 등에서 구입하고 있음을 알 수 있다.

하지만 가장 대중적인 신문 혹은 잡지라고 할 수 있는 소설잡지와 백화보의 구독자가 다른 종류의 구독자에 비해 더 적다. 계층상으로는 언어적 특성과 내용상의 성격으로 인해 사회의 각 계층을 망라하는 명실상부한 대중적인 신문·잡지이지만, 실제 구독은 다른 신문이나 학술지, 정론지에 훨씬 미치지 못하고 있다. 이는 여러 측면에서 설명할 수 있을 것이다. 우선 직접 구매하여 볼 만한 가치가 있는가라는 점에서 소설이나 백화보가 담고 있는 지식이나 정보량이 다른 신문·잡지에 뒤진다는 점이다. 또 하나는 백화라고 하더라도 일단은 식자능력과 일정한 경제력을 요구한다는 점에서 이들을 선호할 학생이나 기층대중의 여건에 한계가 있었다는 점이다. 이는 같은 소설잡지인 『신소설(新小說)』, 『신신소설』과 『수상소설』의 판매부수의 차이를 통해서도 알 수 있다. 상중하층 모두에게 환영을 받던 수상소설은 오히려 『신소설』, 『신신소설』에 다소 미치지 못한다. 이는 후자의 경우 학생을 비롯한 식자능력과 경제력을 갖춘 신지식계층이 적극적인 독자층으로 가담했기 때문이라고 할 수 있다. 또 두 부류의 소설잡지 독자층의 차이는 1900년 이후 첫 10년간 발표된 다양한 소설작품에 대한 기호와 성향에 따라 독자층이 분화되어 있었음을 뜻한다. 기층대중들은 여전히 전통적인 유형의 소설을 선호하고 있다는 것이다. 그렇지만 기층대중은 여전히 소극적이고 피동적인 독자층으로서 직접적인 도서구입과 독서와 관련해서는 적극적인 참여를 찾아보기 힘들다. 이는 백화보의 실제 독자층에 대한 경금서국(鏡今書局)의 광고를 통해서 다음과 같이 확인된다.

> 본 신문의 발행 이후 국내외에서 자못 환영을 하며, 다른 일간지와 잡지들이 빠뜨린 부분을 보충하고 교육의 보급을 위해 일조를 할 수 있다고 말한다. 따라서 매일같이 사람들이 분분히 구독하고 있는데, 그중에서도 학생계층이 가장 많다. 학생계층이 이것을 환영하는 까닭은 각각 그 가정의 부녀자와 아동들, 그 고향의 문맹과 고루한 사람들을 위함이다. … 이제 후난(湖南)의 학생단체가 돈을 모아 매달 본보 수백 부를 구입하여 그 고향 사람들에게 발송해 나누어 주려고 한다.[45]

이와 같이 백화보의 주요 구입자는 학생계층이고 기층대중은 여전히 연고 있는 학생들이 보내 주는 방식을 통해서 접하고 있으며, 또 가정이나 지역사회에서 일정한 식자능력이 있는 사람들을 매개로 해서 접하고 있음을 알 수 있다. 『안휘속화보』에서도 사회의 상중하를 망라한 다양한 계층이 독자임을 내세우면서도 언어의 장벽이나 지역·지리적인 장벽으로 인해 독서를 못하거나 배우지 못하여 시사를 알지 못하는 사람들을 동정하여, 뜻있는 사람들이 백화보를 구입하여 가족이나 동향사람들에게 볼 수 있도록 부쳐 줄 것을 호소하고 있다.[46]

그렇지만 학생이나 뜻있는 지인들이 부쳐 온 백화신문이나 대중적인 독서물들에 대해 각 지방의 대중들이 어떻게 반응했는지는 정확히 알 수 없다. 왜냐하면 백화보의 성격이 상대적으로 쉬운 문자와 문장으로 이루어져 있더라도 그 취향과 감각은 지역사회의 잠재

---

45 "本報發行以來, 頗蒙海內歡迎, 謂足以補各日報雜誌勢力所不及而爲教育普及之一助. 故日來購閱紛紛, 其中尤以學生社會爲多數. 夫學生社會之所以樂於此者, 毋亦各爲其家之婦孺, 其鄉之盲塞者計耳. … 今湖南之學生社會全體, 集資月購本報數百冊以分送其鄉人."「中國白話報廣告」, 『警鐘日報』, 1904 . 4 . 13. 백화보의 경우 그 발행량이 결코 적지는 않았지만, 중요한 특징은 직접적인 구매는 학생이나 사회계몽 인사들이고, 다수의 독자들은 그들이 구입하여 가정이나 향촌으로 부치는 방식을 통해 접하고 있다는 점이다. 이는 당시 도서의 유통망이 크게 확대되었지만, 여전히 지역사회에서 도서를 구입하기가 쉽지 않다는 점과 백화보의 발간 자체가 영리사업이 아니어서 상대적으로 열악한 자금사정으로 적극적으로 판로를 개척하지 못하고 주로 도시의 학생들이나 일부 지사들의 도움에 호소하고 있었기 때문이다. 또 하나 간과해서는 안 될 것은 지방의 지식인이나 기층대중은 적극적으로 도서를 구입하여 독서하는 것이 아니라 매우 피동적인 독자층이었다는 점이다. 수재(秀才) 출신을 비롯한 지역의 지식인들조차 독서행위가 과거시험이나 실제 자신의 삶에 직접적으로 관계가 있는 것에 국한된 제한되고 피동적인 독자층이었다.

46 「開辦安徽俗話報的緣故」, 『安徽俗話報』 第1期, 1904. 3. 31., 1-2쪽.

적인 독자층 혹은 청중들과는 다소 괴리가 있었기 때문이다. 1900년대 초 중국의 기층대중의 오락과 취미는 여전히 기존의 방식에서 크게 벗어나지 않았다. 또 시사적인 문제에 대해서도 별다른 관심을 보이지도 않았다. 신소설에서 호출했던 독자층인 부녀자와 아동, 노동자, 농민, 하층상인들의 심미적인 취향과 취미는 여전히 탄사나 평화와 같은 연행예술이었다. 1907년 9월 22일 분성보용도(分省補用道) 청위(程淯)가 상주한 바에 의하면, 당시까지도 부녀자와 아동들이 좋아하는 것은 『삼국연의』, 『설당(說唐)』, 『설악(說岳)』류였으며, 시간이 한가할 때 즐겨 찾는 곳은 신문열람소나 소설열람소가 아니라 설창과 같은 공연장이었다. 설창이 시작되면 "청중은 자리를 가득 메우고", "내용의 고사가 오래된 것이고 황당한 부분도 있지만, 부녀자든 아동이든 누가 충신이고 누가 간신인지를 훤히 꿰고 있었다."[47] 기층대중들이 소설류 작품을 접하는 방식은 여전히 독서가 아니라 평화(評話)와 같은 방식이었으며, 도덕적 설교나 사회비판적 시사내용보다도 "재자가인의 고사나 살인 방화와 같은 사건, 기괴하고 황당한 고사"[48]를 선호하였다. 그리하여 혹자는 기층대중을 계몽하기 위해서는 소설을 희곡화하거나 기존의 설서(說書), 창희(唱戲)를 개량하여 연극의 사회적 효과를 활용해야 한다고 주장하기도 하였다.[49] 이런 측면에서 본다면 백화보는 물론 소설류 작품은 여전히 기층대중의 직접적인 독서물이 될 수 없으며, 도시에서나 향촌에서나 주로 일

---

47 「分省補用道程淯條陳開民智興實業裕財政等項呈」, 故宮博物院明清檔案部 編, 『清末籌備立憲檔案史料』(上冊), 中華書局, 1979, 280쪽.

48 異昂, 「說書」, 『晉陽公報』, 1908. 11. 29., 5쪽.

49 「論開通下等社會的好法子」, 『盛京時報』, 光緒33年 3月 21日, 2쪽.

정한 식자능력을 갖춘 계층들이 독자가 될 수밖에 없다.

신소설의 성행과 대중독자의 괴리라는 역설적인 현상은 앞서 인용한 바 있는 당시 『소설림(小說林)』의 주편인 쉬녠츠(徐念慈)의 언급을 통해서도 확인할 수 있다.

> 오늘날 실제 현실을 보면 문언소설의 판매가 백화소설보다 더 낫다. … 개인적인 의견으로 말하자면, 백화소설이 문언소설보다 훨씬 빠르게 유행해야 한다. … 그런데 사회 현상은 예상과는 다르게 나타나니 무슨 까닭인가? 내가 보기에 아마 오늘날 소설을 구매하는 자는 90%가 구학문의 소양을 바탕으로 하여 새로운 학설을 받아들인 사람들이며, 9%는 일반인들이다. 정말로 학교교육을 받아 사상과 재능을 갖추고 있으며 신소설을 환영하는 사람들이 만분에 일이나 될는지 모르겠다.[50]

이상과 같이 당시 신소설, 즉 1900년 전후 번역소설이나 신소설을 표방하며 창작된 문언 혹은 백화소설의 독자는 주로 일정한 학문적 소양을 바탕으로 새로운 학문이나 지식조류에 관심이 있는 사람들이었다. 이들을 보면 대체로 사인(士人)계층이거나 식자능력을 갖춘 상인, 그리고 고등소학 이상의 문장에 대한 이해능력을 갖춘 학생들이었다. 독서에 있어서 이들의 기본 특징은 언어적 수사력과 플롯, 그리고 신지식에 대한 기본 소양과 감각을 중시하는데, 그 결과 린수

---

50 원문은 4장의 각주 48) 참고.

(林紓)의 문언 번역소설이 일반 창작소설보다 더 환영을 받았다. 신소설이 양적으로 성행했음에도 불구하고 기대만큼 많은 독자들의 환영을 받지 못했던 까닭도 이러한 심미적 취향과 무관하지 않다.

신소설이 대중적인 독자를 획득하는 데 있어 가장 큰 장벽은 첫째 언어문제였다. 신소설 가운데 문언은 말할 것도 없고, 설사 백화로 된 작품이라고 하더라도 그중 사용되는 적지 않은 어휘는 학생이나 신학문을 접한 사람들만이 이해할 수 있는 개념들이었다. 혹자는 과학[格致學]을 모르면 『지구속 여행(地底旅行)』이나 『달나라 탐험(月界旅行)』을 읽을 수 없고, 정치학을 모르면 『독립사(獨立史)』, 『활지옥(活地獄)』, 『신중국(新中國)』 등을 이해할 수 없다. 또 논리학을 이해 못하면 『아라비안나이트(千方夜譚)』를 제대로 감상할 수 없다. 이 밖에도 신소설을 제대로 읽기 위해서는 운율학, 생리학, 경찰학 등의 신지식이 필요하다. 왜냐하면 구소설은 단지 문학적이고 일반 상식적인 것에 그치지만, 신소설은 문학적인 것과 동시에 과학적이고 철리적인 것을 겸하고 있기 때문이라고 주장하기도 하였다.[51] 둘째는 지나친 계몽의식이나 정치의식을 드러낸 작품인데, 이러한 내용은 일반 대중독자들이 적극적으로 수용하기에는 일정한 거리가 있었다. 셋째는 신소설 자체의 작품 완성도를 들 수 있다. 작품의 완성도라

51 「讀新小說法」, 『新世界小說社報』 第7期, 1907, 2-6쪽. 이러한 관점은 당시 신소설의 지식인 독자들 사이에서 널리 공유되고 있었다. 신학문의 각종 서적과 신소설 등을 관심 있게 읽었던 대표적인 신사(紳士)계층인 쑨바오쉬안(孫寶暄, 1874-1924)은 1903년 6월 1일자 일기에서 서구소설을 읽으면 정치원리나 과학원리, 서구인의 풍속과 인심 등을 이해할 수 있는 등 학문에 크게 도움이 된다고 하였다. 孫寶暄, 『忘山廬日記』 上冊, 上海古籍出版社, 1983, 710쪽.

는 기준은 다소 모호하기는 하지만, 그 이전에 대중들의 사랑을 받았던 작품들에 비견할 수 있는 새로운 작품들이 결코 많지 않았다는 점이다. 이것이 독자층과 관련하여 중요한 의미를 지니는 이유는, 양적인 팽창만으로는 기존 작품을 선호하는 독자층을 신소설의 독자층으로 끌어올 수 없기 때문이다. "묻건대 신소설 수십 종을 모아도 『수호전』, 『삼국연의』만큼 영향력이 큰 것이 있는가? 없다. 서양소설 수십 종을 모아도 『금병매(金瓶梅)』, 『홍루몽』만큼이나 출판이 많이 된 것이 있는가? 없다."[52] "골목의 아둔한 남자들이나 아동들, 부녀자들은 여전히 『삼국연의』, 『수호전』, 『서유기』만을 알 뿐, 신소설의 이름을 알 수 있는 사람은 백에 한두 사람에 불과하다. 그들 가운데 신소설의 아름다움을 칭송할 수 있는 사람은 거의 들어 보지 못했다."[53]

따라서 많은 신소설론과 신문·잡지에서 사회 각 계층들, 위로는 관계(官界), 유신파, 역사가, 실업가로부터 아래로는 부녀자, 청년학생, 아동, 농민, 노동자 등을 자신들의 독자로 호출하였지만, 정작 그에 호응할 수 있는 계층은 여전히 제한적이었다. 신지식계층이나 관상(官商)들이라고 하더라도, 그들은 신소설 이외에 여전히 기존 소설의 주요 독자층이었다. 신소설과 대중독자의 거리는 신소설이 제기되고서 그 창작과 번역물이 정점에 이르렀던 1907년을 전후로 소설

---

52 "今試問, 萃新小說數十種, 能有一焉如水滸傳, 三國演義影響之大者乎? 曰: 無有也. 萃西洋小說數十種, 問有一焉能如金瓶梅, 紅樓夢冊數之眾者乎? 曰: 無有也." 天僇生(王鍾麒), 「中國歷代小說史論」, 『月月小說』 第1卷 第11號, 1907, 5쪽.

53 "里巷間之頑夫, 稚子, 婦人, 依然但知三國, 水滸, 西遊記. 而能知新小說之名者, 百不一二; 其能稱頌新小說之美者, 蓋罕聞也." 樊, 「小說界之評論及意見」, 『申報』, 1910. 1. 22.

의 성향과 독자에 대한 관심이 변화하게 된 주요 원인 가운데 하나였다. 신소설론은 처음에 기존의 소설을 매우 부정적으로 비판하였지만, 시간이 지날수록 작품의 계몽적인 내용보다도 읽는 방식과 태도에 주목함에 따라 기존 소설들도 새로운 가치와 외양을 지니고 독서시장에 등장하였다. 신학문의 도입은 단순히 기존 학문에 대한 부정으로 귀결되는 것이 아니라 재해석 혹은 재평가의 목소리가 대두되었다. 『신소설』 잡지가 창간되기 앞서 1902년 4월 쑨바오쉬안(孫寶暄)은 구서적이든 신서적이든 중요한 것은 그것을 읽는 시각이라고 보았다.[54]

그러나 량치차오 등 신소설 주창자들은 처음에 기존소설을 사회풍속과 인심의 타락의 주범으로 보고 비판하였는데, 1906년 이후부터 다시 쑨바오쉬안과 같은 관점이 소설비평계에서 대두되기 시작하였다. 예컨대 『수호전』은 사회주의 소설, 『금병매』는 극단적인 염세주의 소설, 『홍루몽』은 사회, 종족, 애정(哀情)소설로 읽을 수 있으며, 이를 음란함이나 도적질을 가르치는 소설로 간주하는 것은 소설을 잘 읽을 줄 모르는 소치라는 것이다.[55] 일본에서 『서상기(西廂記)』, 『수호전』을 학교의 교과서로 채택하고 있는 것처럼 중국에서도 기존소설이나 신작소설들 가운데서 적극적으로 학당의 교과서로 채택할

54 "새로운 눈으로 구 서적을 보면 구 서적은 모두 신서이다. 구 시각으로 신서를 보면 신서 또한 구 서적이다.(以新眼讀舊書, 舊書皆新書也, 以舊眼讀新書, 新書亦舊書也.)" 孫寶暄, 『忘山廬日記』 上冊, 上海古籍出版社, 1983, 526쪽.(1902년 4월 28일자 일기)

55 天僇生(王鍾麒), 「論小說與改良社會之關係」, 『月月小說』 第1年 第9號, 1907. 또 비슷한 논조의 주장에 대해서 「讀新小說法」, 『新世界小說報』 第6期, 1907, 1-7쪽; 「小說林發刊詞」, 『小說林』 第1期, 1907 참고.

것을 주장하기도 하였다.[56]

이와 같이 구소설에 대한 인식의 변화만 있는 것이 아니라 소설을 대하는 방식도 단순히 계몽일변도에서 소일거리의 독서를 적극적으로 승인하는 방식으로 변화하기 시작하였다. 계몽 효과라는 것을 부정하지는 않지만, 이는 오락이나 소일거리를 통해 이루어진다는 관점의 변화가 그것이다. 1908년 쉬넨츠는 소설은 문학 가운데 오락을 통해서 사회의 발전을 촉진시키고 성정을 깊이 자극하는 것이라고 보고, 과거에 소설을 사회적인 독성물로 간주하는 것도 문제지만, 당시처럼 풍속개량이나 국민의 진보를 오직 소설을 통해서 가능하다고 보는 시각도 소설의 역할을 지나치게 높이 평가한 것이라고 보았다.[57] 소설의 오락성을 계몽성의 억압으로부터 해방시키려는 시도는 독서태도를 새롭게 바꾸려는 것이라기보다는 현실속의 독서태도를 비판적으로 보던 시각에서 벗어나 이를 승인하는 것이라고 보아야 할 것이다. 담론 차원에서 소설의 오락성 기능을 회복시키는 것은 소설과 사회의 관계에서 독자의 관점을 반영한 것이다. 이와 관련하여 상무인서관의 서적판매 광고를 눈여겨 볼 만하다. 상무인서관은 가장 많은 서적광고를 냈던 출판사였지만, 그중에서도 눈에 띄는 것은 연휴나 방학기간을 이용한 서적광고이다.

> 새해 아무런 할 일은 없는데 날씨가 매우 춥다. 이러한 때에 집안에서 난로 주위에 앉아 소설을 손에 들고 한가한 시간을 보내는 것도

---

56 老棣, 「學堂宜推廣以小說爲教書」, 『中外小說林』 第1年 第18期, 1908.
57 覺我, 「余之小說觀」, 『小說林』 第10期, 1908.

또한 인생의 즐거움이다.[58]

이제 곧 여름이 다가와 각 학당에서 방학을 할 때가 되었다. 학계의 사람들은 휴식을 할 수 있는 날이 많을 때이고, 학계의 사람들이 아니더라도 이 1년처럼 긴 날들을 아무 일 없이 한가로운 시간을 보내게 되는데, 마음을 즐겁게 하고 견문을 넓히는 데는 소설을 읽는 것보다 좋은 것이 없다. 본 출판사에서는 매년 소설을 가장 많이 출판하고 있으며, 내용이 하나 같이 기이하고 흥취가 그윽하여 읽으면 졸음을 쫓을 수 있고 무료함을 달랠 수 있다. 이에 각 종류별로 특별히 할인하여 판매하며, 여러분들이 여름나기에 도움이 될 것임을 의심치 않는다.[59]

이처럼 소설독자는 이미 기층대중이 아니라 학생을 포함한 학계의 사람들이거나 한가한 시간을 향유하는 사람들이며, 마음의 흥취와 무료함을 달래는 것이 독서의 우선적인 동기가 되고 있다. 이러한 변화는 신소설의 처음 목적과는 상당히 거리가 있음을 보여 준다. 신소설은 초기 계몽담론에서 벗어나 점차 시장의 원리를 중시하게 되면서 경제나 지식에 있어 구독력을 갖춘 현실적인 독자와 이미 오

58 "新年無事, 天氣嚴寒. 於此之時, 閉戶圍爐, 手一編小說, 以遣此閑暇之時光, 亦人生之樂事也."『新聞報』, 1909. 1. 4.

59 "時值夏令, 各學堂放假之候, 學界中人正多暇日, 即非學界中人 當此長日如年, 清閑無事, 求所以怡悅性情, 增長聞見, 誠莫如披覽小說矣. 本館年來新出各種小說最夥, 類皆情事離奇, 趣味濃鬱, 閱之大足驅遣睡魔, 排解悶懷. 玆特分別門類, 特別減價, 必爲諸君消夏之助."「唯一無二之消夏品廣告」,『申報』, 1910. 6. 13.

래 전부터 축적되어 익숙해진 취향에 영합하는 경향을 보여 주기 시작했다. 물론 이러한 경향이 대중을 더욱더 소외시키는 결과를 가져온 것은 말할 것도 없다.

5. 상상적 계몽과 현실의 괴리

이상에서 살펴본 바와 같이 신소설론은 소설과 기층대중과의 관계에 주목하여 소설을 통한 풍속개량과 국민 계몽을 주장하였지만, 그러한 구호하에 출현한 이른바 신소설은 기층대중과는 직접적인 관계가 부족해 보인다. 신소설의 주요 독자는 여전히 기존의 전통적인 독자들이었으며, 새로운 학문과 조류의 세례를 받은 신지식인층 혹은 고등소학 이상의 학생들이었다. 이는 신소설의 주요 독자이자 그로부터 가장 영향을 받은 사람들은 기층대중이 아니라 지식인 및 학생계층이라는 것을 말해 준다.

그렇다면 그 원인은 무엇일까? 우선 소설이라는 개념이 설창과 희본(戱本)까지도 포괄하는 폭넓은 개념으로 사용되던 당시 상황에서 소설에 대한 직접적인 독자라는 개념을 보다 명확하게 하지 못한 것이 논란의 여지를 제공하였던 것으로 보인다. 독자와 청중은 넓은 의미에서는 독자층으로 볼 수도 있지만, 그들에게 접근해 가는 방식에 있어서는 큰 차이가 있음을 주의하지 않은 것이다. 예를 들어 기층대중 가운데 많은 사람들이 『홍루몽』에 대해서 이야기할 정도로 많이 알고 있다고 하더라도, 이는 『홍루몽』에 대한 전체 독서를 통해서가 아니라 그 가운데 일부 내용을 곡본(曲本)으로 만든 것이거나 그에 대한 공연을 통해서였다.[60] 작품 전체에 대한 심층적인 독서를 행할 수 있는 독자는 주로 기층대중과는 거리가 먼 지식계층이었다.

두 번째는 신소설이 문언은 말할 것도 없고, 설사 방언이나 입말에 충실한 백화로 창작되었다고 하더라도, 그러한 작품을 이해하거나 적극적으로 찾기 위해서는 기존 소설들을 능가하거나 그것에 비견할 만한 대중적인 요소를 갖추어야만 했다. 실제로 당시 번역소설이나 창작소설 가운데 그나마 독자들의 환영을 받았던 것은 『홍루몽』과 유사한 애정소설이나 탐정소설, 혹은 『유림외사』와 유사한 견책소설이었다. 이들 가운데 대중적으로 새로운 소설의 재미와 흥취를 만들어 낼 수 있었던 것은 탐정소설 정도였다. 그 외의 것들은 기존에 유행하던 소설과 같은 맥락에서 읽을 수 있는 작품들이 대부분이었고, 지식계몽이나 문명비판이 농후한 작품들은 대부분 지식인들의 독서물이었다. 상당수의 신소설 작품들은 새로운 취향과 감각을 창출할 수 있는 감동과 영향력을 결여하고 있었기 때문에, 신소설은 새로운 조류의 소설 흐름을 만들어 내는 데 한계가 있을 수밖에 없었다.

또 신소설이 지식인 중심의 소설관에 입각해 있는 것도 신소설과 대중의 거리를 더 벌어지게 만든 요인이었다. 대중적인 문화를 비판적으로 바라본다는 점에서 신소설은 기존 지식인들의 소설에 대한 시각과 별다른 차이가 없다. 다만 기존에는 그 부정적인 측면을 강조하며 소설 자체를 비판적으로 보았던 데 비해, 신소설론에서는 대

---

60 老伯, 「曲本小說與白話小說之宜於普通社會」, 『中外小說林·外書』 第6期, 1908, 2-3쪽.

중소설을 개량한다는 전제하에서 소설의 기능을 극대화시켰다. 이에 따라 그나마 대중들이 즐겨 읽을 수 있었던 소설은 이제 지식인들의 취향으로 변화하게 되면서 신소설은 대중의 계몽도구가 아니라 지식인들의 계몽도구로 변모해 버렸다.

이러한 측면에서 볼 때, 1915년 량치차오의 당시 소설계에 대한 비판은 합당한 부분과 더불어 사실을 왜곡하는 부분이 아울러 존재한다. 신소설에도 불구하고 사회적 상황이 크게 개선되지 못한 것은 부정할 수 없겠지만, 그것이 모두 신소설 때문은 아니다. 오히려 신소설이 대중에게 미친 영향은 그다지 크지 않았다. 다시 말해 신소설을 중심으로 대중에 대한 계몽운동이 요란하게 진행되기는 했지만, 그 방식에 있어서는 대중적이지 못함으로써 실제 대중들에게 계몽운동은 크게 효과를 얻지 못했다. 그리고 1907년 이후 소설비평과 창작소설이 20세기 초의 정치적 계몽 중심에서 점차 기존 소설취향으로 경도되어 간 것은 소설이 대중과의 거리를 좁혀 나가는 과정이었다. 또한 계몽과 대중이라는 이중적인 의미 사이에서 적절한 위치와 방법을 찾지 못함으로써 결국 소설을 통한 계몽이라는 초기의 목적은 실효를 거둘 수 없었다. 이는 계몽의식이 현실적인 조건에 부합하는 방식에 대한 사고가 부족한 가운데 자신들이 기대하는 대중이나 국민을 추상적이고 상상적으로 그려 낸 결과였다.

이와 더불어 5·4 신문학운동의 성공에 대해서도 다른 시각의 접근이 필요하다. 즉 단순히 문언에서 백화로의 전환이 바로 신문학이 사회적으로 확산되고 보편적인 독서물로서 자리 잡을 수 있는 것은 아니라는 것이다. 주목해야 할 것은 청말시기 이래 계속적으로 누적된 학생출신의 독자층이 시간의 흐름에 따라 크게 증가하였다는 점이다. 신소설의 가장 큰 독자층은 학생이거나 신학당의 졸업자들이었다는 점을 고려하면 1920년대의 독자층은 1910년대 이전과는 비교할 수 없을 정도로 차이가 있다. 또 5·4운동 직후부터 노동자와 농민 속으로 확대된 야학활동과 노동자·농민계층의 사회적인 대두, 그리고 여성운동의 전례 없는 전개 등이 새로운 감수성과 가치의식을 지닌 독자층을 만들어 냈다. 따라서 5·4 신문학운동은 문화운동의 차원이 아니라 사회운동의 차원에서 접근할 필요가 있으며, 그러한 운동을 전개하는 데 여전히 중심적인 역할을 한 근대 미디어 신문·잡지의 역할에 주목할 필요가 있다.

제7장 소설잡지와 직업작가의 등장

1. 출판시장과 직업작가의 출현

글을 쓴다는 것은 중국 전통지식인에게 있어서 매우 일상적이면서도 특수한 의미를 지니고 있다. 지식인, 특히 수재(秀才) 이상의 지식인들에게 독서와 글쓰기는 삶의 중심이자 사회적인 의무이기도 하다. 공적을 세우거나, 문장을 남기거나, 덕망을 남겨서 자신의 존재를 후대 사람의 기억에 오래도록 남기는 것은 문인이면 누구나 한번 꿈꾸는 것이겠지만, 그렇지 않더라도 독서와 글쓰기는 문인이 가장 잘할 수 있는 장기이자 취미이기도 하였다. 독서에도 경(經)과 사(史), 경세(經世) 혹은 시무(時務), 그리고 고문(古文) 등과 같이 지식인의 본분에 맞는 것을 우선시하였지만, 한가한 여유를 즐기기 위한 시화(詩畫)와 각종 필기(筆記)류 글에 대한 독서도 문인 혹은 지식인의 중요한 삶의 일부였다. 하지만 대다수의 수재, 생원들은 항상 불안전한 생활조건 속에서 독서생활을 해야 했으며, 지방에서 사숙(私塾)의 교사로 활동하거나 문인 겸 의사[儒醫], 지방관리 보좌역[幕友]과 같은 삶의 방편을 구하지 않을 수 없었다.[1]

중국에서 많은 소설류의 작가들은 이러한 절반의 공명(功名)을 얻었으나, 더 이상 출세의 사다리를 오르지 못한 수재 혹은 그 이하의 출신들이 대부분을 차지하고 있다. 이들은 공명이나 문장으로 문인세계의 중심에 진입할 수 없는 상황에서 문단의 주변에서 하나의 독자적인 세력을 형성하고 문인과 상인, 혹은 하층 지식인이 담당할 수 있는 다양한 신분 사이를 넘나들며 자신들의 목소리를 내고 있었다. 이들은 여전히 갖가지 윤리적인 교화의 언술을 통해 자신들의 글쓰기를 포장하고자 하였지만, 자신들이 종사하는 글쓰기에 대한 사회적인 시각을 근본적으로 바꿀 수는 없었다.

그런 의미에서 19세기 중반 조계지를 중심으로 한 상하이의 변화는 상인만이 아니라 이러한 수재 혹은 하층문인 출신에게도 새로운 활동의 공간을 제공하는 것이었다. 1880년대 이후의 상하이는 이미 중국의 다른 도시들을 압도하는 새로운 문명세계를 만들어 가고 있었고, 상층문인들보다 상대적으로 자유로운 활동을 할 수 있었던 하층문인들에게는 일종의 기회의 공간이기도 하였다. 여전히 신문·잡지를 비롯하여 서구문화에 대한 사회적인 배척이 지배적이었지만, 그 편리성과 유용성, 그리고 중국이 무시할 수 없는 지식과 문명은 조계지에서 서구인들과 상관된 분야에서 활동하는 하층문인들에게 심리적인 부담을 경감시켜 주었다. 이제 상하이는 이전처럼 공명에 대한 희망이 없고 재능을 펼칠 기회가 없어 어쩔 수 없이 그곳으로 밀려와 문장을 팔아서 생계를 유지하는 곳이 아니라 저술, 교학, 신문·잡지 교열, 편집, 번역, 창작 등 대규모의 출판시장을 기반으로

---

1 周作人,『知堂回想錄』, 龍文出版社, 1989, 64-65쪽.

새로운 삶의 기회를 제공하는 특수한 공간이었다.[2]

당시 상하이를 중심으로 활동하던 지식인들, 즉 수재 출신 왕타오(王韜), 차이얼캉(蔡爾康), 허구이성(何桂笙), 첸신보(錢昕伯), 위안쭈즈(袁祖志)와 하층 문인이라 할 수 있는 선위구이(沈毓桂) 등과 같이 신문·잡지 및 출판활동에 참여한 사람들은,[3] 처음 출발은 부득이한 사정에 의한 것일지라도 19세기 후반으로 갈수록 자신들의 활동에 대한 자의식과 자부심을 가지고 있었다.[4] 그들은 여전히 문인세계의 중심에 들어가지 못했지만, 그들만의 독특한 역할과 능력의 가치를 인식하고 있던 일부 중요한 관료들인 궈숭타오(郭嵩燾), 황쭌셴(黃遵憲), 리훙장(李鴻章), 정관잉(鄭觀應), 마젠중(馬建忠), 장즈둥(張之洞), 성쉬안화이(盛宣懷) 등과 직·간접적으로 관계를 맺고 있었으며[5] 나아가 많은 하층문인들의 선망을 받기도 했다.

그 가운데 왕타오와 차이얼캉은 19세기 중국 신문업계에서 가장 영향력 있는 인물이었다. 왕타오는 홍콩에서 일찍이 중문신문인 『순환일보(循環日報)』를 발간하였으며, 상하이로 돌아와서도 줄곧 『신보』 및 『만국공보』와 밀접한 관계를 유지하면서 많은 글들을 기고하였다.[6] 그의 대표적인 필기소설 『송은만록(淞隱漫錄)』도 "소일거

2 楊謇, 「現代化都市的文人和知識分子的社會責任」, 張仲禮 主編, 『中國近代城市企業·社會·空間』, 上海社會科學院出版社, 1998, 272-295쪽 참고.

3 19세기 신문업에 종사했던 인물 중 과거시험에서 가장 높은 성취를 이루었던 인물은 장즈샹(蔣芷湘)이었다. 그는 거인(擧人), 즉 효렴(孝廉)의 신분으로 초기 『신보』의 주편을 맡았다가 회시(會試)에 합격하여 진사(進士)가 된 직후 신보관을 떠났다.

4 田中初, 「遊離中西之間的職業生存-晚清報人蔡爾康述評」, 『新聞與傳播研究』 第3期, 2004, 45쪽.

5 張敏, 「晚淸新型文化人生活研究-以王韜爲例」, 『史林』 第2期, 2000, 50쪽.

리 삼아 평소의 울적한 마음을 토로한 것"[7]이라고 밝혔지만, 처음 신보관(申報館)의 청탁을 받고 쓴 것으로 1884-1887년 『점석재화보』에 연재되었던 작품이었다. 그 이전에 왕타오는 일찍이 필기소설 창작에 흥미를 가지고 『둔굴난언(遁窟讕言)』, 『영연잡지(瀛壖雜誌)』, 『해추야유록(海陬冶遊錄)』, 『옹유여담(甕牖餘談)』 등을 창작하기는 했지만, 그것을 출판한 것은 필기소설류 출판에 적극적이었던 신보관의 권유로 이루어졌다. 당시 신보관에서는 『진회화방록(秦淮畫舫錄)』과 같은 "춘강화월지(春江花月志)"류의 작품이 시장성이 높다고 평가하여 이를 모집하여 출판하고 있었다. 『송은만록(淞隱漫錄)』을 비롯하여 『해추야유부록(海陬冶遊附錄)』, 『해추야유여록(海陬冶遊餘錄)』, 『화국극담(花國劇談)』 등과 같은 왕타오의 작품은 신보관의 그러한 출판경향의 영향을 받아 창작한 것이었다. 이는 당시 그의 창작이 신문 및 출판시장과 밀접한 연관 속에서 이루어졌음을 의미한다.[8]

차이얼캉 역시 일찍이 신보관에 들어가 『민보(民報)』의 주편(1876-1878)과 "신보관총서"의 편집을 맡았다가 이후 『자림호보(字林滬報)』의 편집(1883-1891)을 맡았다. 그는 1893년에 『신문보(新聞報)』의 창간에 참여하고 이듬해에 선위구이(沈毓桂)를 이어 『만국공보(萬國公報)』의 중문 주편을 맡는 등, 19세기 말 중국의 가장 중요한 신문

6 왕타오의 글쓰기 삶에 대해서는 민정기, 『晚清 時期 上海 文人의 글쓰기 양상에 관한 硏究: 王韜를 중심으로』, 서울대학교 대학원 박사학위논문, 1999 참고.

7 "聊作一時之消遣, 而藉以抒平日之牢騷鬱結者也." 王韜, 「弢園著述總目·淞隱漫錄」, 『弢園文新編』, 三聯書店, 1998, 375쪽.

8 이에 대해서는 凌碩爲, 「申報館與王韜小說之轉變」, 『求是學刊』 1期, 2007, 106-110쪽 참고.

을 두루 거쳤다. 그는 『자림호보』의 주편시기인 1888년에 출판시장에서 회자되고 있던 『야수폭언(野叟曝言)』의 결본을 보완하여 별도의 일반 서책 판형으로 인쇄하고 『자림호보』에 끼워 배포하여 신문 구독을 대폭 높이는 한편, 이후 신문 부간(副刊) 혹은 타블로이드 신문(小報)의 출현에 적지 않은 영향을 미쳤다.[9] 이러한 신문의 부장(附張) 방식을 통한 연재는 이미 신보관의 『점석재화보』에서 취했던 방식이지만, 『야수폭언』 연재의 상업적인 성공은 신문이라는 미디어와 소설이 어떻게 상호 연계하여 추동할 수 있는지를 보여 주는 대표적인 사례였다. 그리고 그 변형태인 타블로이드 신문은 소설류의 문장을 어떻게 대중적으로 상업화할 수 있는지를 보여 줌으로써 적지 않은 하층 문인들이 글쓰기와 상업적 경영을 함께 도모하는 방식으로 자리잡게 되었다. 우젠런, 리보위안, 쑨위성(孫玉聲) 등이 20세기 초 이러한 길을 통해 작가의 생애를 시작한 대표적인 작가들이다.

중국에서 타블로이드 신문이 본격적으로 출현하기 시작한 시점은 몇 가지 측면에서 중요한 의미를 지니고 있다. 첫째, 당시 상하이의 출판시장은 간단한 시사뉴스와 더불어 한담거리를 주요 내용으로 하는 문예보 성격의 타블로이드 신문들이 크게 유행할 수 있는 여건을 제공해 주었다. 우선 『신보』, 『신문보』, 『자림호보』[10] 등 신문이 보다 사

9 『자림호보』에서 부간의 형식으로 『야수폭언』의 연재 경유와 판본의 특징에 대해서는 潘建國, 「晩淸『字林滬報』連載本『野叟曝言』考」, 『古代小說文獻叢考』, 中華書局, 2006, 115-133쪽 참고. 『자림호보』는 1897년 『야수폭언(野叟曝言)』의 연재방식을 원용하여 『소한보(消閑報)』라는 제목의 타블로이드 신문을 발행하여 『자림호보』와 함께 배포하였으며, 그 타블로이드 신문의 첫 번째 주편인이 바로 우젠런(吳趼人)이었다. 우젠런은 『소한보(消閑報)』를 시작으로 1902년까지 연이어 『채풍보(采風報)』, 『기신보(奇新報)』, 『우언보(寓言報)』의 주필을 맡았다.

실적인 기사 위주의 보도로 초기 필기류로서의 신문의 성격을 상당히 탈피하던 시점이자, 『국문보』, 『시무보』, 『경세보(經世報)』, 『상보(湘報)』 등 유신인사들이 중심이 된 신문·잡지가 본격적으로 발간되기 시작하던 시점이었다. 이때는 근대 미디어로서 신문의 성격이 중국의 지식인들 사이에서 널리 확산되고 사회 계몽운동의 가장 중요한 미디어로 주목받으면서, 상대적으로 유희적이고 소일거리의 내용은 신문과 잡지에서 주변으로 밀려나거나 배제되던 시기였다. 둘째, 타블로이드 신문은 석인술 도입 이후 출판사의 과잉과 중복출판, 그리고 새로운 작품 공급이 한계에 이르렀던 시점에 출현하기 시작하였다. 이는 이른바 "한서(閑書, 즉 소일거리)"에 대한 사회적 수요를 당시 출판업계에서 충족시키지 못하던 시기인데, 타블로이드 신문은 바로 그러한 출판시장의 현황과 독자들의 수요를 겨냥하여 발간되었다. 셋째, 청일전쟁으로 사회문화적 조류가 크게 변화하던 시기라는 점이다. 사회적으로 변화의 필요성에 대한 요구가 커지고, 그와 더불어 서구의 다양한 문화가 사회적인 비난의 대상이 아니라 유신(維新) 혹은 새로운 문명이라는 이름으로 크게 확산되기 시작하였다. 이는 상하이를 중심으로 한 조계지 및 도시의 일상적인 문화가 퇴폐적인 것이 아니라 하나의 새로운 문명의 부호로서 사회적인 합법성을 갖기 시작했다는 것을 의미한다.

타블로이드 신문은 당시 상하이의 사회문화적 조류에 부합하는 오락물이자 새로운 독서문화를 만들어 가던 대중적인 미디어였다.[11]

---

10 『자림호보』는 1900년 일본인에게 넘겨져 『동문호보(同文滬報)』로 명칭을 바꾸어 발간되었다.

11 타블로이드 신문의 사회·문화적 영향에 대해서는 洪煜, 『近代上海小報與市民文化研究(1897-1937)』, 上海: 上海書店, 2007; Catherine Vance Yeh, "Shanghai Leisure,

이러한 대중적인 미디어를 통해 중요한 작가들과 작품들이 문단에 등장하게 되었는데, 리보위안의 초기 대표작인 『경자국변탄사(庚子國變彈詞)』(1901), 『관장현형기(官場現形記)』(1903)와 우젠런의 『혼란한 세계(糊涂世界)』(1906) 등도 리보위안이 1901년 3월에 창간했던 『세계번화보(世界繁華報)』에 연재되었다.[12] 이와 같이 『신소설』(1902. 11.)과 『수상소설(繡像小說)』(1903. 5.) 잡지가 발간되기 전에 중국에서는 이미 새로운 경향의 작품이 등장하고, 새로운 경로를 통해 작가들이 등장하고 있었다. 그 후 타블로이드 신문 이외에도 각종 신문·잡지들과 전문적인 소설잡지들에서 적극적으로 소설류를 연재하거나 게재하면서 소설창작과 번역이 일시에 붐을 이루기 시작한 것은 익히 잘 알려진 사실이다. 다만 리보위안의 『관장현형기』의 창작이 『신소설』과 『수상소설』 잡지 창간의 중간 시점에서 시작되었다는 점은 모종의 시사하는 바가 있다.

리보위안은 이미 『유희보』를 주편하던 시기부터 중국 내외에서 발간되던 신문·잡지는 물론이고 당시 정치소설을 비롯한 설부의 중요성을 강조하는 량치차오의 소설담론에 주목하였고, 『유희보』를 그러한 담론에 대한 풍유(諷諭)적 실천으로 간주하기도 하였다.[13] 그

Print Entertainment, and the Tabloids, xiaobao 小報," *Joining the Global Public: Word, Image, and City in Early Chinese Newspapers, 1870-1910*, edited by Rudolf G. Wagner, State University of New York Press, 2007, pp. 201-234 참고.

12 리보위안의 신문 주편 및 창작활동에 대해서는 王學鈞 編著, 「李伯元年譜」, 『李伯元全集』 5, 江蘇古籍出版社, 1997; 時萌, 「李伯元年譜」, 『清末小說』 第9號, 1986. 12. 참고.

13 실제로 『세계번화보』의 주요 란 가운데 풍자 혹은 비평적인 란이 적지 않았다. 대표적인 것이 "풍림(諷林)", "평림(評林)", "시사희담(時事嬉談)", "골계신어(滑稽新語)"

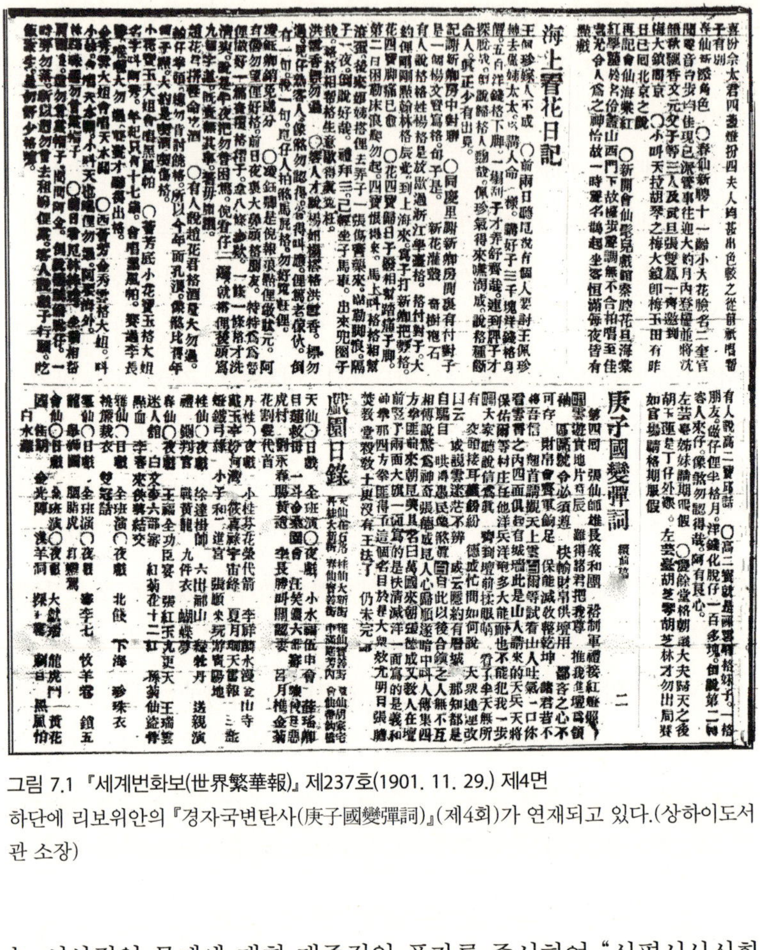

海上看花日記

庚子國變彈詞

戲園日錄

그림 7.1 『세계번화보(世界繁華報)』 제237호(1901. 11. 29.) 제4면
하단에 리보위안의 『경자국변탄사(庚子國變彈詞)』(제4회)가 연재되고 있다.(상하이도서관 소장)

는 시사적인 문제에 대한 대중적인 풍자를 중시하여 "신편시사신희(新編時事新戲)"를 주제로 한 『캉유웨이설서(康有爲說書)』, 『다아거출궁(大阿哥出宮)』, 『육란분귀음(陸蘭芬歸陰)』, 『경련산곡옥(經連珊哭

등을 들 수 있다.

獄)』과 같은 희곡 창본을 연재하기도 하였다.[14] 이는 『경자국변탄사』와 같이 시사적인 주제를 대중적인 오락 형식으로 표현한 것인데, 단순히 상업적인 의도를 넘어 대중적인 독자들의 언어를 고려한 것이라고도 볼 수 있다. 리보위안은 설부가 지닌 언어의 대중성을 충분히 살리는 데 주의하여 량치차오 등이 문언으로 정치소설을 번역할 때 그는 대중적인 언어와 형식을 십분 발휘하고 있었다. 량치차오가 주로 지식인을 중심으로 계몽적인 담론을 펼친 것에 비해, 리보위안은 대중적인 미디어를 주관하면서 훨씬 더 출판시장의 추세와 독자들의 취향에 민감하게 반응했다. 1903년 리보위안이 『수상소설』 창간호부터 연재한 「전본경국미담신희(前本經國美談新戲)」는 『청의보』에 저우쿠이(周逵)가 번역했던 것을 바탕으로 개작한 것으로 후자의 작품도 비교적 평이한 구어체에 가까운 문장이지만, 전자는 더욱더 입말과 일치하는 언어를 사용하고 있다. 이는 리보위안과 당시 지식인 중심의 소설담론 사이의 차이점을 상징적으로 잘 보여주는 예이다.

그러나 리보위안이 본격적으로 소설을 창작하게 된 시점이 『신소설』 발간 직후라는 점은 양자 사이에 모종의 연관이 있다는 추론도 가능케 한다. 량치차오의 「소설과 군치의 관계를 논함」이란 문장은 소설이 신문·잡지만큼이나 사회적 여론과 기풍의 형성에 중대한 영향을 미치며, 소설에 대한 방치는 곧 국민의 계몽과 사회적 기풍의 변화를 포기하는 것이라는 의미로 읽힌다. 그런 의미에서 소설적 글쓰기는 국

14 王學鈞 編著, 『李伯元全集』 5, 1997, 159쪽.

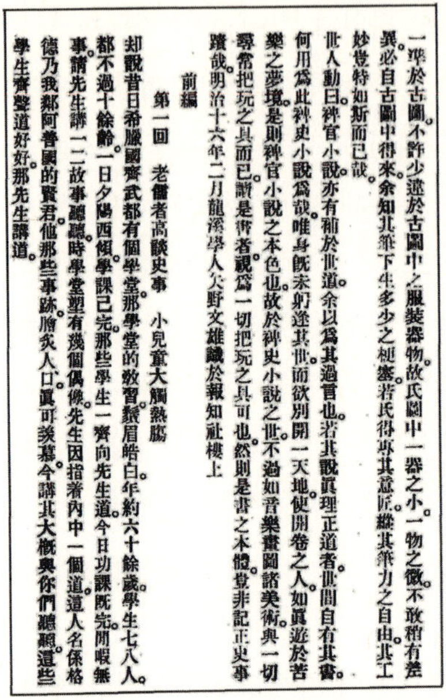
一舉於古圖。不許少違於古圖中之服裝器物。故氏圖中一器之小。一物之微。不敢稍有差
異。必自古圖中得來。余知其筆下生多少之梗塞。若氏得專其意匠。縱其筆力之自由。其工
妙豈特如斯而已哉。
世人動曰。稗官小說。亦有補於世道。余以爲其過言也。若其說眞理正道者。世間自有其書。
何用爲此稗史小說爲哉。唯身既未躬逢其世。而欲別開一天地。使開卷之人。如眞遊於善
樂之夢境。是則稗官小說之本色也。故於稗史小說之世。不過如晉樂畫圖諸美術。與一切
尋常把玩之具而已。謂是書者。視爲一切把玩之具可也。然則是書之本體。豈非記正史事
蹟哉。明治十六年二月龍溪學人矢野文雄識於報知社樓上

前編

第一回　老儒者高談史事　小兒童大觸熱腸

却說昔日希臘國齊武都有個學堂。那學堂的教習。鬚眉皓白。年約六十餘歲。學生七八人。
都不過十餘齡。一日夕陽西傾。學課已完。那些學生一齊向先生道。今日功課既完。閒暇無
事。請先生講一二故事聽聽。時學堂塑有幾個偶像。先生因指着內中一個道。這人名係格
德乃我鄰阿善國的賢君。他那些事跡。膾炙人口。眞可羨慕。今講其大概與你們聽聽。這些
學生齊聲道好好。那先生講道。

그림 7.2 『청의보』에 번역하여 실린 「경국미담(經國美談)」

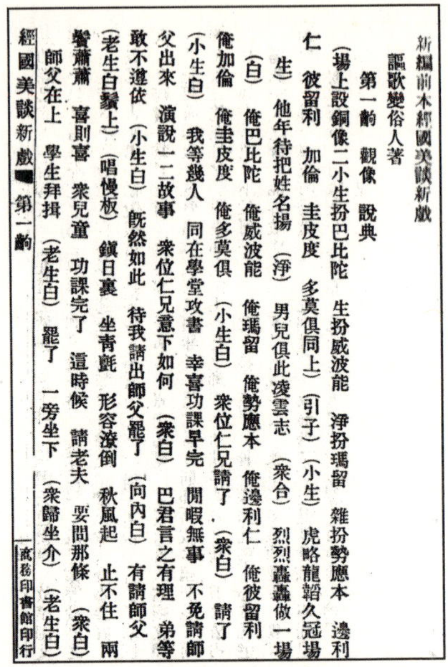
新編前本經國美談新戲

謳歌變俗人著

第一齣　觀像　說典

(場上設銅像二小生扮巴比陀　生扮威波能　淨扮瑪留　雜扮勢應本　邊利
仁　彼留利　加倫　圭皮度　多莫俱同上)(引子)(小生)　虎略龍韜久冠場
生)　他年待把姓名揚　(淨)　男兒俱此凌雲志　(衆合)　烈烈轟轟做一場
(白)　俺巴比陀　俺威波能　俺瑪留　俺勢應本　俺邊利仁　俺彼留利
俺加倫　俺圭皮度　俺多莫俱　(小生白)　衆位仁兄請了　(衆白)　請了
(小生白)　我等幾人　同在學堂攻書　幸喜功課早完　閒暇無事　不免請師
父出來　演說一二故事　衆位仁兄意下如何　(衆白)　巴君言之有理　弟等
敢不遵依　(小生白)　既然如此　待我請出師父罷了　(向內白)　有請師父
(老生白鬚上)　(唱慢板)　鎮日裏　坐青氈　形容潦倒　秋風起　止不住　兩
鬢蕭蕭　喜則喜　衆兒童　功課完了　這時候　請老夫　要問那條　(衆白)
師父在上　學生拜揖　(老生白)　罷了　一旁坐下　(衆歸坐介)　(老生白)

經國美談新戲　第一齣

商務印書館印行

그림 7.3 『수상소설』에 연재된 「신편전본경국미담신희(新編前本經國美談新戲)」

가 및 사회 문제에 위기의식을 지닌 사람들에게 선택의 문제가 아니라 반드시 의무에 가깝다고 보아야 한다. 소설창작에 특별한 재능이나 시간적 여유가 없는 량치차오가 『신소설』이라는 잡지 발간과 더불어 「신중국미래기(新中國未來記)」라는 소설을 연재하기 시작한 것은 그러한 문제의식에 기반한 구체적인 실천이라고 할 수 있다.

량치차오의 신소설론은 리보위안이 평소에 뜻을 두고는 있었지만, 완전히 마음의 결정을 하지 못하고 있던 작가로서의 길을 선택하는 데 하나의 자극제가 되었을 것이다. 특히 사회 제반현상에 대한 풍자적인 신문을 주관하면서 쓴 『경자국변탄사』의 성공은 작가로서의 자신의 능력에 대한 자부심을 확인해 주었을 것이다. 또 『유희보』와 『세계번화보』를 발간하면서 이미 많은 독자층을 확보한 그는 신문독자를 소설독자로 바꾸는 데 큰 어려움이 없었을 것으로 보인다.[15] 마찬가지로 『신소설』의 창간에 자극받은 상무인서관에서 『수상소설』 잡지를 기획하면서 리보위안을 주편으로 초빙한 것도 그의 본격적인 작가로의 변신과 일정정도 관련이 있었다.

상무인서관은 1897년 샤루이팡(夏瑞芳), 바오셴언(鮑鹹恩), 바오셴창(鮑鹹昌) 등에 의해 인쇄소로 출범하여 주로 영어교재, 독해물, 사전, 어법관련 번역서를 출판하였다. 그 후 1901년 주식회사로 전환하고 장위안지(張元濟) 등이 주주로서 기획활동에 부분적으로 참여하면서 출판도 서구 역사서나 학술서를 중심으로 한 "제국총서(帝國叢書)"로 확대되었다.[16] 그리고 1902년 인쇄소 화재 등을 계기로, 1899년부터 중국 교과서 등 출판시장 진출을 계획하던 일본 금항당(金港堂)의 하라료 사부로(原亮三郎)와 협의하여 1903년 합자회사를 설립하였다.[17] 상무인서관과 합자한 금항당(金港堂)은 1875년에 설립되어

---

15 1903년 9월 8일 『세계번화보』에 실린 『관장현형기』의 광고에 의하면, 『관장현형기』가 연재되기 시작한 지 이제 12회에 불과하지만 벌써 9만여 자에 이르며, 신문독자 제군의 높은 평가를 받았다고 했는데, 이는 신문읽기에 익숙한 독자들이 소설의 풍자적 의미를 잘 이해함으로써 나타난 결과라고 볼 수 있다. 광고 내용에 대해서는 魏紹昌 編, 『李伯元研究資料』, 上海: 上海古籍出版社, 1980, 114쪽 참고.

16 1897-1901년 사이 상무인서관에서 출판한 책은 전체 16종 25책이며, 1901년 여름부터 1903년 9월 사이에 출판한 서적은 전체 90종 102책(그중 18종 23책의 교과서와 7종의 제국총서 등 포함)으로 급증하였다. 汪家熔 編著, 『大變動時代的建設者 張元濟傳』, 四川人民出版社, 1985, 55-56쪽.

17 상무인서관과 금항당의 합병에 대해서는 樽本照雄, 「辛亥革命時期的商務印書館和金港堂之合資經營」, 『大阪經大論集』 第53卷 第5號, 2003. 1., 141-153쪽; 中村忠行, 「檢證: 商務印書館·金港堂の合辦」, 『清末小說』 第12-13號(1989. 12, 1990. 12.), 第16號(1993. 12.) 참고.

교과서와 문예작품 발간으로 성공한 일본의 대표적인 출판기업이었다. 이로써 상무인서관은 자본금 20만 원 규모에 일본의 선진 인쇄기를 갖춘 대형 민간 출판사가 되었는데, 그해에 샤루이팡이 리보위안을 초빙하여 『수상소설』 편집을 위탁하였다. 이어서 장위안지가 소장을 맡은 편역소(編譯所)를 두어 가오펑첸(高鳳謙), 장웨이차오(蔣維喬), 장위(莊俞) 등을 초빙하였다.[18]

상무인서관의 전반을 개편하면서 가장 먼저 출판을 기획한 것은 『수상소설』의 발행, 소학교 교과서 편찬, 린수(林紓)의 번역서를 포함한 "설부총서(說部叢書)"의 발간[19]이었다. 물론 이러한 출판기획의 책임자는 상무인서관 사장이었던 샤루이팡이었다. 그는 상업적인 목적하에 출판사업을 전개하면서 대중성과 계몽성, 학술성을 종합하여 중국의 지식과 문화의 변화에 매우 중요한 영향을 미쳤다. 이와 같이 『수상소설』은 20세기 초 중국에서 신문과 잡지를 중심으로 한 새로운 미디어가 대두되면서 사회문화체계 재편을 주도하던 인물들과 밀접한 관계가 있다. 이후 상무인서관의 주요 활동이 편역소[20]

---

18 물론 이러한 일련의 변화 사이의 직접적인 연관을 보여 주는 확증은 없다. 예를 들어 『수상소설』이 발간된 것은 5월이고, 장위안지가 편역소 소장을 맡은 것은 6월이며 금항당(金港堂)과 공식 합자를 이룬 것은 11월이다. 그러나 『수상소설』이 상무인서관의 전체 운영의 개편과정에서 그 일환으로서 발간되었다는 점은 부정할 수 없다.

19 칸다 이치조(神田一三)에 따르면 『상해지남(上海指南)』(商務印書館, 宣統元年(1909)五月初版 / 七月再版)에 「說部叢書百種 / 全部定価 / 二十八元」라는 광고가 있는데, 내용은 다음과 같다: "본 출판사에서 발행한 설부총서는 모두 새로 창작하고 번역한 것으로 재미가 있어 일찍이 유행한 적이 있다. 5-6년간 노력 끝에 비로소 100종 128책을 완성하였으며, 이에 구독자가 전체를 구해 볼 수 있도록 특별히 한 상자로 만들어 저렴한 가격으로 판매하고자 한다. 상무인서관." 神田一三, 「商務印書館版『說部叢書』の成立」, 『清末小說』 第25號, 2002. 12.

중심으로 전개되기는 했지만, 『수상소설』은 처음부터 대중적인 기반을 중시해 온 리보위안과 샤루이팡 등이 중심이 되어 기획된 결과물로서 그만큼 당시 중국의 문화계의 변동과 출판시장의 요구를 잘 반영하고 있다. 즉 일부 엘리트 지식인 중심의 운동이 아닌, 새로운 미디어의 사회적 기능 변화에 의해 전체 사회문화의 재편과정, 그리고 상업적이고 대중적인 취향[21]과 지식계몽의 상호 추동과정을 잘 보여주고 있다.[22]

『신소설』과 『수상소설』이라는 소설잡지의 출현은 다양한 하층 문인들을 작가의 길로 유인하는 작용을 했다. 급증하는 신문과 잡지는 안정적으로 내용을 제공할 수 있는 많은 기고자들을 필요로 했는데, 원고료 지급과 소설공모 방식 등을 통해 부족한 작품을 모집하고자 하였다. 그리고 1905년 9월 과거제 폐지로 어려운 환경에서 독서를 하며 시험을 준비하던 생원과 수재들이 사회에서 방향을 상실한 잉여인간이 되었다.[23] 반평생 독서만을 위해 살아온 그들이 선택

---

20 상무인서관 편역소의 조직과 활동, 주요인물에 대해서는 鄭峰, 『多歧之路: 商務印書館編譯所知識分子研究(1902-1932)』, 複旦大學 博士論文, 2008 참고.

21 『수상소설』의 대중성은 저렴한 가격과 대중적인 형식(소설, 전기(傳奇), 탄사(彈詞), 시조창가 등 민간문학), 관념보다는 사건 중심의 서사 중시 등에서 잘 보여 주고 있다. 독자층과 관련한 『수상소설』의 대중성에 대해서는 徐振燕, 「試析『繡像小說』的讀者定位」, 『明淸小說研究』 第4期, 2001, 157-161쪽 참고.

22 김수연, 「晩淸소설의 서사주의와 매체: 『繡像小說』을 중심으로」, 『중국어문논총』 제49집, 2011. 6.

23 楊聯芬, 『晩淸至五四: 中國文學現代性的發生』, 北京大學出版社, 2003, 30쪽. 그럼에도 근대적인 소설가 등장의 중요한 요인으로 1905년 과거제의 폐지를 지나치게 강조하는 것은 문제가 있다. 왜냐하면 과거제 폐지가 지닌 상징적인 의미와 그 사회적 충격은 부정할 수 없지만, 근대 문학계와 관련해서 보면 그 이전인 19세기 말부터 많은 지식인 계층들이 새로운 직업과 삶의 방식을 바꾸어 나가기 시작했다. 특히

할 수 있는 가장 손쉬운 길은 여전히 글쓰기였으며, 날로 확대되던 신문과 잡지의 공간은 그들 상당수를 소설 창작의 길로 흡수하였다. 1906-1907년 사이 소설 창작과 번역의 증가와 작품의 질적 저하는 이러한 새로운 신인 작가층들의 등장과 무관하지 않다. 역시 수재 출신으로 과거제 폐지 이후 1906년 타블로이드 신문 『유희세계(遊戲世界)』를 창간한 인반성(寅半生)은 당시 소설문단의 상황을 다음과 같이 묘사하고 있다.

> 10년 전 세계는 팔고문의 세계였는데, 지금은 갑자기 소설의 세계가 되었다. 옛적에 팔고문에 힘쓰던 자들은 지금은 서로 경쟁적으로 소설가로 자처하지 않는 자가 없다. 그리하여 소설은 날로 많아지고, 소설을 창작하는 사람도 날로 늘어나고 있으며, 약간이라도 허자(虛字)를 알면 붓을 들고 소설을 쓰지 않는 사람이 없다. 이러한 상황이 지속되면, 소설은 거의 엄청나게 쌓이고 말 것이다. 소설이 이와 같이 성행하지만, 이전의 소설에 견줄 만한 좋은 소설은 거의 드물다. 무슨 까닭인가? 이전에 소설을 쓴 사람들은 때를 만나지 못해 품은 재능을 펼칠 기회가 없어 소설로써 오락을 삼고, 평정심으로 십 년 혹은 수십 년의 노력 끝에 대작을 완성하였으며, 그러

19세기 중반 이후 과거제 합격이 직업적인 신분을 보장해 주는 것이 아니었기 때문에, 과거제의 폐지와 관계없이 지식인들의 다른 전문적인 직업에 대한 추구가 이루어지고 있었다. 예를 들어 1818-1850년, 1851-1883년 쑤저우(蘇州) 지역의 생원 이상의 출신 가운데 관직에 임용된 비율은 각각 5.9%, 5·4%에 불과하며, 청대 후기로 갈수록 더 줄어들었다. 張仲禮, 『中國紳士-關於其在19世紀中國社會中作用的硏究』, 上海社會科學院出版社, 1998, 132쪽.

고도 수차례 다듬고 고쳐서 명산에 감추어 두고 감히 세상에 내놓지 못했다. 『수호전』, 『홍루몽』 등이 그러한 예이다. 그러나 지금은 그렇지 않다. 아침에 탈고하면 저녁에 바로 인쇄되어 발행되며, 순식간에 아무도 찾지 않게 된다. 대개 처음 집필할 때부터 돈벌이로 생각하며, 책이 완성되면 서적상에게 팔아 수십 금을 받을 수 있다. 그리고 일단 바라던 것을 얻고 나면 작품이 문제 투성이라는 것을 알면서도 고칠 겨를이 없게 된다. 심지어는 몇 회 분량을 급히 써서 곧 발행하고는 그 후 더 이상 이어서 완성하지 않는 경우도 있는데, 가장 괘씸하다. 모든 사람들이 문호로 받드는 음빙실주인(飮冰室主人, 즉 량치차오)도 이를 답습하여 『신로마전기(新羅馬傳奇)』, 『신중국미래기』를 모두 완성되지 못했으니, 다른 사람들은 더 말할 것도 없다.[24]

위의 인용문에서 "팔고문의 세계"에서 "소설의 세계"로 바뀌었다는 것은 과거제 폐지로 인한 지식인들의 독서방향과 글쓰기 방

24 "十年前之世界為八股世界, 近則忽變為小說世界, 蓋昔之肆力於八股者, 今則鬥心角智, 無不以小說家自命. 於是小說之書日見其多, 著小說之人日見其伙, 略通虛字者無不握管而著小說. 循是以往, 小說之書, 有不汗牛充棟者幾希? 顧小說若是其盛, 而求一良小說足與前小說媲美者卒鮮. 何則? 昔之為小說者, 抱才不遇, 無所表見, 借小說以自娛, 息心靜氣, 窮十年或數十年之力, 以成一巨冊幾經鍛錬, 幾經刪削, 藏之名山, 不敢遽出以問世, 如水滸、紅樓等書是已. 今則不然, 朝脫稿而夕印行, 一刹那間即已無人顧問. 蓋操觚之始, 視為利藪, 苟成一書, 售諸書賈, 可博數十金, 於願已足, 雖明知疵累百出, 亦無暇修飾, 甚有草創數回即印行, 此後竟不複續成者, 最為可恨. 雖共推文豪之飲冰室主人亦蹈此習如新羅馬傳奇、新中國未來記. 俱未成書, 他何論焉." 寅半生, 「小說閑評敘」, 『遊戲世界』 第1期, 1906(阿英 編, 『晚清文學叢鈔·小說戲曲研究卷』, 中華書局, 1960, 467-468쪽).

식의 변화가 발생했음을 의미한다. 또한 위 인용문은 당시 소설에 대한 신문·잡지와 출판사 간의 경쟁을 잘 말해 주고 있다. 아침에 탈고하면 저녁에 인쇄되어 발행된다는 것은 작가들 자신의 문제라기보다도 오히려 신문·잡지사나 출판사의 조급증을 말해 주는 것이기 때문이다. 수십 금의 원고료를 받고 출판사에 넘길 수 있는 것도 당시 출판시장의 경쟁이 극심한 결과이다. 이는 당시 소설출판이 1890년대 중반처럼 경쟁이 과열되고 있음을 나타내주며, 앞서 쉬넨츠가 말한 작품의 질 저하와 출판영업 상황의 악화 원인을 잘 설명해 주고 있다.[25]

2. 소설잡지의 대두와 근대 '문학장'[26]

여러 문제점에도 불구하고 신문·잡지를 중심으로 한 미디어 공간은 1900년 이후 소설류가 문단의 중심으로 진입하고 광범위한 소설 창작집단이 출현하는 데 기반이 되었다. 20세기 초 중국 소설계에서 가

25 이 시기에 주목할 현상 가운데 하나는 소설시장의 과열로 인해 남의 작품을 베끼거나 이름만 바꾸어 표절하는 경우 등이 드물지 않게 나타났다는 점이다. 이는 앞서 말한 바와 같이 1890년대 중반과 비슷한 현상으로, 창작작품의 내용이 진부하거나 번역작품의 경우도 중복되는 경우가 많아 결국 소설시장의 악화를 초래하게 되었다. 이는 1908년 이후 소설잡지와 번역, 창작 등이 감소하는 중요한 한 원인을 나타낸다. 당시 표절과 중복 출판 현상에 대한 비판은 新廣,「海底漫游記」,『月月小說·雜錄二』第1年 第7號, 光緖33年 3月 참고.

26 이하 소설잡지 중심의 작가군 형성에 관한 내용은「晩淸 소설작가의 네트워크 만청 4대 소설잡지를 중심으로」(『중국어문논총』 제57집, 2013. 6.)란 제목으로 발표한 글을 수정한 것이다.

장 중요한 변화는 우선 전문적인 문학잡지의 창간과 그에 따른 작가군의 출현이라고 할 수 있다. 19세기 말까지만 하더라도 상업적인 출판이 성행하기는 했지만, 영리적인 목적으로 전문적인 글쓰기에 종사하는 사람은 극히 드물었다. 그나마 그들은 언론계에 종사하면서 다양한 유형의 글쓰기를 하고 있었고, 전문적인 소설작가는 전무했다. 20세기 들어서면서 비로소 전문적인 소설가들이 본격적으로 출현하기 시작했는데, 그 원인은 크게 두 가지이다. 하나는 사회적 계몽운동에서 소설의 중요성이 부각되었다는 점과 두 번째는 소설을 연재하는 많은 잡지 미디어의 창간이다. 물론 후자의 경우는 전자와 긴밀하게 연관되어 있고 전자에 의해 적극적으로 추동된 부분도 있지만, 그렇다고 전적으로 전자의 효과나 결과라고 볼 수는 없다. 그보다는 19세기 말부터 지속적으로 확장되어 온 출판업과 신문·잡지 미디어의 발전추세에 따른 한 과정으로 이해할 필요가 있다. 따라서 전문적인 직업작가로서 소설가의 등장은 20세기 초 특수한 물질적 조건을 기반으로 한 문화현상이라고 할 수 있다.

다만 그들 스스로가 처음부터 소설가로서의 의식을 가지고 창작에 임한 것은 아니라는 점에 주목할 필요가 있다. 초기 많은 소설가들은 처음부터 자유로운 작가로서보다는 특정한 신문 잡지의 발간이나 편집활동에 종사하는 것으로부터 시작하고 있다. 나아가 그들의 창작활동 역시 완전히 자유로운 개인적인 작업을 통해서라기보다 신문·잡지를 중심으로 일정한 네트워크를 조직하면서 신문·잡지의 발간을 시간적 주기로 작업하고 있었다. 신문과 잡지는 19세기 말에 이미 많은 도시에 유포망을 가지고 있었고, 새로운 사건과 사회변화에 대한 소식을 담고 있어 독자들에게 새로운 읽을거리를 제공하였다. 그리고 신문·잡지의 성격상 다양한 형식의 글에 대한 일정한 기고자, 특히 일정한 글쓰기 능력을 갖춘 지식인들의 참여가 필요하였다. 이에 따라 글쓰기를 전문적으로 훈련해 온 지식인들이 손쉽게 찾을 수 있는 새로운 직업이 생겨나게 되었으며, 그들이 이후 출현할 잠재적인 소설가나 근대 작가층을 형성하는 것은 자연스러운 현상이었다.

그러나 시문 및 잡문의 기고자나 편집자에서 소설작가로 전문화되기 위해서는 소설이 전체 출판계에서 보다 중요한 지위를 점함과 동시에 보다 폭넓고 지속가능한 활동 공간이 요구되었다. 20세기 초에 소설 창작집단의 형성은 이러한 공간의 확대와 전체 문화 및 독서시장에서 소설의 지위 제고와 밀접한 관계가 있다. 그 예로 신문·잡지와 소설의 연재관계를 들 수 있는데, 천다캉(陳大康)의 연구에 의하면 동치(同治) 11년(1872)에 처음 『신보(申報)』에 소설이 연재된 이후 1896년까지 매년 소설을 연재하는 신문 혹은 잡지의 미디어 수는 1-2개에 불과했으며, 1897년과 1898년에 각각 5개와 9개의 미디어로 증가하였다. 무술변법 실패 후 1899년과 1900년에 다시 1-2곳으로 감소했다가 1901년부터 다시 9곳으로 증가하기 시작하며 1903년부터는 급증하게 된다.[27] 이러한 급증은 1902년과 1903년에 각각 창간된 『신소설』과 『수상소설』 등 전문적인 소설잡지의 출현이 중요한 한 계기였다. 결국 이와 같은 문학관련 미디어의 급증과 출판업계의

27 20세기 초 소설을 게재한 신문·잡지가 매년 새롭게 창간된 수는 1903년 19개, 1904년 17개, 1905년 14개, 1906년 21개, 1907년 23개, 1908년 21개, 1909년 22개, 1910년 13개, 1911년 11개 등이다. 이상에 대해서는 陳大康, 「近代小說及其研究的數理描述」, 『華東師範大學學報』 第34卷 第4期, 2002, 70-71쪽.

급격한 변화가 일종의 근대 '문학장'을 형성하면서 전문적인 소설 창작집단의 등장을 가능케 한 중요한 조건을 이루었다.

물론 앞의 4장에서 설명한 대로 단기간에 소설작품을 창작하기가 용이하지 못했던 터라 주로 번역소설로 지면을 채우던 시기였기 때문에, 당시 출판사와 잡지사에서는 상당수의 집필진을 확보하는 것 특히 소설가를 경쟁적으로 발굴하는 것이 급선무였다. 그 결과 중요한 작가들(번역가를 포함) 대부분이 몇몇 잡지사나 출판사를 중심으로 결집하여 인적 네트워크를 형성하면서 창작활동을 하는 양상을 띠었다. 이제 막 등장하기 시작한 직업작가들은 개별적인 '자유' 기고가로서보다는 일련의 집단을 형성하면서 소설을 중심으로 한 '문학장'을 만들어 가는 주체로서의 역할을 하였다. 이는 '문학장'의 형성과정에서 미디어와 소설의 긴밀한 결합관계로 인해 작가들이 주요 미디어를 중심으로 상호교류하고 결집하지 않을 수 없었음을 의미한다. 설사 소설잡지나 신문들이 몇몇 사람에 의해 편집되고 발간된다고 할지라도, 작가들은 이를 자신들의 고유 공간으로 받아들이면서 소설담론과 소설이라는 글쓰기를 통한 개입으로 사회적인 활동공간을 확보해 나갔다. 이러한 집단화된 현상은 당시 정치운동 혹은 사회운동의 일환으로 소설에 적극적인 의의를 부여하던 시대적 상황의 한 특징으로 볼 수 있다. 다만 그러한 시대적 운동이 소설과 관계를 맺는 실제 방식은 소설과 미디어의 기능에 대한 자각과 당시 사회적인 전파과정에 대한 관찰에 따른 것이지, 결코 후자가 전자에 의해 비로소 결정된 것은 아니었다. 20세기 초 소설을 중심으로 한 '문학장'이 짧은 기간 안에 형성될 수 있었던 것은 작가들이 처음부터 미디어에 의해 견인되면서 본격적으로 문단에 출현하였기 때문이었다.

20세기 초 신문과 잡지 미디어의 기반은 크게 상업성과 정치성 혹은 계몽성이라고 할 때, 여기서 상업성은 영리적인 추구를 목표로 한다는 의미라기보다는 상업적인 기제를 통해 더욱 효과적으로 작동한다는 차원에서 말한 것이다. 특정한 대상을 전제로 교제관계를 목적으로 하거나 이를 유지하기 위해 일상적으로 이루어지던 전통적인 무상 교환이나 선물기증과 같은 방식이 아니라, 불특정 다수와의 교류를 가장 효과적으로 진행하기 위해서는 무엇보다도 상업적인 네트워크를 이용하지 않을 수 없었다. 물론 19세기 중반 이전 즉 신문이나 잡지가 본격적으로 등장하기 이전에도 상업적인 관계망을 통한 지식과 정보의 유통이 있었지만, 신문과 잡지는 단순한 오락과 지식만이 아니라 정보와 소식에 가치를 부여하고 사회의 여론을 이끌어내는 효과를 통해 새로운 유형의 '상품'을 창출해 냈다. 그리고 중요한 것은 전문적인 잡지를 제외하면 그 독자의 대상에 하한선을 두지 않았으며, 오히려 가능한 폭넓은 대중을 망라한 미디어로서 기능하고자 했다는 점이다. 신문과 잡지의 정치성 혹은 계몽성은 이러한 미디어 기반을 전제로 하고 있다.

소설은 다양한 유형의 신문 잡지가 정치성 및 계몽성을 대중적으로 구현하는 데 중요한 매개역할을 수행하였다. 신문의 대중성이 종종 사실보도라는 측면과 더불어 대중의 오락적인 독서취향에 부합하여 자극적이거나 사회적인 논쟁을 불러일으키는 내용을 바탕으로 하기도 하지만, 과도한 선정성에 치우치지 않으면서도 대중들의 눈과 귀를 즐겁게 해 줄 수 있는 것이 소설이기도 했다. 소설은 고유의 심미적인 특성을 바탕으로 신문기사의 표상적인 사건보도를 넘어서는 또 다른 독서의 즐거움을 제공해 주었다. 이런 의미에서 소설가는 스스로를 상업화와 사회적인 계몽을 연계하는 새로운 문화의 핵심적인 주체로 자부할 수 있었다. 20세기 초 첫 10년 동안 제기된 신소설 담론은 소설의 중요한 미디어적 성격과 더불어 그 주체로서 소설가의 자부로 가득 차 있다.

그리고 전문적인 소설잡지의 등장은 새로운 근대지식의 분화와 결부되어 있다. 이는 사실의 영역과는 상대적인 의미의 영역이자, 세계에 대한 설명의 장이 아니라 세계에 대한 주관적인 구성의 장이었다. 그러한 의미에서 소설잡지의 등장은 새로운 지식과 세계에 대한 경험이 보다 내면화되고 있는 과정을 나타낸다. 20세기 초 전문적인 소설잡지는 19세기 말 내외적인 충격에 의한 급속한 새로운 지식의 흡수가 보다 자의식적이고 자기언어화하기 시작했다는 것을 보여 주는 표지[標識]이다. 또한 전문적인 작가는 계몽적인 지식운동이라는 범주 내에 머무르지 않고 그것을 통속적인 언어로 번역해 내는 역할을 수행하였다. 소설잡지의 등장과 전문적인 작가의 출현이 공히 전제로 삼고 있는 것은 다양한 유형의 지식과 정보를 담고 있는 신문·잡지 미디어의 기반과 그것을 중심으로 한 지식인 계층의 형성이었는데, 그런 의미에서 양자 간에는 밀접한 관계가 있다. 전문적인 소설잡지의 등장으로 작가들의 배출이 본격화되고 집결하는 현상이 가속화되었던 것이다.

따라서 근대 소설잡지 시대의 기폭제가 되었던 『신소설』과 『수상소설』이 지니는 시대적인 의미는 각별하다. 예를 들어 1872년에 『영환쇄기(瀛寰瑣記)』나 1892년 한방칭(韓邦慶)이 창간한 『해상기서(海上奇書)』 등과 같은 문학잡지들이 발간되기도 했지만, 1872-1897년까지

겨우 5종에 그쳤을 뿐이다. 당시 새로운 미디어가 생산해 내는 지식과 세계현상에 대한 관찰을 자신의 목소리로 서사화시킬 수 있는 작가군을 형성하지 못함으로써 소설류에 대한 시대적인 관심을 이끌어 내기에는 역부족이었다. 이에 비해 1902년『신소설』의 창간을 시작으로 1902-1916년까지 57종의 문학잡지들이 연이어 발간되면서[28] 기존의 미디어들이 지닌 종합적인 성격으로 포괄하기 어려웠던 문학 내부의 다양성과 전문성이 서서히 확보되어 갔다.

이는 문학잡지 시대의 서막을 알리는 것으로, 문학 특히 소설은 이제 더 이상 다른 미디어의 부속물이나 독자들을 끌어들이는 매개가 아닌 독자적으로 완결된 공간을 창출할 수 있었다. 1902-1911년까지만 보더라도 '소설'이란 명칭으로 창간된 전문잡지는 24종으로, 이 시기 문예잡지의 절대 다수를 차지하며 문학개혁에 앞장서는 동시에 새로운 문학시대에 걸맞는 미디어 환경을 조성해 나갔다. 이 10년의 기간은 가히 소설 혹은 소설잡지의 번영기라 불릴 만하다. 이 기간 동안 번역되거나 창작되는 소설량이 급속도로 증가했는데, 대부분의 소설작품들은 먼저 신문·잡지 미디어에 게재된 연후에 단행본으로 출판되었다.

[표 7. 1]에서 보여 주는 바와 같이 소설잡지의 명칭들이 이를 발행한 출판사나 잡지사의 명칭을 그대로 빌려오는 경우가 많은데, 이로부터 이들 출판사의 주력 사업이 소설잡지 발간이었음을 엿볼 수 있다. 이른바 소설과 잡지, 출판사가 긴밀하게 결합하여 편집과 인쇄, 출판,

28 陳平原,『中國現代小說的起點 - 淸末民初小說硏究』, 北京大學出版社, 2010, 65쪽.

[표 7.1] 청말 소설잡지 출판 현황

잡지명	출판 년월	편집인	발행처	인쇄	출판 지역	간행 주기	발행 호수
海上奇書	1892. 2.-11.	韓邦慶	申報館代售	點石齋印書局	上海	半月刊	15
新小說	1902. 11.-1906	梁啓超	新小說社	新民叢報活版部, 廣智書局	橫濱, 上海	月刊	24
繡像小說	1903. 5.-1906	李伯元	商務印書館	商務印書館	上海	半月刊	72
新新小說	1904. 9.-1907. 4.	陳景韓, 龔子英	新新小說社, 開明書店	作新社	上海	月刊	10
小說世界日報 (후에 小說世界로 개명)	1905. 3.-	劉韻琴			上海	日刊	20
小說世界	1905. 10.-11.				上海	半月刊	2
新世界小說社報	1906. 7.-1907. 1.	警僧	新世界小說社	鴻文書局	上海	月刊	9
小說七日報	1906. 8.-	談小蓮	小說七日報社	鴻文書局	上海	週刊	5
粵東小說林	1906. 9.-	黃伯耀, 黃世仲	省城十八甫襲寶閣		廣州	旬刊	3
月月小說	1906. 11.-1909. 1.	汪惟父, 吳趼人	月月小說社, 樂群書局, 群學社	小說林活版部, 樂群書局,月月小說社	上海	月刊	24
小說世界	약 1907. 1.-				香港	旬刊	4
小說林	1907. 3.-1908. 10.	徐念慈, 黃人等	小說林社	小說林活版部	上海	月刊	12
中外小說林 (후에 繪圖中外小說林으로 개명)	약 1907. 6.-1908. 5.	黃伯耀, 黃世仲	中外小說林社		香港	旬刊	16
廣東戒煙新小說	약 1907. 9.-1908. 1.	李哲			廣州	週刊	13
竟立社小說月報	1907. 11.-	彭俞	竟立社小說月報社		上海	月刊	2
繪圖中外小說林	1908. 1.-	黃伯耀, 黃世仲	公理堂		香港	旬刊	12
新小說叢	1908. 1.-	林紫虬等	新小說叢社		香港	月刊	3
白話小說	1908. 11.-	姥下余生	上海白話小說社		上海	月刊	2
揚子江小說報 (후에 揚子江小說日報로 개명)	1909. 5.-1909. 9.	胡石庵	漢中中西日報社	中西日報館	漢口	月刊	5
寧波小說七日報	1909. 6.-1909. 9.	蛟西順書生	上海新學會社		寧波, 上海	週刊	12
十日小說	1909. 9.-		環球社		上海	旬刊	11
小說時報	1909. 10.-1917. 11.	包天笑, 陳景韓	小說時報社	有正書局	上海	月刊	33
揚子江小說日報	1909. 11.-	胡石庵	漢中中西日報社		漢口	日刊	30
小說畵報	1910. 1.- 6.			有正書局		月刊	6
小說月報	1910. 8.-1931	王蘊章等	小說月報社	商務印書館	上海	月刊	22

자료 출처: 郭浩帆, 『中國近代四大小說雜誌硏究』, 山東大學 博士學位論文, 2000, 7-8쪽 참조.

발행을 동시에 진행하는 다기능적인 문화사업을 이루었고 이를 중심으로 한 언론출판인 및 작가 간의 교류 네트워크가 형성되었다. 이 당시 주요 작가들은 대체로 직접 나서서 소설잡지를 창간하거나 편집인으로 참여하면서 작품창작 외에도 잡지발행 일에 깊숙이 관여하였다. 잡지의 주요 기고자는 일부 핵심적인 작가를 주축으로 하면서 주변에 다소 유동적인 작가들로 구성되어 있었으며, 각 미디어의 구성원들 사이에 어떤 문학적 이념이나 창작 경향의 차이가 크지는 않았다. 이들은 문학잡지와 출판사, 그리고 사회적 조직 활동을 통한 다양한 인적 네트워크를 바탕으로 하면서도 대외적으로 개방적인 작가군을 형성함으로써 전통적인 문인과는 다른 결사(結社)방식과 교류방식을 보여 주었다. 더 이상 혈연(血緣)이나 지연(地緣)에만 얽매이는 것이 아니라 근대적인 출판기구와 잡지매체는 이들에게 다양한 문학실천 활동과 광범위한 교류 공간, 전파매개를 제공해 주었던 것이다.

이러한 출판활동의 중심지는 도표에서 제시하는 바와 같이 물론 상하이였다. 크고 작은 출판사들이 유독 상하이로 집중되면서 상하이가 중국 근대 출판문화의 교두보로 부상할 수 있었던 까닭은 우선 조계지라는 특수 공간이 중국 청정부의 통제로부터 벗어나 상대적으로 자유로운 출판활동을 보장할 수 있었기 때문이다. 또한 지리적으로 사통발달한 수로를 끼고 내륙지역과 연결되는 교통의 요지이자 장쑤(江蘇)와 저장(浙江)의 교차점에 위치하여 인접지역의 경제적 문화적 자양분과 인재의 유입을 전폭적으로 받아들임으로써 상하이의 지식 정보를 소비하는 광범위한 독서시장과 수요층을 확보할 수 있었다. 이에 베이징을 비롯한 다른 지역에서 활동하던 진보적 지식인들이나 언론 출판인들이 대거 남하하면서 전통적인 강남 지식인층과는 또 다른 신식 엘리트층을 이루고 상하이를 거점으로 빠르게 지식을 유통시키는 네트워크를 형성해 나갔다. [표 7.1]에서 소설잡지 대부분이 상하이 지역에서 발행되었던 것도 이러한 상하이의 유리한 제반 여건에 기반해 있었다.

판젠궈(潘建國)는 일찍이 20세기 초 소설 작가군의 형성을 상하이 지역의 출판사를 중심으로 다섯 부류로 구분한 적이 있다. ① 신소설사(新小說社), 광지서국(廣智書局), 신민총보사(新民叢報社) 중심의 소설작가군, ② 월월소설사(月月小說社), 악군서국(樂群書局), 군학사(群學社) 중심의 소설작가군, ③ 소설림사(小說林社) 중심의 소설작가군, ④ 상무인서관(商務印書館), 수상소설사(繡像小說社), 소설월보사(小說月報社) 중심의 소설작가군, ⑤ 소설시보사(小說時報社), 시보관(時報館), 유정서국(有正書局) 중심의 소설 작가군이 그것이다. 서국(書局), 즉 출판사를 중심으로 한 판젠궈의 분류는 상업적인 문학생산 시스템에 의해 추동되어 새로운 소설 작가들이 출현하는 현상에 착안한 것이다. 따라서 그가 주로 원고료제도나 서적 광고, 인쇄기술 등을 중점으로 분석하고 있는 것은 자연스러운 일이다.[29] 하지만 이는 주로 새로운 작가의 출현을 일부 설명할 수는 있어도 짧은 기간 내에 작가들이 대거 등장할 수 있었던 요인을 밝히는 데 한계가 있다.

그에 비해 천핑위안(陳平原)이 20세기 초를 "매체 중심의 문학시대"로 규정하고 소설가 집단을 다섯 부류로 나누고 있는 것은 매우 시사적이다. 그는 출판기구보다도 매체, 즉 신문이나 잡지에 더 중

29 潘建國, 「清末上海地區書局與晚清小說」, 『文學遺産』 第2期, 2004, 96-110쪽 참고.

점을 두고 있다. 출판기구가 여러 출판활동 중 한 방식으로 신문이나 잡지를 발간하는 경우도 있지만, 또『신소설』이나『신신소설』,『월월소설』처럼 소설잡지를 발간하기 위해 특정한 출판사를 설립하는 경우도 있는 점을 고려하면, 천핑위안이 매체에 주목한 것은 현실적으로 적절한 방식이라고 볼 수 있다. 그는 당시 소설 작가군을 주요 소설잡지와 창작경향, 정치의식 및 신구문화의 수용정도 등에 따라 ①『신소설』과『중외소설림(中外小說林)』 작가군, ②『수상소설』과『월월소설』 작가군, ③『소설림』 작가군, ④『소설시보(小說時報)』,『소설월보(小說月報)』,『토요일(禮拜六)』,『중화소설계(中華小說界)』,『소설대관(小說大觀)』 등의 작가군, ⑤ 1910년대『민권보(民權報)』,『소설총보(小說叢報)』 및『소설신보(小說新報)』를 중심으로 한 작가군으로 분류하였다.[30] 하지만 이러한 분류는 같은 소설잡지를 중심으로 활동한 작가군 내에서도 정치적, 문화적 관점의 차이가 있고 한 작가가 여러 잡지에서 중심적으로 활동한 경우들을 간과하고 있다는 점에서 당시 작가군 출현과 관련된 대략적인 윤곽을 보여 주는 정도 이상의 의미를 지니고 있다고 보기 어렵다.

필자는 상하이의 4대 소설잡지를 중심으로 작가군의 형성과 결집양상을 살펴보고자 한다. 흔히 근대 4대 소설잡지라고 불리는『신소설』,『수상소설』,『월월소설』,『소설림』은 게재된 작품 수량이나 영향력에 있어서 다른 잡지들을 능가하기도 하지만, 무엇보다도 근대의 저명한 작가들을 배출하거나 그들의 주요 창작활동의 근거지였다는 점에

30 陳平原,『中國現代小說的起點-清末民初小說研究』, 北京大學出版社, 2010, 16-18쪽 참고.

서 주목을 끌고 있다. 작가들이 계몽적 목적이든 상업적 목적이든 기본적으로 미디어 공간을 기반으로 이합집산하면서 서로 긴밀한 인적 네트워크를 형성하고 있다는 점에 주목할 것이다. 당시 소설잡지를 중심으로 한 인적 네트워크는 20세기 초 중국에서 소설가 집단이 형성되는 구체적인 과정과 그 속에서의 미디어의 실질적인 역할을 파악할 수 있는 시각을 제공해 준다. 즉 시장이나 제도 등의 물리적 조건이 성숙되면 즉각 그것에 부응하여 작가군이 형성되는 것이 아니라, 실제로는 출판활동에 직접 참여하는 이들의 긴밀한 네트워크를 통해 보다 의식적인 작가의 발굴과 양성이 이루어진다는 것을 의미한다. 이러한 관점에서 판젠궈나 천핑위안이 분류한 방식과는 달리 4대 소설잡지에 보다 집중하면서 상하이 작가들 간의 촘촘한 인맥 구성과 변화 양상을 구체적으로 살펴볼 것이다. 첫째는 『신소설』 그룹을 주축으로 하면서 『시보』와 『신신소설(新新小說)』의 그룹이 형성하는 상호 인적 네트워크이다. 두 번째는 『수상소설』과 『월월소설』의 작가군 결집이다. 세 번째는 『소설림』을 중심으로 한 작가군 인맥이다. 이들 작가그룹은 각각 높은 수준의 통일성이나 공통적인 경향성을 보여 주지는 못하지만, 다소 다른 창작경향과 이념을 바탕으로 하고 있다. 이러한 작가들의 네트워크 형성을 통해 20세기 초 소설가 집단이 어떻게 형성되는지를 보다 잘 파악할 수 있다.

3. 미디어 중심의 상하이 소설작가 네트워크

1) 『신소설』과 『시보』, 『신신소설』의 인적 기반

우선 『신소설』(1902. 11.-1906)[31]을 보면, 1902년 10월 일본 요코하마에서 설립된 신소설사(新小說社)가 11월에 잡지를 창간하면서 편집과 발행을 맡았고 인쇄는 신민총보사 활판부(新民叢報社活版部)에서, 그리고 중국 국내 유통은 주로 상하이의 광지서국을 통해 이루어졌다. 신소설사, 신민총보사와 광지서국 모두 실질적으로 량치차오가 주관하는 출판기구들로, 세 곳은 각자 독립적으로 운영되면서 동시에 상호협력하에 유기적인 연계를 맺는 출판 집단이었다. 결국 량치차오를 중심으로 한 인맥들이 이 세 출판기구들 주변에 결집하면서 주요 편집진과 작가군을 형성하였다. 『신소설』의 작가군은 바로 이러한 공통된 인적 네트워크를 기반으로 형성되었다고 볼 수 있는데, 구체적인 작가목록은 다음과 같다.

전체 55명 작가들 가운데 현재 어느 정도 신원이 확인 가능한 작가는 28명 정도이다. 그중 지역적으로 광둥(廣東) 출신이 14명이고 장쑤(江蘇)와 저장(浙江) 출신이 9명으로 두 지역이 대다수를 차지한

31 『신소설』은 월간이지만 24기까지 나오는 동안 발행시기가 일정치 않고 계속 늦추어져 거의 매 호마다 출판 날짜에 대한 의견이 분분하다. 잡지의 인쇄 장소에 대해서도 24기까지 줄곧 일본 요코하마에서 인쇄되어 배로 상하이까지 운송되었다는 설과 13호부터 상하이로 옮겨 광지서국에서 발행되었다는 설이 있다. 대표적으로 姜榮剛, 「『新小說』印刷地點及出版日期考辨」, 『沈陽師範大學學報』(社會科學版) 第2期, 2009 참조.

[표 7.2] 『신소설』 작가군

작가	생몰연대	관적	필명	교육	직업	단체	편집	비고
梁啓超	1873–1929	廣東	飮冰室主人	擧人, 萬木草堂, 일본체류	사상가, 정치가, 학자, 저널리스트	强學會, 保皇會	時務報, 淸議報, 新民叢報, 新小說 등	康有爲 그룹, *일어
吳趼人	1866–1910	廣東	我佛山人	佛山書院, 1903년 1년간 일본체류	저널리스트, 소설가, 교사(江南制造局 14년 근무)		消閑報, 采風報, 奇新報, 寓言報, 新小說, 月月小說	1908 廣志小學 설립
周桂笙	1873–1936	江蘇 上海人	知新室主人	廣方言館, 上海中法學堂	번역가, 저널리스트	南社, 譯書交通公會	采風報, 寓言報, 月月小說, 天鐸報(上海同盟會 기관보)	*불어, 영어 (일본 방문 2회)
羅普 (羅孝高)	1876–1949	廣東	披發生, 嶺南羽衣女士	萬木草堂, 1898년 일본유학(와세다전문학교)	저널리스트, 정치가	興中會	淸議報, 新民叢報, 新小說 편집 참여, 狄葆賢과 時報 창간	康有爲 제자, *일어
狄葆賢	1873–1921	江蘇	平子, 平等閣主人, 字: 楚卿	擧人, 北京에서 공부	시인, 문학비평가, 저널리스트	중국독립협회	時報, 小說時報, 婦女時報	康有爲 제자, 有正書局 설립
黃遵憲	1848–1905	廣東	人境廬主人	擧人	정치가, 외교관, 교육가, 시인	强學會	時務報	일본, 미국, 영국, 싱가포르 영사로 체류
梁啓勛	1876–1965	廣東	曼殊室主人	萬木草堂, 震旦學校, 컬럼비아대학 경제학전공	詞學家, 은행감독관, 대학교수		時務報	康有爲 제자, 梁啓超 동생, *영어, 일어
高旭	1877–1925	江蘇	江南快劍, 自由齋主人	東京法政大學 졸업	저널리스트, 시인, 교사, 衆議院	同盟會, 南社	覺民, 醒獅, 復報	*일어
湯寶榮	약 1860–1920	江蘇 蘇州人	頤瑣室		상무인서관			『黃繡球』 저자
麥孟華	1874–1915	廣東	蛻庵, 曼殊	擧人, 萬木草堂	저널리스트, 東京高等大同學校 교장 역임	保皇會	淸議報, 新民叢報, 不忍	康有爲 제자, *일어
麥仲華	1876–1956	廣東	璱庵, 玉璱齋主人, 曼殊庵主人	秀才, 萬木草堂, 일본육군사관학교, 영국유학	司法儲才館 비서, 홍콩전보국 국장 역임			康有爲 제자, 사위, 麥孟華 동생, *영어, 일어
廖恩燾	1864–1954	廣東	懺庵, 春夢生, 珠海夢余生	도쿄제국대학 정치학과졸업, 미국유학	외교관(쿠바, 칠레, 파나마, 조선, 필리핀 마닐라 총영사)			희곡창작 *영어, 일어
周宏業	1878–1912	湖南	雨塵子著	東京高等大同學校, 도쿄와세다대학 정치학 전공	신해혁명후 재정부 司長, 次長 역임	靑年會(陳獨秀, 蘇曼殊와 조직) 興中會 自立會	新民叢報	梁啓超 時務學堂 학생, *일어

[표 7.2] 계속

작가	생몰연대	관적	필명	교육	직업	단체	편집	비고
盧藉東		廣東		일본유학				
洪炳文	1849–1918	浙江	寄憤生, 祈黃樓主人, 花信樓主人	1891 43세 優貢	극작가, 시인, 중학교 교사	南社		
韓文擧	1864–1937	廣東	孔庵, 談虎客	萬木草堂	저널리스트, 교사		新民叢報,新小說, 文藝俱樂部 편집	康有爲 제자
賀良朴	1861–1937	湖北	篑廬, 南荃居士		上海廣方言館 감독, 北京美專 교수	同盟會 1919 中國畫學研究會		
金天翮	1874–1947	江蘇	天羽, 松岑, 愛自由者, 天放樓主人	江陰南菁書院	시인, 대학교수, 정치가	중국교육회, 愛國學社, 中國國學會		女界鐘, 孽海花 창작, 1902년 同川學堂 설립
陳獨秀	1879–1942	安徽	三愛	秀才, 杭州求是書院, 일본유학	저널리스트, 대학교수		國民日日報, 安徽俗話報, 甲寅雜誌, 新青年, 每週評論	*일어, 불어
周祥駿	1870–1914	江蘇	春夢生	生員, 昭義書院 上海憲政講習所	시인, 극작가, 교사, 군사고문관(혁명동참)	南社		반청혁명활동 참여
方慶周		廣東		橫濱大同學校				梁啓超 학생, *일어
文耀		北京人	燕市酒徒					
蔣倬章	1848–1925	浙江	鹿珊, 鹿山		민국성립 후 실업구국주장, 회사설립	光復會		
		廣東	官籍大興					
高增	1881–1943	江蘇	嘯天廬主		시인, 출판인, 覺民社 설립	南社	覺民월간(1903–1904) 창간	高旭의 동생
		廣東	東莞生					
許定一		湖南	咀雪, 咀雪廬, 定一	1902년 일본유학, 清華學校				*일어
湯頤瑣			字는 寶棨					
		廣東	新廣東武生					廣東戲本 게재

* 당시로서 중요한 외국어 능력을 표기한 것임.

** 郭浩帆, 『中國近代四大小說雜誌研究』, 山東大學 博士學位論文, 2000에서 제시된 자료를 바탕으로 개인적으로 보충한 것임. 이하 작가군 도표도 마찬가지임을 밝혀 둔다.

다. 그 외 후난(湖南)이 2명, 후베이(湖北)와 안후이(安徽), 베이징(北京) 지역이 각 1명씩 점하고 있다. 연령별로는 잡지 창간 당시를 기준으로 20대가 10명, 30대가 7명, 40-50대가 4명 정도이고 기타는 생졸연대가 불확실하다. 작가군이 주로 20대 청년들 주축으로 이루어졌음을 알 수 있으며, 이는 량치차오를 필두로 한 『신소설』의 편집진 구성도 마찬가지였다.

편집진을 보면 당시 29세였던 량치차오와 비슷한 연령대의 동문(同門)들과 그의 제자로 구성되어 있다. 만목초당(萬木草堂)에서 함께 동문수학한 뤄푸(羅普), 마이멍화(麥孟華), 한원쥐(韓文擧) 및 후난(湖南) 시무학당(時務學堂) 시기 량치차오의 학생이었던 저우훙예(周宏業) 등이 일부 편집에 참여하였다. 이들은 량치차오의 경우처럼 이미 앞서 발간된 『신민총보』의 편집진으로도 참여하고 있었으며, 그 결과 『신민총보』와 『신소설』의 인적 구성이 상당부분 겹쳐 있다. 이들 외에도 『신민총보』의 주요 작가인 디바오셴(狄葆賢), 마이중화(麥仲華), 황쭌셴(黃遵憲), 량치쉰(梁啓勛), 가오쉬(高旭), 랴오언다오(廖恩燾), 쉬딩이(許定一) 등이 『신소설』에도 참여하여 투고하였다. 이는 『신민총보』와 『신소설』이 상호연관 속에서 기능적으로 분화되었다는 점과 량치차오를 포함하여 캉유웨이 제자들의 인적 네트워크에 기반한 『신소설』이 반(半)동인지 성격을 지니고 있음을 말해 준다.[32]

이들 작가군의 특징 가운데 두드러진 점은 정치적 성격이다. 많은 이들이 량치차오나 캉유웨이와 밀접한 관계 속에서 활동하던 인

32 김수연, 「『新小說』: 매체, 소설과 정치」, 『중국어문논총』 제53집, 2012. 6.

물들이고, 또 동맹회나 광복회와 같은 혁명파로 활동하던 인물도 포함되어 있는데, 이러한 정치적 경향이 뚜렷한 사람들이 절반 이상을 차지하고 있다.[33] 또 하나의 특징은 일본에서 창간된 지역적인 영향으로 일본 유학생 출신 작가가 10여 명에 달한다는 점이다. 그중 마이중화(麥仲華)와 랴오언다오(廖恩燾) 두 사람은 일본유학과 영미유학을 병행하여 영어와 일어에 모두 능통하였고 량치쉰(梁啓勛)은 미국 유학생 출신이다. [표 7.2]를 보면 외국어에 능통한 작가는 13명으로, 량치차오 경우도 일본에 체류할 당시 뤄푸와 함께 일어를 공부한 바 있다. 국내파로는 대표적으로 저우구이성(周桂笙)을 들 수 있는데, 그는 광방언관(廣方言館), 상하이중법학당(上海中法學堂) 등의 외국어 전문학당에서 수학하여 전문 번역가로 활동하기도 하였다. 이러한 외국어 능력과 외국에서의 신교육을 바탕으로 이들은 창작은 물론 번역에도 종사하였으며, 『신소설』 지면의 상당부분은 이들의 작품으로 채워졌다.

이러한 『신소설』이 20세기 중국소설사에서 지니는 의미는 중국 최초의 명실상부한 소설잡지이자 소설계 혁명을 주도한 잡지로서 널리 알려져 있지만, 다른 한편으로 그 잡지의 인맥이 당시 소설작가 그룹들이 형성되고 확산되는 데 중요한 온상의 역할을 했다는 것이

33 푸젠저우(付建舟)는 이들 그룹을 정치사상의 경향에 따라 분류하여 유신파는 9명으로 전체 총인원(약 60명)의 15%를 차지하고 혁명파는 13명으로 22%를 차지하며 민주진보 인사는 2명으로 3%를 차지한다고 보았다. 또한 지역출신에 따른 분류로는 링난(嶺南) 출신의 지식인 그룹이 16명으로 전체 27%를 차지하며 장쑤와 저장 출신이 14명으로 전체 23%를 차지한다고 지적하였다. 「以維新派爲主體的多元作者構成『新小說』雜誌的作者隊伍硏究」, 『新鄉師範高等專科學校學報』 第19卷 第6期, 2005. 11.

다. 전체 24기 중 『신소설』을 주도한 주요 필진을 보면 크게 제8기를 전후로 두 시기로 구분되며 확연한 차이를 보여 준다. 초기는 주로 량치차오를 비롯한 캉유웨이 제자 그룹이 중심이 되어 활동하였고, 주요 편집은 량치차오와 뤄푸가 맡았다. 그러나 제8기(1903. 10. 5.)와 1년 후 발간된 제9기(1904. 8. 6.) 이후로 창작은 우젠런이 번역은 저우구이성이 거의 도맡고 있으며, 필자들도 일본 유학파가 아닌 중국 내에서 활동하던 홍빙원(洪炳文)이나 유신파로 보이지만 량치차오 그룹의 활동 속에서는 거론되지 않는 탕이쒀(湯頤瑣) 등이 새롭게 참여하고 있다. 이러한 변화의 주요 원인을 정확히 설명하기에는 근거 자료가 부족하지만, 당시 『신소설』 진영이 처해 있던 상황을 고려할 때 크게 두 가지를 들 수 있을 것으로 보인다.

첫째, 량치차오나 캉유웨이 그룹 내에는 전문적인 작가로 활동할 인물이 적었다. 비록 량치차오나 마이중화와 같이 창작을 한 인물도 있지만 그들은 작가로서보다는 소설을 계몽의 도구로 삼으려는 취지하에서 일시 창작에 종사한 경우였다. 더욱이 『신소설』의 초기 편집진은 정치활동이나 교육활동, 그리고 개인적인 유학생활 등으로 인해 소설잡지의 발간을 위한 창작 및 번역활동을 지속하거나 전념할 수 없었다. 그 결과 『신소설』은 초반에 창작보다는 주로 번역 작품에 의존하였을 뿐만 아니라 매 호를 정해진 날짜에 맞추어 발간하기에도 용이하지 않았다. 이러한 상황에 큰 변화를 가져온 것은 1903년 캉유웨이, 량치차오 등과 같은 광둥지역 출신인 우젠런이 일본을 방문하여 『신소설』에 작품을 투고하면서부터였다.

둘째, 1904년부터 캉유웨이 그룹의 중심적인 활동공간에 변화가 발생했다. 캉유웨이 그룹은 중국 내에서 활동의 확대와 영향력을 강화하기 위해 새로운 신문을 창간하였는데, 그 결과 출현한 것이 바로 『시보(時報)』였다. 『시보』의 발간은 캉유웨이의 지시하에 본격적인 준비가 1904년 초부터 이루어졌지만, 그 구상과 초보적인 준비 작업은 이미 1903년 후반부터 진행되었을 것으로 보인다. 그리고 그 준비과정에서 핵심적인 역할을 한 인물은 『신민총보』와 『신소설』을 이끌던 디바오셴과 뤄푸, 그리고 미국 방문에서 돌아온 량치차오 등이었다. 이러한 새로운 신문발간 기획으로 인한 캉유웨이 그룹의 역할 조정과 『신소설』을 주도할 수 있는 그 그룹의 능력상의 한계 등으로 『신소설』의 편집권을 우젠런에게 맡겼을 것이다. 이는 제8기에 우젠런의 소설 「통사(痛史)」, 「이십년목도지괴현상(二十年目睹之怪現狀)」 두 편이 연재되고, 팡칭저우(方慶周)가 역술한 「전술기담(電術奇談)(일명 최면술(一名催眠術))」을 연의(衍義)하는 등 동시에 여러 편이 게재된 것을 통해서 알 수 있다. 한 호에 이렇게 동일인이 여러 편의 작품을 동시에 게재하는 것은 작가의 작품 구상과 창작의 동기가 작품 이외의 목적에 있을 때, 흔히 잡지의 편집과 발간을 위해 필요한 일정량의 원고와 구성의 다양성을 위해 주로 주편(主編)이 보여 주던 방식이다. 제8기와 제9기의 발간 사이에 1여 년의 공백이 존재하는 것도 우젠런이 주편의 역할을 갑자기 인계받게 됨으로써 향후 월간지를 발행하기 위해 필요한 작품의 창작과 주요 기고자들의 확보 등을 위해 준비과정이 필요했기 때문인 것으로 추정할 수 있다. 어찌되었든 이러한 상황변화로 인해 『신소설』은 크게 량치차오 및 캉유웨이 그룹과 후기 우젠런을 중심으로 한 상하이 작가그룹으로 나뉘어지며, 이들 그룹은 각기 그 후 중국 내 소설잡지의 출현에 중요한 기여를 하였다.

먼저 캉유웨이 그룹은 비록 『신소설』에서 『시보』로 활동의 중심을 옮겨 가기는 했지만, 그곳을 중심으로 새로운 작가인맥을 형성하면서 자신들의 인적 네트워크를 더욱 확대해 나갔다. 그 과정에서 중요한 역할을 한 인물은 캉유웨이의 문하생인 디바오셴(狄葆賢)이다. 그는 캉유웨이와 량치차오 등의 기획하에 1904년 6월 상하이에서 『시보』를 창간하였다. 창간과 더불어 『시보』는 디바오셴과 뤄푸가 각각 사장과 총주필을 맡았으며, 창간 당시 발간사와 논설을 비롯하여 신문체제 전반에 대해 량치차오가 직접 관여할 정도로 정치적인 목적을 가지고 출발한 신문이었다.[34]

『시보』는 당시 『신보』나 『신문보』만큼의 영향력에 미치지 못하였지만, 특기할 것은 소설란을 별도로 두어 매일 소설을 게재하는 등 기존 신문과 차별화하였고, 정치적인 특성과 인적 네트워크를 바탕으로 교육계, 언론계, 출판계의 중요 인사들과 주요 작가들을 흡인할 수 있었다는 점이다. 『시보』가 소설란을 둔 것은 량치차오나 캉유웨이 그룹이 소설을 중시하던 당시 입장에서는 자연스러운 것이었다. 『신소설』과 『신민총보』를 비롯한 당시 량치차오 등 유신파에서 발간한 잡지에서 소설은 거의 빠지지 않는 주요 구성내용 가운데 하나였다. 또한 『시보』에서 소설은 물론 시가를 중시한 데는 그 신문이 이른바 "중등사회" 건설을 목표로 삼고 중하층의 다양한 지식인 사회

---

34 뤄푸(羅普)의 「임공일사(任公逸事)」에 의하면, 량치차오는 1904년 봄에 오스트레일리아에서 상하이로 돌아와 디바오셴의 『시보』 창간을 도왔는데, 신문명(新聞名)을 정하는 것에서부터 발간사, 체제구성은 모두 량치차오가 맡았으며, 『시보』 초기의 논설도 량치차오가 일본에서 보내온 것이었다고 한다. 丁文江·趙豐田 編, 『梁啓超年譜長編』, 上海人民出版社, 1983, 337쪽 재인용. 『시보』의 창간과정과 특징에 대해서는 Joan Judge, *Print and Politics-'SHIBAO' and The Culture of Reform in Late Qing China*, Stanford University Press, 1996, pp. 32-42 참고.

를 주요 목표로 삼고 있었다는 점도 한 이유였다. 그러한 "중등사회"를 구성해야 할 지식인 계층에게 소설이나 시와 같은 문학은 전통적으로 이미 삶의 중요한 영역이었다. 다시 말해 『시보』의 소설란은 중간계층을 주요 목표로 삼고, 이를 위해 사회 각 계층의 지식인들을 폭넓게 포용하려는 시도의 결과였다.

시보관(時報館) 위층에는 손님접대 및 여담을 즐기는 휴식공간인 '시로우(息樓)'[35]가 있었는데, 이곳은 각계 지식인들의 발길이 잦아지면서 거의 사교적인 회합 장소가 되었다. 이곳에 모여든 인재들은 대부분 상하이 본토 출신과 상하이 주변의 쑹장(松江), 쑤저우(蘇州) 사람들이었다.[36] 그로 인해 『시보』를 매개로 한 새로운 인적 네트워크의 형성은 광둥 출신인 뤄푸보다는 장쑤 출신인 디바오셴을 중심으로 이루어졌으며, 특히 그와 가까운 천징한(陳景韓)과 레이펀(雷

35 바오톈샤오의 설명에 따르면 '시로우(息樓)'의 명칭은 본래 휴식을 제공한다는 의미로, 직원들이 일하다가 잠시 휴식을 취하는 곳이자 외부 방문객이나 친구들이 찾아오면 담소를 나누는 공간이다. 그곳에는 차를 준비해 주는 종업원이 따로 있어 간식을 사다 주는 심부름도 해 주며 방문객들을 위해 각종 신문들을 비치해 두고 있다고 한다.(包天笑, 『釧影樓回憶錄』, 香港; 大華出版社, 1971, 329-330쪽) '시로우'는 점차적으로 순수한 업무활동 장소에서 소규모 동인(同人) 집결 장소로, 이후 정치집단의 거점으로 바뀌면서 신문사가 일종의 공공활동 공간으로 변모하였다. 方平, 『晚清上海的公共領域』(1895-1911), 上海人民出版社, 2007, 249쪽.

36 이와 관련된 구체적인 인물 명단은 方平, 『晚淸上海的公共領域』(1895-1911), 上海人民出版社, 2007, 240-242쪽 참고. 조안 저지(Joan Judge)는 『시보』의 창간 이후 주요 인맥이 광둥 출신에서 장쑤와 저장 출신으로 바뀜으로써 『시보』의 성격도 캉유웨이 그룹의 정치개혁의 목소리보다는 상하이를 중심으로 활동하던 장쑤와 저장 출신 지식인들의 목소리를 담는 것으로 바뀌었다고 지적하였다. Joan Judge, *Print and Politics-'SHIBAO' and The Culture of Reform in Late Qing China*, Stanford University Press, 1996, pp. 46-53 참고.

奮)(두 사람은 쑹장 출신으로 매형-처남 관계였음)이 모임을 주도하였다. 이 두 사람은 모두 일본에 유학하고 있던 시절 디바오셴과 알게 되었고 그의 초빙으로 함께 『시보』의 편집에 참여하게 되었으며, 주필로서 뉴스를 편집하는 동시에 소설을 창작하거나 번역하여 신문에 게재하는 업무도 동시에 맡았다. 천징한은 일본 와세다 대학에서 공부할 당시 문학을 전공할 정도로 문학에 관심과 조예가 깊었는데, 『시보』에 참여하면서부터 본격적인 작가의 길로 들어섰다. 천징한과 디바오셴의 초빙으로 바오톈샤오(包天笑) 또한 1906년 거처를 상하이로 옮기면서 뒤늦게 편집진에 합류하고 작품창작에 전념하여 소설가로서의 입지를 다지기 시작하였다.[37] '시로우(息樓)'를 자주 찾는 방문객 중의 한 사람이었던 궁쯔잉(龔子英)도 후에 시보관의 편집일에 참여하였다.[38]

천징한, 바오톈샤오와 궁쯔잉 세 사람은 또 시보관에서의 인맥을 통해 곧이어 1904년 『신신소설(新新小說)』(1904. 9.-1907. 4.)을 창간하였다. 『신신소설』은 『시보』 창간 3개월 후에 발간된 잡지로서 청

37 천징한과 바오톈샤오 두 사람의 소설은 서로 번갈아가며 『시보』에 게재되었는데, 번역과 창작을 합쳐 『시보』 창간부터 1911년 말까지 실린 천징한의 작품은 총 49편에 달한다. 바오톈샤오도 1906-1919년까지 14년간 『시보』 편집진에 몸담고 있으면서 총 47편(편집부 이전부터 투고한 편수까지 포함)의 소설을 발표하였다.(文迎霞, 『晚淸報載小說研究-以『申報』, 『新聞報』, 『時報』, 『神州日報』爲中心』, 華東師範大學 博士學位論文, 2007, 146쪽.) 또 천징한은 『대륙보(大陸報)』 기자로 일할 때부터 조금씩 소설을 번역하기 시작했고 바오톈샤오도 이전부터 간혹 번역을 하긴 했지만, 두 사람이 본격적으로 번역과 창작에 나서게 된 것은 모두 『시보』에 근무하면서부터였다.

38 당시 방문객이었던 궁쯔잉은 쑤저우(蘇州) 출신으로 오래전부터 상하이에 거주하며 금업소학당(金業小學堂) 교장을 맡고 있었다. 包天笑, 『釧影樓回憶錄』, 香港; 大華出版社, 1971, 329-330쪽.

말 5대 잡지라고 불린다.『신신소설』의 편집과 발행은 궁쯔잉이 주도하여 설립한 신신소설사(新新小說社)에서 맡았고 총판매처는 1902년 설립된 개명서국(開明書店)이었다. 개명서국을 설립한 샤칭이(夏淸貽)는 천징한의 와세다 대학동창으로『신신소설』의 주요 번역자 중의 한 사람이기도 하다. 궁쯔잉 역시 개명서국 설립 당시 출자자로 참여하였으며,『신신소설』 창간 이후 편집과 작품창작 외에도 출판, 판매 등 운영의 전반을 총괄하였다.[39] 천징한 역시 편집 외에도 총 10여 편의 소설을 게재하였는데, 궁쯔잉의 작품 3편까지 합하면 두 사람의 소설이 잡지에 실린 총 24편 중에 50% 이상을 차지하였다. 또 바오톈샤오도 주요 작가로서『시보』와 동시에 이 잡지에도 자주 투고하였다. 전체 기고자는 13명에 불과한 작은 규모였지만, 그만큼 준(準)동인지의 성격이 강하였다. 예를 들어 천징한은 혁명당원이자 동맹회 회원이었으며 궁쯔잉 역시 혁명활동에 참여하기도 했는데,『신신소설』의「협객담(俠客談)」이란 고정란은 그들의 혁명파적인 성향을 보여 주는 것이라고 볼 수 있다.

이상『신소설』에서 출발한『시보』 및『신신소설』의 발간은 정치적 목적이 잡지를 추동하기는 했지만, 잡지는 계속해서 새로운 인맥을 만들면서 처음 정치적 목적에서 예기치 못했던 방향으로 문학공간을 창출하고 확대해 나갔다. 한편『신소설』의 전기와 후기의 다소 다른 두 인맥의 작가군들은 이후 서로 다른 활동경로를 보여 준다.『신소설』 초기의 량치차오 동문그룹이『시보』와『신신소설』로 이어

39 李志梅,『報人作家陳景韓及其小說硏究』, 華東師範大學 博士學位論文, 2005, 76쪽.

지는 네트워크를 형성하였다면, 후기에 활동한 우젠런과 저우구이성 중심의 상하이 작가그룹은 『월월소설』로 이어지는 또 다른 네트워크를 형성하였다.[40]

2) 『수상소설』과 『월월소설』의 작가군 결집 양상

두 번째 작가그룹은 『수상소설(繡像小說)』(1903. 5.-1906. 4.)[41]을 중심으로 한 작가군이다. 이들은 20세기 초 중국 근대문학의 형성에 있어서 정치적 성향이 비교적 강했던 『신소설』 그룹과는 또 다른 경로를 보여 준다. 상술한 바와 같이 『신소설』은 량치차오의 『시무보(時務報)』, 『청의보(淸議報)』, 『신민총보(新民叢報)』 등의 미디어를 통한 일련의 정치활동과 동일한 맥락에서 출발하고 있다. 『신신소설』의 천징한은 비록 량치차오와 정치노선을 달리한 혁명파이지만, 그 역시 정치계몽을 우선적인 지위에 놓고 미디어와 소설의 역할을 중시하

40 리제(李潔)는 「淺析『月月小說』與『新小說』之繼承淵源」에서 『신소설』의 주요 편집진인 우젠런과 저우구이성이 『월월소설』의 주편으로 그대로 옮겨 왔다는 점에서 두 잡지의 계승관계를 확인할 수 있다며, "편집인원이나 잡지형태, 내용면에서 비교적 명확한 계승성을 구현시켰다."라고 지적하였다.(『明淸小說硏究』 2002年 第2期) 왕옌(王燕) 또한 "당시 사람들은 보편적으로 『월월소설』을 『신소설』의 후속작으로 여겼다. 많은 만청 소설잡지 중에서 『월월소설』이 『신소설』 판식(版式) 설계의 가장 직접적인 모방자이다."라고 지적하였다.(『晩淸小說期刊史論』, 吉林人民出版社, 2002, 341-342쪽)

41 『수상소설』 역시 중간에 발행일이 늦춰지는 경우가 종종 있어 종간 날짜에 대한 의견이 분분하다. 일반적으로 1906년 4월로 알려져 있으나 최근의 논문에서는 이를 반박하고 1907년 1월 이후로 추정하는 견해가 있다. 대표적으로 文迎霞, 「關于『繡像小說』的刊行, 停刊和編者」, 『華東師範大學學報』(哲學社會科學版) 第38卷 第3期, 2006. 5. 이 논문을 참고할 것.

였다. 따라서 이들 잡지는 상업성을 무시할 수는 없지만, 어디까지나 '운동'으로서의 정치성에 중점을 둔 미디어였다. 반면에 『수상소설』은 20세기 초 중국 상업적 미디어계의 가장 대표적인 인물과 집단의 합작품이었다. 19세기 말부터 상하이에서 여러 '타블로이드 신문(小報)'의 출판을 통해 상업적인 성공과 명성을 얻고 있던 리보위안(李伯元)과 인쇄출판업계의 근대기업으로 성장해 가던 상무인서관(商務印書館)의 사장 샤루이팡이 함께 기획한 것이 『수상소설』이었다.[42] 『수상소설』이 청말 4대 잡지 중에 발행기간이 가장 길고 발행호수가 가장 많은 이유는 중국 굴지의 민간 출판사인 상무인서관의 재력과 경영이 뒷받침되었기 때문이기도 하다.

1897년 작은 인쇄소로 출범하여 1903년 합자회사로 설립된 상무인서관이 먼저 기획한 것은 『수상소설』의 발행이었다. 물론 이러한 출판기획의 책임자는 앞서 말한 상무인서관 사장이었던 샤루이팡이다. 그는 상업적인 목적하에 출판사업을 전개하면서 대중성과 계몽성, 학술성을 종합하여 중국의 지식과 문화의 변화에 매우 중요한 영향을 미쳤는데, 이 역시 당시 정치와 학술에 중점을 두었던 유신파의 출판기구 광지서국(1901-1915)[43]과 전혀 다른 발전 경로를 보여준다. 샤루이팡이 리보위안을 『수상소설』의 편집자[44]로 초빙한 연유

---

42 이 단락 이하부터 『수상소설』의 작가군 도표 나오기 이전까지 『수상소설』과 관련된 서술은 김수연의 「晩淸소설의 서사주의와 매체: 『繡像小說』을 중심으로」(『중국어문논총』 제49집, 2011. 6.)를 부분적으로 참고한 것이다.

43 광지서국에 대해서는 張朋園, 「廣智書局(1901-1915) - 維新派文化事業機構之一」, 『中央研究院近代史研究集刊』 第2期, 1971, 397-416쪽 참고.

44 『수상소설』의 발간과정과 편집자에 대해서는 여러 가지 의견이 분분하다. 그중에서도 편집자가 리보위안인가 여부를 둘러싸고 논란이 많았는데, 최근 왕쉐쥔(王學鈞)

는 그가 1896년 상하이에서 『지남보(指南報)』의 편집을 맡아 출판과 문학활동을 시작한 이래로 1897년 6월 『유희보(游戲報)』(1897-1910), 1901년 3월 『세계번화보(世界繁華報)』(1901-1910)를 창간과 함께 주편을 맡아 상하이 문화와 예인(藝人)계에서 두드러진 활약상을 보인 경력과 무관하지 않다. 이러한 리보위안의 출판활동은 20세기 중국 문화 성격의 중요한 특징을 보여 준다. 그가 창간한 『유희보』, 『세계번화보』는 철저히 상업적이고 대중적인 것이었다. 이러한 리보위안의 신문·잡지 발행 중심에는 항상 '상인(商民)'과 '광고'가 놓여 있었다. 대상 독자는 사대부 지식인보다 오히려 상인층을 겨냥했고, 잡지의 이윤은 광고수입에 의존할 수밖에 없었던 터라 그는 더욱 실용성, 수익성, 경제적 효율성을 추구했다.[45] 이처럼 처음부터 대중적인 기반을 중시해 온 리보위안이 주편한 『수상소설』은 그만큼 『신소설』과는 또 다른 중국의 출판문화계의 변화 상황과 시대적 맥락을 반영하고 있다. 『수상소설』의 작가군은 주로 리보위안의 인맥을 중심으로 형성되었기 때문에, 결국 『신소설』과는 다른 성향의 작가들로 구성되었다.

먼저 『수상소설』의 작가군은 『신소설』, 『월월소설』과 비교하면 상대적으로 적은 인원이며, 『신소설』의 1/2 규모에 불과하다.[46] 29명 작가들 가운데 파악 가능한 사람은 12명으로, 지역적으로 보면 장쑤

의 새로운 자료에 근거한 연구는 『수상소설』의 편집자가 리보위안임을 확인해 주고 있다. 王學鈞, 「李伯元, 『繡像小說』編者之確認」, 『明淸小說硏究』 總第62號 第4期, 2001, 147-156쪽.

45 王學鈞, 「李伯元年譜」, 薛正興 主編, 『李伯元全集』 5, 江蘇古籍出版社, 1997, 120-121쪽 참고.

46 郭浩帆, 『中國近代四大小說雜誌硏究』, 山東大學 博士學位論文, 2000, 101쪽.

[표 7.3] 『수상소설』 작가군

작가	생몰연대	관적	필명	교육	직업	단체	편집	비고
李伯元	1867–1906	江蘇	南亭亭長, 謳歌變俗人, 孶穹, 蛻秋	秀才	작가, 저널리스트		指南報, 遊戲報, 世界繁華報, 繡像小說	1897 藝文社 1899 書畵社 설립
歐陽鉅源	1883–1907	江蘇	茂苑惜秋生, 過江鯽士	秀才	작가, 저널리스트		遊戲報, 世界繁華報 繡像小說	
連夢靑	?–1914 이후	浙江 杭州人	憂患余生		작가, 기자	同盟會	南方報 주필, 遠東報, 大公報 주편(1902)	
吳趼人	1866–1910	廣東	繭叟	佛山書院, 1903 1년간 일본체류	저널리스트, 소설가, 교사(江南制造局 14년 근무)		消閑報, 采風報, 奇新報, 寓言報, 新小說, 月月小說	1908 廣志小學 설립
周桂笙	1873–1936	江蘇 上海人	惺庵	廣方言館, 上海中法學堂	번역가, 저널리스트	南社, 譯書交通公會	采風報, 寓言報, 月月小說, 上海同盟會기관보天鋒報	*불어, 영어 (일본 유람 2회)
劉鶚	1857–1909	江蘇	鴻都百煉生		작가, 관원, 실업가	東文學社, 農學會, 保國會, 救濟會		1887 石倉書局 설립
夏曾佑	1863–1924	浙江	別士, 慧庵	進士	시인, 역사학자, 관원		1897 嚴復과 國聞報 창간	양무파
汪笑儂	1858–1918	北京人, 만주족	竹天農人, 天地寄廬主人	擧人	경극배우, 극작가, 연출가	詩鐘社	1904 二十世紀大舞臺 희곡잡지 창간	경극개량운동 선구
丁逢甲	1864–약 1929	江蘇	壯者, 埜生		민속소설가, 소학교 교사	南社		
吳檮	?–1912 전후	浙江		일본유학	번역가, 愛國學社 교사, 상무인서관편역소	海上書畵公會 창립		*일어
謝洪賚	1872–1916	浙江	廬隱	蘇州博習書院	교사, 번역가, 상무인서관			*영어
載振	1876–1930 이후	만주족			관원, 금융업			
翟楚材			戎馬書生					

* 외국어 능력을 표기한 것임.

(江蘇) 5명과 저장(浙江) 4명이 가장 많고, 그 외 광둥(廣東)과 베이징(北京) 출신이 각각 1명씩 있다. 연령을 보면 잡지 창간 시점을 기준으로 20대가 2명, 30대가 4명, 40대가 4명으로 30-40대가 주축을 이루

고 있고 나머지는 생졸연대가 불확실하다. 20대 청년들이 주축이었던 『신소설』에 비하면 작가군의 연령대가 전반적으로 높은 편이었다. 대다수가 전통적인 문인형에 가깝고 정식으로 근대적인 교육을 받은 자도 드물었다. 우타오(吳檮) 외에 유학생 출신이 거의 없으며 외국어 능력을 겸비한 작가는 3명뿐이다. 게재된 20종 번역물 중 14종은 번역자 성명이 없는데, 이는 그 번역물의 대부분은 상무인서관 편역소에서 맡았기 때문이었다. 대표적으로 우타오와 세훙지(謝洪賚) 같은 번역가들은 상무인서관 편역소에서 일했던 인물들이었다. 또 『수상소설』에서는 원고모집을 하긴 했지만, 실제로 외부에서 투고된 원고는 상대적으로 적은 편이었다.

주요 기고자는 리보위안 인맥을 중심으로 형성된 작가들로서 『수상소설』을 기반으로 한 네트워크를 형성하였다. 어우양쥐위안(歐陽鉅源)은 『유희보』에서 시작하여 『세계번화보』, 『수상소설』에 이르기까지 줄곧 리보위안의 편집활동을 도왔는데, 두 사람의 인연은 어우양쥐위안이 1898년 쑤저우(蘇州)에서 상하이로 와서 『유희보』에 투고하면서부터 시작되었다. 롄멍칭(連夢靑)은 『세계번화보』의 기자로 활동하면서 리보위안과 함께 일한 바 있다. 또한 우젠런은 리보위안의 영향을 받아 타블로이드 신문 발간을 시작하였으며, 줄곧 그와의 친분을 유지해 오고 있었다.[47] 그는 1898년 5월 『채풍보(采風報)』를 창간한 후 『기신보(奇新報)』, 『우언보(寓言報)』 등의 타블로이드 신문들을 편집하는 동시에, 리보위안의 『유희보』와 『세계번화보』에도 연이어 투고하였다.

---

47 湯克勤, 「論吳趼人的小報生涯對其小說創作的影響」, 『嘉應學院學報』 第28卷 第12期, 2010.

저우구이성은 1899년 우젠런과 알게 되어 『채풍보』와 『우언보』의 편집을 도우면서 기타 타블로이드 신문의 편집진들과 작가들을 접하게 되었다. 리보위안의 연보를 보면 당시 우젠런, 어우양쥐위안, 롄멍칭을 포함한 언론출판인과 작가들의 사교모임이 자주 있었음을 알 수 있다.[48] 리보위안은 그 밖의 다른 작가들과도 상하이의 언론출판계에서 이루어진 이러한 사적인 회합을 계기로 교류하면서 그의 인적망을 넓혀 나갔던 것으로 보인다.

이와 같이 이들은 모두 리보위안을 중심으로 타블로이드 신문 발간과 편집활동에 종사해 오던 사람들이었다. 따라서 그들의 창작은 타블로이드 신문 활동을 통해 체득한 글쓰기와 출판시장, 독서계의 현황을 반영하고 있었다. 리보위안과 우젠런은 모두 이 타블로이드 신문 시기부터 창작하기 시작하였으며,[49] 『수상소설』 이후에는 주로 소설잡지의 편집과 창작에 집중하였다. 우젠런이 1902년 3월 『우언보』의 주필을 사임하고 타블로이드 신문의 편집생애를 마감하면서 그간의 세월을 후회하기도 했지만,[50] 사실상 그의 다년간의 타블로이드

48 王學鈞, 「李伯元年譜」, 薛正興 主編, 『李伯元全集』 5, 江蘇古籍出版社, 1997, 191쪽 참고.

49 1897년 우젠런은 『소한보(消閑報)』의 편집을 맡고 1898년 봄부터 그의 최초 장편소설 『해상명기사대금강기서(海上名妓四大金剛奇書)』를 19회까지 연재하였다.(何宏玲, 「論吳趼人最早的一部章回小說」, 『南京師範大學文學院學報』 第1期, 2006) 리보위안의 최초 장편소설 『해천홍설기(海天鴻雪記)』는 1899년 7월부터 『유희보』에 연재되기 시작하여 20회까지 실렸고, 뒤늦게 1904년 세계번화보사관에서 단행본으로 출판되었다. 唐文一, 「晚淸譴責小說家李伯元的第一部小說」, 『人民日報海外版』 2005. 7. 21.

50 우젠런은 “1902년 3월 우언보주인(寓言報主人)을 사임한 후에 문닫고 내방객을 사절하고 드러누워 지난 5, 6년간 각종 타블로이드 신문의 주필을 맡아온 것이 사실상 자신의 발전에 저해가 되었다고 회고하였다. 5, 6년의 세월을 모두 여기에 바쳤

드 신문에서의 활동 경험이 그의 소설창작의 기반으로 작용하였음은 인정하지 않을 수 없다. 그는 1903년 일본으로 건너가 1년 남짓 체류하면서 『신소설』 그룹과 교류하였으며, 『신소설』 제8호부터는 저우구이성의 협력하에 잡지편집을 맡았다. 이와 동시에 리보위안과의 막역한 친분으로 『수상소설』에도 투고하여 왕성한 창작활동을 보였다. 그 후 1906년 『신소설』이 종간되자,[51] 그는 곧바로 『월월소설』의 주편으로 저우구이성과 함께 초빙되었다.[52]

이들을 초빙하여 『월월소설』(1906. 11.-1909. 1.)을 창간한 사람은 1905년 악군서국(樂群書局)을 설립한 왕웨이푸(汪惟父)이다. 월월소설사(月月小說社)의 사장이기도 한 그는 1호부터 3호까지 편집과 발행, 인쇄를 모두 혼자 책임지다가 4호부터 편집을 우젠런과 저우

다니, 우젠런은 웁니다."라고 기록하고 있다.(魏紹昌 編, 「吳趼人哭」, 『吳趼人硏究資料』, 上海古籍出版社, 1980, 270쪽 참고) 그가 타블로이드 신문 활동을 그만둔 것은 지식인으로서 강한 자의식이 발동된 것으로 보이며, 소설가로서의 그의 선택은 당시 소설의 사회적 인식이 크게 변화하였음을 나타낸다.

51 『신소설』의 종간 월일에 대해서도 의견이 분분하다. 일반적으로 1906년 1월로 알려져 있지만, 최근 이에 대한 의구심을 나타내며 이보다 늦은 8월로 보는 견해들이 있다. 대표적으로 姜榮剛, 「『新小說』印刷地點及出版日期考辨」, 『沈陽師範大學學報』 第2期, 2009; 陳大康, 「『新小說』出版時間辨」, 『華東師範大學學報』 第2期, 2009 참조.

52 『월월소설』 3기에서 우젠런과 저우구이성을 총편찬자이자 역술원(譯述員)으로 특별히 초빙하였다는 광고를 하고 있다. 또 광고에서 두 사람은 이전에 요코하마의 신소설사(新小說社)의 총편찬이자 번역자로 오랫동안 국내외 환영을 받아왔는데 정중히 요청하여 초빙하게 되었으며, 『신소설』은 이 때문에 잠시 정간되었다고 말하였다. 제6기의 「본사특별광고(本社特別廣告)」에서도 비슷한 내용을 선전하고 있다. 이에 따르면 『신소설』의 정간이 월월소설사가 우젠런과 저우구이성을 빼갔기 때문이라는 것이다. 그렇지만 월월소설사의 이러한 홍보는 『신소설』의 명성을 활용한 자기광고 방법으로 보고 그 신빙성을 의심하는 견해가 적지 않다. 郭浩帆, 「『新小說』創辦刊行情況略述」, 『明淸小說硏究』 第4期, 2002.

구이성에게 맡겼다. 발행은 악군서국에서 담당하였고 출판사의 규모가 작아서 처음에는 인쇄를 소설림 활판부(小說林活版部)에 맡겼다. 그 후 악군서국은 인쇄설비를 갖추고 발행, 인쇄, 편역소로 나뉘어 제5호부터 『월월소설』 잡지를 자체적으로 인쇄하기 시작했다. 8호까지 발행되고 4개월여 동안 정간되었다가 복간된 9호부터 주편이 쉬푸민(許伏民)으로 바뀌었고 인쇄 겸 발행처도 군학사(群學社)로 넘어갔다. 그렇지만 여전히 우젠런이 주필을 맡고 저우구이성이 주역자로 있었으며, 특별계약 저역자로 천징한과 바오톈샤오가 초빙되고, 또 특별계약으로 논설평론을 전담한 왕중치(王鐘麒), 타오유청(陶祐曾) 등이 참가하면서 전체적인 진영이 재편되었다.[53]

청말시기 4대 소설잡지 중 『월월소설』의 작가군이 전체 170여 명에 달할 정도로 가장 규모가 크다. 그러나 그중 개인 신상과 주요 활동에 관해 파악 가능한 사람은 28명에 불과하다. 작가들 가운데 확인 가능한 출신지역을 보면 상당히 광범위한데, 역시 장쑤와 저장 출신들이 각각 9명과 8명씩 다수를 점하고 있으며 그 외 광둥 3명, 후난(湖南) 2명, 장시(江西) 1명으로 분포되어 있다. 확인 가능한 연령대를

53 『월월소설』 제9호 이후에도 우젠런과 저우구이성의 작품이 계속 실렸지만, 우젠런은 더 이상 잡지 편집에는 참여하지 않았다. 제10호에 실린 「월월소설사 특별광고(月月小說社特別廣告)」를 보면 렁쉐(冷血), 톈샤오(天笑), 젠런(趼人), 구이성(桂笙)의 순서대로 호명하여 소개하는데, 렁쉐, 톈샤오 뒤에 우젠런과 저우구이성이 호명되었다는 것은 두 사람의 입지에 변화가 있다는 사실을 입증한다. 또 매일 잡지사로 출근하여 일하던 우젠런의 통신처가 편집진 개편 이후로 자기 집주소로 바뀌었다는 데서도 이러한 점을 짐작할 수 있다. 쉬푸민(許伏民) 주편은 후반부에 참여한 천징한과 바오톈샤오, 왕중치, 타오유청 등을 더욱 중시했던 것으로 보인다. 郭浩帆, 「關于『月月小說』-『月月小說』及其與樂群書局, 群學社之關係」, 『出版史料』 第2期, 2002.

[표 7.4]『월월소설』 작가군

작가	생몰연대	관적	필명	교육	직업	단체	편집경력	비고
吳趼人	1866–1910	廣東	趼, 偈, 我佛山人	佛山書院, 1903년 일본체류 1년	저널리스트, 소설가, 교사(江南制造局 14년 근무)		消閑報, 采風報, 奇新報, 寓言報, 新小說, 月月小說	29종 작품 발표
周桂笙	1873–1936	江蘇 上海人	新廣, 新庵吉, 知新室主人	廣方言館 上海中法學堂	번역가, 저널리스트	南社, 譯書交通公會	采風報, 寓言報, 月月小說, 上海同盟會 기관보 天鋒報	26종 작품 발표, *불어, 영어
許伏民	?–1913 이후	浙江	白眼,冷泉亭長		작가, 저널리스트		鼓吹文明報, 月月小說	
包天笑	1876–1973	江蘇	秋星閣主人, 笑	秀才	작가, 번역가, 저널리스트, 교사	1909 南社, 勵學會, 1908 江蘇教育學會	勵學譯編 창간, 時報, 小說林, 小說時報, 婦女時報, 小說大觀, 小說畵報, 星期	6종 작품 발표, 원앙호접파, *일어
王鐘麒	1880–1914	江蘇	天僇生, 僇民, 庸人, 一塵不染, 無生		작가, 평론가, 저널리스트	1906 國學保存會, 1910 南社	安徽白話報 창간, 神州日報, 民呼報, 民立報, 獨立週報 창간, 1906 申報 주필	혁명파, 11종 작품 발표
陳景韓	1878–1965	江蘇	冷, 冷血, 不冷, 華生, 無名, 新中國之廢物	秀才, 1897 湖北武昌武備學堂, 일본 와세다대학	작가,기자, 저널리스트, 교사(首材學堂과 南洋中學)	革命會黨, 동맹회	時報 주필, 新新小說, 小說時報, 婦女時報, 1913 申報 주편	6종 작품 발표, *일어
陶祐曾	1886–1927	湖南	報癖, 陶安化, 崇冷廬主	武昌武備學堂, 일본유학	작가, 평론가	長沙體育研究會	揚子江小說報,黃漢湘報	14종 작품 발표, *일어
陳蝶仙	1879–1940	浙江	天虛我生, 惜紅生	貢生	작가, 저널리스트, 기업인(飽目社 도서관)	1916 南社, 飽目社	大觀報 창간, 著作林, 遊戲雜誌, 女子世界, 申報副刊 自由談	10종 작품 발표, *일어, 원앙호접파
楊心一				미국유학	번역가, 中華書局 근무	譯書交通公會		단편소설 7종 번역, *영어
洪炳文	1848–1918		祈黃樓主, 綺情生, 寄憤生		시인, 소설가, 극작가, 중학교 교사	南社조직		희곡개량 종사
原廣							月月小說 후기 편집	7종 작품 발표
包安保		江蘇	柚斧					원앙호접파
天民				일본유학				*일어
羅季芳	여성				번역가			*영어
馬仰禹		江蘇	老驥	일본유학		蘇州勵學會	包天笑와 勵學譯編 창간 1901	*일어

[표 7.4] 계속

작가	생몰연대	관적	필명	교육	직업	단체	편집경력	비고
陳無我		浙江				南社		번역소설 게재, *일어
秦琴		江蘇				文娛吟社		
文癖		湖南						
鐘駿文	1865–?	浙江	寅半生		소설이론가, 遊戲社 설립		1906 遊戲世界 창간	
李泰來		浙江						
許善長	1823–약 1889	浙江	號: 玉泉樵子		희곡작가, 관원			歷史傳奇 게재
林步青	1860–1917	江蘇			蘇劇藝人			
黃翠凝	1875–? 여성	廣東		教會學校 졸업	번역가, 작가			*영어, 일어
談治	1868–1937	江蘇			기자, 작가	南社	1923 中華新報 주편	
童蒼懷		浙江	愛樓, 童隱, 石窗山民		저널리스트, 작가	江浙 일대 문인 조직 文娛吟社 拒款詩會	1907 文娛報 창간, 1913 申報·自由雜誌 주편	3종 작품 발표
江峰青	1860–1931	江西		進士	관원			
倪軼池		浙江			작가			寧波文學期刊之父
張其訒	1895–1950	廣東	張毅漢	華童公學	작가, 번역가, 교사, 江南製造局 근무		1930년대文華書報, 文華藝術月刊 편집	月月小說 최저 연령작가, 黃翠凝 아들, *영어
張瑛					번역가			*영어

* 외국어 능력을 표기한 것임.

보면 잡지 창간을 기준점으로 10대가 1명, 20대가 4명, 30대가 4명, 40-50대가 5명이며, 10대의 예외적인 경우를 제외하면 연령별로 비슷한 분포를 보인다. 학문적 배경을 보면 정확한 통계를 내긴 힘들지만 우젠런, 바오톈샤오, 천디에셴(陳蝶仙)과 같은 전통적인 문인들이 과반수 넘게 포진해 있다. 확실하게 근대적인 교육을 받은 것으로 파악된 자는 8명뿐이며, 그 가운데 유학생 출신은 5명 정도이다. 외국어 실력을 겸비한 자가 13명에 달하는데, 유학 외에도 저우구이성처럼 외국어 전문학교를 졸업했거나 황추이닝처럼 서양인이 설립한 교회학교를 졸업한 경우, 혹은 바오톈샤오, 천디에센(陳蝶仙)처럼 개인적으로 외국어 학습을 한 경우[54] 등등, 외국어를 터득하는 경로는 다양하다. 대표적인 전문 번역가 저우구이성을 중심으로 양신이(楊心一), 뤄샤오팡(羅季芳) 등이 주로 『월월소설』의 번역을 담당하였다.

『신소설』이나 『수상소설』의 작가군 인맥이 비교적 명확한 경우와 달리, 『월월소설』의 작가군은 가장 방대한 만큼 복잡한 인적 구성을 갖고 있다. 이는 전기와 후기 서로 다른 편집진과 출판사 교체로 인해 작가군의 구성도 달라질 수밖에 없기 때문일 것이다. 또 『월월소설』은 전후기 모두 수차례에 걸쳐 다방면으로 원고모집 공고를 냈고, 다른 잡지들보다 외부에서 투고한 원고 비율이 상당히 큰 편이었는데, 이 또한 작가군이 방대해지고 복잡해진 원인으로 작용했을 것이라 짐작된다.[55] 이로 인해 『월월소설』을 중심으로 광범위한 지역에서 다양한 출신들의 작가들이 결집한 인적 구성은 타 잡지에 비해 상대적으로 개방적이면서 느슨한 네트워크를 이루고 있다. 그중 『신소설』의 주편이자 『수상소설』의 기고자인 우젠런과 저우구이성, 『신신소설』의 주편이자 작가였던 천징한과 바오톈샤오 중심의 인맥들이

---

54 바오톈샤오는 쑤저우에 있을 때 친구를 따라 일어, 영어, 불어를 배웠지만 도중에 모두 포기했다. 그러다 그는 한 일본인 승려가 개설한 일본어학당(日文學堂)을 3개월 정도 다니면서 문법을 익힌 후에 거의 독학으로 일어를 학습했다.(沈慶會, 『包天笑及其小說硏究』, 華東師範大學 博士學位論文, 2006, 20쪽 참조) 천디에센(陳蝶仙)은 1905년 전후로 당시 일본 영사인 오코비라 카쿠잔(大河平鶴山)에게서 일어를 배웠다고 한다. 董智穎, 『陳蝶仙硏究』, 華東師範大學 碩士學位論文, 2005, 5쪽 참조.

55 郭浩帆, 『中國近代四大小說雜誌硏究』, 山東大學 博士學位論文, 2000, 142쪽.

『월월소설』에서 합류하였고 타오유청(陶祐曾), 바오톈샤오와 마앙위(馬仰禹), 황추이닝(黃翠凝), 장잉(張瑛) 등의 작가들은 『월월소설』과 『소설림』에 동시에 투고하는 등, 다수 잡지사의 서로 다른 인맥들 사이에 상호 교차하는 현상들이 자연스럽게 나타났다.

『월월소설』의 작가군을 보면 『수상소설』과 마찬가지로 출국 경험이나 외국유학 경력이 없는, 신사상을 접했지만 여전히 전통적인 문인형에 근접한 작가들이 대다수를 차지하고 있다. 이는 정치 사상가나 유학생 그룹 위주의 『신소설』 작가군과는 사뭇 다른 특징이다.[56] 천징한을 제외하면 진보적인 정치사상을 지닌 작가보다 오히려 보수적인 성향을 띤 자들이 많았다. 특히 우젠런이 주편을 맡던 시기 『월월소설』이 제창하는 교육계몽은 사실상 구도덕의 회복에 중점이 있었기 때문에, 『신소설』에 비해서 혁신정신이 부족하다는 평가를 받기도 하였다.[57] 이러한 점에서 『월월소설』은 『수상소설』처럼 기본적으로 『신소설』이 갖는 미디어의 정치성과는 다소 거리가 있었으며, 후자와는 다른 문학혁신의 길을 지향한 잡지라고 할 수 있다. 두 잡지의 주편인 우젠런과 리보위안 모두 오락성이 짙은 타블로이드 신문 편집으로부터 출발하여 후에 소설가로 전환하는 과정을 따랐는데, 처음부터 저널리스트로 출발한 두 사람이 추구하는 문학의 계몽논리는 상업적이고

---

56 쉬핑(徐萍)은 『수상소설』과 『월월소설』을 하나로 묶어 통속사회 소설가 혹은 매체 지식인이 펴냈다는 점에서 공통점을 찾았고, 그에 비해 『신소설』은 정치가 혹은 정치엘리트가, 『소설림』은 학자형 지식인이 이끌었다는 점에서 4대 잡지를 다르게 분류하였다. 『從晚清至民初: 媒介環境中的文學變革』, 山東師範大學 博士學位論文, 2011, 123쪽 참고.

57 中國社會科學院 近代史研究所文化史研究室 丁守和 主編, 『辛亥革命時期期刊介紹·月月小說』, 人民出版社, 1982.

전통적인 특성과 결합되어 있었다. 바로 이러한 이유 때문에 그들이 편집한 두 잡지는 오히려 당시 잠재적인 구매력을 갖춘 독서시장의 수요에 부응하여 비교적 상업적인 성공을 거둘 수 있었다.

3) 동인지 『소설림』의 작가 네트워크

마지막으로 대표적인 작가군은 1904년 8월 설립된 소설림사(小說林社)를 중심으로 형성된 인적 네트워크이다. 소설림사는 소설의 출판과 발행을 주요 업무로 삼았던 중국 최초의 출판기구라고 할 수 있는데, 소설 편집과 발행을 위주로 전체 출판사를 경영하였다는 것은 당시 상당한 규모의 소설 독자층이 형성되어 있었다는 것을 말해 준다. 소설림사는 쩡푸(曾朴)를 주축으로 황런(黃人), 쉬녠츠, 딩쭈인(丁祖蔭) 등과 같은 장쑤의 창수(常熟) 출신들이 합자하여 세운 비교적 작은 규모의 출판사였다. 이들은 또 1907년 창간된 『소설림(小說林)』(1907. 2.-1908. 10.) 잡지의 편집과 인쇄, 발행을 모두 맡기도 하였다. 출판사 사장은 쩡푸였고 주편은 쉬녠츠, 황런, 천훙비(陳鴻璧) 등이 맡았다.[58] 『소설림』 주위로 결집된 작가군은 기본적으로 이들 편집진

58 1958년 아잉(阿英)은 황런을 『소설림』의 주편으로 보았지만, 1922년 타오바오피(陶報癖)는 『소설림』의 발기자는 쩡푸, 주편은 쉬녠츠인데, 쉬녠츠가 사망한 후 천훙비가 후임으로 맡았다고 주장하였다. 이처럼 잡지 주편에 대한 견해가 엇갈리는데, 롼웨이핑(欒偉平)은 아잉의 설을 반박하고 타오바오피의 견해에 따라 『소설림』 1-11기까지는 쉬녠츠가 주편을 맡았고 마지막 12기만 천훙비가 주편을 담당했다고 주장하였다. 阿英, 『晚淸文學期刊述略』, 古典文學出版社, 1958; 陶報癖, 「前淸的小說雜誌」, 『遊戲世界』 第18期, 1922. 11.; 欒偉平, 「淸末小說林社的雜誌出版」, 『漢語言文學硏究』 第2卷 第2期, 2011.

[표 7.5] 『소설림』 작가군

작가	생몰연대	관적	필명	교육	직업	단체	편집경력	비고
徐念慈	1875–1908	江蘇	(東海)覺我	秀才, 中西學社 설립, 고등소학교, 여학교 설립	작가, 번역가, 교사	同盟會, 興中會, 中國教育會, 江蘇教育會	小說林 주편	小說林社 창설 10종 작품 게재, *영어, 일어
黃人	1869–1913	江蘇	字: 摩西(野)蠻	秀才	작가, 비평가, 1901 蘇州東吳大學 교수	1900 三千劍氣文社 조직, 1909 南社	1900 獨立報 창간, 1904 雁來紅叢報, 小說林 주편, 1911 國朝文滙	1904 小說林社 창설, 3종 작품 게재, *일어
曾朴	1872–1935	江蘇	東亞病夫	擧人, 同文館, 1896 中西學社 설립	소설가, 출판가, 小說林社 사장, 관원	江蘇教育會	1904 女子世界 주편, 小說林	小說林社 창설, 10종 작품 게재, *불어, 일어
陳鴻璧	1884–1966 여성	廣東		上海中西女塾, 聖約瑟西童女校, 민국시기 소학, 중학교 설립	교사, 번역가		徐念慈 별세 후 小說林 편집, 神州日報 주편, 大漢日報 편집	5종 작품 게재, *영어
吳梅	1884–1939	江蘇	字: 靈鳺	秀才	작가, 희곡이론가, 교사(교수)	1907 문학단체 神交社, 1912 南社 가입		崑曲의 대가, *일어
徐卓呆	1880–1958	江蘇	卓呆, 呆	일본유학, 상하이에 중국체조학교 설립	배우, 작가, 교사	春柳社	時事新報, 笑畵, 新上海	희곡개량 제창, *일어
包天笑	1876–1973	江蘇	秋星閣主人, 笑	秀才	작가, 번역가, 저널리스트, 교사(廣智書局, 상무인서관 편역소 근무)	1909 南社, 勵學會, 1908 江蘇教育學會	勵學譯編 창간, 時報, 小說林, 小說時報, 婦女時報,小說大觀, 小說畵報, 星期	원앙호접파, *일어
任墨緣		江蘇						
李慈銘	1830–1894	浙江		進士	만청관원, 학자, 작가			詩 창작
秋瑾	1875–1907 여성	浙江	秋千, 白萍, 漢俠女兒	(1904–1906) 일본유학, 1906 중국공학 설립, 1907 여자학당 설립	교사, 혁명가, 시인	1905 光復會,同盟會	1904 도쿄에서 白話報 창간, 1907 中國女報 창간	1905년 말 귀국, 여권제창, *일어

[표 7.5] 계속

작가	생몰연대	관적	필명	교육	직업	단체	편집경력	비고
王蘊章	1884–1942	江蘇	洗塵, 紅鵝生	擧人	교사(교수)	1910 南社 가입	1910 小說月報 주편, 1915 婦女雜誌 창간, 新聞報, 明星書報 편집	원앙호접파, *영어
吳釗		江蘇						
俞明震	1860–1918	浙江	觚庵	進士	시인, 관원			동광체시인
徐自華	1873–1935 여성	浙江	字: 寄塵		시인, 여학교 교장	1906 同盟會, 1909 南社		秋瑾의 절친
陶祐曾	1886–1927	湖南	報癖, 陶安化, 崇冷廬主	武昌武備學校, 일본유학	작가, 평론가	長沙體育硏究會	揚子江小說報, 黃漢湘報 편집 참여	
馬仰禹		江蘇	老驥	일본유학		蘇州勵學會	包天笑와 勵學譯編 창간 1901	*일어
邵粹夫		江蘇						
李涵秋	1874–1923	江蘇	沁香閣主人	秀才	교사, 작가		1921 時報副刊 小時報, 小說時報 주편	다산 소설가, 원앙호접파
啓湘		湖南		1908 日本東京法政大學 졸업	대학교수, 민국시기 관원, 작가			*일어
吳江大愛		江蘇						
郭節		四川						*일어
李輔侯								
龐樹柏	1884–1916	江蘇	龍禪居士	江蘇師範學校	교사	三千劍氣文社 조직, 同盟會, 南社 발기인		
丁祖蔭	1871–1930	江蘇	字: 芝孫, 號: 初我	江陰南菁書院, 1896 中西學社 설립	작가, 학자, 관원(江蘇省 의원, 常熟知事)	중국교육회	女子世界 주편, 小說林 편집 참여	小說林社 창설, 1903 海虞圖書館 설립
陳嘯廬								청말 민초 소설가
黃翠凝	1875–? 여성	廣東		教會學校 졸업	번역가, 작가			1908 장편소설 姐妹花 출판, *영어, 일어
陳信芳	여성	湖南		일본유학	번역가			*일어
張瑛					번역가			*영어

* 외국어 능력을 표기함 것임.

의 동향관계 중심으로 형성되었지만, 지역에 국한되지 않고 지속적인 원고모집 공고를 통해 외부 작가들을 적극 흡수하였다.

『소설림』은 동인지로서의 성격이 명확하기 때문에, 자연히 편집진과 작가군의 규모는 별로 크지 않다. 전체 38명 작가 중에 확인 가능한 자는 24명 정도이며, 그중에서도 연령별로 보면 잡지 창간 시점을 기준으로 20대가 6명, 30대가 9명, 40대 이상이 2명이다. 이로 보아 30대 작가가 주축임을 알 수 있다. 지역으로 보면 장쑤 출신이 14명으로 과반수를 차지하고 저장이 4명, 후난이 2명, 광둥과 쓰촨이 각각 1명씩으로 분포되어 있다. 이처럼 『소설림』 주위에 결집된 작가들은 주로 상하이에 체류하고 있던 장쑤 출신들이 동향관계를 중심으로 네트워크를 형성하고 있고, 여기에 동맹회를 비롯한 기타 혁명조직을 기반으로 한 혁명파 인사들이 또 다른 인맥을 구성하고 있다. 예를 들어 쉬녠츠, 츄진(秋瑾), 쉬쯔화(徐自華), 팡수보(龐樹柏)는 혁명파 조직인 동맹회나 흥중회(興中會), 광복회(光復會)의 회원으로 활동했고, 또 쉬쯔화, 팡수보(龐樹柏), 황런 등은 이후 남사(南社) 회원이 되었는데, 이들 중의 상당수는 반청활동을 벌이며 진취적인 정치사상을 지닌 인물들이었다.

한편 다른 잡지에 비해 상대적으로 여성작가들이 적지 않다는 점도 『소설림』 작가군의 특징 가운데 하나이다. 『소설림』의 창간호에 천훙비의 번역소설이 3편이나 실렸고 이후 거의 매 호마다 그녀의 번역 작품이 게재되었다. 천훙비 외에도 츄진, 쉬쯔화, 황추이닝(黃翠凝), 천신팡(陳信芳) 등 여성작가들이 참여하고 있었다. 특히 황추이닝은 『월월소설』에도 동시에 투고하며 적극적으로 창작활동을 했던 여류작가였다, 이들은 중국의 제1대 근대 지식인 여성으로, 서양인이 세운 교회 여학교를 다녔거나 외국유학을 다녀온 학력을 지니고 있었다. 쉬쯔화의 외국어 능력은 정확히 알 수 없지만, 나머지 4명의 여성 작가들은 모두 영어나 일어를 습득하여 창작뿐 아니라 번역에도 종사하였다. 역사적으로 여성작가군 혹은 번역가군이 처음으로 등장하는 때가 바로 이 시기로, 이러한 여성작가 및 번역가의 출현은 그동안 여성소설이 없었던 공백을 깨고 여성이 주체적으로 소설 글쓰기에 참여하는 새로운 문학시대를 열었다고 볼 수 있다.[59]

전체적으로 학문적 배경을 보면 근대적인 학교교육을 받은 자가 11명이고 그중 일본 유학생 출신이 6명으로, 파악 가능한 24명 중에 절반 정도를 차지한다. 외국어 실력을 겸비한 작가는 14명이나 되는데, 유학 외에도 천홍비, 황추이닝처럼 교회학교를 다녔거나 쩡푸,[60] 황런, 쉬녠츠처럼 개인적으로 독학한 경우가 더 많다. 그리고 이 세 사람처럼 전통적인 교육을 받고 과거시험에 응시했던 자도 모두 9명이나 되기 때문에, 전통적인 문인형에 가까운 작가도 적지 않게 포함되

59 궈옌리(郭延禮)는 20세기 초 첫 20년 사이에 여성문학 4대 작가군이 탄생하였다고 보고 여성소설가군(女性小說家群), 여성번역문학가군(女性翻譯文學家群), 여성정론문학가군(女性政論文學家群), 남사여성작가군(南社女性作家群)으로 나누어 설명하고 있다. 구체적으로는 황추이닝을 여성소설가군과 여성번역가군에 동시에 넣었고 천홍비와 천신팡을 여성번역가군에, 츄진을 여성정론문학가군(女性政論文學家群)과 남사여성작가군(南社女性作家群)에 동시에 포함시켰으며, 쉬쯔화를 남사여성작가군(南社女性作家群)으로 분류하였다. 「20世紀初中國女性文學四大作家群體考論」, 『文史哲』 第4期, 2009.

60 쩡푸는 1895년 겨울에 23세의 나이로 양무파(洋務派)가 설립한 동문관(同文館)에서 8개월간 불어를 배워 기초를 닦고, 그 후 독학으로 다년간에 걸쳐 불어를 공부하였다. 그의 아들 청쉬바이(曾虛白)는 『증맹박년보(曾孟朴年譜)』에서 그의 아버지가 혼자 사전을 뒤져가며 얼마나 어렵게 불어를 익혔는지를 자세하게 기록하고 있다. 袁獲涌, 「曾朴對法國文學的接受與翻譯」, 『貴州師範大學學報』 第4期, 2001.

어 있다. 바오톈샤오도 전통적인 교육을 받고 과거시험을 통해 수재가 된 인물인데, 그가 쑤저우에서 동래서장(東來書莊)[61]을 개점할 때부터 쩡푸와 알고 지낸 사이였다. 쩡푸와의 오랜 친분으로 그는 1906년 소설림사의 편집진에 참여하게 되었고, 같은 시기에 『시보』의 편집에도 합류하였다.[62] 곧이어 『월월소설』 제9기부터 편집에도 관여하였고 이 세 매체 외에도 『신신소설』을 포함한 여러 잡지에 투고하였기 때문에, 그는 사실상 동일한 시기에 다수의 잡지편집과 원고 집필을 동시에 맡는 왕성한 활동을 보였다.

바오톈샤오를 중심으로 한 네트워크의 특징은 역시 쑤저우를 거점으로 한 동향관계로 구성되어 있다는 점이다. 그는 친구들과 학회를 조직하고 잡지를 발간하고 서점을 운영하면서 쑤저우의 인근 지역에서 잡지구독이나 서적구매를 위해 오는 문인들과 폭넓게 교류관계를 맺을 수 있었다. 이러한 교류관계가 후에 상하이에서의 『시보』, 『소설림』, 『월월소설』, 『신신소설』 등 주요 신문·잡지에 종사하

---

61 바오톈샤오는 1897년 동향인 친구들과 함께 '여학회(勵學會)'를 설립하고 곧이어 동래서장(東來書莊)을 열어 주로 일본에서 수입한 도서, 문구, 지도 및 교재 등을 판매하였다. 쩡푸를 만나게 된 것도 쩡푸가 서점을 자주 찾던 그 시점이었다. 沈慶會, 『包天笑及其小說研究』, 華東師範大學 博士學位論文, 2006, 13쪽.

62 바오톈샤오 회고를 보면 그가 칭저우(青州)의 학당에서 감독으로 있을 당시, 디바오셴과 천징한이 서신을 보내 시보관(時報館)으로 와서 자신들을 도와달라는 요청을 하였고, 비슷한 시기에 쩡푸(曾朴)로부터도 소설림으로 와달라는 서신을 받았다고 한다. 이에 그는 1906년 가족을 이끌고 상하이로 건너온 지 며칠 되지 않아 여관에 묵고 있을 때, 쩡푸의 지시로 쉬녠츠가 방문하여 소설림 편역소(小說林編譯所)의 일을 상의하였다고 한다. 그리하여 결국 그는 오후에는 시보관에 출근하고 오전 9시부터 12시까지는 소설림사에서 일하였다. 包天笑, 『釧影樓回憶錄』, 大華出版社, 1971, 313, 323-324쪽.

게 된 인적 발판이었다. 또 '쑤저우여학회(蘇州勵學會)'를 함께 설립한 동향 중에 일부는 마앙위(馬仰禹)처럼 이후 일본유학을 떠난 친구들도 있었지만, 학회 설립 이전부터 일본 유학생 그룹과 바오톈샤오를 비롯한 쑤저우 그룹 사이에 지속적인 네트워크가 형성되었다.[63] 이는 물론 바오톈샤오의 개인적인 사례에 국한되는 것이 아니라, 당시 각 동향 중심으로 혹은 동종 분야 중심으로 일본과 중국 국내, 특히 언론출판의 교두보 지역인 상하이에서 활동하는 지식인 그룹들에서 보편적으로 보이는 현상이다. 이로 미루어 보건대 상하이 지역은(근방 일대 쑤저우를 포함) 도쿄 등 일본 내 중국인들과 저술, 출판, 발행, 판매에 이르는 방대한 네트워크가 존재했음을 짐작할 수 있다.[64]

이상에서 서술한 청말시기 소설 작가군을 살펴보면, 우선 상당히 다양한 신분과 직업으로 구성되었다는 점을 들 수 있다. 즉 정치가, 혁명가, 언론출판인, 대학교수, 학자, 교사, 기업가, 외교관, 심지

---

63 당시 일본의 인쇄가 발달하여 유학생들이 쉽게 잡지들을 발간하였고 각 동향 중심으로 잡지들이 쏟아져 나왔는데, 대표적 예로 장쑤 출신의 일본 유학생들이 발간한 잡지가 『강소(江蘇)』이다. 바오톈샤오와 그의 친구들이 개인적으로 알고 지내는 일본 유학생들도 『여지휘편(勵志彙編)』이란 잡지를 발간하였는데, 그 외에도 많은 일본 유학생의 잡지들이 쑤저우에서 판매를 부탁했다. 이러한 지식-인적 연계하에서 바오톈샤오를 비롯한 8명이 학회를 조직하고 『여학역편(勵學譯編)』이란 유사 명칭의 잡지도 발간하기도 하였다. 包天笑, 『釧影樓回憶錄』, 大華出版社, 1971, 161-162쪽,

64 이 점에 대한 상세한 설명은 李仁淵, 『晚清的新式傳播媒體與知識分子: 以報刊出版爲中心的討論』, 稻鄉出版社, 2005 참조. 한편 일본 유학생 그룹과 상하이 작가들이 주축이 된 『신소설』이 일본에서 출판되고 나서, 중국 국내에서 주로 판매, 유통된 것은 당시 상하이와 일본을 연결하는 네트워크가 형성되어 있었음을 말해 주는 대표적인 예증이다.

어 경극배우, 연출가에 이르기까지 광범위한 영역에서 활동하면서 글쓰기를 병행하였다. 이들은 대부분 소설창작을 위주로 한 작가가 아니라 다중적인 직업과 다중적인 사회적 역할을 병행하였기 때문에, 공통적으로 '비(非)전업'적인 작가 특징을 지닌다.[65] 이 당시 '작가'란 한마디로 생계를 위한 독립적인 직업이 되지 못했고, 소위 직업작가의 출현을 말하지만 대부분 겸업작가에 해당된다. 본격적인 생계형 직업작가의 출현은 민국 초기 원앙호접파(鴛鴦蝴蝶派)의 형성 시기에 이르러서이다. 그 이전까지 신문·잡지사의 원고료 지급 방식은 이제 막 제도화되는 단계에 놓여 있었던 탓에, 소설 창작에만 의거하여 생계를 도모한다는 것은 그리 쉽지만은 않았다. 따라서 이 시기의 '작가'란 엄밀한 의미에서의 작가가 아니라 각종 글쓰기에 종사하는 지식인을 포괄하는 개념이라고 할 수 있다. 특히 미디어와의 긴밀한 관계 속에서 보자면 미디어는 그 누구라도 작가가 될 수 있는 기회를 부여해 주고, 글쓰기를 할 수 있는 모든 지식인들에게 개방적인 담론공간을 제공해 주었다.

또 하나의 특징은 신문·잡지 미디어에 의해 제1세대 직업작가들이 배출되었다는 점이다. 다시 말해 이 시기 "대다수 작가들의 제1직업이 저널리스트"[66]로서, 출판계에 종사하면서 글쓰기를 시작한

65 저우하이보(周海波)는 근대 신문·잡지 미디어에 의해 배양된 제1세대 작가들의 특징으로 "비직업화(非職業化)"를 지적하였는데(『現代傳媒視野中的中國現代文學』, 中華書局, 2008, 73쪽), 일단 원고료가 발생하면 직업작가로 볼 수 있다는 점에서 엄밀히 말하면 '비(非)전업화' 특징으로 보는 것이 타당하다.

66 方曉紅, 『晚淸小說與晚淸報刊發展關係硏究』, 南京師範大學 博士學位論文, 2000, 151쪽.
대표적인 예로 바오톈샤오는 시보관과 소설림사에서 편집인으로 일할 당시 월급

경우가 적지 않다. 상술한 작가군 목록에서 확인할 수 있는 바와 같이 잡지 창간과 편집 경력이 전무한 작가들은 손에 꼽아 볼 만큼 수적으로 훨씬 적었으며, 저널리스트로서 그리고 소설가로서 모두 성공한 작가들이 제법 많았다. 이들은 소설을 쓰기 이전에 기자로, 편집인으로 일하면서 그들의 신분으로 더욱 손쉽게 지면에 작품을 발표할 수 있는 기회를 얻었다. 지면을 채우기 일환이든 독자층 확보를 위해서든 간에, 신문·잡지사의 소설에 대한 수요가 빠른 속도로 증가함에 따라 저널리스트의 적극적인 창작활동을 이끌어 냈을 뿐만 아니라, 더욱 많은 문인들을 흡수함으로써 미디어를 중심으로 결집하는 양상을 가져왔다. 미디어와의 특수한 관계하에서 저널리스트의 역할이 주도적으로 작용할 수밖에 없었고, 이들은 점차적으로 저널리스트에서 직업작가로 전환되는 기나긴 전업화 과정을 겪는다. 대표적으로 리보위안, 우젠런, 천징한, 바오톈샤오 등과 같은 소설가들은 다수의 잡지편집과 소설창작을 동시에 병행하면서 일반작가보다 독자들의 수요를 더욱 잘 파악할 수 있는 유리한 입장에 있었다.

마지막으로 작가들 사이에 형성된 네트워크의 특징을 보면 여전히 동향관계 중심의 지연(地緣)과 사제지간이나 동창지간, 혹은 일본유학 등의 학연(學緣)이 기본적으로 작용하고 있지만, 미디어를 통한 인맥 형성도 크게 작용하고 있다. 정식으로 문학단체인 남사(南社)가 결성된 것은 1909년에 이르러서였음을 감안하면, 그 이전까지 이

으로 각각 80원과 40원을 받아 총 120원이었는데, 본인의 가정 한 달 지출은 고작 50-60원 정도였기 때문에 여유가 있었다고 한다. 여기에 별도로 소설 원고료 수입도 있었지만, 소설을 쓰는 것은 단지 부업(副業)에 지나지 않았다. 包天笑, 『釧影樓回憶錄』, 大華出版社, 1971, 324쪽 참고.

렇다 할 문학그룹이 부재한 상황에서 문학잡지는 작가들이 주로 결집할 수 있는 공간이었다. 이 시기 미디어는 다양한 문학실천의 주요 무대이자 사회적인 교류공간으로 기능했기 때문에, 지연이나 학연에만 국한되지 않고 광범위한 인적 네트워크 결성이 가능하도록 매개 역할을 톡톡히 해 주었다. 예컨대 20세기 들어서기 이전인 타블로이드 신문의 흥성기 때부터 편집자와 작가로, 혹은 기자로 이미 친분을 맺었던 리보위안, 우젠런, 어우양쥐위안, 롄멍칭, 저우구이성 사이의 인연은 이후 『수상소설』과 『월월소설』의 발간으로 이어졌다. 그리고 『월월소설』을 중심으로 결집한 작가그룹의 일부는 다시 『소설림』의 집필진과 결합하고 상호 교차하는 인적 네트워크를 형성하였다. 또 『시무보』, 『청의보』, 『신민총보』에서 같은 편집진으로 혹은 투고자로 만났던 량치차오 중심의 인맥은 이후 『신소설』로 이어지고 그 일부의 인맥은 다시 『시보』로 확대되어 갔다. 『시보』의 주요 편집진인 천징한과 바오톈샤오 중심의 네트워크는 곧바로 『신신소설』의 창간으로 이어졌고 그 일부는 다시 『월월소설』로 합류하였다. 이와 같이 하나의 미디어를 통해 조직된 인적 네트워크는 다시 다른 미디어의 발간을 촉진시키는 인적 기반으로 작용하였고, 여러 갈래로 분파되고 상호 교차하면서 인적망을 확대해 나가는 모습을 보인다. 특히 『월월소설』과 『소설림』이 보여 주는 것은 상업적인 미디어와 출판을 중심으로 하던 흐름과 정치적 운동에서 출발한 조류가 소설잡지라는 미디어를 통해 합류하고 통합되었다는 점이다.

결국 20세기 초기 작가들은 본격적인 사단이나 유파를 형성하기 전에 이미 집단적인 결집을 보여 주고 있다. 이는 작가들이 개인적으로 활동하기에는 보다 자유롭게 접근할 수 있는 문학시장이 활성화되지 못했다는 것도 중요한 한 요인이지만, 무엇보다도 작가들 대부분이 단행본보다는 신문과 잡지라는 보다 안정적인 미디어 공간에 의지할 수밖에 없었던 환경의 영향이 컸던 것으로 보인다.

제8장 제도로서의 작가

1. 작가의 저작권 도입과 제도화

작가는 단순한 생산자를 넘어서 근대문학에서 특수한 의미를 지닌다. 작품이 독립된 특수한 가치를 지닌 것으로 간주되듯이 작가 혹은 저자도 그 작품과 독자적이고 고유한 관계를 형성하는 특수한 존재라는 것이다. 그러나 작가가 작품의 의미를 부여하고 결정하는 절대적인 주체라는 이러한 관념은 근대의 주체성의 형이상학에 기반해 있다고 비판을 받고 있다. 저자와 작품의 문제는 근대 이후 저작의 소유권 문제를 둘러싸고 끊임없이 논쟁되어 왔지만, 작가에 대한 근대적 관념이 비판을 받음에 따라 작품을 개성적이고 창조적인 언어 구사를 통한 상상 혹은 문학적 세계의 구성이라고 보는 관념에 대해서도 비판이 제기되고 있다.[1]

이러한 비판을 감안하더라도 20세기 초에 가장 눈에 띄는 현상은 작가의 '발견'으로, 그 이전 시기와 비교할 때 글쓰기 주체로서 작

1 이에 대해서는 박인기, 『작가란 무엇인가』, 지식산업사, 1997 참고.

가의 권리 혹은 작가의식이 더욱 명확해졌음은 두말할 나위 없다. 이미 중국에서 19세기 말부터 진행된 작가와 작품을 둘러싼 미디어 환경과 사회의 제반 영역의 변화로 새로운 형식의 글쓰기 방식이 출현하였고, 이를 뒷받침하는 새로운 제도의 구축이 동시에 진행되었다. 그 중에 출판시장의 새로운 규범을 세우고 전례 없는 문학의 생태계를 형성하는 초석은 바로 저작권 관념의 도입과 제도화였다. 작품에 대한 권리 보장을 통해 작품의 귀속권을 명문화하는 판권 혹은 저작권은 문학의 생산 주체인 작가를 제도적으로 양산하고 작가로서의 권리를 법제화시키는 것으로, 문학의 발언권을 강화하고 그 사회적 위상을 제고시키는 데 무엇보다 중요하다.

저작권이란 간단히 말하면 저작자가 자신이 창작한 저작물에 대해서 갖는 독점적인 권리로서, 기본적으로 저작자의 창작물에 대한 타인의 무단 도용과 불법 복제, 출판 남용 등을 불허한다. 여기에서 파생되는 판권은 출판권을 의미하는 것으로서 본래 저작권과는 구별되지만, 20세기 전후 중국에서 상당기간 저작권과 판권이란 두 용어가 혼용되어 쓰였다. 이는 물론 일본의 영향도 있겠으나,[2] 그만큼 저작권이나 판권을 둘러싼 인식이나 논의들이 깊이 있게 전개되지 못했던 데에서도 기인한다. 결국 출판물의 원(original) 소유자로 작

---

2 일본에서는 처음 저작권 개념을 들여오면서 후쿠자와 유키치(福澤諭吉)에 의해 'copyright'라는 말에 '판권(版權)'이라는 역어를 갖다 붙여 쓰이다가 1899년 저작권법의 시행으로 비로소 용어를 바꾸었다. 1872년의 출판조례나 1887년의 판권조례를 보면 "문서도화(文書圖畵)를 출판하여 그 이익을 전유(專有)하는 권리를 판권이라"고 정의하여 훗날의 저작권과 거의 같은 발상의 권리개념 규정을 볼 수 있다. 간사토코 지음, 노혜경 옮김, 『미디어의 시대』, 소명출판, 2012, 16-17쪽.

가를 '발견'하고 텍스트의 가치를 생산하는 주체로 작가를 지목하면서 그 권위를 제도적으로 인정하기까지는 적잖은 시간이 걸릴 수밖에 없었다.

중국 최초로 저작권에 대한 공식적·사회적 승인은 1910년 11월 16일 청 정부가 공포한 『대청저작권율(大淸著作權律)』에 의해서 이루어졌다. 그 전에도 1905년 제정된 『판권율(版權律)』이 있긴 했지만, '판권'이란 명목하에 주로 보호하고자 한 것은 특허권과 출판권으로 이를 통해 출판업자들은 권한을 보호받았지만 정작 저작자의 권리를 고려하지는 못했다. 작가를 텍스트의 특권적인 생산자로 바라보는 관점이 사회 일각에 퍼져 있음에도 불구하고, 이 판권법은 저작자가 아닌 출판업자와 발행자에게 실질적인 혜택을 부여해 주었다. 그에 비해 『대청저작권율』은 비로소 작자가 출판인과 마찬가지로 법률 보호의 주체가 되어 제 방면의 이익을 보장받도록 규정하였다. 이 저작권법에서는 저작권을 "저작물에 대해 다시 제작(重制)하는 이익을 전유(專有)하는 것"으로 정의하고 있다. 이러한 개념 정의에서 저작물의 복제에 따라 파생되는 경제적 이익을 중심에 두고 저작권을 해석한다는 점은 중요하다. 그만큼 저작권의 핵심을 작가의 경제적 권익 보호에 두고 있는 것이다. 이 법안은 주요 조항의 하나로 저작물 등록 의무 규정을 두었고, 작가 실명제와 저작권 소유의 범위 및 권리 기한, 저작권의 침해 금지와 처벌에 관한 상세한 내용을 명시하였다.[3]

---

3 『대청저작권율』의 구체적 규정을 보면 저작물에 "문예, 그림, 첩본(貼本; 사진첩, 화첩, 자료집, 팸플릿 등의 소책자), 사진, 조각, 모형" 등을 모두 포함시키고, 저자의 실명

중국에서 저작권에 대한 입법화가 추진된 배경에는 청말 서양 출판물의 무단 인쇄에 따른 열강의 국제적 압력과 갈수록 늘어나는 저작권 분쟁으로 인한 시장질서 교란 등의 대내외적인 요인이 복합적으로 작용하였다. 어찌 되었든 이는 중국 역사상 최초로 저자의 정신적 노동행위와 창조적인 가치의 생산을 법적으로 인정하고, 문학을 포함한 기타 예술 전반에 대한 광범위한 저자의 권익을 보호하는 근대적 입법으로서의 의미를 지닌다. 이는 곧 저자의 경제적 권익과 정신적 권익에 대한 법적 보호 및 사회적 제도화의 완성을 의미한다. 비로소 법적인 측면에서 책을 저술한 작가의 저작권은 일반적인 소유권과는 다른 고유한 성격을 지닌다는 점을 합법적으로 승인한 셈이다. 저작물의 소유권을 작가에게 특권으로 보장해 주고 판권을 강화시키는 것이 제도화되기에 이르렀다는 사실은 또한 그것이 이미 상당한 상품가치를 유발할 수 있는 대상으로 간주되었음을 의미하기도 한다. 서적의 출판은 인쇄문화의 발달에 기반한 대량생산과 매체에 의한 광범위한 유통에 힘입어 비로소 그 상품성을 배가시킬 수 있기 때문이다. 인쇄출판업의 고속성장과 그로 인한 독서시장의 팽창

으로 저작물 등록절차 의무 조항을 두었으며 저작권은 평생 소유이되 저자 사후에 그 상속인이 30년간 소유할 수 있도록 규정하였다. 저작권 침해에 대해서는 타인의 저작을 위조 판매하는 행위, 원작에 대한 훼손 및 개작과 저자명 은폐나 변경 혹은 명칭 변경으로 발행하는 행위, 타인의 저작을 발췌 인용하고서도 원작의 출처를 명시하지 않는 행위 등을 열거하며 각각 벌금형을 명시하고 저작권 침해 안건은 피해 당사자가 직접 고소하는 것을 원칙으로 규정하고 있다. 『대청저작권율』은 곧 이은 청의 멸망으로 법적 효력이 발생하지 않았다고 보기도 하지만, 사실상 1915년 『북양저작권법(北洋著作權法)』이 공포되기까지 줄곧 효력을 유지하였다. 王蘭萍, 『近代中國著作權法的成長』(1903-1910), 華東政法學院 博士學位論文, 2005 참조.

은 다름 아닌 인쇄문화와 작가의 저작권, 판권 사이에 형성된 긴밀한 관계를 입증해 준다.

작가의 저작권과 직접 관련된 제도는 원고료와 인세제도이다. 원고료제도와 인세제도를 비교하면, 원고료의 지급 기준이 일반적으로 작가의 지명도와 작품의 판매량에 따라 차등이 존재하기는 하지만, 대부분의 경우 주로 작품의 편폭에 따라 1,000자를 기준으로 계산하였다. 이는 원고료제도가 기본적으로 통일적인 원고료 표준에 기초하고 있다는 것을 말해 준다. 이에 비해 인세제도는 출판사와 작가 양측 간의 서로 다른 인세율 협상이 가능하기 때문에 책의 판매량에 대한 예상 기대치, 즉 작품의 상품가치를 직접적으로 반영한다. 판권매입의 경우 기본적으로 1,000자당 계산하는 방식을 따른다 하더라도 역시 작가의 지명도에 따라 원고료의 차등 지급이 이루어졌다.

중국에서 인세나 원고료제도는 법률로서 보장되기 이전에 이미 출판계에서 상황에 따라 시행되었다. 일례로 1901년 경세문사(經世文社)에서 출판된 『신역중국강행험요도지(新譯中國江海險要圖志)』 22권의 번역과 출판과정은 당시 번역물 원고료의 계산방식과 그에 대한 사회적 관념을 잘 보여 준다. 1898년부터 왕캉녠(汪康年)과 번역자인 천서우펑(陳壽彭)[4]은 여러 차례 출판방식에 관해 서신을 주고받았다.[5]

---

4 청말 저명한 외교관이자 번역가인 천지퉁(陳季同, 1851-1807)의 동생으로, 푸젠의 선정학당(船政學堂)을 졸업하고 1886년 선정학당의 제3기 유학생으로 선발되어 영국에서 3년 동안 유학하였다. 그 후 천서우펑은 1897년 상하이에서 천지퉁과 함께 『구시보(求是報)』(천옌(陳衍)이 주편)를 발간하고 「서학연원고(西學淵源考)」를 번역하여 연재하는 등의 활동을 하다 왕캉녠 등 유신파 인물들과 교류를 하였던 것으로 보인다.

5 왕캉녠이 번역원고를 제조국(製造局)에 판매하자고 제안하자 천서우펑은 자신들이 직접 출판하여 판매하면 소요 비용을 제하고도 1,000원 이상의 이득을 얻는 데 어

1900년 5월 정편(正編) 22권, 보편(補編) 5권, 도표 및 지도 5권으로 50만 자가 족히 넘는 방대한 번역이 완료된 시점에도 출판방식이 확정되지 않았는데, 그는 출판업자에게 원고를 판매할 경우 다음 세 가지를 요구하였다. 첫째 역자명을 바꾸지 말 것, 둘째 1만 자당 30원으로 계산하여 번역 원고료 1,500원을 제공할 것, 셋째 출판 후 30권(나중에 50권 요구)을 제공할 것이다.[6]

이를 통해 누차 거론되는 번역료 계산법을 보면, 당시 원고료는 글자 수에 따라 책정되었음을 엿볼 수 있다. 신문이나 잡지에 게재되는 문장이나 비교적 분량이 적은 경우는 1,000자를 기준으로 했지만, 분량이 수만에서 수십만에 이르는 경우는 1만 자를 기준으로 했다. 다만 글자 수로 계산하는 것이 번역의 경우 완전히 관례로 정착된 것은 아니었다.[7] 원고료가 아니라 자비 출판 혹은 자본을 주식형식으로 모아서 출판한 후 이익을 배분하는 방식도 있었는데, 이는 출판비용이 많이 소요되는 상황에서 출판업자들이 선뜻 나서지 않을 때 간혹

렵지 않다면서 소득에 대해 같이 평분하여 가질 것을 요구하였다. 또 만약 제조국에 판매할 경우, 당시 『농보(農報)』에서 1만 자당 24원을 지급하던 기준에 따라 1,000원을 주되, 그 중 300원은 미리 지급하고 출판 후에 서적을 30-40부 제공할 것을 요구하였다. 上海圖書館 編, 『汪康年師友書札』(二), 上海古籍出版社, 1986, 2026, 2028쪽.

6 上海圖書館 編, 『汪康年師友書札』(二), 上海古籍出版社, 1986, 2039, 2040-41쪽.

7 왕캉녠은 글자 수로 계산하되 영문 원서의 글자 수를 기준으로 삼자고 했는데, 천서우펑은 중문의 글자 수로 해야 한다고 주장했다. 왕캉녠이 외국 원서를 기준으로 삼은 것은 중문번역문으로 계산할 경우 번역자가 원고료를 더 받기 위해 글자 수를 고의로 늘리는 방법으로 번역할 수 있다는 것을 염두에 둔 것이었다. 그러나 천서우펑은 역으로 외국 원서를 기준으로 하면 번역자가 오히려 무미건조하게 단순히 의미나 전달하는 방식으로 번역할 가능성이 있다고 반대하였다. 上海圖書館 編, 『汪康年師友書札』(二), 上海古籍出版社, 1986, 2030쪽.

취하던 출판방식이었다. 이 경우는 출판한 후 판매하여 얻은 수익에 비례하여 번역료를 책정하는 방식으로 인세와는 다소 다르지만, 당시 저작권료가 다양한 방식으로 시행되고 있었다는 점을 보여 준다. 마지막으로 당시 상업적인 출판이 붐을 이루면서 처음에 원고료 받는 것을 꺼려하던 중국의 지식인들도 차츰 글쓰기에 대한 정당한 대가를 요구하고 이것이 사회적으로 자연스러운 현상이 되었다.

정식으로 인세방식이 중국에서 시행되어 정착하는 데 중요한 구심점이 되었던 사람은 옌푸(嚴復)였다. 그는 당시 서구의 근대사상 관련 많은 학술서를 남겼지만, 또 한편으로는 서구의 인세제도를 도입하여 번역자들의 권익을 보장하는 데 선도적인 역할을 하였다. 그가 번역과 동시에 번역료의 지급방식에 대해 본격적으로 거론하기 시작한 것은 『천연론(天演論)』에 이어 『원부(原富)』를 번역하면서부터이다. 애덤 스미스(Adam Smith)의 『국부론(*The Wealth of Nation*)』의 번역본인 이 번역서는 1897년 말부터 1902년까지 5년에 걸쳐 번역이 이루어졌는데, 1899년 남양공학(南洋公學)의 교장[總理]인 허스쿤(何嗣焜, 1843 - 1901)과 계약을 맺어 2,000원을 받고 판권을 넘겨 주었다. 그러나 옌푸는 이미 판권을 넘겨 주기는 했지만, 1900년에 장위안지(張元濟)[8]에게 번역작업의 고충과 서구에서의 저작권

8 1898년부터 남양공학의 역서원(譯書院)을 주관하던 장위안지는 역서원을 설립할 때부터 옌푸의 의견을 구하면서 1899년 초 그에게 정치, 법률, 이재(理財, 즉 경제), 상무(商務) 등에 관한 번역서 목록을 부탁하였고, 동시에 그를 역서원의 총책임자[總校]로 초빙하려고 하였다. 당시 서학의 붐에 따라 역서원과 같은 번역기관이 여러 곳에서 만들어지면서 외국에 유학을 하여 서학에 대한 지식이 있는 사람들이 초빙을 받았는데, 이는 번역이 지식인들의 삶의 경제적 조건을 보장해 줄 수 있는 새로운 방도로서 자리 잡게 되었다는 것을 의미했다. 옌푸가 전문적인 번역자로서의 삶

관행, 비교적 저렴하게 책정된 판권계약 등을 거론하며 판매가격의 20%의 인세를 요구하였다.[9] 결국 『원부』의 경우 2,000원 이외에 추가로 20%의 인세를 받아낸 그는 1903년 『사회통석(社會通詮)』부터는 상무인서관으로부터 40%의 높은 인세를 받았다.[10] 특히 『사회통석』과 관련된 인세 계약서는 서면으로 권리인과 피허가인, 권리귀속, 출판표기, 인세 지급조건 등을 명시하는 등 구체적으로 판권의 귀속과 쌍방의 권리 의무 관계를 규정한 최초의 근대적 출판 계약 형식이었다.

그러나 인세제도는 번역자나 저자가 저명하고 출판시장에서 원서가 가진 가치가 충분히 인정을 받아 장기적으로 판매가 지속할 경우에 한해서 번역자에게 유리한 제도였다. 더욱이 19세기 말과 마찬가지로 당시 독자들의 수요가 높은 서적들의 해적판이 대거 유행하였고, 또 군소출판사가 난립하면서 출판사의 도산이 상존하는 상황에서 인세방식은 번역자나 저자에게 일정한 위험부담을 감수할 것을 요구했다. 따라서 인세제도는 당시 중국의 출판시장과 독서층의 수요를 감안할 때 보편화되기 어려웠다.

을 선택하게 된 것도 바로 이러한 상황과 관련이 있다. 그는 특히 남양공학의 역서원, 그리고 1902년부터 상무인서관의 편역소를 주관하던 장위안지와 긴밀한 관계를 유지하며 번역활동을 하였다. 장위안지는 옌푸의 능력을 높이 평가하여 그의 요구사항을 적극적으로 수용하였다. 그는 남양공학이 자금이 부족하여 『원부』의 발행부수를 실제보다 적게 보고하고 옌푸에게 인세를 적게 지급한 사실을 알고 분노하여 논쟁하기도 했다. 그리고 이러한 사건 등을 계기로 그는 1902년 남양공학을 떠나 상무인서관으로 옮기게 되며, 이후 옌푸의 번역서도 주로 상무인서관에서 발간되었다.

9 王栻主 編, 『嚴複集』(第3冊), 中華書局, 1986, 538, 543-545쪽.

10 汪家熔 編著, 『大變動時代的建設者-張元濟傳』, 四川人民出版社, 1985, 33쪽.

인세와 원고료 등 저작권 제도가 출판계에서 확립되어 가던 시기인 1905년을 전후하여 한층 기승을 부리던 해적판과의 싸움을 통해 저작권을 보호하는 것은 당시 저자 및 번역자와 출판사에게 큰 과제였다. 예를 들어 1905년 린수(林紓)는 번역소설 『흑인노예가 하늘을 향해 외치다(黑奴籲天錄)』를 문명서국(文明書局)에서 재판(再版)하면서 자신이 직접 6월 23일자 『시보(時報)』에 광고를 실어 "이 책의 판권은 문명서국에 귀속되었으니 이에 특별히 성명을 발표하여 복제를 불허한다."라고 명시하였다. 이 광고가 실린 지 얼마 안 되어 7월 9일자 『시보』에 다시 문명서국의 광고가 게재되었는데, 그 내용은 인쇄소들이 소책자로 영인하여 오류가 많아서 읽기 힘들 지경이고 이 책의 명예를 실추시킨다는 린(林) 선생의 서한을 받고 판권법을 위반한 자를 신속히 추적하고자 하니 만약 불법 영인업자를 알면 서적 전체를 압류하고 본 서국에 알려 주면 200원의 사례금으로 보답하겠다는 것이었다.[11] 악군서국(樂群書局) 역시 1906년 『월월소설(月月小說)』 제1호에 「번각본을 엄중히 색출하기 위한 현상금(嚴拿翻版賞格)」이란 광고를 내고 본 서국의 각종 서적들을 불법 복제하는 것을 아는 즉시 신고해 주도록 독자들에게 격려하면서 50-100원에 이르는 사례금을 걸었다. 이러한 판권 성명과 사례금까지 명시한 광고의 등장은 청 정부가 지지부진하게 판권법을 공포하지 못하고 있던 상황에서 민간 출판사와 저·역자가 직접 해적판에 대응하여 자신들의 판권을 보호하기 위한 자구책에 가깝다.

11 閔杰, 『近代中國社會文化變遷錄』 第2卷, 浙江人民出版社, 1998, 595쪽.

해적판과의 싸움은 단순히 경고성 성명에 그치지 않고 실제 소송으로 이어지는 등 자못 심각하게 진행되었다. 중국 최초의 판권소송이라 할 수 있는 리보위안(李伯元)의 『관장현형기(官場現形記)』가 그 대표적인 사례이다. 청말 4대 견책소설의 하나인 『관장현형기』는 작가 리보위안이 직접 발행하는 『세계번화보(世界繁華報)』에 1903년 5월부터 1905년 11월까지 60회 연재되었고, 그 사이 매 12회를 한 편으로 묶어 제5편까지 단행본으로 출판되었다.[12] 연재소설로 인기를 모으자 곧이어 출판된 단행본의 발행량이 1만여 책에 달하기도 하였다. 『관장현형기』의 총 판매처는 세계번화보관이고 대리처는 상무인서관이었으며 상하이 11곳 판매처 외에도 베이징, 쑤저우(蘇州) 지역에도 판매처를 두는 등 폭넓은 유통망을 확보하고 있었다. 이러한 유통망의 확보는 해적판에 대응하기 위한 목적도 있었지만, 그럼에도 인기를 등에 업고 해적판이 성행하자 그는 적극적으로 자신의 판권을 보호하기 위해 상하이 조계지의 회심공청(會審公廳)에 고발하였다. 소송의 진전 상황을 알리는 광고들이 『시보』와 『신문보』, 『중외일보(中外日報)』 등에 잇따라 게재되면서 판권을 둘러싼 쌍방의 팽팽한 긴장국면이 그대로 보도되었다.[13] 이 소송사건은 해적판에 대해 단순히

12 『官場現形記』의 단행본 初編(1-12回)은 1903년 10월 출판되었으며 續編(13-24回) 1904년 3월, 三編(25-36回)은 1904년 9월, 四編(37-48回)은 1905년 4월, 五編(49-60回)은 1905년 11월 출판되었다. 王學鈞, 「『官場現形記』連載及刊行考」, 『明淸小說硏究』 第3期, 2008.

13 당시 일간지에 실린 광고 위주로 살펴보면 대략 소송 개시일은 1904년 9월 2일 전후이고 1904년 11월 21일 리보위안의 승소로 종료되어 거의 두 달 넘게 진행된 것으로 짐작된다. 1904년 9월 2일 『신문보(新聞報)』와 『시보』에 『관장현형기』 3편 출판을 알리는 광고가 동시에 실렸는데, 광고 후반부에는 『관장현형기』 번각 행위를

경고에 그치지 않고 공식적으로 법적 책임을 물었다는 점에서 그리고 당시 불완전한 법률 체제에도 불구하고 최초로 저자 당사자가 자신의 판권을 성공적으로 수호했다는 점에서 그 의의가 자못 크다.

그러나 모든 작가와 출판사가 적극적으로, 또 성공적으로 해적판에 대응했던 것은 아니다. 1905년 10월 25일 『시보』에 실린 『신소설회편(新小說滙編)』 광고가 게재되자, 그 다음날 신소설사(新小說社)에서 곧 『신소설회편』이 해적판임을 폭로하는 광고를 『시보』에 게재하였다. 그런데 이 광고에서는 해적판에 대한 색출이나 법적 책임을 묻는다는 내용 없이, 단지 제1년 12권과 제2권 4호까지를 별도로 편집한 회편(滙編)은 가짜이며 내용도 엉망이니 독자들은 이를 숙지해 주길 바란다고 주의를 환기시키는 데 그치고 있다. 그리고 그것에 대한 대처방안으로 제1년 12호에 연재했지만 미완인 작품들을 다시 완전하게 편역하고 회편으로 편집하여 염가로 판매하겠다고 공지하였다.[14] 신소설사의 이러한 소극적인 대응은 1903년 이후로 중국 내에서 『신소설』이 청 정부에 의해 누차 금서로 지정되어 관련자가 처벌받을 수 있는 상황에서 법적이거나 행정적인 힘을 빌려 적극적으로

이미 지방관부에 고발하여 관련자를 색출하도록 하였으니 책임추궁을 모면하려면 해적판을 출판하지 말라고 엄중히 경고하였다. 이어 1904년 11월 8일 『신문보』와 1904년 11월 13일, 14일, 20일 『중외일보(中外日報)』에, 그리고 1904년 11월 17일 『시보』에 연이어 소송 진행 상황을 보도하였는데, 주 내용은 해적판을 판매한 조일양행(朝日洋行)은 일본영사의 명으로 판매정지를 당하고 해적판을 출판한 지신사(知新社) 지배인 시추이푸(席粹甫)가 회심공청(會審公廨)에서 심문을 받게 되었다는 것이다. 劉穎慧, 「李伯元『官場現形記』版權訴訟始末」, 『華東師範大學學報』 第38卷 第3期, 2006. 5.

14 『時報』, 1905. 10. 26. 해적판 주의를 알리는 이 광고는 공교롭게도 해적판의 광고와 나란히 게재되었다. 해적판의 광고는 그 후에도 여러 차례 『시보』에 게재되었다.

대응할 수 없었기 때문인 것으로 보인다.[15] 그외에도 상당수의 출판사들은 신소설사처럼 소극적인 대응으로 일관하며 부득이하게 서적가격을 낮춰 염가로 판매함으로써 경제적 손실을 감내하는 경우가 많았다.

이러한 해적판 성행으로 당시 저자 및 번역자들은 인세계약보다는 일시불로 지급받는 원고료제도를 더 선호하기 마련이었다. 인세계약이 드물었던 당시 해적판은 오히려 출판업자의 판권과 더욱 직결되는 문제였다. 이에 상하이에 집결되었던 100여 곳이 넘는 민영출판사들이 서로 연합하여 다원화된 출판주체들 사이의 교역질서를 안정화시키고 출판인들의 권익을 보호하기 위해 1905년 상하이 서업공회(上海書業公會)를 조직하였다. 이 민간조직은 동업종의 폐해를 수정하고 판권을 보호하여 동업의 이익을 지킬 목적으로 조직된 것으로,[16] 공소(公所)에 판권등록 신청을 하면 동업 간의 공인을 얻어 보호받을 수 있는 장치를 만들었다. 그렇지만 민간조직의 강제력에

15 張天星, 「清末查禁『新小說』的原因與效果探析」, 『寧波大學學報-人文科學版』, 2013(6), 22-27쪽.

16 상하이 서업공회(上海書業公會)는 1905년에 설립되어 1958년까지 존속하였는데, 그 산하에 서업공소(書業公所)와 상하이 서업상회(書業商會), 상하이 신서업공회(新書業公會) 세 조직이 있었다. 주요 활동으로는 ① 출판업의 질서를 규범화시키고 동업 간의 연계를 강화시켜 교역시장의 질서 안정을 유지하는 것, ② 판권을 옹호하고 같은 업종의 폐단을 수정하여 동업의 이익을 보호하는 것, ③ 동업의 경제적 이익을 보호하여 정부로부터 세비(稅費) 우대를 쟁취하는 것, ④ 정치에 적극 참여하여 동업의 목소리를 전달하는 것, ⑤ 동업끼리 협조하여 사회공익 자선사업에 적극 참여하는 것이다. 그중 판권보호와 동업종의 폐단을 바로잡는 것은 이 조직의 가장 중요한 활동이었다. 唐婧, 『上海書業公會版權維護研究』(1905-1937), 華中師範大學 碩士學位論文, 2011, 16쪽.

는 한계가 있기 때문에, 서업공회(書業公會)는 정부의 저작권 관련 입법을 적극적으로 요구하기에 이르렀다.

2. 『신보』의 초기 원고모집 활동[17]

이상의 제도화가 진행되는 과정에서 20세기 초 작가들이 배출되는 경로를 살펴보면 주로 신문·잡지 미디어의 원고모집 활동 및 원고료 제도에 의해 추동되는 면이 크다. 물론 특별한 등단 절차 없이 인세든 원고료든 규모 있는 출판사와 계약하여 단행본을 출판하거나 직접 동인지를 창간하여 문학활동을 펴는 경우도 있다. 그러나 이 시기 동인지는 극히 적었고 상당수의 소설작품은 먼저 신문 잡지 등에 실렸다가 단행본으로 출판되는 경우가 대부분이었다. 따라서 당시의 보다 보편적인 작가 배출 방식은 각 미디어들의 원고모집 공고를 통한 등단이었다.

초기 미디어에 의한 새로운 글쓰기 주체의 호출은 두 가지 방식으로 진행되었는데, 하나는 '방사인(訪事人)', 즉 기자에 대한 모집이고, 다른 하나는 기고자의 모집이다. 이 중 '방사인'은 각 지역별로 지역의 소식을 정리하여 기사를 제공하는 사람으로 매일 정기적인 활동(반드시 전문적인 직업은 아니다)을 하는 집단이지만, 후자의 경우는 부정기적으로 그때그때 원고를 제공하는 집단이다. 물론 후대에

---

17 이하의 내용은 「만청시기 소설공모와 원고료 제도」란 제목으로 『중국어문논총』 제58집(2013. 8.)에 발표된 논문을 수정한 것이다.

가서는 신문과 잡지의 연재물이 등장하면서 일정한 기간 동안 정기적이고 지속적으로 원고를 제공하는 계약관계로 변화하지만, 이러한 과정이 정착되기까지는 일정한 조건이 성숙해지기 위한 시간이 요구되었다. 이러한 직업화된 기고자의 출현은 문인의 신분에서 작가라는 새로운 신분으로의 탈변을 의미한다. 그리고 이러한 문인에서 작가로의 전환을 위해서는 문인의 분화와 작가의 직업화가 필요하다. 직업화에 주목하는 까닭은 그 점이 계몽적 차원이든 영리적 목적이든 취미와 사교, 자기 기념적인 글쓰기 목적과는 다른 새로운 글쓰기 의식과 직업의식을 지닌 작가의 출현을 의미하기 때문이다. 이러한 전환과 미디어에 의한 호출 사이의 접점이 바로 원고모집이었다.

초기 근대 미디어의 역사에서 원고모집 등장의 일반적인 배경은 신문·잡지들의 범람과 그로 인한 언론사, 출판사들 간의 치열한 경쟁구도하에서 앞다투어 다양한 독자들의 기호를 고려한 양질의 원고 확보가 중요했기 때문이었다. 정기간행물인 미디어의 속성상 주기적으로 정확한 출판일에 맞추어야 하기 때문에, 출판이 지연되는 사태를 미연에 방지하기 위해서라도 좀 더 안정적인 작가군을 확보하는 것이 필요했다. 그렇지만 당시 늘어난 지면에 비해 턱없이 부족한 작가의 기근 현상으로, 적극적으로 작가를 발굴하고 양산하는 방책이 시급하였는데, 그 일환으로 기획된 것이 원고모집이었다. 기성작가들은 일반적으로 개인적인 인맥이나 자유투고 형식으로 각종 미디어에 원고를 게재하였지만, 작가 지망생에게 등단의 관문 역할을 한 것이 신문·잡지들의 원고모집 광고였다. 중국의 경우 신문·잡지를 통한 원고모집은 『상해신보(上海新報)』에서 처음 보여지지만,[18] 본격적인 것은 『신보(申報)』에 와서다. 그리하여 많은 연구자들은 『신보』를 근대적인 원고모집의 시작이자 근대작가 출현의 원류로 간주한다. 실제로 『신보』는 창간하자마자 첫 호의 「본관조례(本館條例)」에서 각 지역 민가풍에 가까운 죽지사(竹枝詞)나 편폭이 비교적 긴 시가(長歌), 기사(記事)류의 원고를 무상 게재한다는 광고를 게재하는가 하면, 그 후에도 수차례 원고모집 광고를 하고 있다. 그러나 『신보』의 원고 혹은 서적 모집은 직업작가의 출현과 관련해서 볼 때 근대적인 원고료제도라고 보기 어렵다.[19]

『신보』의 원고모집은 크게 두 가지 유형으로 나누어 볼 수 있다. 하나는 「본관조례」에서와 같이 짧은 시가류나 잡기, 논설과 같은 글에 대한 무상 게재이고, 다른 하나는 기존의 미간고나 희귀본과 같은 작품에 대한 유상 출판이다. 이 중에서 전자는 운문 가운데 비교적 통속성에 가까운 것으로 『신보』에 게재되었지만, 다른 한편으로는 통속성과는 다소 거리가 있는 정통 문인들의 시가들도 많이 투고되었다.[20] 이에 『신보』는 1872년 11월에 별도로 『영환쇄기(瀛寰瑣紀)』라

18 "만약 중요한 시사에 대해 직접 전해 듣거나 직접 목격한 것이 있다면 무엇이든 모두 본사에 가져오면 판각하여 인쇄할 수 있으며, 비용은 완전히 무료이다.(如有切要時事, 或得自傳聞, 或得自目擊, 無論何事, 均可携至本館刻刷, 分文不取.)" 『上海新報』, 1862. 5. 7.

19 루샹위안(魯湘元)은 중국 최초의 원고료제도에 관한 공식적 사료로 『신보』 창간호에서 무상게재를 언급한 「본관조례」를 꼽았다.(『稿酬怎樣攪動文壇 - 市場經濟與中國近現代文學』, 紅旗出版社, 1998) 심형철은 이에 대해, 1878년 3월에 실린 『신보』의 "유상으로 원고를 구매함(出價購稿)"이란 「수서(搜書)」 광고를 원고료의 시초로 보아야 한다고 주장하였다.(「중국 근대 원고료 제도에 관한 소고」, 『중국현대문학』 35호, 2005) 유상의 방식에 근거한 그의 주장은 일견 타당하지만, 『신보』의 「수서(搜書)」 광고는 그가 언급한 것보다 훨씬 이른 시기인 1874년 11월 13일자에서도 보여진다.

20 「本館告白」, 『申報』, 1872. 9. 18.

는 잡지를 창간하여 문인들의 다양한 문장을 모집하여 게재하였다. 그 모집대상에는 일반 논설이나 필기류, 시사(詩詞)류를 포함하고, 내용적으로도 정치, 풍속, 외교, 상업, 충효사상, 서학소개, 지괴와 문인 간의 창화(唱和) 등을 망라하였다.[21] 이는 당시 문인들의 주요 글쓰기 형식이 시문(詩文)이었다는 점과 자신의 글을 활자화하는 데 깊은 관심과 열의를 지니고 있던 문인들의 경향성과 깊은 관련이 있다. 그러나 이는 문인들의 평소의 시작(詩作)활동의 결과를 널리 공개하는 것 이상의 큰 의미를 부여하기 어렵다. 전체 28권 발행된 『영환쇄기』에 기고한 사람들 가운데 성명을 확인 가능한 사람만 87명일 정도로 기고자가 많았지만, 그들 가운데 당시 새로운 미디어인 신문편집에 직접 종사한 일부 사람들을 제외하면 기존의 글쓰기 방식과 태도에서 크게 벗어난 사람은 거의 없었다.

다음으로 유상의 방식에 근거한 서적 수집인데, 이는 창작과 기존 소장도서를 모두 포괄하고 있지만 도서에 대해 일정한 보상을 전제로 한다는 점에서 근대 원고료제도와 유사

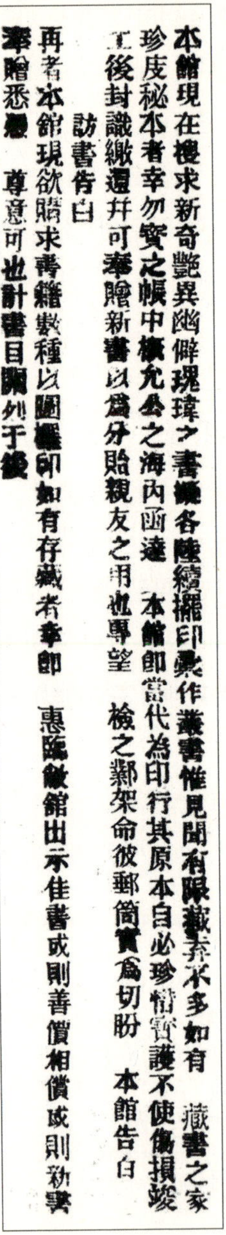
本館現在搜求新奇艷異幽僻瑰瑋之書據各陸續擺印彙作叢書惟見聞有限蒐羅不多如有 藏書之家珍庋秘本者幸勿寶之帳中據允公之海內函達 本館即當代為印行其原本自必珍惜寶護不使傷損破壞後封識繳還并可奉贈新書以為分貽親友之用此專望 檢之鄴架命彼郵筒實為切盼 本館告白

訪書告白

再者本館現欲購求書籍數種以圖擺印如有存藏者幸即 惠臨敝館出示佳書或則善價相償或則刻妥奉贈悉聽 尊意可也計書目開列于後

그림 8.1 『신보』, 1874. 11. 13. 서적 수집 광고

성이 있다. 예를 들어 1874년 11월 13일(음력 10월 5일) 『신보』에 다음과 같이 「수서(搜書)」와 「방서(訪書)」 광고가 연이어 게재되고 있다.

> 본관(本館)은 현재 신기하고 유달리 아름다우며, 세상에 잘 알려지지 않은 훌륭한 책을 물색하여 총서의 형식으로 연속적으로 발간하고자 합니다. 다만 본관은 견문에 한계가 있고 소장하고 있는 것도 많지 않습니다. 만약 진귀한 책을 지닌 장서가가 있다면, 보배를 혼자 보관해 두시지 말고 세상에 널리 알려 함께 향유할 수 있게 해 주기 바랍니다. 본관에 보내 주면 대신 인쇄하고 원본은 반드시 소중하게 보호하여 손상이 가지 않도록 하겠습니다. 인쇄가 끝나면 원본은 밀봉하여 돌려드리고 아울러 친척과 친구들에게 나누어 줄 수 있도록 신서를 증정하겠습니다.[22]

> 본관은 현재 책 몇 종을 구해 인쇄하고자 합니다. 만약 소장가가 있다면 직접 그 귀한 책을 본관까지 가져다주시면 감사하겠습니다. 그러면 높은 가격으로 보상하든 혹은 신서를 증정하든 귀하의 뜻에 따르도록 하겠습니다.[23]

---

21 「本館告白」, 『申報』, 1872. 4. 8.; 「刊行瀛寰瑣紀自敍」, 『申報』, 1872. 9. 10.; 「本館告白」, 『申報』, 1872. 10. 26.

22 "本館現在搜求新奇、豔異、幽僻、瑰瑋之書, 擬各陸續擺印彙作叢書, 惟見聞有限, 藏弄不多. 如有藏書之家珍籍秘本者, 幸勿寶之帳中, 概允公之海內. 函達本館, 即代爲印行, 其原本必珍惜保護, 不使傷損, 竣工後封識繳還, 並可奉贈新書, 以爲分貽親友之用也. 專望檢之鄴架,命彼郵筒, 實爲切盼." 「搜書」, 『申報』, 1874. 11. 13.

23 "本館現欲征求書籍數種, 以圖擺印, 如有存藏者, 幸卽惠臨本館, 出示佳書, 或者善價相償, 或者新書奉贈, 悉聽尊意可也" 「訪書告白」, 『申報』, 1874. 11. 13.

위 광고는 민간에서 소장하고 있는 서적을 물색하여 판권을 구입할 목적으로 원고료에 해당하는 "높은 가격으로 보상(善價相償)" 하는 현금 지급과 "신서 증정(新書奉贈)"의 현물 지급 두 가지 방식을 제시하고 있다. 『신보』에서 이러한 광고를 낸 까닭은 당시 서적출판으로 적잖은 이윤을 창출할 수 있는 독서시장이 형성되었기 때문이었다. 이 광고에 앞서 『신보』는 『유림외사(儒林外史)』를 출판하였는데, 그 책이 불과 열흘도 지나지 않아 1,000부가 매진되는 것을 보고 곧 서적수집 광고를 내고 좀 더 적극적으로 작품을 모집하기 시작했다. 이어 1875년 4월에 『유림외사』 1,500부를 재판하여 곧 절판될 정도로 시장의 좋은 호응을 얻자, 두 달 후에는 '설부(說部)', '소설'이라는 이름을 직접 내걸고 본격적으로 소설류 저작을 수집하는 광고를 게재하였다.[24] 이후 주기적으로 소설모집 광고를 게재하면서 중국 구소설 판본을 찾는 데 주력하였으며, 실물과 화폐 원고료 방식을 병행하면서 공식적인 원고료 지급을 정착시켰다.

하지만 이러한 소장도서에 대한 수집과 이를 인쇄하여 일부 보상하고 판매하던 방식은 중국 출판계에서 일찍이 있었던 방식으로 새로운 것은 아니다. 청대에는 서적상인들이 일정한 규모를 갖추고 중국의 다양한 지방에 서적을 공급하며 활동하고 있었다. 그중에서도 활동이 두드러진 곳은 쑤저우(蘇州)와 후저우(湖州)의 상인들로서, 쑤저우에는 각지의 서적상들이 끊임없이 모여들어 각종 신구음서(新舊淫書)들을 구입하여 각지에 유포하였다.[25] 또 명대부터 장서가들이

24 「本館告白」, 『申報』, 1875. 6. 29.; 「覓書」, 『申報』, 1875. 9. 20.

25 (淸) 餘治, 『得一錄·憲示』 卷11, 蘇州得見齋, 1869.

많던 저장(浙江) 후저우(湖州)의 우청(烏程) 즈리(織里)에는 배를 이용하여 서적을 각지에 판매하던 상인들, 즉 일명 서적선(書船)이 활발하게 활동하였다. 그들의 서적선은 남쪽으로는 첸탕(錢塘), 동쪽으로는 쑹장(松江), 장쑤성의 징커우(京口)지역을 중심으로 사대부 집들을 방문하여 서적목록을 보여 주면서 가격흥정을 하였는데, 사대부들은 그들을 깍듯이 환대하였다.[26] 이러한 서적상인들은 청대에도 계속 이어져 청 건륭제가 『사고전서』를 편찬하던 시기에도 여전히 활동하고 있었다. 청대에 강남지역의 서적상들은 곳곳에서 희귀본과 중요 소장본을 전문적으로 구입하여 신서로 교환해 주는가 하면, 전국적으로 서적을 유통시키는 데 중요한 역할을 하고 있었다.[27]

이러한 상황은 상하이를 중심으로 한 강남지역에서 익숙한 일로, 『신보』의 광고는 이상과 같은 기존의 출판관행을 근대 미디어와 우편제도 등을 활용하여 실행한 것에 지나지 않는다. 그 가운데는 당시 새롭게 창작된 작품도 있기는 하지만, 주로 기존에 출판되었던 작품의 판본을 구입하여 출판하는 것이 대부분이었다. 따라서 19세기 말 『신보』의 문장과 서적에 대한 수집 및 출판활동은 근대적인 작가

---

26 (淸) 同治 『湖州府志·書船』 卷33.

27 "장쑤(江蘇), 저장(浙江)에 저명한 장서가들이 수없이 많은데, 그곳에서 산실되었다 하더라도 다른 사람들의 손에 들어갔을 뿐이다. 듣자하니 쑤저우(蘇州)와 후저우(湖州)지역에 서적상과 서적선(書船)들은 모두 내부사정을 파악할 수 있어 그 책자들을 찾아내는 데 어려움이 없다고 한다." "후저우(湖州)는 예로부터 서적판매 선박이 많았는데, 평소에 각 지역의 주(州)와 현(縣)에서 서적을 판매하고, 장서가들과 가장 많이 왕래하여 잘 알고 지냈다." 陳垣 編, 『辦理四庫全書檔案』 上冊, 國立北平圖書館排印本, 1934, 12쪽; 國立故宮博物院藏, 『宮中檔』(편호029880). 이상 吳哲夫, 『四庫全書纂修之硏究』, 1990, 文盛企業有限公司, 35, 40쪽에서 재인용.

를 형성하는 데 기여했다기보다는 기존의 글쓰기 방식과 출판, 유통을 새로운 근대 미디어를 통해 재매개한 것에 불과하다.

3. 존 프라이어와 신소설사의 신소설 공모

신보관(申報館)의 영향으로 1890년대 여러 출판사들이 경쟁적으로 구소설을 출판하면서 한때 호황기를 맞이했지만,[28] 기존 작품 수의 한계와 중복출간으로 출판계는 상당한 어려움에 봉착해 있었다. 그에 반해 설부류의 출판 성행으로 도서시장에서 설부가 점하는 비중은 더욱 높아졌고 소설이 지닌 사회적인 영향력도 더욱 심화되었다. 신문·잡지가 새로운 시대조류와 더불어 사회적인 지위를 획득해 나감에 따라 독서시장을 지배하고 있는 설부라는 장르에 대해서도 새로운 관점에서 주목하기 시작했다. 소설 자체가 지닌 대중적인 파급력에 대한 인식은 소설이 출판시장에 출현하기 시작하면서부터 제기되어 온 것이지만, 그러한 소설의 기능과 가치를 보다 더 적극적으로 인식하게 된 것은 소설이 명실공히 대중적인 문화현상으로 자리 잡을 수 있는 출판시장의 확대가 중요한 역할을 하였다. 신문·잡지와

---

28 신보관은 1874년부터 지속적인 원고모집 광고를 통해 대량의 소설 원고들을 확보할 수 있었고 1889년 건립자 메이저가 귀국하기 전까지 총 107종의 소설 단행본을 출판하고 그 일부를 『신보관취진판총서(申報館聚珍版叢書)』에 수록하였다. 신보관의 이러한 소설출판 활동에 자극받은 다른 출판사들도 점차 소설출판에 가담하여, 1892년부터 서국마다 본격적으로 소설을 출판하는 붐을 조성하였다. 文娟, 『結緣與流變 - 申報館與中國近代小說』, 廣西師範大學出版社, 2009, 121, 139쪽 참조.

같은 근대 미디어의 중요한 특성은 대중지향성이다. 소설은 그 고유의 특성에 의해 대중적인 것임과 동시에 매우 폭넓은 대중적인 독자층을 형성함으로써 근대 미디어의 목적에 근접해 있었다. 당시 기본적으로 미디어 인식을 지니고 있던 사람들이 이러한 소설이라는 미디어에 주목하는 것은 어쩌면 자연스러운 현상이었다.

여기서 주목할 것은 상술한 바와 같이 1895년 프라이어[29]가 『신보』와 『만국공보(萬國公報)』에 연속적으로 게재한 「신소설 모집 공고(求著時新小說啓)」란 제목의 현상공모이다.

> 인심을 감동시키고 풍속을 변화시키는 것에는 소설만한 게 없다. 멀리 그리고 빠르게 전파되어, 전해진 지 얼마 되지 않아 가가호호에 다 알려지기 때문에 기질과 습관이 어렵지 않게 일변하게 된다. 현재 중화(中華)의 폐해(弊害) 중에서 가장 심각한 것은 세 가지가 있는데, 아편과 시문(時文)과 전족(纏足)이 그것이다. 만약 이를 바꿀 방책을 도모하지 않는다면 부강의 가능성은 끝내 없게 될 것이다. 이에 중화의 인사들 중 본국의 흥성을 원하는 사람들에게 새로운 취향의 소설(新趣小說)을 창작하게 하되, 일정한 구조를 갖추고 작품 전체를 일관하는 방식으로 이 세 가지 큰 폐해의 폭로와 각 폐해의

29 John Fryer(1839-1928) 중국명은 부란아(傅蘭雅), 영국인이며 성공회교도이다. 1861년 중국에 와서 『상해신보(上海新報)』와 『중국교회신보(中國教會新報)』 주편을 맡았으며, 1876년에는 격치서원(格致書院)을 건립하고 과학잡지인 『격치휘편(格致彙編)』을 창간하였다. 1877년에는 상하이 익지서회(上海益智書會)의 총편집인을 맡아 서구의 과학 도서들을 번역하고 보급하는 데 주력하였다. 그 후 1896년 미국 캘리포니아 대학 동방학 교수에 임용되었다. 그의 중국활동에 대해서는 戴吉禮(Ferdinand Dagenais) 主編, 『傅蘭雅檔案』, 廣西師範大學出版社, 2010 참고.

제거 방책에 대해 이야기로 풀어 독자의 마음을 감동시킴으로써 힘써 그것을 제거하게 할 것을 요청하고자 한다. 어휘와 문장은 쉽고 명확해야 하며 그 의미는 고상해야 한다. 그리하여 부녀자와 아동이라도 모두 이해할 수 있어야 한다. 사건을 서술하는 데 요즘 쉽게 접할 수 있는 것을 취하고, 구태를 베끼거나 답습하지 말아야 한다. 주제는 기괴한 것을 좋아하지 말고 사람들의 이목을 깜짝 놀라게 하지 말아야 한다. 7월 말까지 원고를 접수하여 세심한 평가를 거쳐 선정하여 1등에게는 양(洋) 50원, 2등은 30원, 3등은 20원, 4등은 16원, 5등은 14원, 6등은 12원, 7등은 8원의 상금을 수여할 것이다. 만약 우수한 작품이 있어 인심을 족히 권계할 수 있다면 바로 출판할 것이며, 아울러 종종 같은 류의 저서 창작을 청탁하여 이를 직업으로 삼을 수 있도록 할 것이다.[30]

---

30 위의 광고는 1895년 5월 25일, 28일, 30일, 6월 4일, 8일 『신보』에 5차례 실렸고, 같은 광고가 1895년 6월 『만국공보』 第77期에도 실렸다. 위 광고는 그가 미국으로 출국하기 바로 1년 전에 게재한 것으로, 소설공모를 한 동기에 대해 의견이 분분하다. 1890년대 이후 소설이 성행하자, 전문적인 서학(西學)서점이던 격치서실(格致書室)도 프라이어의 주도하에 1894년부터 중국 소설을 위탁판매하기 시작했다는 사실을 바탕으로 그의 소설에 대한 관심과 자신의 서점을 위한 원고 조달을 위해서였다고 보는 견해가 있다.((美)韓南 著, 徐俠 譯, 「新小說前的新小說 - 傅蘭雅的小說競賽」, 『中國近代小說的興起』, 上海教育出版社, 2004, 148, 154쪽 참조) 다른 한편으로는 프라이어가 공모하던 시점인 1895년 5월경은 그가 이미 자신이 미국 캘리포니아대학 버클리캠퍼스 동방학 교수로 임명될 것이라는 사실을 알았던 시점으로, 귀국 후 수업강의와 관련된 우수한 중국 근대소설자료를 수집하기 위해 소설공모를 했다고 보는 견해도 있다.(許軍, 「傅蘭雅小說征文目的考」, 『山西師範大學報』, 2012, 第39卷 第1期) 하지만 그러한 개인적인 목적의 사실여부를 떠나서 프라이어는 보다 "건강하고 도덕적이며 실용적인 교육가치를 지닌 통속적인 읽을거리의 전파 필요성"을 목적에 두었다. John Fryer, "Notes and Items," *The Chinese Recorder and Missionary Journal*, Vol. 27 No. 3, 1896. 3. p. 143.

위 작품모집 광고로 1896년 1월 13일까지 응모한 기고자와 작품 수는 각각 155명과 162편이었으며, 심사결과는 1896년 3월 18일 『신보』와 『만국공보』 제86기에 발표되었다.[31] 프라이어는 수상작으로 원래 7편 이외에 기고자들의 수고와 비용을 고려하여 13편을 더해 20편을 선정하였다. 그러나 대체로 새로운 관점 결여, 창작수준 저급, 소설체재에 대한 기본인식 부재 등의 결함을 지니고 있었다. 소설이라는 규정을 두었음에도 92편 정도는 의론문이거나 희곡, 탄사(彈詞), 서신, 시가 등의 형식으로 창작한 것이었다.[32] 그럼에도 불구하고 프라이어는 이번 공모가 전체적으로 기대에 부합하는 성과를 거두었다고 평하고, 그중 일부 작품은 가능하면 1896년 말까지 출판할 계획이라고 밝히기도 하였다. 처음 많은 사람들의 관심 속에서 진행된 위의 소설공모는 그 후 여러 원인으로 한 편도 공식 출판되지

이처럼 그 목적에 대해 논란이 있지만, 그를 시작으로 20세기 초 중국에서 소설을 제창한 사람들 대부분이 언론계에 종사하거나 깊이 관계하던 사람들이라는 점은 주목할 필요가 있다. 즉 이는 20세기 소설의 대두는 신문·잡지와 같은 근대적 미디어의 성격과 밀접한 관계가 있음을 의미한다.

31 「時新小說出案」, 『萬國公報』 第86卷(1896. 3.); 『中西教會報』(復刊) 第15冊(1896. 3.). 투고자의 절반은 선교사가 운영하는 학교의 학생들과 연관이 있었으며, 원고모집도 각 지역 선교지부를 통해 이루어졌다. 그리고 총 상금 지출은 원래보다 50달러가 증가한 200달러였다. John Fryer., "Notes and Items," *The Chinese Recorder and Missionary Journal*, Vol. 27 No. 3, 1896. 3. pp. 142-143.

32 John Fryer, "Notes and Items", *The Chinese Recorder and Missionary Journal*, Vol. 27 No. 3, 1896. 3. pp. 142-143. 캘리포니아대학 버클리캠퍼스 동아시아 도서관에서 발굴하여 전체 14권으로 편집한 자료에 의하면, 전체 162편 가운데 수상작 5편이 분실되어 현재 확인 가능한 작품은 157편이다. 그중 56편이 소설에 가깝고, 나머지 92편은 의론문장과 시가 등이 뒤섞어 문체가 난삽하며 전통적인 '설부(說部)'의 특색을 띠고 있다. 周欣平 主編, 『清末時新小說集』(全14冊), 上海古籍出版社, 2011.

못했으며, 결과적으로 사회적인 영향도 그다지 크지 못했다.

그러나 그 성과 여부를 떠나 위 공모가 중국 근대문학과 작가의 형성에 있어서 몇 가지 중요한 의미를 지니고 있다.

첫째는 청일전쟁 이후 중국 지식인 사회에서 정치사회 개혁의 목소리가 비등하던 시점에 사회개혁과 소설의 관계를 부각시켰다는 점이다. 이는 사회개혁의 주도층이 지식인이었던 점을 고려하면, 개혁적인 지식인들에게 소설의 기능과 의미에 대한 새로운 인식을 제공하는 효과가 있었다. 그럼에도 당시 사회에 직접적인 영향이 미비했던 것은 1896년 본격적인 사회정치 개혁담론과 운동이 주로 위로부터의 하향식 정치개혁을 지향했던 것이 한 원인이었다. 소설은 직접적인 정치개혁보다도 사회문화 개혁운동의 방면에서 주요 기능을 발휘할 수 있다는 점에서 당시 주요 이슈로부터 밀려날 수밖에 없었다. 그 후 1900년 전후 시점부터 국민의식 개혁과 사회풍속 개량이 본격적으로 제기되면서 소설이 다시 주목받게 되었는데, 프라이어가 제시한 시사적인 문제인 아편과 시문[八股文]과 전족 타파는 1900년 이후 신소설의 주요 주제 가운데 하나였다.[33]

둘째는 창작자에게 현실의 사회적인 문제에 보다 관심을 갖도록 촉구하고, 사회 문제소설을 이전의 전통소설과 구분하여 "새로운

33 이와 관련하여 1897년 량치차오(梁啓超)는 다음과 같이 주장하였다. "오늘날 마땅히 통속 언어를 사용하여 널리 여러 저서를 저술해야 한다. 그리하여 위로는 성인의 가르침을 펼치고, 아래로는 역사사실을 다양하게 서술하며, 나아가서는 국가의 수치심을 자극하고, 멀리는 일반적인 이치와 관리들의 추태, 과거시험장의 악취, 아편의 중독, 전족의 고통을 담을 수 있다. 이를 통해 다양한 양상을 모두 드러내고, 저속한 풍속을 바로 세울 수 있으니, 그 유익함에 어찌 한도가 있겠는가?" 梁啓超, 「變法通議·論幼學」, 『時務報』 第8冊, 1897.

시사소설(時新小說)" 혹은 "새로운 취향의 소설(新趣小說)이라 명명했다는 점이다. 이는 당시 많은 창작소설이 기존 유행하는 소설의 후속편이나 자매편이라 할 수 있는 속서(續書)이거나 전통적인 소재에서 벗어나지 못하던 상황에 대한 일종의 새로운 자극제와 같은 것이었다. 위의 소설공모가 이전의 서적수집 광고와 다른 점은 기존에 있는 소설판본을 구하는 것이 아니라 새로운 창작소설로 국한시켰다는 점이다.[34] 이는 당시 중국사회에서 전통적인 소설의 한계를 지적함과 동시에 새로운 창작의식과 사회의식을 갖춘 작가의 필요성을 제기한 것이었다.

셋째는 결국 현실화되지는 못했지만, 프라이어는 소설공모를 통해 우수 작가를 발굴하여 전문작가를 양성하고자 하는 계획을 가지고 있었다는 점이다. 이는 출판사에서 작가와의 계약을 통해 보다 안정적이고 지속적으로 창작에 전념할 수 있는 조건을 제공함으로써 우수한 작품을 창작할 수 있도록 하려는 의도였다. 이에 적지 않은 작가들이 소설공모의 취지에 공감하고 계몽적인 목적하에서 작품을 창작하였는데, 잔시(詹熙), 중윈팡(鍾雲舫) 등은 당시 공모에 직접 응하지는 않았지만 이에 자극받아 상대적으로 완성도가 높은 작품들을 창작하여 출판하기도 하였다. 이로 볼 때 프라이어의 소설공모는 당시 중국 지식인들에게 일정한 자극과 영향을 주어 직접적으로 소설창작 실천

34 이전의 신보관 원고모집은 창작소설로 제한을 두지 않았는데, 처음으로 창작소설을 공모한 광고는 1877년 11월 21일 『신보』에 실린 우호원객(寓滬遠客)의 「유도구설(有圖求說)」이란 제목의 광고이다. 그렇지만 10폭의 그림을 제시하고 그 그림들을 이야기로 엮어 만든, 그림에 대한 해설식의 창작소설을 요구하였고, 단 2명의 응모자에 그쳤기 때문에 학계의 주목을 받지 못했다.

을 추동시키는 동인이 되었음을 알 수 있다.[35]

프라이어의 소설에 대한 관심과 문제의식은 그 후 여러 유신파 지식인들에 의해 주목을 받으며 지속적으로 제기되었다. 옌푸·샤청유(夏曾佑)의 「본사에서 설부를 부가적으로 인쇄한 연유(本館附印說部緣起)」(1897), 량치차오(梁啓超)의 「몽학보·연의보 합본 서문(蒙學報演義報合序)」(1897) 및 「정치소설번역 서문(譯印政治小說序)」(1898), 그리고 츄웨이위안(邱煒爰)의 「소설과 민지의 관계(小說與民智關係)」(1901) 등에서 보는 바와 같이 소설 혹은 설부의 계몽 미디어로서의 역할에 대해 지속적인 사회적 환기가 이루어졌다. 그러나 새로운 근대작가의 탄생이라는 측면에서 볼 때 프라이어의 공모는 일회적인 행사로 끝났다는 한계를 지니고 있다. 그 이유는 심사 이후 계획과는 달리 출판이나 지속적인 원고모집을 위한 후속조치가 없었던 점이 컸지만, 전문적인 작가가 등장하기 위해서는 보다 안정적인 활동공간과 경제적인 토대, 그리고 새로운 작가의식이 전제되어야 했기 때문이다.

그러한 의미에서 1902년 량치차오가 『신소설』을 창간한 것은 중요한 의미를 지니고 있다. 일단 『신소설』 창간은 그가 직접적인 정치활동에서 의식계몽과 사회개혁으로 활동의 중점이 옮겨 가던 시기와 동시에 이루어졌다는 점에서, 그리고 사회풍조 개량에 소설의 주요 의의

---

35 응모작 외에도 예를 들어 잔시(詹熙)의 『화류심정전(花柳深情傳)』(혹은 『성세신편(醒世新編)』, 『해상화매영(海上花魅影)』 등으로 불리기도 함)은 당시 프라이어의 소설 현상공모 광고를 보고 창작한 것이지만, 미처 응모하지 못하고 2년 뒤 1897년에 단행본으로 출판되었다. 이 작품을 포함하여 그 소설현상공모를 계기로 창작한 작품으로는 서냉산인(西冷散人)의 『희조쾌사(熙朝快史)』(1895), 중윈팡(鍾雲舫)의 『초은거전기(招隱居傳奇)』(1896), 원화관추재주인(元和觀秋齋主人)의 백화 통속소설인 『통상원위연의(通商原委演義)』(1897) 등이 있다.

를 두고 있다는 점에서 프라이어의 문제의식을 직접 이어받고 있다.[36] 물론 이 시기는 이미 정치소설을 비롯해 서구의 소설들이 여러 잡지 미디어를 통해 번역·게재되고, 여러 타블로이드 신문들이 소설을 연재하면서 독자층이 점차 확대되고 소설에 대한 사회적 인식도 더욱 심화되던 상황이었다. 그렇지만 여전히 소설을 창작한다는 것은 계몽사상 운동의 일환으로서의 책임의식이나 일시적인 취미, 소일거리에서 크게 벗어나지 못했기 때문에, 소설가라는 직업의식을 갖춘 작가가 출현하기에는 여전히 한계가 있었다.

이러한 시점에서 『신소설』이라는 전문 문학잡지의 출간은 전체 문단에서 소설의 지위를 더욱 부각시켰을 뿐만 아니라, 새롭게 소설 창작의 고유성격과 작가에 대한 의식을 환기시킬 수 있는 상징적인 사건이었다. 그 구체적인 의미는 1902년 『신민총보(新民叢報)』 제19호와 2주 뒤 『신소설』의 창간호에 게재된 「신소설사 원고모집 공고(新小說社徵文啓)」란 제하의 다음과 같은 광고를 통해 일단을 엿볼 수 있다.

> 소설은 문학의 상등(上乘)으로, 사회풍조와 가장 관계가 밀접하다. 본사는 신학(新學)을 제창하고 국민을 계발시키기 위해 본 사원(社

---

36 당시 프라이어의 소설공모 및 그 결과에 관한 광고는 『신보』와 『만국공보』에 각각 5회와 2회 게재되었으며, 전체 162편의 작품이 응모할 정도로 사회적으로 적잖게 알려져 있었다. 더욱이 청일전쟁으로 『신보』와 『만국공보』의 판매부수가 급증하고 캉유웨이, 량치차오 등이 『만국공보』를 모델로 신문·잡지를 발간하려 기획하는 등 개혁인사들의 관심이 매우 높던 시기였다. 따라서 량치차오가 위 소설현상공모 활동을 알고 있거나 공고문을 접했을 가능성이 매우 높다. 李提摩太(Timothy Richard), 『親歷晩淸45年 - 李提摩太在華回憶錄』, 天津人民出版社, 2005, 210-211, 233-235쪽.

員)들의 저작과 번역 외에도 특별히 국내 저명인사들의 걸작을 널리 모집하여 세상에 소개하고자 한다. 삼가 공모 유형 및 원고료의 표준을 다음과 같이 널리 알린다:

제1유형: 장회체 소설 10여 회 이상 및 전기(傳奇) 극본(曲本) 10여 막 이상의 것

저작본 갑(甲)등 1,000자당 원고료 4원/ 을(乙)등 3원/ 병(丙)등 2원/ 정(丁)등 1.5원

번역본 갑(甲)등 1,000자당 원고료 2.5원/ 을(乙)등 1.6원/ 병(丙)등 1.2원

이런 유형의 원고를 보내는 사람은 책 전체를 부쳐 올 수 있다면 가장 좋겠지만, 그럴 수 없을 경우 우선 3회 혹은 3막 이상을 부쳐 주기 바란다. 만약 본사에 적합하지 않으면 즉각 원고를 5일 이내 반송하고 결코 착오가 없도록 할 것이다. 만약 적합하다면 원고료 등급을 알려드릴 것이다. 투고자가 혹여 그 등급에 불만이 있다면 신속하게 서신을 보내고, 그럼 원고를 정중히 반송하도록 하겠다. 본사는 애정소설(寫情小說)을 가장 구하고 싶은데, 반드시 남녀 간의 정을 그리면서도 애국의 의미를 함축하고, 시국에 유익해야 한다. 또한 『유림외사』처럼 현 사회의 정황을 묘사함으로써 시류(時流)를 각성시키고 나쁜 풍속을 바로잡는 것이 우수한 작품이다. 국내 군자께서 일찍부터 저술한 것이 있다면 옥고를 감춰 두지 말기를 바란다.

제2유형: 문장의 종류는 아래와 같다.

一. 잡기(雜記), 『요재(聊齋)』와 같은 『열미초당필기(閱微草堂筆記)』와 같은 류, 또 허구든 사실이든 본 잡지 제1호 "잡기"류와 같은 것

一. 우스운 이야기(笑話)

一. 유희문장, 격식에 제한을 두지 않는다.

一. 잡가요(雜歌謠), 악부 양식으로 제한할 필요 없고 시국에 관한 것이 상등(上乘)이다. 예컨대 탄사(彈詞), 광둥 설창(粵謳) 같은 류이면 된다.

一. 등롱 수수께끼(燈謎), 벌주놀이(酒令), 대련(楹聯) 등

이런 류의 투고자는 원고료를 줄 수 없음을 양해해 주시고, 본 잡지 몇 호에 실린다면 그 호의 잡지를 한 권 증정하여 소중한 뜻에 답례하고자 한다. 원고는 수록 여부와 관계없이 반환하지 않음을 양해 바란다. 모든 투고자 제군은 회신을 받을 수 있도록 성명과 주소를 명기해 주기 바란다.[37]

위 광고문을 보면 『신소설』 문장의 기고자는 신소설사의 사원들과 더불어 외부투고자들로 이루어졌음을 짐작할 수 있다. 이 중에서 사원들은 일종의 동인과 유사한 방식으로 『신소설』 잡지 발간에 참여한 사람들로 주로 량치차오를 중심으로 한 그룹으로 구성되어 있다.(제7장 참고) 이들은 대부분 정치운동가로서 언론이나 교육, 정치, 문학 등 다양한 분야에서 활동하고 있었지만, 소설을 통한 국민계

37 1902년 10월 31일 『新民叢報』 제19호와 1902년 11월 14일 『新小說』 제1호 두 곳에 실렸다.

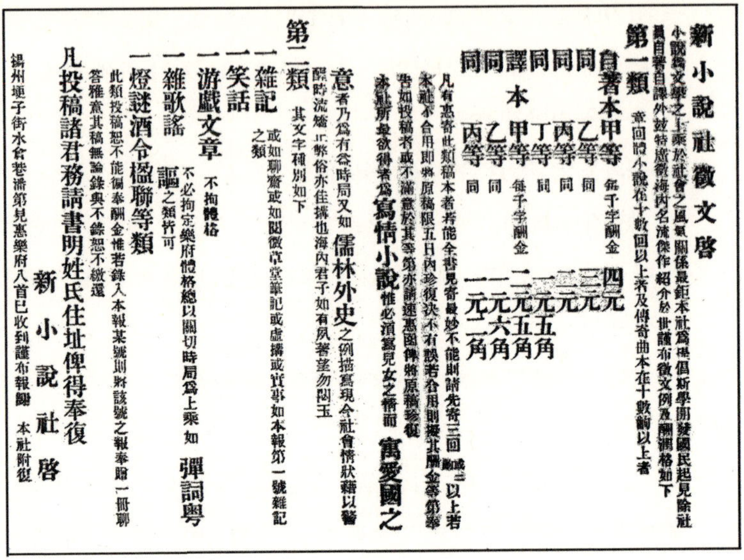

新小說社徵文啓

小說爲文學之上乘於社會之風氣關係最鉅本社爲提倡斯學開發國民起見除社員自著自譯外並特廣徵海内名流傑作紹介於世謹布徵文例及酬潤格如下

第一類 章回體小說在十數回以上者及傳奇曲本在十數齣以上者

自著本甲等	每千字酬金	四元
同　乙等	同	三元
同　丙等	同	二元
同　丁等	同	一元五角
譯本甲等	每千字酬金	二元五角
同　乙等	同	一元六角
同　丙等	同	一元二角

凡有惠寄此類稿本者若能全書見寄最妙不能則請先寄三回或三齣以上者本社若不合用即將原稿限五日內珍復決不有誤若合用則擬其酬金等第奉告如投稿者或不滿意於其等第亦請速惠函俾將原稿珍復

本社所最欲得者爲寫情小說惟必須寫兒女之情而寓愛國之意者乃爲有益時局又如儒林外史之例描寫現今社會情狀藉以警醒時流矯正弊俗亦佳構也海內君子如有夙著望勿閟玉

第二類 其文字種別如下

一 雜記 或如聊齋或如閱微草堂筆記或虛構或實事如本報第一號雜記之類

一 笑話

一 游戲文章 不拘體格

一 雜歌謠 不必拘定樂府體格總以關切時局爲上乘如彈詞粵謳之類皆可

一 燈謎酒令楹聯等類

此類投稿恕不能備奉酬金惟若錄入本報某號則對該號之報奉贈一冊聊答雅意其稿無論錄與不錄恕不繳還

凡投稿諸君務請書明姓氏住址俾得奉復

新小說社啓

揚州埂子街水倉巷潘第見惠樂府八首已收到謹布報聞 本社附復

그림 8.2 『신민총보』 제19호에 실린 『신소설』 원고모집 광고(1902. 10. 31.)

몽이라는 목적을 위해 소설 창작 혹은 번역에 참여하였다. 또한 그들은 『신소설』 잡지에 관여함으로써 일정한 경제적인 지원을 받았어도 스스로는 자유로운 정치·사회운동의 종사자로서 국민계몽과 사회개혁을 위해 글을 쓴다는 의식을 지니고 있었다. 이는 프라이어의 소설 공모에서부터 응모자들이 실명으로 기고하고 소설의 계몽적인 기능을 전면에 부각시키기는 했지만, 1900년 이후에 비로소 소설 및 소설가에 대한 사회적인 인식의 변화와 더불어 정치·사회운동가들이 실제적인 창작집단으로 등장함으로써 근대의 계몽가로서의 작가의식이 더욱 확산되었음을 말해 준다.

초기 잡지들이 준(準)동인의 방식을 취한 것은 당시 근대작가 형성에 있어서 중요한 의미를 지닌다. 첫째는 상대적으로 소자본으로도 잡지를 지속적으로 유지해 나갈 수 있다는 점이고, 둘째는 동인들에게 보다 안정적인 글쓰기 기회와 기고 공간을 제공한다는 점이며, 셋째는 집단적인 방식을 통해 보다 용이하게 새로운 창작의식이나 작가의식을 부여한다는 점이다. 이는 처음에 작가로서의 새로운 의식보다도 계몽적인 지식인의 소명의식이 앞서기는 하였지만, 지속적인 창작과정을 거치면서 작가로서의 의식이 새롭게 발아할 수 있는 적극적인 조건을 제공해 주었다.

한편 위 광고에서는 외부투고와 관련하여 원고료 지급 기준과 범위, 액수를 등급별로 상세하게 명시하고 있다. 이는 이전 시기의 원고모집 광고에 비해 한층 표준화되고 세분화된 형태의 원고료 규정을 공식적으로 명문화시킨 것으로, 『신소설』의 독창적이고 진일보한 방안이었다. 여기서 주의를 끄는 것은 소설의 범위가 매우 광범위하다는 점과 이를 의식하여 장회체 소설 및 전기와 기타 유형을 구분하고 전자(그것도 10회 이상의 작품 요구)에만 원고료를 지급했다는 점이다. 이 중 소설범위가 광범위한 것은 당시 소설 혹은 '설부' 자체가 단일한 문체가 아니라 잡다한 문장을 아우르는 장르 개념이라는 특성을 고려하면 쉽게 이해할 수 있는 부분이다. 또 한편으로는 미디어라는 속성과 연결시켜 보면 전문적인 소설잡지라 할지라도 지면에 각종 문체를 포섭하여 다양한 체재 구성을 갖출 필요가 있었던 점을 감안하지 않을 수 없다. 다만 일정한 분량 이상의 장회체 소설 내지 그에 준하는 전기(傳奇)를 원고모집의 중점으로 삼았다는 것은 앞서 프라이어가 소설공모에서 일정한 서사구조나 문체 등에 관한 조건을 제시했던 것처럼, 소설이라는 장르에 대한 일정한 관념이 확립되고 있었다고 볼 수 있다. 량치차오가 「소설과 군치의 관계를 논함(論

小說與群治之關係)」에서 "인도(人道)"를 지배하는 힘으로 거론한 "훈(熏: 스며드는 힘), 침(浸: 젖어드는 힘), 자(刺: 찌르는 힘), 제(提: 밖으로 드러내는 힘)"[38]의 4가지 작용이 소설이나 설부류의 일반적인 특성이라고 하더라도, 그 효과를 보다 극대화시키기 위해서는 일정한 서사구조를 갖추어야 한다. 이로 볼 때 위 광고는 소설의 구조와 미학에 대한 일정한 관념을 전제로 하고 있다. 이는 소설과 소설가에 대한 새로운 인식을 추동하는 내용으로 이후에 『신소설』 잡지에 소설에 관한 여러 논의와 담론이 게재된 것과도 관련된다.

다음으로 소설을 다시 저작과 번역으로 구분하고 각각 세분화된 등급별로 차등적인 원고료를 제시하고 있다. 굳이 창작과 번역으로 이분하여 똑같은 갑(甲)등이라 할지라도 번역본보다 창작에 상대적으로 더 큰 원고료를 책정하고 있는 이유는 물론 번역에 비해 창작의 어려움이나 창작자 자체를 구하기 어려운 현실조건을 반영한 것으로 보인다. 19세기 말 인쇄미디어의 발전에 따른 소설의 성행에 비해 창작은 매우 빈곤한 상황이었으며, 이러한 조건하에서 서구에 대한 관심의 고조와 더불어 번역이 신문·잡지의 문예란을 장악해 가고 있었다. 비록 번역소설은 신선한 면이 있기는 했지만, 또 적지 않은 중국인 독자에게 있어서는 그다지 감흥을 주는 것은 아니었다. 게다가 『신소설』 동인이나 일본 유학생 집단을 중심으로 번역자 집단이 증가하고 있었던 것에 비해 창작자를 물색하거나 섭외하는 것은 상대적으로 어려움이 많았다. 따라서 『신민총보』와 달리 보다 대중적인

38 『新小說』 第1號, 1902. 11. 14.

미디어를 지향하는 『신소설』로서는 중국 독자들에게 익숙한 창작작품과 이를 위한 작가의 발굴이 절실히 필요했다.

다음으로 내용이나 장르적인 측면에서 애정소설과 사회소설을 권장하는 점도 주목할 필요가 있다. 량치차오가 창간호에 실린 「신중국미래기(新中國未來記)」의 첫머리에서 이 정치소설을 창작하기 위해 『신소설』이란 잡지를 발간하게 된 동기를 밝히고 있음에도, 소설공모를 통해 애정소설 원고를 우선 모집하고자 한 연유가 무엇일까? 남녀간의 사랑을 다루어도 애국의 의미를 담아야 한다고 전제를 달고 있지만, "사정소설(寫情小說)" 혹은 "기정소설(奇情小說)"로 분류하여 게재한 3편의 소설이[39] 모두 이 조건에 완전히 부합한다고 보기는 힘들다. 이는 『홍루몽』을 비롯하여 애정소설이 당시 중국 소설 독자들이 가장 선호하던 작품유형이었으며, 량치차오가 말한 소설의 네 가지 힘을 고루 갖추고 있어 새로 창간한 잡지의 판로를 개척하는 데 유리한 매개 역할을 할 수 있었기 때문으로 보인다. 상업적인 목적에서만이 아니라 국민계몽이란 취지를 효과적으로 이루기 위해서도, 애정소설을 정치소설 같은 실험적인 소설과 나란히 배치시켜 애정소설의 독자층이 그들에게 낯선 형식의 소설도 자연스럽게 받아들일 수 있도록 여지를 확보하려는 전략일 수 있다. 이로부터 당시 정치소설론이 전면에 부각되기는 했지만, 소설 창작이라는 것이 단순히 계몽의식만으로 가능한 것이 아니라는 의식이 자리 잡고 있음도 엿볼 수 있다.

---

39 狄葆賢 著, 「新聊齋 唐生」, 『新小說』 제7호; 方慶周 譯述, 吳趼人 衍義, 「電術奇談」, 『新小說』(第8-13號, 17號, 18號, 20-24號 연재); 周桂笙 譯, 「神女再世奇緣」, 『新小說』(第22-24號 연재).

아울러 그가 우수작품의 기준으로 『유림외사』를 제시한 데에는 앞에서 살펴본 『신보』의 영향으로 당시 출판계에 형성된 사회적인 공감대가 작용한 바 크다. 신보관이 『유림외사』를 출판하여 상업적인 성공을 거두고 원고모집 광고를 통해 『유림외사』를 소설의 표준으로 삼은 이래,[40] 『유림외사』는 각 출판사들의 소설출판 광고 카피에 등장시키는 단골메뉴가 되다시피 하였다. 즉 『유림외사』는 19세기 말 이래 신소설에 이르기까지 가장 우수한 작품이자 모델로 인식되었다. 그 결과 많은 작품들이 스스로 『유림외사』에 비견하는 일이 비일비재하였는데,[41] 바오톈샤오(包天笑)는 "당시 사회소설을 쓰는 자는 『유림외사』를 가장 신봉하였기 때문에, 저마다 『유림외사』를 모방하였다."[42]라고 회상한 바 있다. 이와 같이 소설가들마다 『유림외사』를 모방하고 출판사마다 『유림외사』를 빌려 자신들이 출판한 신소설을 소개하기에 열

40 『신보』는 『유림외사』를 출판하여 크게 성공한 이후 서적을 수집할 때 『유림외사』를 작품 평가의 기준으로 삼았다. 예를 들어 1875년 6월 광고를 보면 "반드시 책의 체제가 『유림외사』처럼 서로 연계되고 음란한 표현이 없는 가작(佳作)이어야 하며, 『요재지이』처럼 단락마다 끊어지는 것은 일절 사절한다."라고 하면서 언어표현과 내용, 체제 등에 있어서 『유림외사』를 표본으로 제시하고 있다. 「本館告白」, 『申報』, 1875. 6. 19.

41 예를 들어 한방칭은 자신의 『해상화열전』이 『유림외사』로부터 탈변된 것이라고 주장하였다.(「海上花列傳例言」, 『海上奇書』 第3期, 1892. 3. 1.(음력)) 또 1903년 상무인서관이 『수상소설(繡像小說)』 출판 광고를 내면서 잡지에 연재된 리보위안의 『문명소사(文明小史)』를 "필치가 해학적이나 도를 넘어서지 않고 완곡하나 풍자적이니, 십중팔구 『유림외사』와 비슷하다."라고 소개하였다.(「上海商務印書館編印『繡像小說』」, 『新聞報』, 1903. 5. 31.) 1904년 『시보』에 실린 『관장현형기』 출판 광고에는 "이 책의 문구가 해학적인 게 『유림외사』에 뒤지지 않는다."라고 선전하였다.(「世界繁華館出版新著小說」, 『時報』, 1904. 6. 14.)

42 「釧影樓筆記」, 李漢秋 編, 『儒林外史硏究資料·前言』, 上海古籍出版社, 1984에서 재인용.

을 올린 현상은 『유림외사』가 당시 하나의 창작 붐을 형성하고 있었음을 보여 준다. 『신소설』의 소설공모에서 『유림외사』를 풍속을 교화한다는 구실로 우수한 작품의 모델로 내세운 것은 내용적으로 잡지 취지에 부합되는 면도 있겠지만, 한편으로는 이미 전통소설의 대표적인 성공작으로 평가하는 당시의 출판계와 독자들의 관념을 수용한 것과 크게 다를 바 없었다. 어쩌면 이러한 조건 제시를 통해 당시 작가들에게 일정한 규범을 제시하여 모종의 창작경향을 이끄는 효과를 기대했는지도 모르겠다.

흥미로운 점은 우젠런(吳趼人)이 주편을 맡은 제8호부터 그 자신이 직접 창작한 사회소설과 애정소설이 비로소 연재되기 시작했고[43] 외부로부터의 투고도 대폭 늘었다는 점이다. 정작 소설공모를 냈던 량치차오가 편집한 초기에는 이 두 소설유형이 거의 실리지 않았던 데 비해,[44] 우젠런이 편집을 맡은 시기부터 사회소설이 정치소설을 대체하였을 뿐 아니라 갈수록 지면을 많이 차지하여 한 회에 세 편의 소설이 동시에 연재되기도 하였다.[45] 초기에는 량치차오 중심의 동인들이 주축이 되고 상대적으로 외부 투고에 의존하는 빈도가 적었지만, 주편이 바뀐 후로 편집진과 주요 집필진의 인맥 변동이 생기면서 상하이 지역 작가들의 투고가 더 많아진 것으로 보인다.

---

43 우젠런이 창작한 사회소설 『이십년목도지괴현상(二十年目睹之怪現狀)』, 『구명기원(九命奇冤)』과 번역본 『전술기담(電術奇談)』이 연재되었다.

44 사회소설은 전혀 없고 애정소설(寫情小說)로 디바오셴(狄葆賢)이 창작한 「신요재(新聊齋)·당생(唐生)」(7호 수록) 단 1편만 게재되었다.

45 『신소설』 第15號(第2年 第3號)부터 24號(第2年 第12號)까지 우젠런의 『이십년목도지괴현상』, 『구명기원』과 탕바오룽(湯寶榮)의 『황수구(黃繡球)』 세 편이 모두 한 회에 나란히 실렸다. 후반으로 갈수록 사회소설의 비중이 늘어남을 한눈에 알 수 있다.

이와 같이 『신소설』은 지속적이고 안정적인 투고 공간과 원고료 지원을 통해 새로운 소설작가를 호출하였고 근대 소설작품이 지향해야 할 방향을 제시함으로써 새로운 창작경향과 관념을 갖춘 작가들의 출현을 자극하였다.

4. 상무인서관과 『시보』, 『소설림』의 현상공모

『신소설』 이후 『수상소설』을 비롯한 소설잡지들이 연이어 등장하고, 각 잡지사와 출판사들이 수시로 소설공모 활동을 전개하였다. 기본적인 공모방식은 앞의 프라이어의 방식과 『신소설』의 방식에서 크게 벗어나지 않지만, 공모를 주관하는 잡지사나 신문사가 더욱 다양화되고, 소설작품을 위한 사회적 수요와 미디어환경이 더욱 확대되면서 소설 창작에 대한 경제적인 보상도 더욱 증가하였다. 이제 소설공모 활동은 단순히 작품 모집이 아니라 근대적인 신진작가의 발굴을 의식하며 이루어지기 시작했다. 실제로 1904년 상무인서관(商務印書館)과 1907년 시보관(時報館)의 현상 공모를 통해 중요한 작가들이 문단에 등단하기도 하였다.

먼저 1904년 상무인서관은 출판사업을 확장하면서 부족한 집필진을 확대하기 위해 다양한 기고문과 저서를 공모하였다.

> 본관(本館)은 교과서, 『수상소설』, 『동방잡지』를 창간하여 우리 동포들에게 제공하고 국내의 환영을 받았다. 다만 동인들의 지식이 제한적이어서 그 책무를 다하지 못하고 사방의 기대에 부응하지 못

上海商務印書館
徵文
第一類國文教科書題
第二類小說題
第三類論說題
限期
酬洋

그림 8.3 『신보』(1904. 12. 6.)에 실린 상무인서관 소설공모 광고

할까 걱정된다. 이에 널리 예문(藝文)을 공모하여 유익한 것을 수집하고자 한다. 공모 관련 규정은 다음과 같다.

제1부류 국문교과서. … 제2부류 소설. 교육소설: 과거의 교육 상황을 서술한 것으로 그 폐해를 상세히 드러내어 개혁방안에 대한 발명을 위주로 한 것, 사회소설: 풍수, 점술, 향 피우기 등 모든 금기 중 매우 혐오스러운 것을 서술하여 그 어리석음과 미혹됨을 묘사하고 과학과 진리를 밝히는 것을 위주로 하되 제반 종교와 관련되지 않은 것. 역사소설: 아편전쟁에서 의화단의 난에 이르기까지 외국인의 입국과 각 국가에 패배하게 된 연유를 상세히 밝히고, 더불어 영토할양과 배상금 문제를 서술할 것. 그리고 내용이 명확하여 하층사회도 능히 깨칠 수 있으되 실례로 언급되는 사실은 허위로 지어낸 것이 아니라 반드시 근거가 있어야 한다. 실업소설: 현재 공상업의 실제상황을 서술하고 경쟁에서 이길 수 없는 이유를 상세히 밝혀 개혁방안을 도모하는 것.

이상 각 주제는 장회체를 활용하되, 백화와 문언 중 어느 언어를 사용할 것인가는 작가의 편의에 따른다. 우선 몇 회를 창작하고 아울러 전체 작품의 구조와 작품의 취지 및 전체 작품의 분량에 대해 별도로 정리하여 보여 주기 바란다. 제3부류 논설. … 제2부류는 매 권 2만 자 이상이어야 한다. … 모집기간: 연말까지. 내년 2월 내에 심사하여 신문을 통해 공지함. 1등 상금 100원, 2-3등은 각각 50원, 4-5등은 각각 30원, 6-10등은 각각 20원, 11-20등은 각각 10원. 그 이하의 상금에 대해서는 심사 시에 결정하거나 본관의 서적을 보내 주도록 할 것이다. 만약 우수작이 많으면 상금도 더 늘리도록 하겠다.[46]

상무인서관의 현상공모를 보면 교과서, 『수상소설』, 『동방잡지』를 위한 원고를 교과서, 소설, 논설 세 가지로 모집하고 있다. 여기서

---

46 "本館創辦教科書, 繡像小說, 東方雜誌, 以晌我同胞, 幸蒙海內不棄. 惟同人知識有限, 深恐不克負荷, 無以副四方之期望. 玆擬廣征藝文, 以收集思廣益之用, 所擬條理臚陳如左. 第一類國文教科書題, … , 第二類小說題: 教育小說: 述舊時教育之情事, 詳其弊害, 以發明改良方法爲主; 社會小說; 述風水, 算命, 燒香, 求簽及一切禁忌厭勝之事, 形容其愚惑, 以發明格致真理爲主, 然不可牽涉各宗教; 歷史小說: 從鴉片戰爭起至拳匪亂事止, 詳載外人人境及各國致敗之由, 割地賠款一並述及, 以明白暢快, 能開通下等社會爲主, 然征引事實須有所本, 不可杜撰; 實業小說: 述現時工商實在之情事, 詳其不能制勝之故, 以籌改良之法. 以上各題用章回體, 或白話, 或文言, 聽人自便. 先作數回, 並用別紙將全書結構, 及作書宗旨及全書約有幾回, 先行示及. ,第三類論說題, … , 第二類每卷二萬字以上, … , 收卷限期: 年底截止, 明年二月內選定名次, 登報廣告. 第一名酬洋一百元, 二三名各五十元, 四!五名各三十元, 六名至十名各二十元, 十一名至二十名各十元, 以下酬資, 屆時酌定, 或送本館書籍. 如佳作甚多, 酬資再行酌增."「上海商務印書館徵文」 광고는 1904년 3월과 4월 『수상소설』 22기와 23기에 실렸고, 이후 1904년 11월 14일 『신문보』와 1904년 12월 6일 『신보』에도 게재되었다.

주목할 것은 『수상소설』 원고로 소설을 다시 교육소설, 사회소설, 역사소설, 실업소설로 나누어 상세한 주제와 내용을 제시하고 모집한다는 점이다. 이는 당시 지식분류와 연계시킨 소설분류에 따른 것이지만, 출판사에서 창작자들을 주도적으로 견인하는 상황을 잘 보여주고 있다. 위 광고의 현상공모는 1904년 4월부터 연말까지로 시한을 두었다가, 다시 1개월 연장하여 1905년 1월 말까지 작품을 접수하였다. 상금도 당시로서는 파격적인 액수였는데, 이는 당시 상무인서관의 상대적으로 안정적이었던 경제적 기반에 따른 것이지만, 한편으로는 출판사가 현상공모를 매우 신중하고 비중 있게 기획하였음을 나타낸다. 또 특이한 점은 2만 자 이상의 장회체 소설로 제한하면서, 완성작이 아니라 초반 몇 회분 이외에 전체 작품의 구조와 취지, 분량을 명시하여 응모하도록 하고 있다는 것이다. 이는 기본적으로 기한 내의 현상공모이면서도 앞서 『신소설』과 마찬가지로 연재를 염두에 둔 것으로, 기한이 짧은 편은 아니지만 보다 충분한 시간을 가지고 완성도 있는 작품을 구상할 수 있도록 하기 위한 배려이자, 작품에 대한 선도매입을 위한 것으로 보인다.

이에 대한 응모 결과는 아직까지 자세하게 알려진 바 없다. 다만 그 현상공모에서 지원(姬文)[47]이 실업소설 『시성(市聲)』으로 5등에 당선되어 30원의 상금을 받았고, 1905년 2월 『수상소설』 43기부터 연재하기 시작하였다. 또 같은 호에 나란히 게재된 『소미추(掃迷帚)』 또한 딩펑쟈(丁逢甲)[48]의 당선작으로 미신풍속을 비판하는 것이 주요

47 생졸 미상. 그의 소설 『시성(市聲)』은 총 25회 미완으로 『수상소설』 43-72기에 연재되었다. 한편 1908년 상무인서관에서 단행본으로 출판될 때에는 총 36회였다.

내용인데, 이는 현상공모에서 제시한 사회소설 주제에 부합한다. 딩평쟈의 경우 구체적 등수와 상금에 관한 자료는 없지만[49] 이번 현상공모를 통해 지원(姬文)과 함께 등단한 신예작가로, 이후 남사(南社) 회원으로 활동하며 잡지편집과 창작에 종사하였다. 두 소설은 잡지에 연재된 후에 각각 1907년과 1908년에 상무인서관에서 단행본으로 출판되었다. 이와 같이 상무인서관은 상기 현상공모를 통해 신진작가를 발굴하고 소속 잡지의 원고량을 확보하는 데 성공하였으며, 당선작을[50] 게재하는 데 그치지 않고 단행본으로도 출판하는 후속조치를 취하였다.

또 다른 대표적인 소설 현상공모로서 1907년 3월 29일 『시보』에 실린 「소설대현상(小說大懸賞)」 광고를 주목할 필요가 있다. 상무인서관의 현상공모는 소설의 주제와 내용을 명확히 규정하고 형식도 2만 자 이상으로 장편을 요구하였지만, 그에 비해 『시보』의 이번 공

48 딩펑쟈(丁逢甲, 1864-약 1929), 장쑤(江蘇) 출신이며 소설가이자 교사였다. 남사(南社) 초기 멤버로 활동하였으며 그의 소설 『소미추(掃迷帚)』(총 24회)는 처음에 『수상소설』 43기-53기에 연재되다가 다시 『광익총보(廣益叢報)』 제4기-27기에 연재되었다. 이후 여성의 권익에 관한 문장을 많이 써서 주로 『부녀잡지(婦女雜誌)』에 기고하였다.

49 궈하오판(郭浩帆)에 의하면 딩펑쟈는 등수에 대한 설명 없이 상금 15원을 받았다고 한다.(『中國近代四大小說雜誌硏究』, 山東大學 博士學位論文, 2000, 98-99쪽 참조) 그러나 공고를 보면 상금을 100, 50, 30, 20 10원으로 상정하고 있으며, 그가 말하는 15원이 무엇에 근거한 것인지는 구체적으로 밝히고 있지 않다.

50 당선작 『시성』, 『소미추』와 같은 호에 나란히 실린 후이쉐즈(悔學子)의 『미래교육사(未來敎育史)』(43-46기 연재)와 그 후속으로 47기부터 연재되기 시작한 우멍(吳蒙)의 『학구신담(學究新談)』 역시 당선작으로 여겨지지만, 두 작가에 대한 자료가 부족하여 확실하지 않다. 그렇지만 두 작품 모두 과거제 폐지와 신교육의 개혁방안을 다루고 있는 교육소설로, 상무인서관의 현상공모에서 요구한 교육소설의 내용에 잘 부합된다는 점과 게재시기와 주제를 고려할 때 당선작일 가능성도 배제할 수 없다.

모는 소설의 내용과 형식 모두 아무런 제약 없이 선택의 자유권을 부여하였다.

> 본보(本報)는 소설을 현상공모하고자 한다. 장편이든 단편이든 번역이든 창작이든 본보에 당선되어 게재된 것에 대해, 본보는 세 등급으로 나누어 각각 1등은 1,000자당 10원, 2등은 1,000자당 7원, 3등은 1,000자당 5원을 상금으로 지급한다. 당선되지 않은 원고는 반송한다. 1차 기한은 3월 16일부터 4월 15일까지이다. 본관(本館)에서 삼가 알린다.[51]

이 광고는 3월 29일부터 5월7일(음력 2월 16일-3월 25일) 사이에 반복적으로 『시보』에 실렸지만, 5월 8일 시보관(時報館)은 갑작스런 화재로 인쇄설비와 원고들을 유실하고 부득이하게 현상공모 기한을 연장하였다. 이에 6월 2일(음력 4월 22일) 『시보』에 실린 광고란에서 연장 사유를 밝히고 늦었지만 당일부터 순서대로 현상소설을 게재하겠다고 공지하였다.[52] 하지만 이 역시 수상자 명단을 발표하지는 않았는데, "현상소설" 1등 당선작에 대해서는 언급 없이 2등과 3등 당선작으로 『쌍루비(雙淚碑)』와 『자접영(雌蝶影)』 두 편이 잇따라 연재되었다. 이로 보아 앞의 상무인서관 공모를 포함하여 당시 투고 작품

---

51 「小說大懸賞」, 『時報』, 1907. 3. 29.

52 1907년 6월 2일 『시보』에 실린 「본관특별고백(本館特別告白), 현상소설발표(懸賞小說發表)」에서 "본관(本館)은 이전에 소설대현상(小說大懸賞) 광고를 내고 원래 4월 15일까지 마감이었는데, 불행히도 화재를 당해 모든 일이 혼란스럽게 되고 또 제군들의 저서 및 번역 투고가 워낙 많아 대충 읽을 수도 없고 해서 오늘까지 지체되었으니 송구스럽기 그지없다. 오늘부터 차례대로 당선작을 게재할 것이며 모든 입선되지 않은 원고들은 일일이 반송한다. 이에 특별히 공고함."이라고 명시하였다.

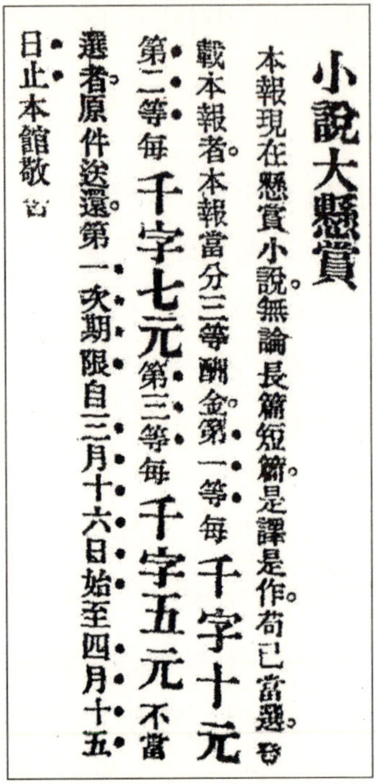
小說大懸賞

本報現在懸賞小說無論長篇短篇是譯是作苟已當選者載本報者本報當分三等酬金第一等每千字十元第二等每千字七元第三等每千字五元不當選者原件送還第一次期限自三月十六日始至四月十五日止本館敬白

그림 8.4 『시보』, 1907. 3. 29. 소설현상 공모 광고

대부분이 주최 측의 기대에 못 미치는 것이 많았음을 알 수 있지만, 또 한편으로 주최 측의 문학작품 인식과 평가기준이 상대적으로 높았음을 말해 주기도 한다. 그리고 일정 수준 이상의 작품에 대한 기대는 작가들에게 창작과정에서 자신의 작품에 대해 보다 많은 숙려와 고민을 하도록 자극하는 요소로도 작용했을 것이다.

한편 위 당선작 가운데 『쌍루비』는 6월 2일부터 6월 11일까지 "현상소설 제2등(懸賞小說第二等)"이란 표제하에 『시보』에 연재된 애정소설이다. 연재 후에 이 소설은 1908년 유정서국(有正書局)에서 단행본으로 출판되었다. 작가는 '난멍(南夢)'이란 필명을 쓴 루청이(陸曾沂)[53]로 같은 현상공모를 통해 등단한 신진작가였다. 또 한 편의 당선작 『자접영』은 "현상소설 제3등(懸賞小說第三等)"이란 표제하에 6월 12일에서 8월 13일까지 『시보』에 연재된 탐정소설이다. 작가 필

53 陸曾沂(1884-1927), 호는 추심(秋心)이며 장쑤(江蘇) 출신으로 남사(南社)회원으로 활동하였다. 푸단공학(復旦公學)을 졸업 후 동 학교에 중문교사로 재직하면서 주로 시와 소설을 창작하였으며, 1909년 창간된 『민호일보(民呼日報)』와 이후 『민립보(民立報)』의 편집에도 참여하기도 하였다.

명이 “단투(丹徒) 바오유푸(包柚斧)”로 실렸는데, 사실 이 작품은 리한츄(李涵秋)가 『시보』의 소설현상공모를 보고 20여 일 만에 탈고했지만 자신이 없어 응모를 망설이자 그의 벗 바오유푸(包柚斧)가 자신의 이름으로 제출한 것이었다.[54] 이듬해 이 소설이 유정서국에서 단행본으로 출판될 때는 작가명을 리한츄로 바꾸어 발행되었다. 리한츄는 신진작가라기보다 이미 그의 다수의 시가를 한커우(漢口)의 『공론신보(公論新報)』를 비롯한 일간지에 발표한 바 있는데, 이번 응모를 계기로 상하이 문단에 진출하여 본격적인 소설창작의 길로 들어서게 되었다.

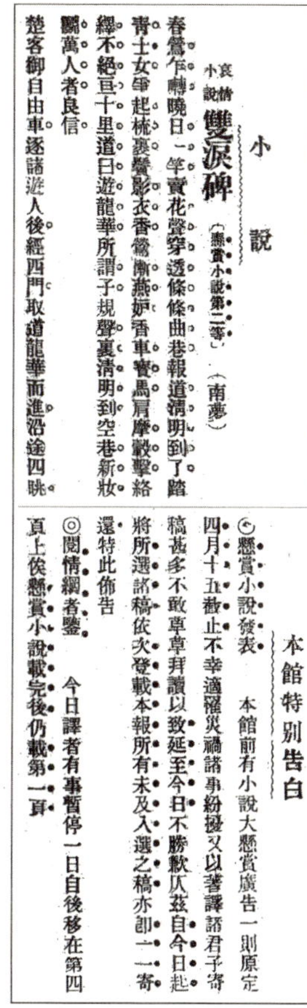
小說

哀情小說 雙淚碑 (懸賞小說第二等) (南夢)

春鶯乍囀曉日一竿賣花聲穿透條條曲巷報道淸明到了踏青士女爭起梳裹鬢影衣香鶯慚燕妒香車寶馬肩摩轂擊絡繹不絕亘十里道曰遊龍華所謂子規聲裏淸明到空巷新妝關萬人者良信

楚客御自由車逐諸遊人後經西門取道龍華而進沿途四眺

本館特別告白

㈠懸賞小說發表 本館前有小說大懸賞廣告一則原定四月十五截止不幸適罹災禍諸事紛擾又以著譯諸君子寄稿甚多不敢草草拜讀以致延至今日不勝歉仄茲自今日起將所選諸稿依次登載本報所有未及入選之稿亦卽一一寄還特此佈告

◎閱情綱者鑒 今日譯者有事暫停一日自後移在第四頁上俟懸賞小說載完後仍載第一頁

그림 8.5 『시보』, 1907. 6. 2. 현상공모 결과 발표 및 2등작 「쌍루비(雙淚碑)」 연재

그의 창작생애에 있어서 소설작가로 전향한 것은 두 번의 소설공모에서 입선한 것이 결정적인 계기였다. 하나는 『시보』의 현상공모였고 또 하나는 『소설림』

54 리한츄(李涵秋)는 응모작 『자접영』을 쓰고도 『시보』에 실리지 않을까 두려워 보내지 못하고 있었는데, 이를 본 바오안바오(包安保, 필명은 유푸(柚斧))가 상하이의 그가 잘 아는 주필(主筆)에게 그 작품을 추천해 보겠다고 말하고는 자신의 서명으로 발표하였다. 뒤늦게 이를 발견한 리한츄는 바오안바오에게서 상금의 일부인 180원을 나누어 받고 일단락 지었지만, 이 일로 그와 절교하였다. 하지만 이를 계기로 리한츄는 자신의 소설 창작에 자신감을 갖고 전념하게 되었다. 伍大福, 『李涵秋小說硏究』, 華東師範大學 博士學位論文, 2005, 56쪽.

의 소설공모였다. 첫 번째가 본의 아니게 이루어진 것이라면, 두 번째는 1907년 『소설림』 창간호에 다음과 같은 「소설모집(募集小說)」 광고를 보고 그가 직접 응모한 것이다.

> 본사는 각종 창작 및 번역소설 즉 가정, 사회, 교육, 과학, 이상, 탐정, 군사소설을 모집한다. 편폭이 길든 짧든, 문구가 문언이든 백화든, 격식이 장회체든 필기체든 전기(傳奇)체든 상관없다. 입선되지 않은 원고는 원래대로 반송하고, 당선작은 등급을 나누어 원고료를 지급한다.
>
> 갑등 1000자당 5원.
> 을등 1000자당 3원.
> 병등 1000자당 2원.[55]

리한츄는 이 광고를 보고 그가 이미 창작한 『쌍화기(雙花記)』를 투고하였는데, 잡지 주편이었던 쉬녠츠가 회신을 통해 그 소설작품을 채택하겠다는 뜻을 전달하고 원고료 90원을 제시하였다. 사실 『쌍화기』는 1906년에 이미 한커우의 『공론신보』에 게재되었던 소설로,

55 "本社募集各種著譯: 家庭、社會、教育、科學、理想、偵探、軍事小說, 篇幅不論長短, 詞句不論文言白話, 格式不論章回、筆記、傳奇. 不當選者可原本寄還, 入選者分別等差, 潤筆從豐致送. 甲等, 每千字五圓; 乙等, 每千字三圓; 丙等, 每千字二圓." 위의 소설모집 광고는 『소설림』 제1기-제6기(1907. 2.-1907. 11.)까지 잡지 표지 아래 첫 페이지에 지속적으로 게재되었다. 눈에 띄는 것은 제6기에 실린 소설모집 광고에만 원고료를 더 세분하여 "정(丁)등 1,000자당 1원" 항목이 추가되어 4등급으로 구분하였다는 점이다.

현상공모를 통해 1907년 소설림사(小說林社)에서 단행본으로 출판하게 된다.[56] 결국 『쌍화기』의 단행본 출간은 리한츄가 『자접영』이 당선된 것을 계기로 소설 창작에 대한 자신감을 얻은 이후 가능했던 것이다. 그리고 그 후 『소설림』 제8기부터 리한츄의 창작시 다수와 단편소설이 연속적으로 게재되었다.[57] 이로 보건대 『소설림』은 이제 막 상하이 문단에 입성한 리한츄라는 작가를 상당히 중시하여 그에게 꾸준히 발표 지면을 제공해 주었던 것으로 보인다. 이와 같이 리한츄는 두 번의 소설공모를 통해 그의 활동 지역이었던 한커우에서 근대 출판문화 중심지인 상하이로 진출하여 활동기반을 넓히는 계기를 얻었고 시 창작에서 소설로 전환하여 저명한 근대 소설가로 성장하는데 기반을 마련하였다.[58] 신문·잡지사 입장에서 보면 시보관과 소설림사의 소설공모는 공통적으로 훗날 장편소설만 30여 종에 달하는 다작의 소설대가가 될 리한츄란 작가를 발굴하고 그의 창작활동의 입지를 만들어 줌과 동시에, 양질의 원고를 확보하고 점차적으로 독

---

56 伍大福, 『李涵秋小說硏究』, 華東師範大學 博士學位論文, 2005, 22쪽.

57 『소설림』에 실린 리한츄의 시는 총 35수에 달하고, 단편소설로는 번역소설 「신기한 아동 사건(奇童案)」(제9기)과 창작소설 「가난한 거지(窮丐)」(제10기) 총 2편이 게재되었다.

58 우다푸(伍大福)는 리한츄의 소설 창작의 직접적인 동인에 대해서 네 가지로 설명하는데, 첫째가 위에서 언급한 두 번의 소설공모에서 입선한 계기이고, 둘째 후스안(胡石庵, 1879-1926)의 문학적 영향을 들고 있다. 당시 그가 창작한 언정소설(言情小說)들이 주로 『공론(公論)』과 『중서(中西)』 등의 일간지에 게재되었는데, 리한츄는 그 작품들을 읽고 소설 창작욕을 갖게 되었다는 것이다. 셋째 동년시절 집안의 불운과 소년기 방랑에 대한 참회의식이 리한츄 소설창작의 심리적 동인이 되었다. 넷째 가계의 어려움, 강직한 천성, 독자들의 환영, 신문·잡지사의 원고 독촉 등이 리한츄가 소설을 다작하게 된 외재적 동인이라고 지적하였다. 『李涵秋小說硏究』, 華東師範大學 博士學位論文, 2005, 54-57쪽.

자층을 확대해 나가는 소기의 성과를 거둔 셈이다.[59]

시보관과 소설림사의 소설공모의 또 다른 공통점은 신소설사가 번역과 창작을 구분하여 창작에 원고료 우대를 상정했던 방침과 달리, 번역과 창작 사이의 차등을 없애고 원고료를 통일시켰다는 것이다. 『신소설』의 창간인 량치차오는 자신이 직접 소설도 번역하는 등 번역의 중요성을 강조했지만, 원고료에 있어서는 번역소설을 창작소설과 동일한 문학적 지위로 평가하지 않았다. 그러나 1907년의 소설공모에서 번역 원고료를 창작 원고료와 동일하게 책정한 것을 두고 번역에 대한 중시의 결과라고 말하기 어렵다.[60] 물론 갈수록

---

59 리한츄 외에도 대표적으로 쉬줘다이(徐卓呆) 또한 『소설림』의 원고모집 광고를 보고 응모하여 바오톈샤오에 의해 발탁된 신진작가였다. 바오톈샤오에 의하면 소설림에서 공고를 통해 모집한 원고는 장편, 단편, 번역, 창작, 문언, 백화를 포함하여 너무 많았다. 그리하여 모두 처음부터 끝까지 일일이 검토한 후에 게재를 결정하는 것은 정말 힘이 드는 일이었다고 한다. 그는 이처럼 당시 소설림사에서 주로 소설공모를 통해 들어온 외부 원고들의 게재여부를 결정하는 일 외에도 소설작품의 줄거리나 서사구조는 좋은데 문필이 떨어질 경우 이를 윤색하는 작업을 맡았다.(包天笑, 『釧影樓回憶錄』, 大華出版社, 1971, 324쪽) 그러한 편집일을 하면서 그는 작가들을 접촉할 기회가 많았고 자연스럽게 신진작가 발굴에도 힘썼는데, 그중의 한 작가가 바로 쉬줘다이였다.(欒梅健, 『通俗文學之王 - 包天笑』, 上海書店, 1999, 76쪽) 쉬줘다이는 비슷한 시기에 이미 『시보』에도 투고하여 바오톈샤오와 친분을 쌓았고 그로 인해 『월월소설』과 『소설림』에도 연달아 투고하면서 왕성한 창작활동을 하였다. 『소설림』에만 그의 창작 단편소설 네 편이 실렸다.

60 리즈메이(李志梅)는 『신소설』과 달리 『시보』의 소설공모에서 번역과 창작의 동일한 원고료를 규정한 이유에 대해 "1905-1907년에 번역소설이 창작소설을 월등히 앞질렀고", "1907년에 번역소설의 최고의 번영기"를 맞게 되는데, 이로써 "번역소설이 창작소설과 대등한 지위를 획득하고" 출판계의 중시를 받으면서 당연히 창작소설과 동일한 원고료로 책정되게 되었다고 설명한다.(「『時報』1907年"小說大懸賞"徵文始末及其意義」, 『華東師範大學學報』(哲學社會科學版) 第37卷 第3期, 2005.) 그러나 "1905-1907년에 번역소설이 창작소설을 월등히 앞질렀다."는 그의 지적은 단행본 출판 통계자료에만 근거하고 있다. 이는 정작 중요한 정기간행물 게재량을 포함한 총합을

증대하는 번역소설의 비중도 감안했겠지만, 그보다는 역시 당시 창작현실에서 그 이유를 찾는 것이 타당해 보인다. 통계자료에 의하면[61] 1902-1907년까지 창작소설과 번역소설의 총량은 엇비슷하다가 1908년부터 창작소설이 확연히 앞서기 시작하고 1909년에 최고봉에 이른다. 다시 말해 1907-1909년 사이에 왕성한 소설창작 활동이 이루어진 점을 감안하면, 1907년 시점에서 창작의 활성화를 위해 더 이상 번역료보다 높은 원고료를 책정할 필요가 없어진 것이다.[62] 이와 같이 『신소설』의 창간시기와 『시보』, 『소설림』 발간 당시 몇 년 사이에 달라진 창작현실로 미루어 볼 때, 창작과 번역에 대한 원고료 규정이 다소 바뀐 것은 결코 우연이 아니었다. 특히 1906-1907년에는 『신문보』, 『시보』, 『신보』 등 많은 일간지와 잡지들에서 원고모집을 통해 소설을 연재하면서 소설창작이 급증하게 된다. 그중에서도 주목되는 것은 신문연재와 밀접한 연관이 있었던 단편소설의 대두이다.

시보관과 소설림사의 소설공모의 또 하나의 공통점은 신소설사와 상무인서관이 소설공모에서 주로 장편소설을 모집하는 경향이 있었던 데 비해, 장편소설과 단편소설을 동시에 모집했다는 것이다. 그동안 중국의 전통소설은 장편 위주였고 기존의 독자층 역시 장편소설에 익숙한 독서습관을 유지해 왔으며, 이전의 소설공모도 주로 장

누락시킨 결과로, 부정확한 견해이다.

61 앞의 제4장의 [표 4.1] 참고.

62 번역 소설량이 최고점에 달한 1907년을 보더라도 단행본 출판이 141종으로 창작소설 단행본 51종에 비해 많지만, 정기간행물 게재량은 번역소설이 57종, 창작소설이 153종으로 창작소설이 훨씬 많았고, 총합을 내면 번역소설 총 198종, 창작소설 총 204종으로 창작소설이 약간 우세하다. 그 이후로는 번역 소설량이 점차 감소하는 추세를 보여 창작소설과의 격차가 더욱 벌어졌다.

편소설 원고모집 일색이었다. 그러던 중에 단편소설을 모집하는 광고의 출현은 "단편소설의 흥기"라는 새로운 문학현상의 하나의 전기(轉機)를 마련해 주었다.

5. 단편소설 공모의 등장

그 선봉 역할을 한 『시보』는 창간한 지 얼마 안 되어 단편소설을 게재하기 시작했고, 대부분은 1906년 바오톈샤오가 편집부에 합류하기 전까지 주필인 천징한(陳景韓)의 작품들이었다. 1904년 10월 29일 『시보』는 일찍이 천징한의 단편 「마적(馬賊)」을 게재하고서 "단편소설은 동서양 각 신문에 유행하는 작품으로, 일본의 각 신문 잡지는 대체로 현상모집을 하고 있으며 본관(本館) 또한 이 방법을 따르고자 한다. 이러한 소설을 본관에 투고하여 본보(本報)에 게재된다면, 매 편당 양(洋) 3원에서 6원을 지급한다."[63]라는 광고를 게재하였다. 다시 말해 『시보』는 일본의 신문·잡지의 영향으로 1907년 "소설대현상" 공모에 앞서 전문적으로 단편소설만을 모집하는 광고를 이미 낸 바 있고, 이에 바오톈샤오를 비롯한 적잖은 작가들이 투고하여 꾸준히 단편소설이 실리면서 제도화되는 단계에 놓여 있었다.[64] 어떤 면

---

63 張麗華, 『現代中國"短篇小說"的興起』, 北京大學出版社, 2011, 40쪽에서 재인용.

64 당시 『시보』의 정기구독자였던 바오톈샤오는 1904년 10월 29일에 실린 단편소설 공모를 보고, 「장천사(張天師)」라는 첫 창작소설을 투고하여 11월 17일에 게재하였다. 번역을 제외하고 순수 창작으로 따지자면, 이는 그의 본격적인 창작생애를 열어준 처녀작으로 기념비적인 투고였다. 그 후로도 그의 단편소설들이 꾸준히 실렸

에서 일간지의 특성상 장기적으로 연재되는 기존의 장편 장회소설보다 편폭이 짧은 단편작이 훨씬 지면에 게재되기 편리하고 이에 따라 점차 더 환영을 받게 되었을 것이다. 이러한 『시보』의 영향으로 『신신소설』, 『월월소설』과 『소설림』, 『소설시보』, 『소설월보(小說月報)』 등의 소설잡지들도 단편소설 게재란을 별도로 만들었다. 시보관과 소설림사에서 단편이든 장편이든 가리지 않고 동시 모집하는 배경에는 이전에 비해 달라진 단편소설의 지위와 그에 대한 인식이 자리하고 있다.

『월월소설』은 단편소설을 중시하고 제창한 대표적인 문학잡지로 손꼽히는데, 그 이전의 『신소설』, 『수상소설』, 『신신소설』과 같은 잡지에도 장편소설과 함께 단편소설이 간혹 실렸지만 세간의 이목을 끌지는 못했다. 『월월소설』에서 단편소설 게재란을 두고 제3호부터 "역본단편소설(譯本短篇小說)" 게재란을 추가로 증설하여 전문적으로 단편소설을 모집하면서 점차 단편소설에 대한 관심과 시장의 호응도가 증대했다고 할 수 있다. 『월월소설』은 총 4차례에 걸친 소설공모 가운데 특별히 단편소설을 명시하여 모집하는 광고를 14호, 15호에 연이어 게재한 바 있다.

> 본사는 현재 단편소설, 즉 매 편당 약 2천, 3천 자로 중서 총담이나 일화 등의 원고를 모집한다. 국내 저작자들 중 좋은 작품이 있다면

고, 1905년 2월23일 그의 단편소설 「열차 승객(火車客)」이 실린 말미에 "단편소설은 반드시 일요일에 게재한다."라는 편집자 부언이 첨부되었다. 이로부터 단편소설이 『시보』에 규칙적으로 실리기 시작하면서 점차 제도화되는 추세에 있었다. 張麗華, 『現代中國"短篇小說"的興起』, 2011, 41쪽 참고.

> 본사에 투고해 주기를 바라며, 심사를 거쳐 게재토록 할 것이다. 원고료로 지급할지 아니면 잡지로 보답할지는 논의하여 결정할 수 있도록 투고 시 서신상에 의견을 표명해 주기 바란다. 투고한 원고가 본사의 취지와 부합하지 않을 경우 별도의 회신을 하지 않고 또한 선정하지 않음을 양해 바란다.[65]

> 본보(本報)는 동인(同人)들의 역저(譯著) 외에도 국내외 명저를 널리 구하고 있는데, 사상이 새로운 단편설부가 있다면 본사를 통해 간행하기를 바라며 본사는 그에 상당한 이익으로 보답하겠다. 본보는 저작을 중시하며 과학, 이상, 철리(哲理), 교육, 정치에 관한 여러 소설 옥고를 본사에 보내 입선되면 원고료를 후하게 지급하겠다. 장편 저술은 매 권 장회체 16회나 20회 정도가 적합하다.[66]

14호에 실린 위의 광고는 전문적으로 단편소설만을 모집하여 분량을 2천에서 3천자로 제한시키고 있다. 15호에 실린 아래 광고는 장편소설과 단편소설을 동시에 모집하지만, "사상이 새로운 단편"소설 원고를 먼저 언급함으로써 단편소설에 우선 순위를 두고 있음을

---

65 "本社現欲征求短篇小說, 每篇約二, 三千字, 及中西叢談, 逸事等稿, 海內著作家如有以佳什見惠者, 望投函本社審定刊登. 或酬墨金, 或謝書報, 均望於來函中表明意見, 以便商定, 投稿設有與本社宗旨不符者, 恕不作複, 亦不檢璧."「特別徵文」,『月月小說』第14號, 1908. 3.

66 "本報除同人譯著外, 仍廣搜海內外名家, 如有思想新奇之短篇說部, 願交本社刊行者, 本社當報以相當之利益, 本報注重撰述, 凡有關於科學, 理想, 哲理, 教育, 政治, 諸小說佳稿交本社者, 已經入選, 潤資從豐, 撰述長篇, 以章回體每部十六回或二十回爲合格."「徵文廣告」,『月月小說』第15號, 1908. 4.

보여 준다. 『월월소설』은 창간호부터 단편소설 게재란을 별도로 두었기 때문에 단편소설만을 모집하는 광고가 다소 늦었다고 볼 수 있다. 그러나 구체적 명시를 하지 않았을 뿐, 실제로는 이미 창간호에 실린 소설공모[67]를 통해 장편과 단편을 가리지 않고 모두 모집해 오고 있었다. 이러한 원고모집을 통해 『월월소설』에 게재된 창작과 번역을 합쳐 전체 115편 소설 가운데 단편소설은 총 43편으로 약 37.4%를 차지한다.[68] 이전의 문학잡지에 비해서는 단편소설의 비중이 상당히

---

67 "본보(本報)는 동인(同人)들의 역저(譯著) 외에도 국내외 명저를 널리 구하고 있는데, 좋은 작품이 있다면 본사에 교부하여 간행하기 바라며 본사는 그에 상당한 사례금으로 보답하겠다. 본보(本報)는 교육을 중시하며 과학, 이상(理想), 철리(哲理), 교육 관련 제 소설 옥고를 본사에 보내 입선되면 원고료를 후하게 지급하겠다, 편역부 삼가 알림", 「本社徵文廣告」, 『月月小說』 第1號, 1906. 11.

68 궈하오판(郭浩帆)은 『월월소설』의 단편소설은 번역과 창작을 합하여 73종으로 전체 소설 113종 가운데 65%를 차지하며, 그중 창작소설이 38종으로 전체 단편의 절반을 넘는다고 지적하였지만(『中國近代四大小說雜誌硏究』, 山東大學 博士學位論文, 2000, 152쪽) 이는 부정확한 통계로 보인다. 『월월소설』에 게재된 작품 목록을 보면 소설과 희곡을 합쳐 총 124종인데, 여기서 희곡 9종을 제외하면 소설은 총 115종이다. 그중 단편소설은 43종이고, 창작이 28종, 번역이 15종으로 창작이 우세한 편이다. 특히 주편인 우젠런이 창작한 단편소설이 12편으로 창작 단편소설의 절반에 약간 못 미칠 정도로 상당한 비중을 차지하고 있고, 천징한과 저우구이성 또한 각각 3-4편의 창작이나 번역 단편소설을 게재하였다. 이를 보면 비교적 외부 투고율이 높았던 『월월소설』이라 할지라도 편집진과 주필의 원고가 잡지 출간을 기본적으로 뒷받침하고 있음을 알 수 있다. 소설공모에 응모한 작가로는 대표적으로 양신이(楊心一), 바오안바오(包安保), 황추이닝(黃翠凝) 등을 꼽을 수 있다. 그중 바오안바오(包安保)는 창작 단편소설 2편을 게재하였고, 양신이(楊心一)는 번역 단편소설만 6편을 게재하였다. 양신이(楊心一)의 경우 미국유학 경력으로 『시보』 편집부에서 영어번역을 담당했다가 중화서국(中華書局)으로 옮겼는데, 『시보』 시절부터 친분을 쌓은 바오톈샤오의 추천으로 『월월소설』에 투고한 것인지는 불확실하지만 그와의 인연으로 『월월소설』 초기의 주요 번역자였던 것으로 보인다. 특기할 것은 바오안바오로, 그는 1907년 『시보』의 "소설대현상" 공모에서 리한츄의 소설을 대신 자신의 이름으로 응모한 해프닝이 벌어진 후 이듬해에 다시 자신이 창작한 사회소설 「선양연서(善良

증대된 편이지만, 엄밀히 말해 전체 원고량과 질적인 측면에서 그리 만족할 만한 수준은 아니었다.

『소설림』은 앞에서 살펴본 소설공모를 창간호부터 제6기까지 반복적으로 게재하고 단편과 장편을 동시에 모집하다가 제7기와 8기에 "신년대증간(新年大增刊)" 계획을 알리면서 "새로 창작하거나 번역한 단편소설(최장 5천 자 이내) 혹은 유희문장, 풍자화" 등을 모집한다는 광고를 실었다.[69] 광고문에서 게재 후에 답례로 상품이나 서적을 증정하겠다고 명시한 데서도 알 수 있듯이 이 역시 일종의 신년기념 현상공모였다. 이어 제9기에 「현상증여품목광고(懸賞酬贈品目廣告)」[70]란 제목으로 현상공모 결과를 발표하였는데, 단편소설과 잡록(雜錄), 문원(文苑)으로 구분하여 현상금으로 총 40원에 달하는 현물 품목과 『소설림』 도서상품권 증정을 일일이 보고하였다. 그중에 유독 눈길을 끄는 것은 단편소설 당선작 3편이 나란히 실리고, 상품으로 갑(甲)등은 진주 테두리 벽시계 한 개, 을(乙)등은 가죽함 상아도장 세트, 병(丙)등은 동양화병 한 개를 증정하였다는 점이다. 소설공모에서 명확한 원고료 규정을 제시하지 않은 『월월소설』과 달리 소설림사는 창간호부터 기본적으로 1,000자당 글자 수에 따라 계산하

烟鼠)」를 『월월소설』에 투고하였고 이를 계기로 리한츄에 이어 상하이 문단에 신진 작가로 등단하면서 훗날 『토요일(禮拜六)』에도 투고하여 창작활동을 지속하였다. 황추이닝도 소설공모를 보고 투고하여 탐정소설 「후자객(猴刺客)」 1편이 21호에 실렸고, 1910년 상하이 군학사(上海群學社)가 출판한 『단편소설15종(短篇小說十五種)』에 수록된 바 있다.

69 「謹告新年大增刊」, 『小說林』 第7期, 1907. 12.(丁未年 11月); 『小說林』 第8期, 1908. 1.(丁未年12月)

70 「懸賞酬贈品目廣告」, 『小說林』 第9期, 1908. 2.(戊申年 正月)

는 현금 원고료제도를 택하고 있었지만, 신년기념 현상공모에서는 현금 원고료 대신 현물 원고료 지급 방식을 채택하고 있는 것으로 보아 이 시기까지 단편소설에 대한 보상제도는 여전히 상대적으로 덜 확립되었음을 짐작할 수 있다. 당시 당선작으로는 「호남아(好男兒)」, 「정거장(停車場)」, 「청양괘(靑羊褂)」 등 3편의 단편소설이 있었고, 작가의 서명은 각각 톄한(鐵漢), 하이위샤오추이푸(海虞邵粹夫), 부인런(不因人)으로 되어 있지만, 아직 그 작가들에 대해 밝혀진 바는 거의 없다. 『소설림』은 창작 번역을 합친 총 36종 소설 가운데 단편소설이 23종으로 약 63.9%를 점할 정도로 비중이 높았으며 그중 창작이 12종이고 번역은 11종이었다. 이를 『월월소설』과 비교하면 전체 소설에서 차지하는 단편소설의 비중은 더 높은 편이지만 게재량으로 놓고 보면 오히려 편수가 적다.

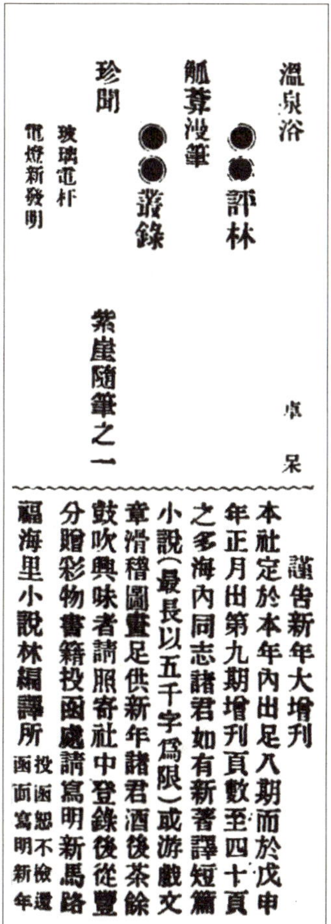
溫泉浴 卓呆
觚葊漫筆 ●●評林
●●叢錄
珍聞 玻璃電杆 電燈新發明
紫崖隨筆之一
謹告新年大增刊
本社定於本年內出足八期而於戊申年正月出第九期增刊頁數至四十頁之多海內同志諸君如有新著譯短篇小說(最長以五千字爲限)或游戲文章滑稽圖畫足供新年諸君酒後茶餘鼓吹興味者請照寄社中登錄後從豐分贈彩物書籍投函處請寫明新馬路福海里小說林編譯所 投函如不檢還 函面寫明新年

그림 8.6 『소설림』 제7기(1907. 12.)

이에 대해 천핑위안(陳平原)은 『신소설』, 『수상소설』, 『월월소설』과 『소설림』 등의 초기 소설잡지에서 단편소설은 전체적으로 수량이 적고 장편소설 뒤에 놓여 보조적인 역할에 그칠 뿐 주체가 되

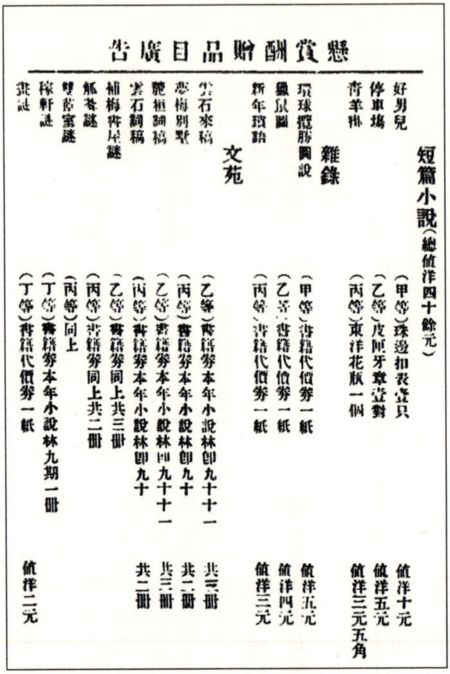

그림 8.7 『소설림』 제9기(1908. 2.)에 실린 현상종여품목 광고

이를 통해 단편소설 현상공모 결과 발표.

지 못했지만, 1909년 창간한 『소설시보(小說時報)』, 19010년에 창간한 『소설월보』부터 단편소설이 장편소설 앞에 배치되고, 갈수록 단편소설의 지위가 급부상하는 현상이 나타난다고 지적하였다.[71] 그의 지적대로 『월월소설』과 『소설림』의 경우 적극적으로 단편소설을 모집하고 게재하는 경향이 뚜렷하지만, 사실상 단편소설에 대한 근본적인 인식의 전환이나 단편소설의 지위 변화를 겪는 것은 아니며 단편소설이 소설잡지의 주체로 부상하는 시점은 1910년 전후시기에 이르러서

71 陳平原, 『中國現代小說的起點-淸末民初小說硏究』, 北京大學出版社, 2010, 140-141쪽 참고.

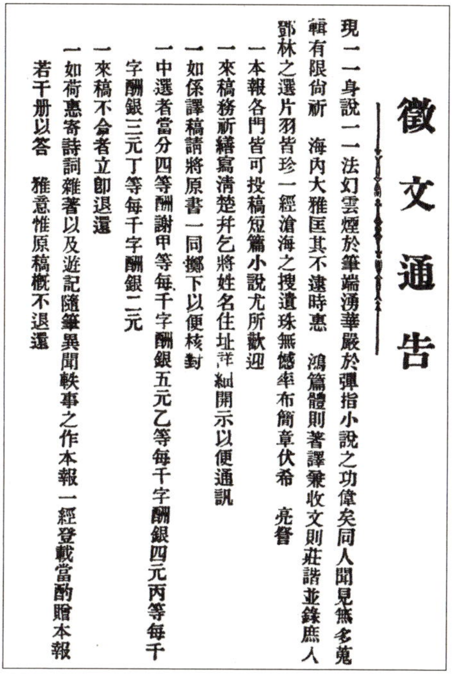

徵文通告

現一一身說一一法幻雲煙於筆端湧華嚴於彈指小說之功偉矣同人聞見無多蒐輯有限尙祈　海內大雅匡其不逮時惠　鴻篇體則著譯兼收文則莊諧並錄庶人鄧林之選片羽皆珍一經滄海之搜遺珠無憾率布簡章伏希　亮督

一本報各門皆可投稿短篇小說尤所歡迎

一來稿務祈繕寫清楚幷乞將姓名住址詳細開示以便通訊

一如係譯稿請將原書一同擲下以便核對

一中選者當分四等酬謝甲等每千字酬銀五元乙等每千字酬銀四元丙等每千字酬銀三元丁等每千字酬銀二元

一來稿不合者立卽退還

一如荷惠寄詩詞雜著以及遊記隨筆異聞軼事之作本報一經登載當酌贈本報若干冊以答　雅意惟原稿概不退還

그림 8.8 『소설월보』 제1호(1910. 7.) 원고모집 광고

이다. 『소설시보』(1909. 10.-1917. 11.)의 주편을 맡았던 천징한과 바오톈샤오는 『시보』 시절부터 단편소설 창작과 번역에 열중하던 작가이자 편집인으로, 창간호부터 맨 앞에 단편 신작(新作)을 2-3편씩 배치하고 그 뒤에 명저잡역(名著雜譯), 각국신문(各國新聞), 장편신작(長篇新作), 각본신역(脚本新譯), 잡기수필(雜記隨筆) 순으로 편집항목을 설계하였다. 간혹 중간에 편집항목 순서가 뒤바뀌기도 하지만, 단편소설란은 일관되게 목차 바로 다음에 배치되어 단편소설의 달라진 위상을 반영하였다. 『소설월보』(1910. 7.-1932)는 훨씬 다양한 편집항목을 설계했음에도 불구하고 그중에서도 단편소설에 대한 중시 경향을 나타내는데, 이 점은 창간호에 실린 원고모집 광고에서도 엿볼 수 있다.

몸소 겪고 체험한 가지각색의 것을 일일이 설법하고, 자유자재의 필치로 변화를 주며, 순식간에 깨달음이 솟구치게 하는 데 소설의 역할은 매우 크다. 우리 동인(同人)은 견문이 넓지 못하고 수집하는 데도 한계가 있어, 천하의 여러 문사들이 우리의 한계를 보충해 주길 바란다. 모집하는 작품은 번역이나 창작을 모두 아우르고, 문체는 장엄하거나 해학적인 것 모두 무방하다. 여러 모음집에 부분적으로 수록되어 전해지는 진귀한 내용도 모두 귀하다. 일단 세상을 뒤져 진귀한 것을 찾아낼 수 있다면 여한이 없다. 이에 몇 가지 간단한 기준을 제시하고자 하니 많은 양해를 바란다.

一. 본보(本報)의 각 부문에 모두 투고할 수 있고 단편소설은 더욱 환영하는 바이다.

一. 투고는 반드시 명확히 글씨를 써야 하고 통신하기 편리하도록 성명과 주소를 상세하게 명시하기 바란다.

一. 만일 번역 원고라면 대조 확인하기 편리하도록 원서와 함께 보내 주기 바란다.

一. 당선작은 4등급의 원고료로 나뉘는데, 갑등은 1,000자당 은(銀) 5원, 을등은 1,000자당 은(銀) 4원, 병등은 1,000자당 은(銀) 3원, 정등은 1,000자당 2원이다.

一. 불합격한 투고 원고는 즉각 반환한다.

一. 만일 시사(詩詞), 잡저(雜著) 및 여행기, 기이한 소문과 세상에 알려지지 않은 일화 등을 고맙게도 보내 주신다면, 일단 본보에 실릴 경우 본 잡지 몇 권을 증정하여 고상한 뜻에 답례하고자 한다. 다만 원고는 모두 반환하지 않는다.[72]

1910년대에 들어서서도 여전히 소설에만 원고료를 지급하고 있고 원고료 등급 기준과 범위 또한 이전과 별다른 편차가 없다. 이로 보아 아직 법률적인 효력만 없을 뿐이지『신소설』이래 등장한 구체적인 원고료 규정이 근 10년 사이에 이미 보편적으로 공식화되고 제도화되었음을 알 수 있다. 즉 중국 최초의 저작권법이 제정·반포되기 2개월 전에 발표된『소설월보』의 원고모집 광고는 당시 원고료 규정이 출판계에서 일반화되었음을 말해 준다. 특히 눈에 띄는 것은 단편소설 우선 공모를 밝힌 맨 첫 항이다. 당시는 단편소설이 일종의 문학의 대세로 자리 잡아 각 매체들의 단편소설에 대한 수요가 급증하였기 때문에, 장편소설을 제치고 단편소설을 우선 모집하는 것이 새삼스러운 일은 아니었다.

창간호부터 단편소설을 지속적으로 게재하였지만,『소설월보』에서 장편소설 뒤에 놓던 관례를 깨고 단편소설을 전진 배치한 것은 1911년 제1년 제6기에 이르러서였다. 이때부터 한 호에 실리는 단편소설 편수도 대폭 늘리기 시작하여 한두 편에서 네 편으로, 나중에는 10여 편에 달할 정도였으며 단편소설만을 특별모집하는 광고도 게재하였다.[73] 분명한 것은 기존의 장편소설 위주의 원고모집에서 점차 심심치 않게 등장하는 단편소설 특별공모는 잡지사별로 상이한 차이는 있겠지만, 이 시기 새로운 문학현상의 하나로서 대두된 '단편소설의 홍기'라는 시대적 추이를 선반영하는 것으로 볼 수 있다. 다시 말

72 「徵文通告」,『小說月報』第1年 第1期, 1910. 7.

73 「단편소설 모집(徵求短篇小說)」광고가 1913년『소설월보』第3卷 第12期에 실렸고 1915년 第6卷 第1期에 이르면 단편소설이 10편, 그다음 호에는 11편이 실리는 등, 그 한 해에만 120편이 넘을 정도로 단편소설 게재량이 대폭 증가한다.

해 이러한 공모 형식은 잡지사에서 요구하는 취지에 따라 일반독자나 작가지망생들의 단편소설 창작을 적극적으로 유도하고 일종의 단편소설 붐을 일으키며 새로운 문학현상을 낳는 역할을 한다. 요컨대 원고모집 광고는 외부 작가들을 충원하여 잡지사의 풍부한 원고 재원을 조달하는 동시에, 특정한 소설유형에 대한 창작을 권장하고 유도하는 능동적인 작용까지 수반한다.

6. 원고료제도 확립의 의미

이상에서 만청시기 주요 잡지사나 출판사들의 원고모집 활동을 살펴보았다. 소설공모를 통해 공식화된 기본적인 원고료제도의 확립은 당시까지 아직 법률적인 제도화 정비라는 마지막 절차를 아직 거치지 않았다 하더라도 몇 가지 중요한 역사적 의의를 지닌다.

첫째 원고료제도는 많은 문인들을 소설 창작에 종사하도록 흡수하는 강력한 경제적 동인(動因)이자, 작가가 독립적인 사회적 지위를 획득하는 주요한 표식의 하나이다. 그것은 저작자 권리에 대한 사회적 승인과 존중을 구현하며, 작가에게 그에 상응하는 노동의 대가를 부여해 준다는 것을 의미한다. 가장 핵심적인 관건은 작가에게 생계를 도모하기 위한 경제적인 보장을 제공해 줌으로써 작가의 직업화 현상을 촉진시켰다는 점이다. 바오톈샤오의 경우 그가 이전에 양쯔린(楊紫麟)과 함께 번역하여 잡지에 연재했던 해거드의 소설 『가인소전(迦因小傳)』이 뒤늦게 1903년 문명서국에서 출판되면서 얻은 판권비를 나눠 가진 후에 소설을 번역할 흥미가 생겼다고 회고한 바 있다. 이어서 그는 같은 해 『엄마 찾아 삼천리(三千理尋親記)』[74]와 『철세계(鐵世界)』[75] 두 소설을 번역한 원고를 문명서국에 팔아 판권비로 100원을 받았고, 몇 개월 동안 생활비로 충당하기에 충분했다고 기술하였다.[76] 이처럼 그가 문단에 첫 발을 들여놓게 된 주된 계기의 하나는 역시 원고료였음을 간과할 수 없다.

당시 평균적인 원고료는 1,000자당 2-5원 정도로, 단편소설 3,000자 분량을 썼다고 가정하면 1,000자당 2원으로 계산하더라도 6원이고 이를 2편 썼을 경우 12원이다. 우젠런이 강남제조국(江南制造局)에서 근무할 때의 월급이 고작 8원에 불과하였음을 감안하면, 단편소설 2편만 써도 원고료가 그의 이전 월급보다 더 많은 액수였다. 그의 경우 매일 평균 1,000자 정도 창작했다고 하니 원고료를 2원으로 계산해도 1개월에 60원이고 한 달에 20일만 소설을 썼다고 하더라도 40원의 수입을 받을 수 있었다. 이는 우젠런의 원고료 수입을 최저로 책정했을 때의 액수이며 그의 실질적인 수입은 지명도와 다작을 고려하면 몇 배에 달했을 것이다. 1909년 10월 『민호일보(民呼

74 이탈리아 작가 아미치스(Edmondo De Amicis)의 원작동화 『쿠오레(Cuore)-사랑의 학교』에 수록된 일부 고사, 즉 우리에겐 "엄마찾아 삼만리"로 잘 알려진 일역본(日譯本)을 번역한 것이다.

75 프랑스 소설가 베른의 공상과학소설 *Les Cinq Cents Millions De La Begum*(『인도 왕비의 유산』)을 일본에서 모리타(森田思軒)가 번역한 『철세계』(1887)를 중역한 것이다.

76 包天笑, 『釧影樓回憶錄』, 大華出版社, 1971, 173-174쪽 참고. 그는 어떠한 청년 문인들이라도 모두 발표욕을 지니고 있어서 설령 원고료를 받지 못하더라도 출판만 된다면 기쁠 텐데, 하물며 수입을 얻기까지 하니 어찌 기꺼이 하지 않겠는가라고 되묻는다. 이로부터 "소설을 번역할 흥취가 생겨났고" 더구나 "이는 자유롭고 속박을 받지 않는 일이라 난 서원에 들어가 힘겹게 공부할 생각을, 번역하고 투고할 생각으로 바꾸었다."라고 회고하였다.

日報)』에 의하면 당시 점원 월급이 15원이고 교사 월급은 40원가량이었다고 한다.[77] 이와 비교하면 매일 꾸준히 소설을 써서 투고할 경우 원고료 수입이 아주 풍족하다고 할 수는 없어도 생활하는 데 경제적인 곤란은 겪지 않았을 것이다. 아니 어떻게 보면 비록 개인적인 편차는 있겠지만, 다른 일반 직종보다 꽤 괜찮은 수입을 올릴 수도 있는 경제적 여건이 조성되었다.

이렇게 해서 점차적으로 형성된 제1세대 직업작가로 흔히 리보위안, 우젠런, 저우구이성, 린수, 량치차오, 뤄샤오가오(羅孝高), 황샤오페이(黃小配), 바오톈샤오, 천징한, 쉬녠츠, 리한츄, 저우서우쥐안(周瘦鵑), 쉬천야(徐枕亞) 등과 같은 인물을 대표적으로 손꼽을 수 있다.[78] 이는 광의의 범주로 직업작가를 말하는 것이지만, 어떤 의미에서 '직업작가'란 말 자체가 애매모호하므로 좀 더 구체적으로 '전업작가'와 '겸업작가'로 분류할 필요가 있다. 이렇게 구분해서 보자면 그들 대부분은 작가인 동시에 저널리스트를 겸임하고 있기 때문에 겸업작가이지, 엄밀한 의미에서의 생계형 직업작가 즉 전업작가

---

77 郭浩帆, 「近代稿酬制度的形成及其意義」, 『山東大學學報』 第3期, 1999. 궈하오판(郭浩帆)은 이 글에서 또한 "우젠런의 창작소설이 총 150만 자를 초과하였고 리한츄의 창작소설은 총 1,000만 자를 초과하였으니" 이들처럼 다작을 한 경우 어림잡아 계산해 봐도 "원고료가 당시로서 상당한 액수였기 때문에, 원고료에만 의존해서 생활한다 해도 풍족한 생활을 누릴 수 있었다."라고 지적하였다. 다만 이러한 경우가 다소 예외적이라서 이들과 같은 저명한 작가의 원고료 수입이 기타 일반 작가들의 상황을 대표할 수는 없다는 점을 감안해야 할 것이다.

78 郭延禮, 「傳媒, 稿酬與近代作家的職業化」, 『齊魯學刊』 第6期, 1999; 郭浩帆, 「近代稿酬制度的形成及其意義」, 『山東大學學報』 第3期, 1999. 비슷한 시기에 두 사람은 제1세대 직업작가군을 동일하게 분류하였고, 이후 관련 연구들 역시 대체로 이들과 견해를 같이 한다. 문제는 이들이 모두 직업작가란 말을 불분명하게 쓴다는 점이다.

로 보기는 힘들다. 궈옌리(郭延禮)는 "직업 저널리스트—저널리스트 소설가—직업작가"로 점차 전환되는 과정은 원고료제도의 확립이 근대 직업작가 형성에 직접적으로 미치는 추동력과 영향을 여실히 반영해 준다고 지적하였다.[79] 여기서 그가 말하는 "저널리스트 소설가"는 겸업작가에 해당하고 그 뒤의 "직업작가"와 구분시키고 있는데, 겸업작가도 응당 직업작가에 포함시켜야 할 것이다. 원고료 수입이 생계비의 일부이든 전부이든, 지속적으로 원고료 수입이 발생하는 작가를 직업작가로 보는 것이 타당하다. 다만 직업작가의 성장과정에서 겸업작가가 먼저 출현하고 우리가 말하는 소위 전업작가는 이들보다 훨씬 늦은 민국 초에 이르러서야 등장한다.

그 연유는 여러 가지로 해석될 수 있겠지만, 일단 원고료제도만 놓고 보면 만청시기에 원고료 규정이 아직 제도적으로 미비하고 유동적이었던 탓이 크다. 현물 원고료와 현금 원고료가 상당기간 병존했고 현금 원고료도 제때 지급하기보다 지연되기 일쑤거나 아예 못 받는 경우도 비일비재하던 때였다.[80] 또 한 편으로 작가가 설사 부지

---

79 궈옌리(郭延禮)는 「傳媒, 稿酬與近代作家的職業化」(『齊魯學刊』 第6期, 1999)에서 1870년대에서 5·4시기 이전까지 근대 지식집단 중의 일부 문화 엘리트들이 겪은 "직업 저널리스트(職業報人) — 저널리스트 소설가(報人小說家) — 직업작가(職業作家)"라는 전환과정은 한편으로 원고료제도의 확립이 근대 직업작가 형성에 미치는 추동력과 영향을 반영하며, 또 한편으로는 갈수록 두드러지는 소설의 상품화를 나타낸다고 지적하였다. 그의 모호한 용어 사용을 감안하여 "직업 저널리스트에서 직업작가로"의 전환과정으로 이해하는 것이 좋겠다.

80 당시 원고료제도가 완비되지 못했기 때문에 각 잡지사나 출판사에서 투고자에게 줄 원고료를 미루며 선뜻 지급해 주지 않으려 했고, 심지어 투고자를 "문인 거지(文丐)" 취급했으며 원고료를 떼어먹는 일도 종종 발생했다. 이러한 일들이 직업작가의 발전과 증대를 심각하게 제약하였다.(郭浩帆, 「近代稿酬制度的形成及其意義」, 『山東

런히 소설을 쓴다 해도 잡지사나 출판사에 투고한 원고가 채택되지 않을 경우는 경제적 소득이 전혀 발생하지 않는다. 다른 직업이 없다면 경제적 궁핍함을 모면하기란 쉽지 않기 때문에, 문필적 재능이 탁월하지 않는 한 유일하게 원고료 수입에만 의존하여 생계를 유지하기란 상당히 불안정하고 리스크가 따르는 일이었다. 더욱이 원고료 제도가 완전히 정비되지 않았던 상황하에서 현실적인 문제가 절박하게 다가올 수밖에 없었을 것이다. 앞장에서 살펴본 바와 같이 각 잡지별 작가목록에서 확인할 수 있는 작가 인원은 실제 투고했던 전체 작가 중에 차지하는 비율이 극히 적었고, 사실상 훨씬 많은 수의 무명작가들은 한두 번의 투고에 그치고 그렇게 문단에서 사라져 갔다. 하물며 전업작가로 살아남기란 그만큼 힘겹다고 보아야 한다. 따라서 기본적인 원고료제도가 직업작가의 성장을 위한 경제적 토대를 마련해 주는 데 일조하였던 것만큼은 분명하지만, 전업작가의 등장은 1910년대에 이르러 비로소 늦게 법률적인 보호 규정을 갖춘 제도가 완비되고 이후 독서 수요에 기반한 시장체제도 좀 더 성숙해질 때까지 시간이 걸렸다.

그러나 어찌되었든 작가의 직업화 현상이 차츰 가속화됨에 따라 문학의 소비자에서 생산자로의 전환도 그만큼 빨라지고 문학의 재생산 구조도 공고화되어 갔다. 이른바 원고모집 광고를 통해 일반 독자 혹은 작가지망생들의 투고 참여를 유도함으로써 문학의 소비자를 생산자로 전환시키는 방식은 가장 확실한 근대문학 재생산 구조

大學學報』 第3期, 1999)

를 구축한다. 원고모집 광고와 투고, 등단 제도의 상례화가 결부되어 많은 작가들을 배출시키고자 한 전략은 미디어의 사회적 영향력을 확장시키려는 의도와 맞물려 문학판을 키우는 한편, 끊임없이 근대 문학을 재생산해 내는 효과를 창출하였다. 이로 인해 일반독자들과 작가지망생들을 위한 등단의 관문은 갈수록 넓어졌고 그중에서도 신문·잡지사의 원고모집 활동을 통해 등단하는 경우가 빈번해졌다.

소설공모에 대한 투고를 계기로 딩펑쟈(丁逢甲), 지원(姬文), 루청이(陸曾沂), 쉬줘다이(徐卓呆) 같은 신진작가들이 등단하였는가 하면 기성작가라 할 수 있는 리한츄, 바오톈샤오 등은 이전의 시 창작 위주 혹은 번역 위주에서 본격적인 소설창작의 길로 들어서는 작가 인생의 전환점이 마련되었다. 이들은 하나같이 모두 『시보』나 『수상소설』 혹은 『소설림』과 같은 해당 신문·잡지의 구독자에서 작가로 전환하는 데 성공한 사례에 속한다. 이러한 작가들의 탄생, 더 정확히 말하면 직업작가의 출현에 산파역할을 해 준 것은 역시 미디어로서, 서로 경쟁적인 신문·잡지상의 소설공모나 현상공모전은 작가들을 발굴하고 양산하는 직접적인 창구 기능을 담당하였다. 이러한 소설공모에 흔히 등장하는 원고료 규정은 각 미디어들의 원고모집 활동에 날개를 달아 주는 격으로 촉매제 역할을 하여 응모 참여도와 실제 투고율을 높였다. 이로써 작가의 기근현상도 차츰 해소되고 나아가 작가층이 두터워지면서 각 잡지사별로 모여드는 작가들의 결집 양상도 뚜렷해졌다.

둘째 인쇄, 출판, 신문·잡지 및 기타 미디어로 구성된 문화시장 체제가 점차적으로 방대해지면서 생겨난 산물의 하나가 바로 원고료제도이다. 원고료제도하에서 문학작품, 그중에서도 가장 큰 수혜를 입은 소설장르는 미디어의 총아(寵兒) 혹은 일종의 문화상품으로서 거대한 시장체제에 진입하여 그 안에서 생산되고 유통되고 소비되었다. 출판사의 입장에서 소설을 공모하고 게재하는 행위는 현저한 경제적인 이익을 가져왔다. 당시 출판사와 문학 잡지사는 거의 민영이었고 그 자본 회수 방법은 대체로 발행수입과 광고수입에 의존하였다. 우후죽순으로 늘어난 출판사들과 잡지사들의 치열한 경쟁구도하에서 정기적인 간행물의 특성상 지면을 채울 수 있는 안정적인 원고를 확보하고 대량의 소설작품을 게재하는 것은 잡지의 발행량을 증대시키는 동시에 부수적으로 광고수입의 증가도 가져왔다. 따라서 출판사들이 빈번한 원고모집 활동을 통해 소설작품을 게재해서 얻는 경제적인 댓가는 작가에게 지급하는 원고료를 훨씬 상회하고도 남는다.[81] 이러한 시장원리의 결과로 이제 문학생산체계는 단순히 소비를 위한 생산에서 이윤창출이라는 일차적인 목적으로 전환되는 일대변혁을 겪는다.

또한 문화시장체제하에서 소비자로서의 독자의 지위가 부상함에 따라 작가-작품-독자라는 근대문학의 기본적인 커뮤니케이션 구조가 형성된다. 사대부 문인들의 자기만족적이거나 일방적인 창작이 가능했던 작가 우위의 생산방식에서 일반독자의 기대지평으로부터 결코 자유로울 수 없는 새로운 문학의 생산방식이 요구되는 것이다. 원고료의 원천이 되는 독서시장의 수요와 일반독자의 기호에 대한 파악과 예측은 영리를 목적으로 하는 출판사나 잡지사의 편집기

81 王玉琦,「清末民初文學傳播中的稿酬制現象」,『江西財經大學學報』第5期, 2007.

획 단계에서부터 우선적으로 고려해야 할 사안이었다. 각 잡지사의 원고모집 활동은 바로 이 점을 그대로 드러내 준다.

국민의 정치계몽을 표방했던 신소설사가 창간호에 실린 원고모집 광고에서 애정소설을 최우선적으로 모집하고 그 다음 순으로 사회소설을 거론하는 것 자체가 시사해 주는 바를 곱씹어 볼 필요가 있다. 더욱이 『신소설』에 가장 많이 실린 소설은 정작 탐정소설로, 총 26종 소설 중에 5편이다. 『신소설』 이후의 소설잡지들 역시 탐정소설이 차지하는 비중이 높은 편으로, 특히 『월월소설』의 경우 장편 번역소설의 1/3을 탐정소설로 채웠다. 이 시기에 탐정소설이 독자들의 인기에 힘입어 한때 풍미했던 현상은 주지의 사실로, 대부분의 문학잡지들은 이러한 시류에 편승할 수밖에 없었다.[82] 각 출판사나 잡지사들이 소설공모 활동을 통해 교육소설, 사회소설, 역사소설, 실업소설, 과학소설, 이상소설, 철리(哲理)소설, 정치소설, 가정소설, 군사소설, 지리소설 등을 광범위하게 모집했지만, 많은 지면을 할애한 것은 탐정소설, 애정소설, 사회소설 등의 순으로 나타난다. 잡지사의 편집기획이나 소설공모 활동과 실제 게재양상이 때때로 괴리를 보이는 것

82 원고모집 광고에서 탐정소설을 포함하여 공모한 잡지사는 당시 그렇게 많은 편은 아니었는데, 대표적으로 소설림사와 신소설총보사(新小說叢報社)를 꼽을 수 있다. 그중 신소설총보사의 소설공모 활동은 본문에서 다루지 않았지만, 1906년 9월 9일 『시보』에 「신소설총보사 소설공모(新小說叢報社徵求小說)」 광고가 실렸다. 여기서 "사회를 반드시 개혁해야" 하며 "그 방법을 구한다면 소설이 가장 효과적"이라고 밝히고 역사소설, 지리소설, 군사소설, 탐정소설, 염정(艶情)소설, 과학소설, 모험소설, 국민소설, 사회소설, 가정소설, 이상소설, 협정(俠情)소설 등을 다양하게 공모하고 원고료로 1,000자당 갑등(甲等)은 5원, 을등(乙等)은 4원, 병등(丙等)은 3원, 정등(丁等)은 2원으로 책정하였다. 劉穎慧, 『晩淸小說廣告研究』, 華東師範大學 博士學位論文, 2011, 50쪽 참고.

역시 독자의 수요와 시장반응에 따른 결과이다. 이 시기 대부분의 문학잡지사는 발간취지에서 계몽을 표방했는데, 이들이 말하는 계몽은 실질적으로 독자들을 어떻게 가능한 포괄적으로 흡인하느냐의 문제였다. 한마디로 일반독자로부터 괴리되거나 소외된 계몽이란 의미가 없기에, 계몽은 처음부터 상업성, 대중성과 완전히 동떨어질 수 없는 역설적인 관계에 놓여 있었던 것이다.

이와 같이 신문·잡지 미디어를 중심으로 한 소설시장의 확대는 한편으로는 작품 공모를 통해 작품의 평가기준을 제시하는 동시에 잠재적인 작가들이 현실적인 작가로 등단하는 공간과 계기를 제공하였다. 더욱이 새로운 유형의 작품들을 제공함으로써 독자들의 새로운 독서취향을 만들어 낼 뿐만 아니라 소설독법을 제시하면서 근대적인 독자를 만들어 내는 역할도 동시에 수행하였다. 아울러 신문·잡지가 상업적인 미디어 시스템에 기반하고 있는 이상, 출판사나 작가가 일방적으로 주도하는 것이 아니라 독자들의 독서취향을 고려하지 않으면 안 되었다.

제9장 결론을 대신하며: 미디어, 정치와 소설

20세기 중국은 혁명의 시대이다. 이는 단순히 시대가 급변했다는 것을 두고 한 말은 아니다. 그보다는 끊임없는 혁명, 즉 혁명의 혁명이라는 의미에 더 가깝다고 해야 할 것이다. 이를 두고 비판적인 논자들은 혁명주의, 급진주의라고 비판하지만, 이는 중국의 선택이 아니라 주어진 역사에 가까웠다. 비단 중국만 그러한 것이 아니다. 세계의 조류를 이끌지 못하고 뒤따라야 했던 대부분의 민족이나 국가가 절망적인 상황에 빠지지 않기 위해서 질주해야만 했다. 그러한 혁명의 가장 앞에 선 것이 바로 문학이었다. 그리고 문학이 앞에 섰다는 그 자체도 혁명이었다.

중국에서 소설이 문학의 시민권을 갖게 된 것은 20세기부터였다. 그것도 하루 아침에 일어나 보니 세상이 바뀐 것처럼 시민권은 갑자기 주어졌다. 그것은 중국의 민초들이 갑자기 국민이라는 숭고한 존재가 된 것과 거의 동시에 이루어졌다. 민초들이 국민으로 호명되기는 했지만, 이는 훈육을 전제로 한 것이었다. 국민으로서의 의식과 자질이 요구되었고 권리보다 책무가 더 먼저 주어졌다. 소설도 마찬가지였다. 보잘것없는 '한서(閑書)'에서 국민계몽의 최전선에 세워지기 위해서 기존의 소설을 새롭게 한 '신소설'이 요구되었다. 그리고 무엇보다도 모든 가치판단의 최종 심급에는 정치성이 자리 잡고 있었다. 정치성은 소설이 문학의 '최상승'으로 되기 위해 받게 된 월계관이었지만, 동시에 굴레이기도 했다.

20세기 초 소설에 대한 호출은 소설이 태생적으로 가지고 있는 대중적인 친화력 때문이었다. 19세기까지 중국에서 소설이 문화의 주변부를 서성거려야 했던 것도 이 대중성이라는 딱지가 주요 이유였다. 대중성은 우선 대중들이 보편적으로 즐겨 향유한다는 의미와 또 그렇기 때문에 대중적인 취향에 부응한다는 두 가지 의미를 포함하고 있다. 그러나 역사적으로 살펴보면 이 대중성은 오해의 소지가 있다. 중국의 민초들이 남녀노소 할 것 없이 소설이라는 문화를 즐긴 것은 사실이지만, 그들 중 다수는 눈으로 읽는 행위, 즉 독서를 통해서가 아니라 주로 귀를 통해 듣거나 몸짓으로 풀어 내는 연행(演行)에 대한 관람을 통해서였다. 독서를 통해 소설을 즐기는 것은 역시 일부 경제력과 시간적인 여유를 가진 식자층들이었다. 당시 소설과 관련하여 독자대중이라고 할 때는 이러한 듣는 독자와 읽는 독자를 구분할 필요가 있다.

소설의 정치성을 강조하는 '신소설'에서 중심으로 삼은 대상은 눈으로 읽는 독자대중이었다. 이들은 여전히 소설을 즐기지만 소설 독서를 겉으로 내세우기를 꺼려하는 계층이었는데, 그런 의미에서 '신소설'은 이들 주요 계층의 소설독서에 사회적인 정당성을 부여하는 의미를 지니고 있었다. 기존의 잠재적이거나 음지에서 소설을 즐기던 독자층을 사회의 공개적인 공간으로 이끌어 내고 양성화하는 효과를 불러 일으켰다. 반면에 다수의 소설 독자들은 여전히 전통적인 설창(說唱)이나 설서(說書)를 즐겼으며, 이 공간은 일부 '신소설'에서 노력하기는 했지만 일반적으로 '신소설'과는 성격이 다른 세계였다. 이는 '신소설'로 인해 소설문화 공간의 이원화가 더 심화되었다는 것을 의미한다. 특히 소설에 대한 정치성의 요구는 소설이 지니는 대중적인 취향의 약화를 야기하면서 소설은 대중으로부터 더 멀어졌다. 이것이 20세기 초반 '신소설'이 직면한 역설적인 상황이었다.

한편 소설이 사회문화의 중심적인 지위를 점하게 되자, 새로운 창작소설과 번역소설은 물론이고 기존의 소설들에 대한 독서도 '신소설'론의 관점에서 재인식되면서 그 가치가 복권되고 독서도 더욱 확대되었다. 이에 따라 이전 소설과의 차별화를 위해 제기된 소설의 정치성이나 '신소설'은 이제 그 경계가 모호해졌으며, 결국에는 정치성이 희화화되고 한담으로서의 소설의 대중적 취향이 중심이 되어 갔다. '신소설'에서 요구하는 정치성이 자의적으로 평가되면서 대중적인 취향이 자신을 정당화하는 구실로 이용되었다. 소설의 교육적인 혹은 계도적인 효과는 20세기 이전에도 많은 소설작가나 비평가들이 소설 창작과 독서를 정당화하기 위해 동원했던 수사법이었다.

정치의 범화(汎化)는 결국 소설의 탈정치화를 은폐하기 위한 수단으로 전락한 것이다. 이러한 논리에 의하면 5·4 신문화운동 이전 1910년대 소설에서 보여지는 탈정치화는 범정치화와 동전의 양면이었다. 새로운 시도와 감각이 없는 것은 아니지만, 전반적으로 전통적인 소설로의 회귀라는 것이 1910년대 중국 소설에 대한 일반적인 평가이다. 이러한 평가는 정치성이라는 것을 특정한 이념과 관념에 기반한 내용이나 관점의 문제로 다룬다. 정치성의 핵심적인 기준과 내용이 특정화되어 있는 것이다. 보편적인 이념을 상정하는 이러한 정치성은 계몽담론에서 일반적으로 보여지는 특징이다.

만약 다시 소설과 대중의 관계에서 본다면 소설을 문학의 '최상승'이라는 높은 곳에 올려 놓음으로써, 대중들은 자신들에게 친화적인 문화로부터 분리되거나 소격을 당했다고 할 수 있다. 소설 지위의 상승은 대중과 저급한 문화, 엘리트와 고급문화라는 틀에 균열을 내는 것처럼 보이지만, 실상은 대중과 저급한 문화라는 기본 전제는 변화가 없이 대중들에게 외부의 문화를 주입하고자 한 것이었다. 이런 의미에서 랑시에르의 미학의 정치성은 20세기 초 중국 소설 담론에서의 정치개념의 문제점을 인식하는 데 유익하다. 랑시에르는 감각질서를 지배하는 원칙을 '감성의 분할'이라고 하고, 기존의 '감성 분할'의 원칙을 바꾸어 새로운 재분할과 재배치를 행하는 것을 정치, 즉 미시적인 정치라고 본다. 기존의 분할 도식에 도전하여 새로운 방식의 분할을 꿈꾸거나 요구하는 것이 정치적인 것이 되는 것이다.[1]

그러한 측면에서 보면 '신소설'의 정치는 대중들이 가진 잠재적인 정치성을 인식하기는 했지만, 그것을 이끌어 낼 수 있는 감성의 재배치까지는 나아가지 못했다. 단지 엘리트 계층의 독서범위를 확장하거나 음성적인 독서행위를 공식적인 공간으로 재배치하는 데 그쳤을 따름이다. 상황은 5·4 신문학운동 이후에도 마찬가지이다. 오히려 5·4 신문학운동을 통해 문언소설의 쇠퇴와 백화소설의 전면적인 배치가 이루어지기는 했지만, 주요 독자층이 학생과 지식인들 중심으로 형성되어 전통적으로 소설 독서에서 배제되었던 상당수의 대중들은 여전히 독서문화에 합류하지 못했다. 그나마 일부 식자능력을

1 자크 랑시에르 지음, 오윤성 옮김, 『감성의 분할: 미학과 정치』, 도서출판b, 2008, 13-23쪽.

갖춘 기층대중들은 통속소설이라는 여전히 문화의 주변부에서 벗어나지 못하고 있었다. 대중적인 장르라고 했던 소설은 오히려 더욱더 새로운 심미적 취향을 지향하는 신지식인계층의 전유물로 바뀌어 갔다. 이는 '신소설'이나 신문학운동이 '감성의 분할'이라는 측면에서 보면, 그다지 정치적인 의미를 지니지 못한다는 것을 의미한다. 다시 말해 '신소설'에서 의도한 정치란 고도의 계몽적이고 사상적 혁신을 추구하는 것이었지만, 실제적으로는 정치의 형식화에 그쳤을 뿐이다.

이러한 정치의 형식화에 그친 한계는 처음부터 '신소설'의 문제의식이 발원하게 된 사상적 토대에서 기인한다. 실제로 '신소설'은 소설에 전례 없는 새로운 기능성을 부여하면서 이후 20세기 중국 소설사에 중요한 특성을 부여하였다. 그것은 바로 소설의 미디어적 성격이다. 소설이 주목받게 된 것은 바야흐로 세계가 새로운 미디어의 시대로 접어들었다는 인식과 더불어 그러한 미디어의 중요한 역할이 세계를 변화시켜 나가는 힘이라는 것을 인식한 데서 기인한다. 새로운 미디어 시대에서 중요한 것은 사회변혁은 물론 정치적인 행위가 모두 미디어를 통해 표출되어야 비로소 그 효과를 극대화할 수 있는 것이다. 20세기 초의 새로운 미디어란 신문과 잡지를 의미한다. 이 시기는 다른 어느 시기보다도 미디어에 대한 의식이 강렬했다. 그 이유는 새로운 미디어가 가져온 충격이었으며, 이는 근대적인 미디어에 익숙해진 그 이후의 감각이나 의식과는 비교할 수 없는 것이었다.

그러나 신문과 잡지라는 미디어가 처음 출현과 동시에 중국사회에 충격적인 것은 아니었다. 그 새로움은 중국 사회와 문화 전반에서 보면 여전히 주변부에서 일어나고 있는 부차적인 변화에 불과했다. 마치 상하이와 같은 조계지를 통해 들어오고 있는 서구의 다른 제품들처럼 때로는 신기하고 또 유용하기도 하지만, 중국의 삶에 큰 변화를 줄 수 있는 것은 아니었다. 더욱이 『신보』의 경우처럼 신문은 새로운 미디어라는 인식보다도 중국의 필기류에 가까운 읽을거리로 인식되었다. 신문이 필기와 같은 문(文)으로서 분류되었다는 것은 중국에서 상징적인 의미를 지닌다. 처음 출발부터 신문의 독자가 설부를 포함한 필기의 독자들이 중심이었을 뿐만 아니라 신문과 필기류는 긴밀한 연관 속에서 공생적인 관계를 유지하였다. 1880년대 말 이래 『신보』가 언론으로서의 기능과 사실보도를 강화시키며 전통적인 필기와 차별성을 부각시켜 나갔지만, 중국 사회에서 미디어 기능의 중요성과 그 특수한 지위에 대한 인식은 청일전쟁 이후의 일이었다. 신문과 잡지로 표상되는 미디어의 주요 기능은 국가 상하의 소통과 각종 공동체의 형성, 그리고 전 국민적 지식과 정보의 확산이었다. 그 가운데서도 청일전쟁 직후 우후죽순처럼 출현한 각종 잡지들이 주안점을 둔 것은 새로운 정보와 지식의 확산 및 사상의 전파였다. 그리고 대부분의 개혁적 지식인들은 직간접적으로 신문과 잡지에 관여하면서 자신들의 활동의 근거지로 삼았다.

소설이 새롭게 개혁적 지식인들에 의해 주목을 끌고 사회의 전면으로 호출되어 나오게 된 것은 이러한 미디어에 대한 본격적인 인식이 확산되기 시작할 시점이었다. 소설의 내용을 떠나서 대중친화적이고 광범위한 전파력에 주목한 것인데, 이로써 소설의 사회적 기능은 양날의 칼이 되었다. 그 전파력은 대중을 타락시킬 수도 또 계몽시킬 수도 있는 이중적인 수단이 된 것이다. 이에 따라 대중과 소설의 관계는 이전처럼 묵인 혹은 방치와 금지의 중간에서 접근하던 태도와 달리, 이제 보다 적극적인 의미로 전용하고자 하는 시도가 나타나게 되었다. 소설은 이제 단순한 여러 문화현상 가운데 하나가 아니라 적절한 방식으로 관리되고 계도되어야 할 대상으로 된 것이다. 다른 미디어와 같이 근대사회의 필요불가결한 부분인 동시에 지속적으로 적절한 통제가 필요한 대상으로 되었다. '신소설'에서 5·4 신문학운동, 그리고 혁명문학과 문혁을 거치면서 소설을 포함한 문화코드가 중국의 혁명에서 중요한 지위를 점하게 된 것은 바로 이 때문이라고 할 수 있다.

이러한 측면에서 본다면 20세기 중국에서 소설의 정치성은 오히려 이러한 관리대상으로서의 소설에 부여된 지위, 즉 누가 어떤 소설을 어떻게 읽어야 하는지, 또 어떤 것은 비판되고 배제되어야 하는지에 관한 모종의 '감성 분할'에 대한 저항 혹은 그로부터의 탈주로부터 읽어 내야 할지도 모른다. 소설의 타락과 통속, 반동은 그 자체로 소설에 부여된 규범적인 질서로부터의 일탈이라는, 소설과 관련하여 권력화되고 제도화된 포섭과 배제의 틀 자체를 무시하거나 거부하고자 하는 '정치'적인 행위일 수도 있는 것이다.

❁ 참고문헌

1. 신문 및 잡지류

『遐邇貫珍』(1853. 8.-1856. 5.)
『六合叢談』(1857. 1.-1858. 6.)
『上海新報』(1861. 11.-1872. 12.)
『萬國公報』(原名『教會新報』, 1868. 9.-1883 정간, 1889 복간~1907.)
『申報』(1872. 4.-1949. 5.)
『中西見聞錄』(1872. 8.-1875. 8.)
『瀛寰瑣紀』(1872. 11-1875. 1.)
『字林滬報』(1882. 5.-1899.)
『點石齋畫報』(1884. 5.-1898.)
『飛影閣畫報』(1890. 10.-1894. 4.)
『海上奇書』(1892. 2.-1893)
『新聞報』(1893. 2.-1949. 5.)
『指南報』(1896. 6.-1897)
『時務報』(1896. 8.-1898. 8.)
『游戲報』(1897. 6.-1910.)
『國聞報』(1897. 10.-1898. 12.)
『中外日報』(1898. 5.-1911.)
『采風報』(1898. 7.-1911.)
『淸議報』(1898. 12.-1901. 12.)
『寓言報』(1901. 3.-)
『奇新報』(1901-)
『譯林』(1901. 3.-)
『世界繁華報』(1901. 4.-1910)
『新民叢報』(1902. 2.-1907. 11.)
『大公報』(1902. 6.-1949)

『新小說』(1902. 11.-1906)
『繡像小說』(1903. 5.-1906)
『安徽俗話報』(1904. 1.-1905. 8.)
『警鐘日報』(1904. 2.-1905. 3.)
『東方雜誌』(1904. 3.-1948. 12.)
『時報』(1904. 6.-1939. 9.)
『新新小說』(1904. 9.-1907. 5.)
『游戲世界』(1906-)
『新世界小說社報』(1906. 5.-1907. 1.)
『月月小說』(1906. 11.-1908. 12.)
『小說林』(1907. 1.-1908)
『中外小說林』(1907. 6.-1910)
『圖畵日報』(1909. 8.-1910. 8.)
『小說時報』(1909. 9.-1917. 11.)
『小說月報』(1910. 7.-1932)
『中華小說界』(1914-1916)
『新青年』(原名『青年雜誌』, 1915. 9.-1926)

2. 단행본류

『教會新報』, 華文書局影印, 1968.
『國聞報彙編』(光緒29年 6月 初印), 臺北: 文海出版社, 1983.
『繡像忠烈小五義傳』, 文光樓書坊, 1891.
『花月痕』, 閩雙笏盧藏板, 光緒戊子夏月開雕.
葛元煦 等著, 『滬遊雜記·淞南夢影錄·滬遊夢影』, 上海古籍出版社, 1989.
闞文文, 『晚淸報刊上的翻譯小說』, 齊魯書社, 2013.
故宮博物院明淸檔案部 編, 『淸末籌備立憲檔案史料』 上冊, 中華書局, 1979.
孔慶茂, 『林紓傳』, 團結出版社, 1998.
孔范今, 『二十世紀中國文學史』, 山東文藝出版社, 1997.
郭沫若, 『少年時代』, 人民文學出版社, 1979.
郭延禮, 『中國近代翻譯文學概論』, 湖北教育出版社, 1998.

厩堂散人 訳,『明日の戦争』, 兵事新報社, 1894.
邱煒萲 撰,『菽園贅談』, 香港: 海澄鄧氏, 1897.
內藤湖南·青木正兒 著, 王青 譯,『兩個日本漢學家的中國行記』, 北京: 光明日報出版社, 1999.
盧寧,『早期申報與晚清政府』, 上海科學技術文獻出版社, 2012.
魯湘元,『稿酬怎樣攪動文壇-市場經濟與中國近現代文學』, 紅旗出版社, 1998.
魯迅,『魯迅全集』第4冊, 人民文學出版社, 1981.
廖梅,『汪康年-從民權論到文化保守主義』, 上海古籍出版社, 2001.
段懷淸,『淸末民初報人-小說家海上漱石生硏究』, 臺北: 獨立作家, 2013.
大桥乙羽 著, 憂亞子 譯,『累卵東洋』, 大房元太郎, 1901.
戴吉禮(Ferdinand Dagenais) 主編,『傅蘭雅檔案』, 廣西師範大學出版社, 2010.
杜維運,『淸代史學與史家』, 中華書局, 1988.
杜慧敏,『晚淸主要小說期刊譯作硏究』, 上海世紀出版集團, 2007.
登張竹風,『売国奴』, 金港堂, 1904.
欒梅健,『通俗文學之王-包天笑』, 上海書店, 1999.
來新夏 等著,『中國近代圖書事業史』, 上海人民出版社, 2000.
梅花盦主,『申江勝景圖說』, 東方文化書局, 1972.
孟兆臣,『中國近代小報史』, 社會科學文獻出版社, 2005.
武進姚公鶴 編,『上海閑話』(下), 商務印書館出版, 1917.
文娟,『結緣與流變-申報館與中國近代小說』, 廣西師範大學出版社, 2009.
閔杰,『近代中國社會文化變遷錄』第2卷, 浙江人民出版社, 1998.
潘建國,『古代小說文獻叢考』, 中華書局, 2006.
方濬師 撰,『蕉軒隨錄續錄』, 北京: 中華書局, 1995.
方平,『晚淸上海的公共領域』(1895-1911), 上海人民出版社, 2007.
斯土活 著, 林紓·魏易 譯,『黑奴籲天錄』, 商務印書館, 1981.
森有禮 編,『文學興國策』, 上海書店出版社, 2002.
上海圖書館 編,『中國叢書宗錄』, 上海古籍出版社, 1982.
上海圖書館 編,『汪康年師友書札』(一·二·三), 上海古籍出版社, 1986.
上海新四軍曆史硏究會印刷印鈔分會,『活字印刷原流』, 北京: 印刷工業出版社, 1990.
徐潤,『徐愚齋自敍年譜』, 文海出版社, 1978.
徐載平·徐瑞芳,『淸末四十年申報史料』, 北京: 新華出版社, 1988.

西田谷洋,「政治小説の成立」,『翻訳と歴史』1, ナダ出版センター, 2000.
薛正興 主編,『李伯元全集』5, 江蘇古籍出版社, 1997.
孫寶暄,『忘山廬日記』上冊, 上海古籍出版社, 1983.
宋軍,『申報的興衰』, 上海社會科學院出版社, 1996.
申報館 編,『最近之五十年』, 申報館, 1923.
沈國威 編,『六合叢談』, 上海辭書出版社, 2006.
阿英,『晚淸文學期刊述略』, 古典文學出版社, 1958.
阿英,『小說三談』, 上海古籍出版社, 1985.
阿英 編,『晚淸文學叢鈔·小說戱曲硏究卷』, 中華書局, 1960.
梁啓超,『飮冰室合集』第1冊, 中華書局, 1898.
楊聯芬,『晚淸至五四: 中國文學現代性的發生』, 北京大學出版社, 2003.
楊義,『中國敍事學』, 人民出版社, 1997.
梁章鉅,「歸田瑣記·卷七(小說)」,『筆記小說大觀』第19冊, 江蘇廣陵古籍刻印社出版, 1983.
餘治,『得一錄』卷11, 蘇州得見齋, 1869.
吳哲夫,『淸代禁毁書目硏究』, 嘉新水泥公司文化基金會, 1969.
吳哲夫,『四庫全書纂修之硏究』, 文盛企業有限公司, 1990.
吳晞,『從藏書樓到圖書館』, 書目文獻出版社, 1996.
汪家熔 編著,『大變動時代的建設者-張元濟傳』, 四川人民出版社, 1985.
王宏法,『翻譯與文學之間』, 南京大學出版社, 2011.
王宏志 編,『翻譯與創作-中國近代翻譯小說論』, 北京大學出版社, 2000.
王德威,『被壓抑的現代性-晚淸小說新論』, 北京大學出版社, 2005.
王韜,『弢園文新編』, 三聯書店, 1998.
王利器 輯錄,『元明淸三代禁毁小說戱曲史料』, 上海古籍出版社, 1981.
王士貞,『弇州四部稿』(明代論著叢刊), 臺北: 偉文圖書出版社有限公司, 1976.
王三慶,『紅樓夢板本硏究』(上·中·下)(古典文獻硏究輯刊八編), 花木蘭文化出版社, 2009.
王栻主 編,『嚴複集』第2·3冊, 中華書局, 1986.
王燕,『晚淸小說期刊史論』, 吉林人民出版社, 2002.
王淸源·牟仁隆, 韓錫鐸 編纂,『小說書坊錄』, 北京圖書館出版社, 2002.
汪暉·余國良 編,『上海: 城市, 社會與文化』, 中文大學出版社, 1998.
姚公鶴,『上海閑話』, 上海古籍出版社, 1989.

袁祖志,『談瀛錄』, 同文書局, 1884.
魏紹昌 編,『吳趼人研究資料』, 上海: 上海古籍出版社, 1980.
魏紹昌 編,『李伯元研究資料』, 上海: 上海古籍出版社, 1980.
劉永文,『晚淸小說目錄』, 上海古籍出版社, 2008.
李家驥 等,『林紓詩文選』, 商務印書館, 1993.
李提摩太 撰, (中國)蔡爾康 譯,『中東戰紀本末(四)』(臺灣文獻匯刊, 第6輯 第11冊), 九州出版社/廈門大學出版社, 2004.
李提摩太(Timothy Richard),『親歷晚淸45年 - 李提摩太在華回憶錄』, 天津人民出版社, 2005.
李漢秋 編,『儒林外史研究資料』, 上海古籍出版社, 1984.
李孝悌,『淸末的下層社會啓蒙運動: 1901-1911』, 河北教育出版社, 2001.
林紓,『黑奴籲天錄』, 武林魏氏藏板, 1901.
林治平,『近代中國與基督教論文集』, 台北: 宇宙光出版社, 1981.
芍唐居士 撰,『防海紀略』, 上洋文藝齋, 1880.
蔣貴麟 主編,『康南海先生遺著彙刊』 卷10, 台灣: 宏業書局, 1976.
張麗華,『現代中國短篇小說的興起』, 北京大學出版社, 2011.
張秀民,『中國印刷史』, 上海人民出版社, 1989.
張秀民,『中國印刷術的發明及其影響』, 人民出版社, 1958
張靜盧 輯註,『中國出版史料補編』, 中華書局, 1957.
張靜盧 輯註,『中國近代出版史料二編』, 群聯出版社, 1953.
張仲禮 主編,『中國近代城市企業·社會·空間』, 上海社會科學院出版社, 1998.
張仲禮 主編,『中國近代城市發展與社會經濟』, 上海: 上海社會科學院出版社, 1999.
張仲禮,『中國紳士 - 關於其在19世紀中國社會中作用的硏究』, 上海社會科學院出版社, 1998.
翟灝,『通俗編』 卷6, 卷7, 無不宜齋雕本, 武林竹簡齋藏版.
錢理群·黃子平·陳平原,『二十世紀中國文學三人談』, 北京大學出版社, 2004.
錢鍾書 等著,『林紓的翻譯』, 商務印書館, 1981.
丁文江·趙豐田 編,『梁啓超年譜長編』, 上海人民出版社, 1983.
丁錫根 編著,『中國歷代小說序跋集』(下), 人民文學出版社, 1996.
丁守和 主編,『辛亥革命時期期刊介紹』, 人民出版社, 1982.
宗源瀚 等修, 周学浚 等纂,『湖州府志』 卷33, 愛山書院, 同治13年 刊本.

左宗棠,『左宗棠全集』, 岳麓書社, 2009.
朱一玄 編,『明淸小說資料選編』上冊, 南開大學出版社, 2006.
周作人,『知堂回想錄』, 龍文出版社, 1989.
周作人,『知堂回想錄』, 三育圖書文具公司, 1970.
周作人 譯,『周作人譯文全集』, 上海人民出版社, 2012.
周振鶴 編,『晚淸營業書目』, 上海書店出版社, 2005.
周欣平 主編,『淸末時新小說集』(全14冊), 上海古籍出版社, 2011.
朱羲胄,『春覺齋著述記』, 世界書局, 1949.
樽本照雄,『淸末民初小說年表』, 淸末小說硏究會, 1999.
陳大康,『中國近代小說編年』, 華東師範大學出版社, 2002.
陳明遠,『文化人的經濟生活』, 陝西人民出版社, 2010.
陳文新,『中國筆記小說史』, 志一出版社, 1995.
陈伯海·袁进,『上海近代文学史』, 上海人民出版社, 1993.
陳炳堃,『最近三十年中國文學史』, 上海太平洋書店, 1930.
陳垣 編,『辦理四庫全書檔案』上冊, 國立北平圖書館排印本, 1934.
陳子展,『中國近代文學之變遷·最近三十年中國文學史』, 上海古籍出版社, 2000.
陳平原,『二十世紀中國小說史』第1卷, 北京大學出版社, 1989.
陳平原,『中國現代小說的起點-淸末民初小說硏究』, 北京大學出版社, 2010.
陳平原·夏曉虹 編,『二十世紀中國小說理論資料』(第1卷, 1897-1916), 北京大學出版社, 1997.
陳學恂 主編,『中國近代敎育史敎學參考資料』下冊, 人民敎育出版社, 1998.
鄒弢,『澆愁集』, 申報館叢書本, 1877.
鄒振環,『20世紀上海翻譯出版與文化變遷』, 廣西敎育出版社, 2000.
坪內雄藏(坪內逍遙),『小說神髓』上卷, 松月堂, 1885.
浦安迪(Andrew H. Plaks),『中國敍事學』(北京大學講演錄), 北京大學出版社, 1996.
包天笑,『釧影樓回憶錄』, 香港: 大華出版社, 1971.
寒光,『林琴南』, 中華書局, 1935.
韓南 著, 徐俠 譯,『中國近代小說的興起』, 上海敎育出版社, 2004.
海上漱石生(孫玉聲),『報海前塵錄·論說及新聞之取材』, 復旦大學圖書館 선장본.
胡應麟 撰,『小室山房筆叢』卷29, 廣雅書局, 1896.

洪煜,『近代上海小報與市民文化研究(1897-1937)』, 上海書店, 2007.

Altick, Richard D., *The English Common Reader: A Social History of the Mass Reading Public, 1800-1900*, Ohio State University Press, 1998.

Anderson, Marston, *The Limits of Realism: Chinese Fiction in the Revolutionary Period*, University of California Press, 1990.

Bennett, Adrian A., *John Fryer: The Introduction of Western Science and Technology into Nineteenth Century China*, Harvard University Press, 1967.

Brokaw, Cynthia J. and Kai-wing Chow, *Printing and Book Culture in the Late Imperial China*, University of California Press, 2005.

Campbell, Richard, Christopher R. Martian, Bettina Fabos, *Media & Culture*, BEDFORD/ST. MARTIN'S, 2012.

Candler, Warren A., D. D., LL. D., *Young J. Allen: The Man Who Seeded China*, Cokesbury Press, 1931.

Cathy N. Davidson, *Revolution and the Word: The Rise of the Novel in America*, Oxford University Press, 1986.

Chow, Kai-wing, *Publishing, Culture, and Power in Early Modern China*, Stanford University Press, 2004.

Cohen, Margaret and Carolyn Dever, ed., *The literary Channel: The International Invention of the Novel*, Princeton University Press, 2002.

Fiske, John, *Introduction to Communication Studies* (2edition), Routledge, 1990.

Han, Bangqing, *The Sing-song Girls of Shanghai*, translated by Eileen Chang and revised and edited by Eva Hung, Columbia University Press, 2005.

Joan, Judge, *Print and Politics-'SHIBAO' and The Culture of Reform in Late Qing China*, Stanford University Press, 1996.

Leitch, Thomas M., "Narrative as a Display," *What Stories Are: Narrative Theory and Interpretation*, Pennsylvania State University Press, 1986.

Lu, Hsiao-peng and Sheldon H. Lu, *From Historicity to Fictionality: The Chinese Poetics of Narrative*, Stanford University Press, 1994(류사오펑 저, 조미원 역, 『역사에서 허구로: 중국의 서사학』, 길, 2001).

Lyons, Martyn, *Readers and Society in Nineteenth-Century France: Workers, Women, Peasants*, Palgrave Macmillan, 2001.

Lytton, Edward Bulwer, *Night And Morning*, Saunders and Otley, 1841.

Mittler, Barbara, *A Newspaper for China? Power, Identity, and Change in Shanghai's New Media, 1872-1912*, Harvard East Asia Center, 2004.

Rawski, Evelyn Sakakida, *Education and Popular Literacy in Ch'ing China*. University of Michigan Press, 1979.

Reed, Christopher A., *Gutenberg in Shanghai-Chinese Print Capitalism, 1876-1937*, University of Hawai'i Press, 2004.

Schudson, Michael, *Discovering the News: A Social History of American Newspapers*, Basic Books, 1978.

Stephens, Mitchell, *A History of News* (3edition), Oxford University Press, 2007(미첼 스티븐스 저, 이광재· 이인희 옮김, 『뉴스의 역사』, 황금가지, 1999).

Wellek, René, *The Concept of Realism in the Literary Scholarship*, J. B. Wolters, 1961.

Zeitlin, Judith T. and Lydia H. Liu, *Writing and Materiality in China*, Cambridge, Mass.: Harvard University Asia Center for Harvard-Yenching Institute, 2003.

간 사토코 지음, 노혜경 옮김, 『미디어의 시대』, 소명출판, 2012.

김영욱, 『저널리즘의 객관성』, 한국언론재단, 2002.

김진곤 편역, 『이야기·소설·Novel: 서양학자의 눈으로 본 중국소설』, 예문서원, 2001.

루쉰 저, 조관희 역주, 『중국소설사』, 소명출판, 2004.

르네 웰렉 지음, 최유찬 외 옮김, 『리얼리즘과 문학』, 지문사, 1985.

리디아 리우 지음, 민정기 옮김, 『언어횡단적 실천』, 소명출판, 2005.

마에다 아이 지음, 유은경· 이원희 옮김, 『일본 근대독자의 성립』, 이룸, 2003.

박인기, 『작가란 무엇인가』, 지식산업사, 1997.

서경호, 『중국소설사』, 서울대학교출판부, 2004.

R. 에스카르피 지음, 민병덕 옮김, 『출판·문학의 사회학』, 일진사, 1999.

엘리자베스 L. 아이젠슈타인 저, 전영표 역, 『근대유럽의 인쇄미디어 혁명』, 커뮤니케이션북스, 2008.

오순방, 『중국 근대의 소설번역과 중한소설의 쌍방향 번역 연구』, 숭실대학교출판부, 2008.

오오키 야스시 지음, 노경희 옮김, 『명말 강남의 출판문화』, 소명출판사, 2007.
이보경, 『문과 노벨의 결혼: 근대 중국의 소설 이론 재편』, 문학과지성사, 2002.
이언 와트(Ian Watt) 지음, 강유나·고경하 옮김, 『소설의 발생』, 강, 2009.
이충환, 『저널리즘에서 사실성』, 커뮤니케이션북스, 2013.
자크 랑시에르 지음, 오윤성 옮김, 『감성의 분할: 미학과 정치』, 도서출판b, 2008.
제이 데이비드 볼터·리처드 그루신 지음, 이재현 옮김, 『재매개: 뉴미디어의 계보학』, 커뮤니케이션북스, 2006.
지크프리트 슈미트 지음, 박여성 옮김, 『구성주의 문학체계이론』, 책세상, 2004.
진재교·한기형 외, 『문예공론장의 형성과 동아시아』, 성균관대학교출판부, 2008.
진평원 지음, 이보경 옮김, 『중국소설사』, 이룸, 2004.
천정환, 『근대의 책읽기: 독자의 탄생과 한국 근대문학』, 푸른역사, 2003.
천핑위안 저, 이종민 역, 『중국소설의 근대적 전환』, 산지니, 2013.

3. 논문류

姜榮剛, 「『新小說』印刷地點及出版日期考辨」, 『沈陽師範大學學報』(社會科學版) 第2期, 2009.
郭延禮, 「傳媒, 稿酬與近代作家的職業化」, 『齊魯學刊』 第6期, 1999.
郭延禮, 「20世紀初中國女性文學四大作家群體考論」, 『文史哲』 第4期, 2009.
郭浩帆, 「『新小說』創辦刊行情況略述」, 『明清小說硏究』 第4期, 2002.
郭浩帆, 「近代稿酬制度的形成及其意義」, 『山東大學學報』 第3期, 1999.
郭浩帆, 『中國近代四大小說雜誌硏究』, 山東大學 博士學位論文, 2000.
郭浩帆, 「關于『月月小說』-『月月小說』及其與樂群書局, 群學社之關係」, 『出版史料』 第2期, 2002.
郭浩帆, 「清末民初小說與報刊業之關係探略」, 『文史哲』 第3期, 2004.
關家錚, 「關于小說林社」, 『圖書館建設』, 2001.
寇振鋒, 「清末政治小説の術語、概念の形成と明治政治小説との関わり」, 名古屋大学言語文化部·国際言語文化研究科, 『言語文化論集』 第29卷 第1號, 2007.
唐文一, 「晚淸譴責小說家李伯元的第一部小說」, 『人民日報海外版』 2005. 7. 21.

陶敏·劉再華,「“筆記小說”與筆記研究」,『文學遺產』第2期, 2003.
欒偉平,「淸末小說林社的雜誌出版」,『漢語言文學硏究』第2卷 第2期, 2011.
劉曉軍,「“說部”考」,『學術硏究』第2期, 2009.
凌碩爲,「申報館與王韜小說之轉變」,『求是學刊』1期, 2007.
凌碩爲,『新聞傳播與小說情調: 以早期申報館報人圈爲中心』, 華東師範大學 博士學位論文, 2007.
淩碩爲,「〈夜雨秋燈錄〉贗本考論」,『明淸小說硏究』總第107期 第1期, 2013.
文迎霞,「關于『繡像小說』的刊行、停刊和編者」,『華東師範大學學報』(哲學社會科學版) 第38卷 第3期, 2006. 5.
文迎霞,『晚淸報載小說硏究－以『申報』,『新聞報』,『時報』,『神州日報』爲中心』, 華東師範大學 博士學位論文, 2007.
潘建國,「淸末上海地區書局與晚淸小說」,『文學遺產』第2期, 2004.
潘建國,「鉛石印刷術與明淸通俗小說的近代傳播－以上海(1874-1911)爲考察中心」,『文學遺產』第6期, 2006.
方曉紅,『晚淸小說與晚淸報刊發展關係硏究』, 南京師範大學 博士學位論文, 2000.
付建舟,「以維新派爲主體的多元作者構成『新小說』雜誌的作者隊伍硏究」,『新鄉師範高等專科學校學報』第19卷 第6期, 2005. 11.
謝蕙風,「大衆化·化大衆－淸末的白話報刊」,『聯大學報』第2期, 2005.
徐振燕,「試析『繡像小說』的讀者定位」,『明淸小說硏究』第4期, 2001.
徐萍,『從晚淸至民初－媒介環境中的文學變革』, 山東師範大學 博士學位論文, 2011.
孫琴,『我國最早之文學期刊－〈瀛寰瑣記〉硏究』, 蘇州大學 博士學位論文, 2010.
時萌,「李伯元年譜」,『淸末小說』第9號, 1986. 12.
神田一三,「商務印書館版『說部叢書』の成立」,『淸末小說』第25號, 2002. 12.
沈慶會,『包天笑及其小說硏究』, 華東師範大學 博士學位論文, 2006.
楊海貴,「丁尼對淸末中國人口的估計」,『江蘇社會科學』第1期, 2013.
呂文翠,「冶遊, 城市記憶與文化傳繹: 以王韜與城島柳北爲中心」,『中國文化研究所學報』No.54, 香港中文大學, 2012. 2.
連泰·李洁,「晚淸飜譯小說的意譯特點及其原因探究」,『湖南工程學院學報』第19卷 第2期, 2009.

葉凱蒂(Catherine Vance Yeh), 「清末上海妓女服飾, 家具與西洋物質文明的引進」, 『學人』 第9輯, 江蘇文藝出版社, 1996.
伍大福, 『李涵秋小說研究』, 華東師範大學 博士學位論文, 2005.
王蘭萍, 『近代中國著作權法的成長』(1903-1910), 華東政法學院 博士學位論文, 2005.
王永進, 「檔案裏的'書底掛號'」, 『檔案與史學』 第1期, 2003.
王玉琦, 「淸末民初文學傳播中的稿酬制現象」, 『江西財經大學學報』 第5期, 2007.
王學鈞, 「李伯元, 『繡像小說』編者之確認」, 『明淸小說硏究』, 總第62號 第4期, 2001.
王學鈞, 「『官場現形記』連載及刊行考」, 『明淸小說硏究』 第3期, 2008.
王曉鳳, 「魯迅飜譯思想演變的文化解讀」, 『中國國情國力』 第7期, 2011.
姚公鶴, 「上海報紙小史」, 『東方雜志 內外時報』 第14卷 第6號, 上海商務印書館, 1917.
鬱乃堯, 「商務元老張元濟」, 『人物』 第5期, 2003.
袁獲涌, 「曾朴對法國文學的接受與翻譯」, 『貴州師範大學學報』 第4期, 2001.
劉穎慧, 「李伯元, 『官場現形記』版權訴訟始末」, 『華東篩範大學報』 第38卷 第3期, 2006. 5.
劉穎慧, 『晩淸小說廣告硏究』, 華東師範大學 博士學位論文, 2011.
劉增合, 「媒介形態與晩淸公共領域硏究的拓展」, 『近代史硏究』 第2期, 2000.
陸國飛, 「試論中國晩淸飜譯小說中的"意譯"現像」, 『浙江社會科學』 第2期, 2007.
李潔, 「淺析『月月小說』與『新小說』之繼承淵源」, 『明淸小說硏究』 第2期, 2002.
李斯頤, 「淸季末葉的閱報講報活動」, 『文史知識』 第7期, 2002.
李仁淵, 『晩淸的新式傳播媒體與知識分子: 以報刊出版爲中心的討論』, 臺北: 稻鄕出版社, 2005.
李志梅, 「『時報』1907年"小說大懸賞"徵文始末及其意義」, 『華東師範大學學報』(哲學社會科學版) 第37卷 第3期, 2005.
李志梅, 『報人作家陳景韓及其小說硏究』, 華東師範大學 博士學位論文, 2005.
張銘·徐蒙, 「小說林社及其刊物廣告, 告白硏究」, 『史料』 第5期, 2010.
張敏, 「晩淸新型文化人生活硏究－以王韜爲例」, 『史林』 第2期, 2000.
張朋園, 「廣智書局(1901-1915)－維新派文化事業機構之一」, 『中央硏究院近代史研究集刊』 第2期, 1971.
張朋園, 「勞著『清代教育及大眾識字能力』」, 『中央研究院近代史研究所集刊』 第9期, 1980. 7.
張仲民, 「淸季啓蒙人士改造民衆閱讀習慣的論述」, 『中央研究院近代史研究所集刊』 第68期, 2000. 6.
張天星, 「1890年前後『申報』反迷信活動與中國傳統新聞觀念的近現代轉型」, 『東南傳播』(总第70期) 第6期, 2010.
張天星, 「淸末査禁『新小說』的原因與效果探析」, 『寧友大學學報: 人文科學版』, 2013(6).
張霞, 『出版與近代文學現代化的發生』, 復旦大學 博士學位論文, 2011.
田中初, 「遊離中西之間的職業生存-晚淸報人蔡爾康述評」, 『新聞與傳播研究』 第3期, 2004.
鄭登雲·金林祥, 「福建船政學堂與留歐學生」, 『華東師範大學學報』(自然科學版), 第2期, 1983.
鄭峰, 『多歧之路: 商務印書館編譯所知識分子研究(1902-1932)』, 復旦大學 博士學位論文, 2008.
周作人, 「林琴南與羅振玉」, 『語絲』 第3期, 1924.
周海波, 『現代傳媒視野中的中國現代文學』, 中華書局, 2008.
樽本照雄, 「辛亥革命時期的商務印書館和金港堂之合資經營」, 『大阪經大論集』 第53卷 第5號, 2003. 1.
中村忠行, 「檢證: 商務印書館·金港堂の合辦」, 『清末小說』 第12-13號, 1989. 12, 1990. 12.; 第16號, 1993. 12.
陳大康, 「近代小說及其研究的數理描述」, 『華東師範大學學報』 第34卷 第4期, 2002.
陳大康, 「『新小說』出版時間辨」, 『華東師範大學學報』 第2期, 2009.
陳大康, 「晚淸小說與白話地位的提升」, 『文學評論』, 2011. 4.
蔡樂蘇, 「淸末民初的一百七十餘宗白話報刊」, 『辛亥革命時期期刊介紹』 第5期, 1987.
祝均宇, 「李伯元與『指南報』」, 『圖書館雜志』 第5期, 1990.
沈國威, 「康有爲及其『日本書目志』」, 『或問 WAKUMON』 51, No. 5, 2003.
湯克勤, 「論吳趼人的小報生涯對其小說創作的影響」, 『嘉應學院學報』 第28卷 第12期, 2010.

皮後鋒·楊琥, 「『國聞報』所刊『本館附印說部緣起』之作者考辨」, 『明清小說研究』 第3期, 2011.
何宏玲, 「論吳趼人最早的一部章回小說」, 『南京師範大學文學院學報』 第1期, 2006.
許軍, 「傅蘭雅小說征文目的考」, 『山西師範大學學報』 第39卷 第1期, 2012.
許靜波, 「鴻寶齋書局與上海近代石印書籍出版」, 『新聞大學』 第3期(總113期), 2012.
丸山浩明, 「中國石印版小說目錄」, 『廣島女子大學國際文化學部紀要』 第7號, 1999.
黃子平·陳平原·錢理群, 「論"二十世紀中國文學"」, 『文學評論』 第5期, 1985.
後藤宙外, 「時文(小說界の新生面/吾人の所見)」, 『新小說』 第3年 第11卷, 1898. 11. 5.
後藤宙外, 「時文(再び政治小説を論ず/任は誰れにかある)」, 『新小說』 第3年 第12卷, 1898. 11. 5.

Fryer, John, "The Educational Outlook for 1896," *Chinese Recorder: Educational Department*, V. 27, 1896. 1.
Fryer, John, "Notes and Items," *The Chinese Recorder and Missionary Journal*, Vol. 27. No. 3, 1896. 3.
Schudson, Michael "The Sociology of News Production," *Media Culture Society*, No. 11, 1989.
Yeh, Catherine Vance, "Shanghai Leisure, Print Entertainment, and the Tabloids, xiaobao 小報," *Joining the Global Public: Word, Image, and City in Early Chinese Newspapers, 1870-1910*, edited by Rudolf G. Wagner, State University of New York Press, 2007.

김수연, 「晩淸소설의 서사주의와 매체: 『繡像小說』을 중심으로」, 『중국어문논총』 제49집, 2011.
김수연, 「『新小說』: 매체, 소설과 정치」, 『중국어문논총』 제53집, 2012.
김수연, 「만청시기 소설공모와 원고료 제도」, 『중국어문논총』 제58집, 2013.
김수연, 「신보(申報): 근대적 에크리튀르의 성좌」, 『중국어문논총』 제66집, 2014.
김수연, 「청말시기 신소설론의 미디어적 시각」, 『중국현대문학』 제68호, 2014.

김수연, 「상상의 계몽과 '신소설' 독자」, 『중국현대문학』 제70호, 2014.
김월회, 「신체산문이 매체와 만나는 두 양상」, 『대동문화연구』 제45권, 2004.
민정기, 『晚淸 時期 上海 文人의 글쓰기 양상에 관한 硏究: 王韜를 중심으로』, 서울대학교 대학원 박사학위논문, 1999.
潘建國, 「서양 사진 석인술과 근대 중국 고전 소설 삽화본의 부흥」, 『코기토』 66, 2009. 8.
백광준, 「청말, 그리고 외국 추리소설의 번역」, 『中國文學』 제49집, 2006.
백광준, 「淸末과 林紓의 교육지향: 林紓의 翻譯을 보는 또 다른 시각」, 『中國語文學』 제52집, 2008.
심형철, 「중국 근대 원고료 제도에 관한 소고」, 『중국현대문학』 제35호, 2005.
양일모, 「근대 중국의 서양학문 수용과 번역」, 『시대와 철학』 Vol. 15 No. 2, 2004.
曺之 저, 박문렬·민경록 역, 「교니활자 인쇄술의 기원」, 『博物館報』 No. 16, 2003.
차태근, 「19세기 중국 신문·잡지와 文界의 재편: 중국 근대 미디어와 문화 분할 연구(1)」, 『中國文學』 제56집, 2008. 8.
천핑위안, 「소리 있는 중국: '연설(演說)'과 근현대(近現代) 중국문장(中國文章)의 변혁(變革)」, 『大東文化硏究』 Vol. 58, 2007.

✿ 찾아보기

[사항]

[ㄱ]

[ㄷ]

[ㄹ]

[ㅊ]

[ㅋ]

[ㅌ]

[ㅍ]

[ㅎ]

[인명]

김수연

고려대학교 중문학과를 졸업하고 베이징사범대학(北京師範大學)에서 중국현당대문학 전공으로 문학 박사학위를 받았다. 현재 서울대학교 인문학연구원 HK연구교수로 재직하고 있다. 지은 책으로 『문명의 교류와 충돌』(공저), 『중국 개항장을 가다』(공저) 등이 있고, 옮긴 책으로는 『신청년의 신문학론』, 『중국의 충격』(공역), 『사상가들 도시와 문명을 말하다』(공역) 등이 있다. 그 외 중국현대문학·근대 미디어·도시문화 관련 주제로 연구하면서 해당 논문들을 다수 발표하였다.

✿ 문명총서 발간사

서울대학교 인문학연구원은 2007년 11월 한국연구재단의 인문한국(HK) 사업을 수탁하여 HK문명연구사업단을 출범시켰다. 한국과 아시아, 세계를 향한 문명연구의 허브를 구축하기 위해 '한국 인문학'의 정립을 목표로 인문학 제 분야는 물론 인근분야의 전공자들까지 한 지붕 아래 모였다.

인문학연구원이 한국 인문학의 도약을 위해 핵심과제로 주목한 것은 문명에 대한 새로운 이해이다. 문명이란 장구한 세월 동안 인류가 일구어낸 정신적·물질적 성과들의 종합이며, 타 문명들과 서로 영향을 주고받으며 진화해온 복합적 실체이다. 이에 대한 심층적인 이해가 선행되지 않는다면, 현재와 미래에 대한 유효적절한 준비와 대응은 불가능하다.

'문명텍스트총서'는 인문학 안팎의 다양한 전공을 가진 우리 연구원의 연구자들이 자신의 영역에서, 과거와 현재 문명의 정수와 그에 대한 인식을 담은 중요한 텍스트를 선정하여 번역하고 주해한 결과물이다. 이는 긴 시간의 노동을 요하면서도 성취가 단기간에 가시화되지 않는 우직한 작업이지만, 인류의 유산을 한국화하는 이 같은 작업이 주체적으로 세계문명을 사유하고 새로운 문명을 개척하는 데 발판이 되리라고 믿는다. 문명텍스트총서가 현재와 과거를 엮는 씨줄 놓기 작업이라면, 문명공동연구총서는 인간과 세계를 총체적으로 이해하려는 날줄 얽기라고 할 수 있다. 오랫동안 자신의 분야에서 전문화를 추구했기에 공동연구가 쉬운 일은 아니지만 문명 이해의 융합적 시각뿐만 아니라 한국 인문학의 새로운 전망을 써 내려가는 방법론을 제시할 수 있기를 희망한 결과물이다. 또한 문명지평총서는 연구원 안팎의 연구자들이 참여한 연구서와 교양서를 아우르고 있다.

아무쪼록 문명총서 시리즈가 동서고금의 문명을 더 깊고 더 넓게 이해하는 창발의 효과를 가져 오길 기대하며, 국내외의 학자들이 참여하고 교류하는 열린 연구공간이 되길 바란다.

2014년 4월

서울대학교 인문학연구원 원장